福澤諭吉と陳独秀

東アジア近代科学啓蒙思想の黎明

周　程［著］

東京大学出版会

FUKUZAWA Yukichi and CHEN Duxiu:
The Dawn of Scientific Enlightenment Thought in East Asia
ZHOU Cheng
University of Tokyo Press, 2010
ISBN978-4-13-016030-8

まえがき

一九九五年春、東京大学大学院に入学してしばらくして抱いた私の問題関心は、日本の最大級の啓蒙思想家と言われる福澤諭吉の科学啓蒙思想の解明を通して、近代日本がどうして科学研究における世界の最先進国家のひとつになったかという歴史的謎に挑むことであった。ところが、啓蒙思想家の福澤の思索の展開を追究してゆくと、それなりの理由があったからとはいえ、彼が近隣の中国を軽視ないし敵対視していったことが分かってきた。少し時間をおいて、私は日本のみならず、中国の清末から民国初期の啓蒙運動の主唱者である陳独秀の啓蒙思想に興味をもち始めた。こうして先進的な近代日本と近代化に遅れた中国を合わせ鏡のようにとらえる私の基本的視点が確立されるようになった。

しかしながら、両国の科学啓蒙思想を総合的に論じようとする私の博士論文は、それほど容易に結実したわけではなかった。ともかく、博士学位論文は長時間の苦闘を経ていくぶん粗雑な形態であったとはいえ完成し、二〇〇三年春には東京大学大学院から博士号を授与されることとなった。その後、中国の北京大学に職を得て帰国し、近現代日本と中国における科学と社会などについて研究と教育に従事しながら、改訂のための思索を進めてきたが、二〇〇八年四月から早稲田大学孔子学院に勤務する機会に恵まれて、一年余の奮闘の末、現在の姿に仕上がったのが本書なのである。

思えば、啓蒙思想など、とうに時代遅れになってしまったといった風潮の中で、近代科学啓蒙思想について学問的に議論を展開する作業は、逆説的に反時代的な試みであり、エキサイティングと言えないこともない。そして、日中両国の政治思想、科学思想をともに論ずる困難な研究の試みの中で、福澤諭吉のような輝ける日本啓蒙思想の主唱者の功績と限界が、近代中国の難局と闘った陳独秀らの苦渋の知的営みを通して浮き彫りにされてゆく過程は痛快な学問的体験であったと今にしてみれば言える。

東アジアの中で、近代西洋型社会に大胆に転換した近代日本への畏敬の念を私が失ったことは一度もない。反面、その特異な発展形態が、遅れた近隣諸国への災禍となった事実に目を閉ざそうとも私は思わない。両者の得失を総合的に論ずることによって、東アジアの二十一世紀の未来の展望を語ろうとするのが本書の固有の視点なのである。

省みれば、啓蒙思想の中心環をなす「科学」という概念、「民主」という概念について一段掘り下げて探究しようとすると、それらが意外に多面的な顔をもっており、未来に生き延びうる思想を宿していることが理解されてくる。時代に迎合しない学問研究は意外な果実をもたらしてくれるものなのである。

これまで、日本、中国のそれぞれの啓蒙思想を取り上げる研究はすでに数多く出ているが、両者を一緒に連携させて議論した著作はほとんど存在しない。さらに、科学思想に焦点を絞った著作というと稀有と言っても過言ではない。両者を合わせ鏡のように議論する本書では、明治日本を代表する啓蒙主義者としての福澤諭吉と、中国の新文化運動の指導者であった陳独秀を対比して、東アジアが伝統的社会から近代西洋型社会に移行する際に、彼らを中心とする啓蒙思想家たちがどのような思想的課題を抱え、どのようにそれらに取り組み、解決を試みたのかについての議論は、日中両国の未来の発展にも一条の光を投げかけているように思われてくる。

現代日本にあって福澤の思想を論ずることにはほとんど問題はない。福澤研究は、いわば「顕学」（顕著な学問）なのである。ただし、汗牛充棟の参考文献に囲まれて新視点を打ち出すのは、とりわけ中国人にとって容易な業ではない。他方、陳独秀は現代日本ではあまりにも未知の思想家である反面、中国では全面的な光を投射するのが困難な思想家であり続けている。陳が中国共産党の建党者にして、のちにトロツキイの思想の支持者になったからにほかならない。彼の研究を「険学」（危険な学問）と見なされているのはそういった理由によるのであろう。しかしながら、ここでの私の意図は、陳と福澤の対比という観点から両者の思想を議論することにあり、陳の思想それ自体の現代的当否を云々するつもりはない。両者を一緒に取り上げる学問的試行には、いずれにせよ大きな意味があるのである。近代国家は国民国家として一国的には成立しえず、国際的側面を併せもつ、というのがその最大の理由である。

もっとも、近年の中国の思想事情に変化が見られないというわけではない。陳独秀の学問的研究には大きな進展が見られ、かつ出身地の安徽省ではこの偉人を顕彰する動きが続けられている。現代中国の「実事求是」の原則に沿った、「険学」の境遇からの脱皮は十分ありうるであろう。

ともあれ、伝統的儒学思想に最初に本格的に叛逆した福澤と陳独秀を主題とする本書は、日本の近代学問の主要拠点である東京大学で育まれ、陳がかつて近代中国の教育の本拠とした北京大学で練熟されることとなり、そして福澤とともに近代日本学問思想を陶冶せしめた大隈重信の創設した早稲田大学の孔子学院で完成したことになるのであるが、逆説的にして愉快な因縁と言えないこともない。

本書は、多方面の激励と援助がなければ成らなかったであろう。東京大学大学院総合文化研究科在学中の指導教員佐々木力教授は、本書の胚胎から完成まで終始一貫して学問上は手厳しいが人間的には温かく見守ってくださった。先生のご鞭撻がなければ、本書を世に出すことはありえなかったであろう。そして同研究科の小森陽一教授もご支援を惜しまれなかった。さらに、北京大学の孫小礼、趙敦華の各教授、早稲田大学の土田健次郎教授、劉傑教授もさまざまな局面でご援助くださった。なお、富士ゼロックス小林節太郎記念基金、野村国際文化財団、孔子学院本部から研究助成を受けた。これら諸団体に感謝の意を表したい。

本書の出版企画については、東京大学出版会常務理事竹中英俊氏、実務に関しては、小暮明氏にご協力をいただいた。あつく御礼申し上げる。最後に私が学術研究に多くの時間を捧げた際、多大な犠牲を惜しまなかった家族に一言「謝謝！」と申し添えることをお許しいただきたい。

二〇一〇年一月　早稲田大学孔子学院にて

周　程

目次

凡例

1　福澤諭吉の著作からの引用は、原則として、富田正文・土橋俊一編集『福沢諭吉選集』全十二巻（岩波書店、一九八〇-八一年）を用いた。出典表記においては『選集』と略記した。『選集』に収録されていない場合、慶應義塾編纂『福澤諭吉全集』全二十一巻及び別巻（岩波書店、一九五八-六三年）を参照し、『全集』の如く略記した。

2　日本語資料の引用に際しては、原則として現行常用漢字体を使用し、ルビ・傍点は必要に応じて原文から取捨選択した。

3　陳独秀のテキストからの引用は、原則として、任建樹主編『陳独秀著作選編』全六巻（上海人民出版社、二〇〇九年）を用いた。出典表記においては『著作選編』と略記した。『著作選編』からの引用は、丸山松幸訳の「青年に告ぐ」と「孔子の道と現代生活」（いずれも西順蔵編『原典中国近代思想史』第四冊「五四運動から国民革命まで」岩波書店、一九七七年、所収）、長堀祐造訳の「私の根本的意見」、「世界情勢を再び論ず」、「被抑圧民族の前途」（いずれも『トロツキー研究』第三十九号・二〇〇二年十二月、所収）以外、すべて著者が訳出した。

4　中国語資料の題名の記述については、原則として本文では日本語に訳した題名を記し、注に中国語の原名を記した。

5　文献の発行データの記載については、刊行地が日本である日本語文献の場合、刊行地名を省略し、刊行地が中国大陸である中国語文献の場合、刊行地名を省略した。

6　引用文中の〔　〕内の文言は著者が補足したものである。

7　すべての人名の敬称は省略した。

序論　東アジア啓蒙思想史への視角

1　西ヨーロッパと東アジアの啓蒙

(1) 啓蒙という概念

日本語の「啓蒙」は十九世紀以前に中国から輸入されていた言葉なのであるが、十九世紀後半になって英語のEnlightenmentの訳語としても使われるようになった。「蒙」という字は「蒙昧・蒙闇・童蒙・愚蒙」などの術語に用いられることからわかるように、もともと幼稚で物事の道理をよく知らない、あるいは知的な意味で暗いという意味であった。「啓」は「啓く」、「啓発する」という意味であるから、「啓蒙」とは、「蒙を啓く」、「蒙昧を啓発する」ということである。すなわち、「啓蒙」という術語はもともとは「無知な者に知識を与えて教え導く」(1)というほどの意味にすぎなかった。十九世紀半ば以前に日本に伝わった朱子（一一三〇―一二〇〇）の『易学啓蒙』（宋朝）、朱世傑（元朝）編『算学啓蒙』（一二九九）、偉烈亜力（Alexander Wylie, 一八一五―八七）が金咸福の協力を得て著わした『数学啓蒙』（一八五三）、理雅各（James Legge, 一八一五―九七）著、香港英華書院訳『智環啓蒙』（一八五六）の中の「啓蒙」という言葉は、いずれも上述の意味で使われている。また幕末日本の学者帆足万里（一七七八―一八五二）『醫學啓蒙』（一八五八）、西周（一八二九―九七）『致知啓蒙』（一八七四）などの書名にある「啓蒙」も同様である。

それでは、明治時代になってから「啓蒙」という言葉がEnlightenmentの訳語として使われた時、その意味はいかなるものであったのであろうか。ここで興味深いのは次のことである。英語では「啓蒙」をEnlightenmentと言うが、この言葉は本来英語として存在していたにもかかわらず、啓蒙という意味で用いられるに当たっては、それがドイツ語の Aufklärung の訳語だったということに注意すべきである。[2] 一方、このドイツ語であるが、それは十八世紀のドイツ学者が同時代のフランスの思想運動を目撃して、生み出した言葉である。[3] ということは、まずフランスにおいて「啓蒙」の思想運動があり、それがドイツにおいて概念化されて「啓蒙」(Aufklärung)となり、それが英語に翻訳されて Enlightenment となったということなのである。

この事情から判断して、「啓蒙」の本家はフランスであり、ドイツはそれを思想として発展させ、最後に英国がそれを受容したというように考えてはなるまい。むしろ、同根の思想がフランスでは社会思想となり、ドイツでは哲学思想となり、さらに英国では政治と経済における自由思想となって現われたということのほうが重要である。しかも、フランスの「啓蒙」運動の引き金として英国のジョン・ロック(John Locke, 一六三二―一七〇四)の思想があったから、まず英国に興った思想がフランスに影響を与え、それが一大思想運動となって社会全体を揺るがし、それがさらにドイツに渡って内面化・思弁化し、さらにそれが英語の世界に逆戻りしたというのが実情なのである。[4]

また、「啓蒙」という概念の現われ方は、英・仏・独において、時期的にも内容的にも、大きな違いがあるとはいえ、西欧各国の「啓蒙」には共通の知的基盤があることも見落とすべきではない。その共通基盤は西欧を近代へと移行させる支えとなったもので、「啓蒙」の思想運動を産み出したフランスで十八世紀が「光の世紀」(siècle des lumières)と呼ばれていたところに、その本質が現われている。

フランスでは、「光の世紀」は、理性の光によって照らされ、明るくなる時代を象徴する言葉であった。「啓蒙」に当たるドイツ語の Aufklärung や、英語の Enlightenment の原意も、「光を照射して明るくすること」であり、それは人々の無知蒙昧という「暗闇」に理性の光を照射するという意味が込められている。つまり、西欧の近代に共通する「啓蒙」とは、理性の光を当てることによって、知の暗闇の状態、あるいは既存の宗教的、世俗的権威などへの盲信から脱却するという意味で統一的に理解されるのである。

既述のように、そもそも中国語から輸入された日本語の「啓蒙」の「蒙」も暗いという意味であり、「蒙を啓く」ということは西欧における「啓蒙」(Enlightenment) を指して、異なった意味を持たないかのようにも見える。しかし、厳密に言えば、十九世紀半ば以前に「啓蒙」なる日本語、ないし中国語には「理性の光」といったものは含まれておらず、むしろ「知識」の伝達の側面が強調されていた。そこでは「理性」に対する「盲信」という図式よりは、「知識人」に対する「無知な民衆」という図式が顕著なのである。

要するに、日本において、「啓蒙」という言葉は、無知な人に知識を与えて、大衆の知性を高めようとする活動を指したり、あるいは、西洋の十七世紀末より十八世紀後半にかけてのように、一切を理性の光に照らして見ることで、既存の宗教的および世俗的な権威を打破し、個人の人身の自由と精神の独立を実現しようとした思想運動を指した。本書で問題にする「啓蒙」は、一般的な意味の「蒙を啓く」ではなく、より本質的に思想の内容を規定した意味でのそれであり、西欧的な意味での「啓蒙」(Enlightenment) にほかならない。

(2) 西ヨーロッパの啓蒙と民主・科学

西ヨーロッパで十七世紀末に興り、十八世紀後半にいたって全盛期に達した啓蒙運動は多様な顔をもっているが、その基本的特徴は明確であろう。それをまとめると、次のとおりである。

第一に、西ヨーロッパの啓蒙運動は、近代科学誕生のインパクトを受けた思想家たちが、理性をもって迷信、偏見を打破し、いろいろな伝統、とくに教会の権威に反抗し、人格の尊厳と精神の独立を実現しようとした、宗教的蒙昧主義に反対する思想運動である。

啓蒙思想家たちは、フランシス・ベイコン (Francis Bacon, 一五六一—一六二六)、ルネ・デカルト (René Descartes, 一五九六—一六五〇)、アイザック・ニュートン (Isaac Newton, 一六四二—一七二七) らが構築した近代科学の精神がたんに自然研究ばかりではなく、人間の全活動を変えつつあると信じた。彼らは、近代科学は合理主義、懐疑の精神に基づいたものであり、すなわち理性の産物であり、人間はその理性を使うことによって人間を支配してきた迷信と偏見の闇を照らすことができるし、打破しなければならないと考えた。したがって、啓蒙思想家たちは、理性とそれに根ざした近代科学を全面的に信頼し、各人が自ら理性の力を行使することによって、「人間が自分の未成年状態から抜けでる」(5)ことへと働きかけた。

啓蒙運動以前、ヨーロッパではキリスト教神学が支配的な地位に立ち、理性は信仰に従属していた。人間は自然探究によって神の偉大な力を知ることができても、被造物の考察それ自体からは神の本質や属性を知ることはできない、というのが自然探究者を含む当時の人々の基本的立場であった。ベイコンさえ、人間の自然解釈が過度に働くことによって信仰の真理そのものが侵食されることを危惧して、「信仰に関することは、信仰にゆだねよ」と呼びかけていた。(6)信仰から理性を解放するために、一切の権威の究極の源泉が理性にあると主張する啓蒙思想家たちは、理性の理解を超えた「恩寵の光」、「啓示の光」の権威に頼む旧教会勢力、またそれと密接に結びついた中世以来のスコラ学に批判の矢を向けることになった。

啓蒙運動の口火を切った英国では、啓蒙思想家の多くは理神論という立場から既存の啓示神学の非合理性を非難し、積極的に思想の自由と宗教の寛容を主張していた。彼らは、教義といえども、その真理性の根拠は理性に基づき、たとえ理性を超えたものであっても、少なくとも理性に反しそれに矛盾したものであってはならないと主張し、聖書に記されている預言や奇跡などの非合理的要素を排除すると同時に、それらを僧侶たちの権力欲に発する行為として攻撃した。(7)

英国理神論の影響を受けたヨーロッパ大陸では、啓蒙思想家たちは自然探究における神の役割をいっそう後退させた。(8)理神論から唯物論に転じた『百科全書』の編集者ドゥニ・ディドロ（Denis Diderot, 一七一三―八四）や、パリで生涯の大半を過ごしたドイツ生まれのポール＝アンリ・ドルバック（Paul Henri d'Holbach, 一七二三―八九）は、聖書や神学、教会の権威を攻撃し、精神救済としての宗教の役割を否定もしくは限定し、理性と自然だけで十分だと主張した。イギリス理神論者の新しい合理的な自然宗教を紹介して社会的な偏見や不寛容、迷信の打破のために奮闘し、その時代の思想に圧倒的な影響を与えたヴォルテール（Voltaire, 一六九四―一七七八）は、世界秩序の知的創造者としての神の存在は認めたが、人間の功過に対して賞罰を課して、広く万物の摂理をつかさどるとされる人格神を認めず、聖書の矛盾を暴いた。彼は、有名な『哲学書簡（イギリス便り）』（英語初版一七三三、仏語初版一七三四）の中で、「私は哲学の光に基づいて述べているのであり、信仰の啓示に基づくものではない。人間的見地から考えることだけが、私の義務である。〔……〕理性と信仰とは相反するものである」[9]と述べ、理性を信仰から解放し、科学を宗教と切り離し、理性・科学を優先させた。

こうした「神離れ」現象は、科学の性格を大きく変えた。十七世紀までの自然哲学者たちが、等しく自然探究を、最終的には神の計画の理解を目的として行なっていたのに対して、啓蒙思想家たちは、それを何よりもまず人間の幸福のために行なったのである。もちろん、十八世紀を境として科学から宗教色がすべて消失したわけではない。しかし、啓蒙思想家の働きかけによって、科学活動における宗教的動機は十八世紀になって急に揺らぎ始めていたことには疑いの余地がない。しかも、それから、科学は一般大衆の眼前に以前とは比較にならないほどくっきりとその姿を現わし、彼らに憧憬と驚異の念を抱かせ、熱狂をもたらしたことも周知である[10]。

第二に、西ヨーロッパの啓蒙運動は、新興のブルジョワジーを代表する思想家たちが、理性の解放と科学の増進を通じて人間社会が絶え間なく進歩していくことを信じて、従来の不平等で不自由な政治・経済制度、およびそれを支えるイデオロギーを批判し、新しい社会秩序を建設しようとした、封建的専制主義に反対する思想運動でもあった。

啓蒙思想家たちは、急速な発展を遂げている近代科学技術を目にして、科学技術の発展による自然支配の拡大にしたがって、人間の歴史が時代を経れば経るほど進歩していくという考えを展開していった。この種の進歩史観は、古代・中世・ルネサンスの人々の歴史観には一般には見られなかったことである。中世キリスト教世界において、歴史は神の救済計画に基づく摂理によって成立するものである。ルネサンスにおいては、古代の黄金時代から暗黒の中世を経て、再び黄金のルネサンスに回帰していくという循環的歴史観が支配的であった。人間や社会の進歩の信念は啓蒙時代の産物であった。それは、知識には限界がなく、時間とともに増大して人間に幸福をもたらす、というフランシス・ベイコン思想における知識観を、歴史像に延長したものであった。啓蒙思想家たちは、人類の過去を、野蛮な時代から輝かしい近代への発展の歴史として描いた。コンドルセー（Marquis de Condorcet, 一七四三—一七九四）が革命直後に著した『人間精神の進歩の史的展望素描』（一七九四）は、こうした、人類と社会が輝ける未来へ不断の進歩を続けることを謳歌した歴史叙述の一典型である。実際、人間の発展の無限の可能性に対する確信に基づく近代的な教育観も、コンドルセーとジャン＝ジャック・ルソー（Jean-Jacques Rousseau, 一七一二—一七七八）らを始めとするこの期の啓蒙思想家たちによって確立されたといってよい。

理性の権威を主張する啓蒙思想家たちは、合理主義、懐疑の精神という科学的態度を、自然認識のみならず、法や人間社会の起源といった社会認識にも適用しうると考えた。(11) それまでの封建的専制制度を基礎づけたイデオロギーは、国王の支配権は王の先祖が神から直接に賦与されたものであるから絶対的なものであると説く「王権神授説」であった。これを非合理的な考えとした啓蒙思想家は、すべての人間の本性に適った普遍的な法が存在することを主張し、その法により人間社会の根本的な秩序が保たれることを説いた。法は一部の支配者の利益のために一方的に、勝手気ままにつくられて行使されるものでなく、ニュートンが自然の中に見いだした法、すなわち万有引力の法則のように、理性に基づいて万人が納得できる形で導かれた永久不変の「自然法」であるべきだ、というのである。現に存在するような社会が本当の社会であると解してはならない。あるべき本来の社会、すなわち自然な社会を語るには、野性状態にあった自然の時代にまで遡って考えなければならない。そこでは人々を支配する権威をもった特定の優越者はなく、理性的動物としての人間は理性によって互いの生活を行なう自由で平等な状態がある。この自然状態の秩序を司る唯一のものが、理性の法としての自然法なのである。ジョン・ロックの政治論も、モンテスキュー（Baron de la Brède et de Montesquieu, 一六八九―一七五五）の法の精神も、ジャン＝ジャック・ルソーの社会契約説も、議論の違いこそあれ、その原点にはこうした自然法的思想があったものと考えられる。

自然法的思想の核心をなすのは天賦人権論である。すなわち、すべての人間は生まれながら、人間としての権利をア・プリオリに賦与されている。そして、それは論理的に実定法に先行し、したがって政治権力の侵しえない権利である。もし、それが侵害されるならば、支配者の解任を含む革命権の発動も認められる。啓蒙思想家が打ち出したこのような天賦人権論は、当時ブルジョワジーが封建的専制に反対し、近代民主主義と自由主義を訴える重要な理論的根拠になっていった。しかも、十八世紀後半のアメリカ独立革命、フランス革命、および十九世紀のヨーロッパ各地で爆発した一連のブルジョワ革命に強い影響を与えたのであった。

総じていえば、近代社会への移行期において、西ヨーロッパ各国で行なわれた啓蒙運動は現われ方に一定の違いがあるにもかかわらず、理性・科学を唱えて、宗教的蒙昧主義に反対し、自由・民主を唱えて封建的専制主義に反対するという点で一致していたと言える。すなわち、西ヨーロッパの啓蒙思想家にとって、理性・科学は宗教的蒙昧主義の対立物であり、自由・民主は封建的専制主義の対立物であった。彼らは伝統的な思考様式と学問スタイルを批判するだけでなく、既存の封建制度と専制体制を打倒して新しいブルジョワ社会――理性的かつ自立的な人格の共同体――を建設しようとした。そのために、理性・科学と自由・民主との旗印を高く掲げたのである。科学と民主こそ西欧啓蒙の真骨頂であると言っても過言ではないであろう。

(3) 東アジアの啓蒙の特徴

啓蒙思潮は近代社会の確立期において西ヨーロッパで現われたのであったが、それは西ヨーロッパに特有の現象なのではない。東アジアでも同様に封建社会からブルジョワ社会に移行する際に、理性・科学と自由・民主を唱え、因襲・迷信と封建・専制に反対する啓蒙思潮が勃興した。たとえば日本の場合、江戸時代末期から明治維新初期にかけて、それが見られた。とりわけ明六社に参加した人たちによって展開された思想は啓蒙主義の性格を備えていた。中国では、清末から民国初期にかけて、啓蒙思想の展開を見ることができる。とくに民国初期、雑誌『新青年』を中心に結成されたグループが推し進めた新文化運動は、しばしば啓蒙運動と称される。明六社の人たちと『新青年』グループの人々が唱えた主張は、次の点で彼らの思想が近代西ヨーロッパで生まれた啓蒙思想とかなりの共通性をもっていたと言える。すなわち、伝統的な思考様式と学問スタイルへの批判、新しい学問モデルとしての科学の提唱、封建制度と専制体制への反発、自然法的な「天賦人権」説の唱道、人間性の普遍性と歴史の進歩に対するオプティミスティックな信念などの点である。しかし、東アジアの啓蒙思想は、一定程度までは、西ヨーロッパの啓蒙思想と同様な内容をもつとはいえ、その置かれた歴史的・文化的な条件が異っていたため、西ヨーロッパの啓蒙に見られないさまざまな問題を抱え、西ヨーロッパの啓蒙と異なったさまざまな様相を呈した。

まず第一に、東アジアの啓蒙思想は対外的危機を背景とし、いかにして西洋列強に対抗するかという課題をめぐって展開された。そのため、東アジアの啓蒙思想においては、西洋列強に対抗しうる近代国家を形成することが終始主要な目標の一つとされ、ナショナリズムの傾向が刻印されていた。

西ヨーロッパ（ドイツなどを除く）の啓蒙思想においては、絶対王政による近代的統一国家がすでに成立していたため、その、すでに成立していた統一国家を、いかに理性化・民主化するかが問題とされた。そのため、西ヨーロッパの啓蒙思想は国家権力に対抗して個人の自由・独立の観念が主張されたばかりではなく、絶対君主による対外戦争を批判するものでもあった。すなわち、個人の自由・独立と国際的な平和・友好とが密接に結びつく可能性をもっていた。これに反して、東アジアの啓蒙思想においては、対外的な独立を達成するために近代的な統一国家ないし国民国家を新たに形成することが重要課題とされ、個人の自由・独立の主張はこの課題と結びついて展開された。したがって、中国でよく使われた「立国」と「立人」という言葉を借りて言えば、東アジアにおいては、まず「立国」が課題とされ、「立人」の課題は、「立国」のために「立人」をしなければならない、という思想背景のもとに出現したのである。この意味で、東アジアの啓蒙思想は、なによりもまず国家意識の覚醒であったのであり、個人意識の覚醒はいわばその裏面として形成されたのであった。

もっとも、以上は思想的展開の順序から述べられたものである。東アジアの啓蒙において個人の自由・独立が終始国家の自由・独立に価値的に従属してとらえられていたということではない。個人の自由・平等の観念が展開されるにつれて、国家の捉え方が漸次転換され、国家はそれを構成する個人を離れて存在するものではないことが自覚されてきた。そして、個人の自由・独立は国家の自由・独立なくしては守ることができず、逆に国家の自由・独立は個人の自由・独立なくしてはありえないとされ、個人の自由・独立と国家の自由・独立とがともに達成すべき課題として、同時に提起された。福澤諭吉（一八三五―一九〇一）が打ち出した「一身独立して一国独立する」という主張と、陳独秀（一八七九―一九四二）が提起した「愛国心と自覚心」というテーゼは、この関連を端的に示したものである。東アジアの啓蒙がナショナリズムの傾向を刻印されていたという事実の真の意味は、この点にある。西ヨーロッパの場合とは異なって、ここでは、個人の自由・独立の確立と国家の自由・独立の確立とが、同時的な課題として関連をもって現われているのである。

しかしながら、十九世紀中葉から、西洋列強はいわゆる帝国主義の時代に入り、アジア諸国は次々と植民地化され、国家の独立の危機は目前に迫ったものとして深刻に意識されていた。しかも、一般の民衆を政治的主体として覚醒させ成熟させるには、なお長い時間が必要であると考えられていた。こうした事態のもとで、一部の知識人は、西洋列強に対処するために、ともかくも一応強力な国家体制を整備することを優先課題として、しだいに国家の自由・独立を、富国強兵を主要内容とする国家体制の整備という問題に収斂させていった。結局、彼らの思想においては、国家の自由・独立が個人の自由・独立とが乖離する傾向を帯びるようになっていった。この時、啓蒙はもはや西ヨーロッパのように絶対的権力に反対するためではなく、絶対主義の維持・強化を図ろうとするものになった。このように、啓蒙の重点が「立人」から「立国」に、あるいは「民権」の確立から「国権」の確立に移り変わるにつれて、かつて啓蒙を主張した人々が個人の自由・独立の意識を呼び覚まそうとする啓蒙的課題を放置し、封建的保守勢力と妥協するようになったのは不思議なことではない。同時に、個人の自由・独立ないし国家の自由・独立を国際的な平和・友好の観念と結び合わせることもきわめて難しくなった。結果として、東アジアにおける啓蒙思想家たちは二つの異なる方向に向かって進んでいった。すなわち、一部の人々が個人の自由・独立を達成しようとする啓蒙路線を堅持し続けたのに対して、ほかの一部の人々は強力な国家体制の確立に専念し、個人の自由・独立の達成および各国間の平和・友好の維持という課題を抑圧する路線に転じたのである。

第二に、東アジアの啓蒙は産業革命と「第二の科学革命」(12)が遂行された後に近代西洋の思想や制度を導入するという形態を取って展開された。それによって、東アジアの思想家たちの「科学」、「民主」を始めとする西洋近代思想に対する理解は「啓蒙主義」的であったとはいえ、不可避的に新しい時代の烙印を押され、多かれ少なかれ西ヨーロッパの啓蒙思想と違う色彩を帯びることになった。

西ヨーロッパの啓蒙思想は封建的社会関係が解体し、近代的社会秩序が形作られているという歴史条件のもとで成立をみたものである。したがって、それが伝統的社会関係を変革し、新しい社会秩序を建設しようとする東アジアの啓蒙思想家たちの共感を呼んだのはごく自然なことであった。東アジアの啓蒙思想家たちが活躍した時代は、オーギュスト・コント（Auguste Comte, 一七九八―一八五七）の実証主義、チャールズ・ロバート・ダーウィン（Charles Robert Darwin, 一八〇九―一八八二）の進化論、ジェレミー・ベンサム（Jeremy Bentham, 一七四八―一八三二）、ジョン・スチュアート・ミル（John Stuart Mill, 一八〇六―七三）流の功利主義、サン＝シモン（Comte de Saint-Simon, 一七六〇―一八二五）、シャルル・フーリエ（Charles Fourier, 一七七二―一八三七）、ロバート・オーエン（Robert Owen, 一七七一―一八五八）に起源が求められる社会主義思想が西洋で大流行していた時期であった。そのため彼らはそうした傾向の著作に接した時、それらの西洋近代思想の影響を受けた。なかんずく、フランス革命後の科学思想の影響がもっとも大きかった。

周知のように、フランス革命後、科学は大きな変貌をとげた。それまで、解析的数学、力学、機械論的光学、化学などの諸学科が形成されていたが、それらの科学の担い手のほとんどは他の本業や地位をもつある種のディレッタントであり、専門的に科学研究に携わっていたのは、大学のごく少数の数学教授ないし王立科学アカデミー会員にすぎなかった。財政的にも時間的にも比較的恵まれたこうしたエリートたちの余技としての自然研究が、それまでの実り多い科学的成果を支えてきたのである。科学史家の佐々木力によれば、「科学者が職業として成り立つようになったのはフランス革命後のことである」[13]。フランス革命以後、大学に職をもつ科学者が増えた。また、革命の申し子であったナポレオン（Napoléon Bonaparte, 一七六九―一八二一）がもたらした戦争の衝撃によって、プロイセンでは近代的大学が建設され、科学は大学の中の専門分野となり、学生が科学研究を行なうようになった。重要なことは、科学の変貌がたんに制度上でのみではなく、その内容においても起こったということである。

職業科学者の増加にしたがって、科学はさまざまな専門諸分野に枝分かれしてゆき、そしてそれぞれの領域でさらに分化し、深化させられていった。十九世紀に入ると、物理学においては、従来の天文学や力学ばかりではなく、熱学、光学、電磁気学などの諸領域が実験と高度な数学を駆使した数学的物理学としての体裁を次第に整えていった。化学は、もともと実験的色彩の強い学問であったが、十八世紀以降、天秤による精密な秤量などの定量的手法が重視され、世紀転換期のいわゆる「化学革命」を経たあと、物質の構成要素や化学反応にかかわるいくつかの指導原理をもった学問として確立されていった。生物科学も、自然誌的な記述が主体の伝統的研究スタイルのうえに、実験的手法が加わった。一方で、地質学の興隆や、分類学、比較解剖学、古生物学の進展とあいまって、生命の歴史的起源の系統的研究が行なわれ、ダーウィンの進化論が登場した。他方において、生命現象を物理学的、化学的方法によって解明する動きが起こった。この変革について、科学史家の古川安は次のように述べている。「実験的方法、自然現象の量的・数学的記述などはいずれも、十六、十七世紀の科学革命にキリスト教的文化の枠組みの中で発展したものであったが、それらが今、十九世紀の文脈の中で科学の諸領域の研究に精緻な形で適用され専門分野を拓く主導的アプローチになったのである(14)」。

フランス革命後、目覚しい勢いで成長を遂げた科学は産業を媒介として技術とますます深く結びつき、科学的技術の確立に拍車をかけることになった。この時、科学研究は人間の知識の拡大にどれだけ貢献したか、「真理の探究」にどれだけ寄与したかという西欧啓蒙思想家を代表とする古典的価値規準よりも、商業と軍事にどれだけ奉仕したか、国家にどれだけ利益をもたらしたかという価値規準から評価される傾向が生まれた。他方では、科学は社会的威信を勝ちとり、実証主義的、科学主義的思潮は急速に蔓延するようになった。この時代、大衆の眼に映った科学とは驚異の力であり、理解できなくとも信頼すべき魔術であり、未来を約束する抜きん出た技術なのであった。こうした科学のイメージ――そこには幻想と誤解も混じっていた――を受け入れた東アジア啓蒙思想家が科学を合理主義・懐疑の精神に基づいたもの、あるいは理性の産物と見なすとともに、技術と同一視し、社会の文明進歩の目盛り、国家の力の象徴としたことには、なんの不思議もない。

また、指摘しておかれるべきは、西ヨーロッパの理性、科学、ないし自由、平等、独立などの観念が儒学、とくに朱子学の理論を媒介として東アジア啓蒙思想家に受け入れられたということである。

明六社のメンバーを代表とする日本の啓蒙思想家たちは「すべて百科全書的知識の持主であった」[15]と評価されている。一八九八年の戊戌変法後に中国思想界で活躍していた啓蒙思想家たち、たとえば、厳復（一八五三―一九二一）、梁啓超（一八七三―一九二九）、陳独秀、魯迅（一八八一―一九三六）、胡適（一八九一―一九六二）なども同様に百科全書的知識の持主であったとも言える。もっとも、知識を広く求めたことは認められねばならないにしても、その理解の深さをここで問題にすることはしない。これらの東アジア啓蒙思想家たちは、近代西洋の人文科学と自然科学の知識を浅くとも広く知っており、そしてみな一度は専門的に、儒学を中核とする漢学を学んだ。このことは、彼らのうちに、儒学と洋学、あるいは東アジアの伝統思想と西ヨーロッパの近代思想との間の厳しい緊張を生み出した。彼らは啓蒙のエネルギーによって封建的伝統と対決したが、伝統思想の影響も残ったために、彼らの思想は少なからず東西折衷的な傾向を帯びたものとなった。そのため、啓蒙期の彼らの西洋近代思想、とくに自由、平等、独立などの観念に対する理解には当然不徹底さが残ることになった。

以上で説いたように、東アジアの啓蒙思想は西ヨーロッパの啓蒙思想と同様な内容をもちながらも、異なったさまざまな様相を帯びていたのである。したがって、西ヨーロッパの啓蒙思想の分析を背景にして東アジアの啓蒙思想の形成、およびその特徴を詳細に解明するのは意味がある作業であろう。本書はこのような考えのもとになったものである。

2　啓蒙思想家、福澤諭吉と陳独秀の顔

(1) 福澤諭吉の「独立心」と「数理学」

東アジアにおける啓蒙思想の形成、およびその特徴を明らかにするには、幕末から維新初期にかけて活躍した福澤諭吉、西周、津田眞道（一八二九―一九〇三）、中村正直（一八三二―九一）、加藤弘之（一八三六―一九一六）、久米邦武（一八三九―一九三一）を始めとする日本の啓蒙思想家や、清末から民国初期にかけて活躍した厳復、梁啓超、陳独秀、魯迅、胡適を代表とする中国の啓蒙思想家、さらには朝鮮の啓蒙思想家を包括的にとりあげなければならないだろうが、この課題は本書がカヴァーすべき範囲を大きく超える。したがって本書では議論を近代科学にかかわる啓蒙思想の形成と展開に限定することにしたい。そして明らかにしたいのはその全容ではなく、あくまでその主要な輪郭である。一言で言えば、本書の狙いは、日中両国の代表的な啓蒙思想家の思想を究明することを通じて、東アジアにおける啓蒙思想、とくに近代科学にかかわる啓蒙思想の形成およびその主な特徴の解明の一助としたいということにある。このために、日本の最大級の啓蒙思想家福澤諭吉と中国の最大級の啓蒙思想家陳独秀を選んで、彼らの科学思想と民主思想の再構成に重点を置いて研究を進めてゆくのがもっとも有効であろうと考えられる。

日本の啓蒙思想家、いな東アジアの啓蒙思想家の中で科学と民主を中核とする啓蒙思想について抜群の理解を示し、またそれに基づいてきわめて広い視野に立って国民の啓蒙に心血を注いだ最大の思想家は福澤諭吉であった。なるほど福澤の社会・政治思想は、のちの吉野作造（一八七八―一九三三）や陳独秀の近代民主主義思想とは異なり、その原初的形態にしかすぎないと指摘されうるかもしれない。その通りであろう。しかし、彼は立派に「明治デモクラシ

ー」の思想家、少なくとも日本近代民主思想の先駆者に数えられうるであろう。(16)

明治五年（一八七二）に刊行された福澤の『学問のすゝめ』初編の冒頭は次の文章で始まっている。「天は人の上に人を造らず、人の下に人を造らずと云へり。されば天より人を生ずるには、万人は万人、皆同じ位にして、生れながら貴賤上下の差別なく、万物の霊たる身と心との働を以て、天地の間にあるよろづの物を資り、以て衣食住の用を達し、自由自在、互に人の妨をなさずして、各安楽に此世を渡らしめ給ふの趣意なり。〔……〕人は生まれながらにして貴賤貧富の別なし。唯学問を勤て物事をよく知る者は貴人となり富人となり、無学なる者は貧人となり下人となるなり(17)」。福澤は当時の日本の封建的身分制に反発して、人間は生まれながらに平等であり、したがって自由でなければならないと訴え、学問、すなわち知識、知性の有無によって人間の価値が決まると述べているのである。

また福澤は次のように言っている。「学問とは、唯むつかしき字を知り、解し難き古文を読み、和歌を楽み、詩を作るなど、世上に実のなき文学を云ふにあらず。〔……〕畢竟、其学問の実に遠くして、日用の間に合はぬ証拠なり。されば今斯る実なき学問は先づ次にし、専ら勤むべきは人間普通日用に近き実学なり(18)」。ここで福澤は日常生活に関係の乏しい儒学などの日本と中国との旧来の学問を斥け、もっぱら日常生活に実益がある新しい「実学」を求めている。ちなみに、のちの明治十六年（一八八三）に福澤は、この「実学」という言葉に「サイエンス」というフリガナを付けたことがある。(19)

封建的社会秩序と伝統的学問を根底から否定し、自由、平等、独立などの近代民主主義思想と科学、実験的精神、懐疑の精神などの近代合理主義思想を唱道した、この『学問のすゝめ』の刊行は新生日本社会に大きな波紋を投げかけた。福澤の「合本学問之勧序」によれば、明治十三年（一八八〇）七月にいたって十七編の合計部数はおよそ七十万冊にのぼったという。初編だけで二十二万冊、すなわち当時の日本人口の一六〇分の一に達したということである。(20)

最晩年の『福翁自伝』の中において、福澤はより鮮明に自らの科学と民主に関する主張を開陳している。「古来、東洋西洋相対して其進歩の前後遅速を見れば、実に大造な相違である。双方共々道徳の教もあり、経済の議論もあり、文に武に各々長所短所ありながら、扨、国勢の大体より見れば富国強兵、最大多数最大幸福の一段に至れば、東洋国は西洋国の下に居らねばならぬ。国勢の如何は果して国民の教育より来るものとすれば、双方の教育法に相違がなくてはならぬ。ソコデ東洋の儒教主義と西洋の文明主義と比較して見るに、東洋になきものは、有形に於て数理学と、無形に於て独立心と、此二点である。〔……〕近く論ずれば、今の所謂立国の有らん限り、遠く思へば人類のあらん限り、人間万事、数理の外に逸することは叶はず、独立の外に依る所なしと云ふ可き此大切なる一義を、我日本国に於ては軽く視て居る。これでは差向き国を開て、西洋諸強国と肩を並べることは出来さうにもない[21]。

ここで福澤は、西洋社会に対する東洋社会の遅れ、停滞は「漢学教育の罪」であるゆえに、これを「腐儒の腐説」として一掃している。そして、西洋には深く根を下ろしているが、東洋には欠落している「数理学」と「独立心」を新たな教育内容の中核としなければならない、と主張している。

福澤における「実学」あるいは「数理学」に関して、明快に論じた論考の一つに丸山眞男の「福澤に於ける「実学」の転回——福澤諭吉の哲学研究序説[22]」がある。丸山によれば、福澤が言っている「数理学」とは、「近世の数学的物理学、つまりニュートンの大成した力学体系を指す。これは福澤に於ていわば学問の学問であり、あらゆる学問の基底であり、予備学であった[23]」。これに対して、「アンシャン・レジーム」としての徳川時代の学問の中枢は倫理学であり、人の生きる「道」の教えにほかならなかった。そこにおいては、「「道学」が一切の学問の根本であり他の一切の学問は「道」を求めるという目的に奉仕する限りに於て存立を許容される[24]」。福澤は、結局、ヨーロッパ近代において興った、中核的学問の「倫理学より物理学への転回」を日本において実現した思想家であった、と丸山は指摘しているのである。

ところが、福澤が「物理学を学問の原型に置いたことは、「倫理」と「精神」の軽視ではなくして、逆に、新たなる倫理と精神の確立の前提なのである。彼の関心を惹いたのは、自然科学それ自体乃至その齎した諸結果よりもむしろ、根本的には近代的自然科学を産み出す様な人間精神の在り方であった[25]」と丸山は説明している。

「近代的自然科学を産み出す様な人間精神」とはなにかということに関して、丸山は次のように敷衍している。近世の自然観は、「自然からあらゆる内在的価値を奪ひ、之を純粋な機械的自然として——従って量的な、「記号」に還元しうる関係として——把握することによって完成した。〔……〕自然を精神から完全に疎外し之に外部的客観性を承認することが同時に、精神が社会的位階への内在から脱出して主体的な独立性を自覚する契機となったのである。ニュートン力学に結晶した近代自然科学のめざましい勃興は、デカルト以後の強烈な主体的理性の覚醒によって裏うちされていたのである[26]」。この回答において注意されるべきは、福澤によって東洋に欠落しているものとされた「独立心」と「数理学」とが結合されていることである。

丸山によれば、「デカルト以後の強烈な主体的理性」の行動的性格を端的に表現するのが、いわゆる実験的精神である。「福澤はこの実験的精神を単に自然科学の領域だけでなく、政治、社会、等の人文領域にまで徹底して適用したのである。一切の固定的なドグマ、歴史的な伝統、アプリオリとして通用している価値は、峻厳に彼の実験的精神の篩にかけられて、無慈悲にその権威の虚偽性を暴かれて行った[27]」。

福澤が近代的理性を駆使して一切の固定的なドグマ、歴史的な伝統、封建的な価値観などを見直した結果、彼は東アジアでもっとも早くから自然法的個人と国家の自由独立論を展開した、というのが丸山の理解である。

今日の日本では、福澤諭吉というと、人々がすぐ思い起こすのは、おそらく「天は人の上に人を造らず、人の下に人を造らず」という文に象徴される天賦人権論の提唱、慶應義塾の創設、最高額面紙幣の肖像という三つであろう。福澤は自由、平等、独立を主張した東アジアの民主主義の先駆者としてよく知られている。このような福澤のイメージが形成された背景に、安川寿之輔が非難しているように、丸山眞男を含めて、『学問のすゝめ』の根本思想は冒頭の「天は人の上に」の一語に尽きているなどと唱える学者たちが存在していたことはまさしく事実なのである。[28]

福澤における個人と国家の自由、平等、独立などの民主的政治観念に関して、丸山は一九四九年に公表した「近代日本思想史における国家理性の問題」および一九五二年に岩波書店から刊行された『福沢諭吉選集』第四巻解題」の中で明快に解説している。丸山によれば、福澤は自然法における、個人の自由平等観を信じている。そのため、彼は国内政治論において「社会契約説」、より正確には「統治契約説」を主張している。

また、福澤は個人の自由平等観を国家間の関係に読み替えることにより、「自然法」(道理)の支配、それを前提とする国家平等観を導いた。そのため、彼において国家間の平等とは事実上の平等ではなく、権利の平等を意味していた。丸山は、「人間平等が「有様の平等」すなわち事実上の平等をいうのではなくして「権理の平等」すなわち事実上の強弱関係にかかわらぬ基本的人権の平等を指すのと同じく、国家間の平等もまた事実上の富強貧弱にかかわらぬ、国家としての基本的国権の平等を意味する[29]」と指摘している。

さらに重要な点は、国家の独立には個人の独立が必要だという主張である。丸山は次のように書いている。「ヨリ重要なことは、個人の自由独立と国家のそれとが単に類推によってパラレルに説かれるだけでなく、「一身独立して一国独立す」という命題の示すように、両者の間に必然的な内面的連関が成立することである。すなわち「内に在ては唯政府を尊崇して卑屈固陋を極め」る「人民を駆て外人に当らしめ、日本の独立の気風を保たしめんとするも亦難きに非ずや」とすれば、「外国に対して我国を守らんには自由独立の気風を全国に充満せしめ」ることがどうしても必要となって来る。国内における抑圧からの国民的解放は国際社会における独立確保の前提条件である[30]」。

このような福澤の考え方に対して、丸山は次のように評している。「個人的自由と国民的独立、国民的独立と国際的平等は全く同じ原理で貫かれ、見事なバランスを保っている。それは福澤のナショナリズム、いな日本の近代ナショナリズムにとって美しくも薄命な古典的均衡の時代であった[31]」。

しかしながら、丸山によれば、「福澤の論理が国内関係と国際関係において分裂し、しかも後者が終始前者に優先していたところに、まさに彼の全体系のアキレス腱があった」[32]。また、その「国際関係優位の論理は、その後の国際情勢によって益々強烈さを加え、日清戦争に至ってフォルティシモとなって爆発するのである」[33]。福澤の、まさしく日清戦争勃発の際の言論こそ、「官に対する民の実質的な無条件降伏の勧め」[34]を意味する例外的な「哲学」からの逸脱の瞬間なのであった。佐々木が言うように、「丸山にあっては、このように福澤の思想の欠点を明示的に指摘した文章は稀である」[35]。

総じていえば、丸山は福澤の国際政治論に自然法から「国家理性」への急激な旋回があったことを認めるが、福澤の国内政治論にそのような質的変化があったことを認めない。丸山からみれば、福澤の国際政治論の急激な旋回は不可避的に彼の国内政治論に変化への圧力をもたらしたにもかかわらず、それは論理の根本的変更には及ばなかった。「市民的自由主義」、あるいは「独立自尊の精神」に対する執着という点で、福澤は終始一貫して変わらなかった、と丸山は考えているのである。

丸山眞男の啓蒙主義的福澤論に対して、のちに、ひろたまさき、安川寿之輔をはじめとする多くの学者が批判を行なった。

ひろたまさきによれば、丸山を含む従来の福澤研究の圧倒的な大部分は啓蒙家福澤に向けられている。そのために啓蒙家福澤とは異なった後期福澤の独自の意味が明確に示されなかった。彼は福澤の思想をその形成過程から晩年にいたるまで追跡したあと、福澤の思想の展開の全過程に三度の転回があるということを見いだした。そのうち、第一の転回は幕臣福澤から啓蒙家福澤への転生である。彼によれば、啓蒙期において福澤は「一身独立して一国独立する」のスローガンを掲げ、封建卑屈の精神を批判して、自由・平等・独立と実学的合理精神・遵法精神を説いたが、「それらは西洋文明の優越性に依拠し明治政府の文明開化政策を前提として説かれたから、日本民衆の現実を理解せず民衆的伝統を無視また愚昧視するところの観念論的性格をも」っている。[36]このような愚民観ゆえの福澤の啓蒙意欲は、のちに民権運動や農民一揆などの政治対立・階級対立の激化にしたがって、だんだん弱まってしまった。結局、「日本民族構成員全体に貫徹すべきナショナリズムの核として提示されていた「一身独立」の理念は、士族層の「自主独立」に限定され相対化されることによって、普遍的性格を失い[37]」、したがって、福澤の第二の転回が現われた。ひろたの言葉によれば、「福沢の第二の転回は、啓蒙期から士族期への転回であり、天賦人権論にもとづく普遍的価値の主張から「権道」的現実主義に居直った現実的特殊的価値の主張への転回であり、あらたなる政治的状況のもとでの国家独立・富国強兵のためのあらたな構想の創出である[38]」。第二の転回の契機が政治危機にあったのに比べ、福澤の第三の転回は経済危機、すなわち一八九〇年の日本資本主義最初の恐慌を媒介とした。このあと、福澤は中産階級＝士族層の「自主独立」への絶望から「既成の大富豪」の「独立自尊」への期待に転回した。「啓蒙期の「一身独立」、士族期の「自主独立」、大資本期の「独立自尊」の主張は、あたかも福澤が人間の主体性確立のために一生たたかいつづけたかの観を呈しはする。しかし、それは虚構性のもとにではあれ「一身独立」がもっていた啓蒙期の広い視野と普遍性を次々にせばめうちこわしていった過程を表現しているのであり、日本における未成熟なブルジョアジーが国家秩序に依拠しつつ急速になりあがり、ついに己れのみを「独立自尊」とするにいたった過程の表現でもあった[39]」と、ひろたは指摘している。

福澤の啓蒙主義思想の連続性を重視する丸山と異なり、ひろたは福澤の思想の変化を重視し、それを丹念に追跡したあと、福澤の啓蒙主義思想は凋落の一途をたどったと指摘している。このことはたいへん興味深い。福澤の思想の転換と凋落を提示するひろたと異なり、安川寿之輔は福澤の思想の一貫性を強調している。安川からみれば、福澤が「「一国独立＝富国強兵」という生涯の「大本願」の道を一筋につきすすんだ」ので、「思想」に変化はなかった。しかも、彼の「独立自尊」は「『帝室を奉戴して其恩徳を仰』ぐ『臣民』精神と共存しうるかぎりにおいて」のものにすぎなかった。したがって、安川は、福澤を、民主主義を唱える啓蒙主義者ではなく、終始一貫、徹頭徹尾の国権論者として否定している。[40] 安川によれば、①「天は人の上に人を造らず、人の下に人を造らずと云へり」という冒頭句は「借物的」性格のものであって『学問のすゝめ』の論旨を象徴するものではない。啓蒙家福澤の思想には、抵抗権・自由権が欠落しており、「ほんらいの基本的人権」はない。[41] ②福澤の「一身独立して一国独立する」という定式は、「国家の存在理由を問わないまま、「一国独立」の課題をアプリオリな前提とし、その基本課題を達成するための副次的課題として「一身独立」の必要性を指摘した『天賦国権・国賦人権』という日本的近代のパターンそのものを表明したものであった」。[42] しかも、「福沢の近代ナショナリズムの基礎としての『一身独立』は、経済的条件を不問に付し、政治的条件を欠落した心がまえ『独立』論であ」った。[43] このように、従来の研究は初期啓蒙期の福澤に華麗な「近代的国民意識」、「国民的ナショナリズム」などの思想を勝手に読み込み、その結果、必然的に中期以降の福澤思想の「挫折」、「逆転」、「変転」、「後退」、論理自体の「変化」などをそろって指摘することになった[44]と安川は指弾している。また、安川は福澤の一貫するアジア蔑視思想および日清戦争期の侵略キャンペーンをも強く非難している。

安川の丸山的福澤への攻勢は止むことはないようである。彼は二〇〇三年にも『福沢諭吉と丸山眞男――「丸山諭吉」神話を解体する』(高文研)を世に問うている。題名から予想される内容を超える新発想はないといってよく、本質的に同工異曲である。安川の歴史記述の問題は、それが福澤の生きた同時代のコンテクストを深く勘案せず、現代的観点から福澤を弾劾している点にある。したがって、その著作は、歴史書ではなく、倫理学書といった趣を呈する。現代福澤は明治十四年の政変に当たって、伊藤博文のイデオローグ井上毅によって自由民権派の論客と一緒に攻撃の対象になったが、[45] 安川の筆致では、反動派の井上も、独立自尊居士の福澤も、同一の真っ黒の色彩で塗られてしまうことになる。

このような風潮に抗して、平山洋が重要な歴史資料に関して重要な問題提起を行なった。彼によれば、これまで『福澤全集』の中に福澤の著作として収録されていた、たとえば、『時事新報』所載の論説を福澤自身のものと無批判的に見なしてならない。石河幹明の筆になった蓋然性が高い。このような福澤弁護論にも、安川は反論している。(46)『福沢諭吉の戦争論と天皇制論――新たな福沢美化論を批判する』(高文研、二〇〇六)によってであるが、平山への反批判には傾聴すべき点があることは否定しがたいが、内容について新規な論点はない。

二〇〇六年暮れ、西村稔の『福澤諭吉――国家理性と文明の道徳』(名古屋大学出版会)なる労作が世に問われた。それは、安川の一連の著作とは対照的に、福澤の思想の一貫性を必ずしも全面的に否定するのではなく、たとえば、ドイツの歴史家フリードリヒ・マイネッケ(Friedrich Meinecke, 一八六二―一九五四)の「国家理性」の概念を多様に体現した近代日本の思想家として福澤を位置づけて、時局によって多少の変動はあっても、そのような変動はむしろ状況の転移によって説明がつくと主張している。福澤は、状況の転移によって啓蒙家にもなれば、いわゆる「マキァヴェリスト」にもなりえたというのが西村の主張であるように思われる。副題に見える「文明の道徳」とは、「国家理性」をモラル的に補完する概念で、福澤は、近代日本の新規のモラルの追求者でもあった、と西村は言いたいように見える。しかしながら、西村のこの労作も、先述の丸山の「近代日本思想史における国家理性の問題」の枠内ないし延長上にあるかに見える。もっとも、一九四九年初頭刊のこの丸山の論考においては、福澤の後年の「国家理性」をめぐる思想についての議論が未展開のまま残され、末尾には「未完」の文字が註記されているのであるが。(47)

これまで述べたことから分かるように、日本の最大級の啓蒙思想家と言われている福澤諭吉の啓蒙思想の大きな枠組みに関する研究は、日本の敗戦直後から、丸山眞男を始めとする多くの学者たちによって大きな進展を見せた。しかし、彼の啓蒙思想の実像が精密かつ鮮明に描き出されたかというと、答えは必ずしも肯定的ではない。そのために、さらに歴史的コンテクストを重視して、福澤の啓蒙思想の実像を見据えるのは、東アジアの啓蒙思想の解明にとっても、福澤研究にとっても、一定の価値があることであり、とりわけ東アジア啓蒙思想の形成とその特徴を浮き彫りにするとき、福澤を避けては通れないと言っていい。

(2) 陳独秀の「デモクラシー先生」と「サイエンス先生」

一九〇一年、福澤諭吉は東京で波乱に富んだ生涯を閉じた。その年に中国から一人の若者が東京にやってきた。その若者とは、のちに中国新文化運動の頭領、中国共産党の初代の総書記にまで成長する陳独秀にほかならない。陳独秀は留学、亡命などで合計六回日本に渡っている（一九〇一年十月―〇二年三月頃、〇二年九月頃―〇三年五月、〇六年、〇七年春―〇八年秋、〇八年末―〇九年十月頃、一四年七月―一五年六月）と言われている。日本滞在中、彼は多くの愛国人士と日本の友人との交流を重ねながら、日本で発行される中国語新聞や、日本語書籍などを通じて、当時の日本の新思想と広く接触した[48]。おそらく福澤諭吉のことも滞日時に知ったのであろう。

新文化運動の時期、陳独秀は「今日の教育方針」という文章の中で福澤の言葉を引用して「日本の福澤諭吉の言葉に「児童を教育するには十歳以前は獣性主義によって行ない、十歳以後になってようやく人性主義によって行なう」というのがある。〔……〕日本がアジアで覇を称えるのは、思うにただこの獣性のためである[49]」と述べている。ここに引用した福澤の言葉は『福翁自伝』のある段落を縮約したものである。陳独秀がいつから、どうして福澤に関心を抱くようになったのかは、未だに解明されていないままである。はっきりとした証拠はないが、そのきっかけは梁啓超が主宰した中国語新聞『新民叢報』にあるのではないかと推測される。

一九〇二年二月、すなわち陳独秀が初めて来日した翌年の初め、変法運動の失敗で日本に亡命した梁啓超は一八九八年十月に横浜で創刊した旬刊誌『清議報』の誌名を『新民叢報』（半月刊）と改めることにした。その後、梁啓超はこの『新民叢報』に足場を据えて、積極的にハーバート・スペンサー（Herbert Spencer, 一八二〇―一九〇三）流の社会進化論や、ジャン＝ジャック・ルソーの天賦民権論に依拠した、共和主義に近い民権思想を宣伝していた。制度的な改革の前提として何よりも国民そのものの意識改革が必須であることを強調した彼の「新民説」も、この雑誌に連載され、日本滞在の華僑と留学生の間で熱狂的な歓迎を受けていた。

『新民叢報』第一号において、梁啓超は「福澤諭吉は明治維新以前に先生から教えを受けることなく、英語を独学し、かつては中英辞典を写本したことがある。また独力で学校を創設して慶應義塾と命名し、さらに新聞社を開設して『時事新報』と命名したが、現在では日本を代表する私立学校と新聞社になっている。訳書は数十種あり、もっぱら欧米の文明思想を受容することを主としている。日本人が洋学に接したのは福澤より始まったのである。その維新改革の事業はその六、七割が福澤が関与したものであった[50]」と紹介している。第七号において、梁は「日本維新二偉人」と題して西郷隆盛と福澤の写真を掲載したうえで、福澤について以上とほぼ同様の評価を与えている[51]。また、梁は『新民叢報』第二号の中で当時の中国の状況と対比し、「わが中国には今にいたるも福澤諭吉の如き人物が存在しない[52]」と詠嘆し、第十二号の中で「日本の大教育者福澤諭吉の教学は「独立自尊」の一語を標題とし、徳育を最大の綱領としている[53]」と述べている。さらに梁は福澤の思想を中国に紹介するために、『福翁百話』の中にある「人生名誉の権利」、「人事に絶対美なし」、「政論」、「有形界の改進」、「正直は田舎漢の特性に非ず」、「偏狂の事」などを中国語に翻訳し、『日本大儒福澤諭吉語録』と題して『新民叢報』第三九号（一九〇三）に一括して公表した。そのほか、梁は必ずしも福澤の名前をあげないが、福澤の思想に基づく文章を多く発表した[54]。梁はかつて陳独秀が憧れた思想家であった。梁が『新民叢報』に掲載した福澤に関する文章が、滞日中の陳独秀の関心を引かないわけがない。陳は『新民叢報』を介して、初めて福澤のことを知り、梁の「新民説」を知ることができたと思われる。

このように、日本で西洋近代思想の洗礼を受けた陳独秀は、のちに故郷安徽省の、やがては中国における啓蒙運動と革命運動の中心的存在になった。彼の啓蒙思想家としての活動の中では、一九一五年九月に上海で『青年雑誌』

――翌年五月第二巻第一号から『新青年』と改題――を発刊主宰したことがもっとも著名である。この『青年雑誌』で彼が発した第一声は中国の既存の旧思想、旧慣習打破の獅子吼「敬《つつし》んで青年に告ぐ」という創刊号の巻頭論文であった。

「敬んで青年に告ぐ」において、陳独秀は次のような六項目を掲げている。①自主的であれ奴隷的であるな、②進歩的であれ保守的であるな、③進取的であれ隠世的であるな、④国際的であれ鎖国的であるな、⑤実利的であれ虚飾的であるな、⑥科学的であれ空想的であるな。

陳独秀によれば、人間は等しく自主権をもち、いやしく他人を奴隷にする権利もなければ、また他人の奴隷とされる義務もない。また、中国の諺「進歩がなければ退歩だ」は宇宙の根本原則であり、人々は旧思想、旧慣習に従ってしまい進取開拓しなければ、社会の進歩はありえない。さらに、一切の虚文・空想は現実生活の利益とならない。天神に水をお願いし、孝経で一揆を斥けんとするのは愚の極みである。客観的現象を超越した主観的理性は想像的として排撃し、科学を尊ばなければならない。

この文章の最後の節で、陳独秀は次のように自分の呼びかけをまとめている。「近代の欧州が他民族に優越している理由は、科学の勃興にあり、その功績はけっして人権説に劣るものではなく、この両者は車の両輪のごとし。〔……〕国民が蒙昧時代を脱却しようと望み、未開の民であることを恥じるならば、決起し急追して、科学と人権とをあわせて重んじなければならない[55]」。

すなわち、ヨーロッパが東アジアなどより優れている理由は「科学」と「人権」を重要視しているところにあるのだという。同様の認識は、のちに繰り返して説かれている。たとえば、一九一七年の「時局についての雑感」で、陳独秀は「政治における共和と、学術における科学は、近代文明の二つの大きな宝である[56]」と述べて、「共和」と「科学」を西洋近代文明の真髄と見なしている。

さらに、一九一九年の『新青年』の罪状に対する答弁書」で、陳独秀は宣言している。「西洋人が「徳〔徳莫克拉西（デモクラシー）の略称〕先生」と「賽〔賽因斯（サイエンス）の略称〕先生」を擁護するために、あれほど多く仕事をし、あれほど多く血を流したあと、「徳先生」と「賽先生」二人は、ようやく彼らを暗い所から助け出して、明るい世界へと導いた。今われわれは、はっきりとこの二人の先生だけが、中国の政治・道徳・学問・思想上のすべての暗黒を早く癒せるものと考える。この二人の先生を擁護するためには、一切の政治的圧迫、社会的攻撃と嘲りはもとより、断頭・流血をも辞するものではない(57)」。陳独秀は、「民主」と「科学」を、暗黒の中国をバラ色の中国に変える魔法の杖のように理解しているのである。場合によって「人権」、「共和」、「民主」といった語彙が使い分けられているとはいえ、これらの用語の意味は実質的に大差なく、陳は、これらの言葉を援用して、ともに自由、平等、独立、自主などを包含する西洋近代民主主義思想を喧伝しているのだと言ってよい。

陳独秀が「民主」と「科学」の旗幟を掲げて展開した新文化運動は第一次世界大戦と並行していたことに留意しなければならない。彼は、連合国と枢軸国の間の戦争を民主主義と軍国主義の間の戦いと見なし、連合国の勝利によって国際的な「民主」が実現されるという期待を持っていた。ところが、戦後処理についてのヴェルサイユ会議は、列強の植民地再分割の場として機能したにすぎず、中国が強く返還を求めた山東半島の権益も日本に譲渡される方向へと傾いた。このことは、陳の西洋的「民主」に対する不信感を誘発せずにはおかなかった。しかし、彼はこれによってそれまで信じてきた「民主」の理念を放棄せず、逆にいっそう強く真の「民主」を求めることになった。それ以前にロシア革命が成功し、新しい「民主」的社会が誕生したという情報が中国に伝わってきていた。陳は結局、その後、真の「民主」的な社会と考えられた社会主義の世界を実現すべく、一九二〇年に入ってマルクス主義を受け入れ、同年秋には李大釗らとともに中国共産党を建党することになり、一九二一年に陳はその新しい党の初代最高責任者になった。それのみならず、彼は一九二九年にはスターリン（Iosif Stalin, 一八七九―一九五三）のコミンテルンに抗して、トロツキイ（Leon Trotsky, 一八七九―一九四〇）の支持者になる。さらに晩年には、大テロルの奈落に呻吟するスターリン支配下のソ連の現実を知って、「プロレタリア独裁」概念の徹底した「民主」的見直しを提唱することになる。陳にとっていかに「民主」という理念が枢要であったかが忖度できようというものだ。[58]

このように「デモクラシー先生」は陳独秀の生涯の師としてあり続けたが、同様に彼は終始「サイエンス先生」をも畏敬してやまなかった。すなわち、「科学」の精神を信じて追究することをやめなかった。彼が近代科学技術のもたらす災厄について知らなかったわけではない。というのも、第一次世界大戦の前代未聞の惨禍は、「科学に基づく技術」によって製造された毒ガスや戦車や潜水艦や飛行機などの近代兵器が戦争に用いられたことによっていたからである。大戦直後にヨーロッパを訪れた梁啓超は戦火の跡を視察した後、一九二〇年に『欧遊心影録』を著し、科学万能論の破綻を宣言した。それから、新文化運動に反対した一部の知識人は、統制を失って人類に逆襲し始めたかに見える科学に基づく西洋物質文明を疑問視し、中国精神文明の再評価を要求するようになった。この思潮が発展して、一九二三年に「科学と人生観」論争が起こった。[59] たとえば、人生観派の代表である張君勱（一八八七―一九六九）は、「普遍性」と「客観性」を追究する科学がいかに発達したとしても、人間がどのように生きるべきかという主観的かつ個別的人生問題を解決できるわけはないと主張し、科学を精神領域に適応しようとする試みに反対した。他方、科学派の首領であった丁文江（一八八七―一九三六）は、現在のところ、人生観は科学と統一されていないが、将来も統一できないとは言えないと述べて、人間が正しく思考するための科学的論理を恣意的に逸脱することが許されるわけはないという立場を打ち出した。

陳独秀自身はたしかに「科学」の威信を擁護する立場に立ったものの、西洋近代科学の狭隘な視野にとどまってそうしたわけではない。彼は、彼が真に「科学的」であると見なしたマルクス主義の観点から両派、とくに人生観派の議論の欠陥を指摘しようと試みたからである（『科学と人生観』の序文」と「適之に答える」、いずれも一九二三年）。その意味で、陳独秀の「科学的」精神は、近代科学的精神にとどまらずマルクス主義というより高次の段階へと飛躍を遂げたと言ってよい。けれども、「科学」に体現されている、ドグマに抗する偶像破壊主義的なまでの批判的精神は確固として保持されているのである。

かくして、陳独秀は生涯を通じて、「民主」と「科学」という旗幟の下で近代中国のために闘うことになる。それは、徹底的な批判の精神を保持して、権威とドグマに抵抗した稀有の生涯であった。陳が一九四二年五月二十七日に亡くなった時、その直後の六月一日に高語罕によって読まれた弔辞は、陳は「デモクラシー先生」と「サイエンス先生」を師として新文化運動の指導者になったのだ、という事実を想起させるものであった。[60] まさしく、陳は「民主」と「科学」の旗幟を生涯掲げ続けて、この旗幟のもとに仆れたと言っても過言ではないのである。

日本において、とくに第二次世界大戦後、福澤諭吉は啓蒙思想家の代表として大きく取り上げられてきたばかりでなく、歴史教育やマスコミでもしばしば注目を集めてきた。福澤はもはや日本の学界のみならず、広く一般に知られていると言ってもいい。このような福澤とくらべると、陳独秀は生前も死後も不当な扱いを受けてきた人物と言える。

陳独秀は、李大釗らとともに中国共産党を創設し、その最高指導者となったが、一九二五年から二七年にかけての国民革命を失敗に導いたので、その責任を自覚して中共中央に辞任の意向を表わした。[61] その後、スターリンと対立するトロツキイが組織した国際左翼反対派に合流し、トロツキイ派の中国共産党左翼反対派の総書記に就任したが、間もなくトロツキストとして一九三二年秋に国民党政府によって逮捕され、中日全面戦争が勃発した一九三七年まで南京の監獄にあった。出獄後、国民党、共産党、トロツキイ派などによる一致抗日を呼びかけたが、上海に拠点を置いたトロツキイ派中央の抵抗を受け、トロツキイ派にとどまりながら別コースを選ばざるをえなかった。[62] また、クレムリンのスターリン直系の王明らによって「漢奸」（売国奴）の汚名を着せられ、共産党といっそう距離を置くことになった。しまいには、蝕まれる心身状態に抗しきれず、二人の息子を殺した国民党蔣介石政府の監視のもとに抗日戦争の銃後四川省の江津で波乱に満ちた生涯を閉じた。[63] いずれにせよ、陳独秀の一生は志が遂げられずに終わった一生であった。

一九四九年新中国が成立した後、さまざまな政治的配慮によって、陳独秀に関する研究は大陸の学者によって差し控えられた。毛沢東の没後、教条的な視点の枠が外され、新たに光が陳に当てられ始めたが、なお党史的な観点が歴史的評価と判断の基礎をなしていた。中国大陸における陳の復権はごく最近のことである。[64] そのために、今日になってもなお陳独秀研究を「険学」（危険な学問）と見なしている中国学者がいる。[65] 台湾においては、以前は反共の立場から、陳の歴史的な役割を故意に覆い隠そうとし、その新文化運動への貢献さえも無視していたが、最近では比較的活発に論議されるようになりつつある。しかも、陳が晩年に国民党の役割を認め始め、なおかつそれと対立する中国共産党と離別したため、国民党の立場から新しい評価が始められている。[66] だが、陳独秀研究が「顕学」（顕著な学問）になるまでには、未だ道が遠い。

このように陳独秀と直接関係のある中国大陸や台湾では、それぞれの政治的な状況によって評価がゆれ動いている。このような意味で、政治的利害関係から離れ、第三者的な観点に立っているアメリカ、日本、韓国などの陳独秀研究者たちの研究成果は注目に値する。しかし、近代アジア思想史、ないし啓蒙思想史という視座から整理した陳に関する考察はいまだに不足しているようである。したがって、日中両国が近代への移行期において直面していた共通の歴史的課題を念頭に置いて、陳の啓蒙思想、とくに彼の民主と科学とに対する理解について詳細に考察するのは、きわめて重要な作業であると考えられる。

3　本書の目標と構成

(1) 問題の設定

これまで行なってきた簡単な紹介から分かるように、近代社会への移行期において、東アジアの啓蒙思想家たちが宗教的蒙昧主義と封建的専制主義に対抗するために持ち出した科学と民主についての主張はたしかに西ヨーロッパの啓蒙思想と類似しているところが少なくない。しかし、東アジアの啓蒙思想はけっしてたんなる西ヨーロッパの啓蒙思想を受容するだけのものではない。少なくとも福澤諭吉と陳独秀の科学と民主に対する理解には、西ヨーロッパの啓蒙思想のそれを乗り越える卓見が多く見える。それは主に歴史の舞台に遅れて登場してきたおかげであるとはいえ、その歴史的意義は検討に値する。

しかしながら、東アジアの啓蒙思想家たちは啓蒙思想をいっそう発展させたが、彼らは必ずしも終始自分の思想を堅持し続けていたわけではなかった。福澤がその一例と言える。明治初期において、批判的精神・主体的理性・実証的態度を中核とする近代合理主義精神、および自由・平等・独立・自主をキーワードとする近代民主主義思想を唱えた福澤は明治十年代になってからしだいに啓蒙期の自分の主張から逸脱して、最後には科学技術の力をもって強制的にほかの東アジア諸国を「文明開化」させるという科学帝国主義的論調を鼓吹したのである。福澤諭吉の啓蒙的主張は開いては消える花火のようなものであった。これは福澤のみの悲哀ではなく、日本の悲哀でもある。のちに日本が軍国主義の道に踏み込んだことは啓蒙の不徹底さと無関係ではないと考えられる。というのは、啓蒙時代が短かすぎると、批判的精神、主体的理性、自由思想、民主意識などを深く国民に定着させるのが、非常に困難なためである。

晩年、啓蒙路線から大きく逸脱した福澤諭吉と異なり、陳独秀は自分が民国初期に形成した、「サイエンス先生」と「デモクラシー先生」によって「中国の政治・道徳・学問・思想上のすべての暗黒」を癒すという理念を終始堅持し続けていた。それのみならず、のちに彼はいっそうその内容を充実・発展させた。それは、福澤を始めとする日本啓蒙思想家よりほぼ半世紀遅れて登場した賜物であると言えるかもしれない一方で、近代中国思想が必ずしも日本の近代啓蒙思想に全面的にひけをとるものではないことをも明確に示している。陳独秀は主権が帰すべきところとして「民主」をとらえ、蒙昧主義に対抗する精神の刃として科学的批判精神を強調した。だが不幸なことに、それらはのちにさまざまな原因によって中国で十分に理解・重視されなかった。最後には、文化大革命のような、専制主義とアナーキズム、蒙昧主義と科学主義が混合して一体になる奇形児が生まれてしまう結果になった。

「ポストモダン」思想が流行してからの現代世界、とりわけ日本では、科学・理性・自由・平等などのスローガンを大声で唱える啓蒙思想家たちの理念は時代遅れであるかのごとく見なされている。しかし、そういった議論を行なう者の多くは、「科学」をごく一般的に否定的に見ることによって批判的精神を喪失してしまい、権威とドグマに抗する精神を冷笑する態度において、啓蒙時代以前の思想水準に帰ってしまっているように思われる。「民主」という理念がけっして時代遅れになっていないのと同様、啓蒙思想家たちに高く掲げられたような「科学」の精神は、今も生きている。とくに中国では生き続けるべきである。それは、かなりの程度、日本でも同じではないであろうかという思いが著者の心をよぎる。

以上で示した認識に基づいて、本書は、日本の最大級の啓蒙思想家福澤諭吉と中国の代表的啓蒙思想家陳独秀をとりあげ、彼らの啓蒙思想はいかなるものであったのか、その思想の形成はいかにしてなされたのかを解明するところから着手し、東アジアの啓蒙思想の主な特徴、およびその現代における価値を提示しようと試みる。本書ではとりわけ議論の焦点を彼らの科学思想に絞って論じたい。

(2) 研究の方法

十九世紀以来、経験的自然科学の哲学としての実証主義は人文科学と社会科学、とりわけ歴史研究（科学思想史研究をも含む）に強い影響を与えてきた。その実証主義哲学は、事実は観察者の意識から独立したものであるという主客の厳密な区別を前提としている。この実証主義の応用によって歴史は科学としての相貌をえた。過去の事実は、歴史学者が直接観察したり、実験により再現したりすることができない、一回性の「事実」である。それに到達するためには、歴史学者は史料に頼るほかない。しかし、史料は人間の過去の行為の記録であり、そこには記録という人間の加工が介在している。したがって、歴史学者が到達した歴史の事実は、過去の事実一般ではなくて、「歴史家の事実」にすぎない。また、歴史研究者は発見された「事実」と完全二別の存在なのではなく、彼自身が認識の対象である歴史過程の一部分なのであるから、歴史的制約を受けざるをえない。言い換えれば、いかなる歴史家でも、自分自身が歴史過程に占める位置から生まれる「偏見」、あるいは先入見を免れることができない(67)。

このように歴史における客観性の意味を論議することはけっして歴史的懐疑論への同調を意味するのではなく、歴史研究の具体性、現実性、一時性を示唆するものにすぎない。実は、歴史研究どころか、今日われわれが知る物理学は、歴史研究に劣らず人間を中心的な存在とする探究となっている。たとえば、実験データがいかなる文脈の中に置かれるか、換言すれば、そのデータを解釈する科学者（集団）がどのようなパラダイムや理論を前提としているかによって、引き出される科学知識は異なりうるであろう。そうだとすれば、歴史叙述の「主観性」と物理学の「客観性」をめぐる従来の論争は、ほとんどその意義を失っていると言えよう。両者の違いは、トーマス・S・クーン（Thomas Samuel Kuhn, 一九二二—一九九六）の言葉を借りれば、「自然諸科学は、私が解釈学的基底と呼ぶ事柄を必要とするかもしれないが、それ自体は解釈学的企図なのではありません。他方、人間諸科学はしばしば解釈学的企図であり、そうであるほかないかもしれません[68]」ということにすぎない。

歴史における客観性の意味を以上のように相対的に把握するなら、解釈学的理解は歴史の研究にとって、絶対に必要になる。換言すれば、歴史研究には、事実描述だけではなく、理解という方法も不可欠なものなのである。

歴史学には理解的な方法が必要であるが、理解は事実に基づく理解でなければならないのである。さもなければ、歴史は空虚な「思想」史になってしまうであろう。過去の事実は歴史学者の事実であり、歴史学者は歴史過程の一部であるものの、歴史学者は、常にそのことを意識し、できるだけ自己の認識の限界を克服しようとし、客観的な事実に近づくことが不可能ではないのである。ただロシア史家の溪内謙の言を借りれば、次のように言えるであろう。「歴史の目的は、過去の「事実」の発掘にあるのではなく、時代が提起する「問題の解明」にある。あるいは、「過去の事実の記憶」にあるのではなく、「現在の問題の解決」にあります[69]」。また、科学史家佐々木力の言葉を借りて言えば、以下のようにも言えるだろう。「われわれの科学史研究の理念は明確な形をもってくる。われわれの科学史は決して素材的な考証的研究段階に終始してはならない。〔……〕歴史的研究は現代的諸矛盾の起源を概念的に捉え、その矛盾の解決のためにいかなることが現実の歴史過程において実践されなければならないかを示唆する[70]」。

要するに、歴史、ないし科学思想史研究においては、事実を収集しそれを何らかのパターンに整理するよりも、むしろ史料に基づく「なぜ」という問いを提起しそれに答えようとすることが、より重要である。

それでは、これまで考察してきた科学思想史研究の方法を、どのように本研究で実行に移していくのか。東アジアの啓蒙思想の代表者たる福澤諭吉と陳独秀の労作の中から、科学啓蒙思想に直接関連する記述を丹念に洗い出し、しかも、それらをなるべく体系的に整理することは研究の第一歩である。

次に、先学の諸労作を調べ、重要な論点や、福澤諭吉と陳独秀の科学啓蒙思想について、当然解明されるべくして今なおあまり触れられていないと思われる点を整理したい。

さらに、福澤や陳の思想の深部にまで下降して、彼ら独自の科学啓蒙思想を究明するということに重点を置いて考えていく。本書の主な目的のひとつは、彼らの科学啓蒙思想を全面的に解明することにある。

およそいかなる思想家の観念構造も、彼らが社会に生存する人間であるかぎり、不可避的に、当該社会の刻印を多かれ少なかれ帯びざるをえないものである。それゆえ、福澤諭吉と陳独秀の科学啓蒙思想を究明する際、それを生み出した社会的深層構造とともに浮き彫りにしようと試みる。

最後に、東アジア総体の思想にとっての福澤諭吉の思想を謳いあげるうえで、陳独秀を始めとする、遅れて登場してきた中国の啓蒙思想の意義を打ち出そうとする。

(3) 本書の構成

本書は序論と全七章、それに結論から構成されている。第一章からの第三章は福澤諭吉の科学啓蒙思想を研究対象とする。第四章は福澤から陳独秀へのつながりをたどろうとするものである、第五、六、七章は陳独秀の科学啓蒙思想を扱う。各章のタイトルおよび主な意図は次の通りである。

序論は、本研究の準備作業に充てられている。東アジア啓蒙思想の研究の必要性および本書の問題設定をここで示した。そして本書の方法にも触れた。

第一章「福澤諭吉における啓蒙理念の形成」では、福澤がなぜ幕末維新初期において啓蒙の決意を固めたのか、あるいは福澤の啓蒙思想の根底をなす啓蒙理念がどのように形成したのかを考察する。

第二章「福澤諭吉の科学啓蒙思想の構造」は、主として明治初期における福澤自身の儒学と科学に関する論述に基づいて、旧来の学問に対する批判と新しい学問の唱道についての実像を再構成しようと試みる。

第三章「福澤諭吉における啓蒙思想の転回と蹉跌」では、主に明治十年代に入ってから、福澤がしだいに啓蒙路線から離れて、ついに科学帝国主義者と宗教利用論者になる思想の変化過程を明らかにしたい。

第四章「清朝末期中国における近代社会への思想変動」では、福澤の同時代の中国の思想をとりあげ、陳独秀にいたる過程を論じる。すなわち、福澤から陳独秀へのつながりをたどろうとするものである。

第五章「陳独秀における「民主」と「科学」」では、主として「民主」と「科学」というスローガンがどのように提起されたのか、また新文化運動期において、陳独秀がどのように進化論をもって「デモクラシー」を提唱し、「サイエンス」をもって宗教と迷信を批判したのかを論議したい。

第六章「「科学と人生観論争」と陳独秀」では、一九二〇年代初頭の中国学界における科学論論争において陳独秀が演じた役割を解説する。

第七章「陳独秀における民主思想の深化と発展」では、福澤との相違点、すなわち、マルクス主義を受容した点と、死まである種の啓蒙主義的観点を保持して転向せず、「民主」と「科学」を重視し、反帝国主義の姿勢を貫いた点を明らかにしたい。

結論は、各章の内容をふり返り、本書での論述から得られた論点を提示する。

注

（1）『漢字源』にある「啓蒙」という項目を見よ。電子辞書『グランド辞スパ』Version 1.0 (Gakken, 1996) 所収。

（2）'enlightenment,' *Oxford English Dictionary*, Vol. III (Oxford at the Clarendon Press, 1969), p. 191.

（3）Aufklärung はライプツィヒ大学教授の文学史家であり批評家であるJ. C. Gottsched（一七〇〇—一七六六）によって作り出され、その後次第に市民権を獲得したものと言われている。水野建雄「近代理性と明治啓蒙」、『東と西』第十巻（一九九二年六月)、七二頁を参照。
(4)『世界大百科事典』(平凡社、一九八八年)、五五六―五五七頁。
(5) カント著、篠田秀雄訳『啓蒙とは何か』(岩波書店、一九七四年)、七頁。
(6) ベーコン著、服部英次郎・多田英次訳『学問の進歩』(岩波書店、一九七四年)、一五七頁。
(7) 詳しくは、L・スティーヴン著、中野好之訳『十八世紀イギリス思想史』上(筑摩書房、一九六九年)、第二章「理神論の出発点」と第三章「建設的理神論」を参照せよ。
(8) E・カッシーラー著、中野好之訳『啓蒙主義の哲学』(紀伊國屋書店、一九六二年)、第二章「啓蒙主義哲学に現れた自然と自然科学」を参照。
(9) ヴォルテール著、中川信訳『哲学書簡』(中央公論社、一九八〇年)、一二四頁。
(10) 古川安『科学の社会史――ルネサンスから二十世紀まで』(南窓社、一九八九年)、八四―九一頁。
(11) カッシーラー著『啓蒙主義の哲学』(前掲書)第六章「法、国家および社会」を参照。
(12) 現代の科学史では、十九世紀前半の科学の方法論的変化(ベイコン的諸科学の数学化)および制度的革新(科学研究教育の専門職業化など)を合わせて「第二の科学革命」という概念を使用するようになっている。佐々木力『科学革命の歴史構造』上(講談社学術文庫、一九九五年)、三二八―三三三頁、参照。
(13) 佐々木力『科学革命の歴史構造』上(前掲書)、三三〇頁。
(14) 古川安『科学の社会史』(前掲書)、一二八頁。
(15) 麻生義輝『近世日本哲学史』(近藤書店、一九四二年)、五頁。
(16) 坂野潤治『明治デモクラシー』(岩波新書、二〇〇五年)、一八〇―一八二頁。
(17)『学問のすゝめ』、『選集』第三巻、五七―五八頁。
(18) 同前、五八頁。
(19)「文学会員に告ぐ」、『全集』第二十巻、二六七頁。

(20)「合本学問之勧序」、『選集』第三巻、五四頁。
(21)『福翁自伝』、『選集』第十巻、二〇八―二〇九頁。
(22) 丸山眞男「福澤に於ける「実学」の転回――福澤諭吉の哲学研究序説」、『東洋文化研究』第三号（一九四七年三月）、『丸山眞男集』第三巻（岩波書店、一九九五年）、一〇七―一三一頁。
(23)『丸山眞男集』第三巻（前掲書）、一一五頁。
(24) 同前、一一五頁。
(25) 同前、一一六頁。
(26) 同前、一二二頁。
(27) 同前、一二三頁。
(28) 安川寿之輔『福沢諭吉のアジア認識』（高文研、二〇〇〇年）、三八頁。
(29) 丸山眞男「近代日本思想史における国家理性の問題」、『丸山眞男集』第四巻（岩波書店、一九九五年）、二二一頁。
(30) 丸山眞男「『福沢諭吉選集』第四巻解題」、『丸山眞男集』第五巻（岩波書店、一九九五年）収、二三一頁。
(31) 同前、二三二頁。
(32) 同前、二二六頁。
(33) 同前、二二六頁。
(34) 同前、二二八頁。
(35) 佐々木力『学問論――ポストモダニズムに抗して』（東京大学出版会、一九九七年）、二〇二頁。
(36) ひろたまさき『福沢諭吉研究』（東京大学出版会、一九七六年）、二七三頁。
(37) 同前、二七四頁。
(38) 同前、一六七頁。
(39) 同前、二七四―二七五頁。

(40) 安川寿之輔『日本近代教育の思想構造』(新評論、一九七九年増補版)を参照。
(41) 同前、四二—四七頁。
(42) 同前、七八頁。
(43) 同前、五七頁。
(44) 安川寿之輔『福沢諭吉のアジア認識』(前掲書)、一九—二〇頁。
(45) この点については、渡辺俊一『井上毅と福沢諭吉』(日本図書センター、二〇〇四年)がすぐれた歴史記述を行なっている。
(46) 平山洋『福沢諭吉の真実』(文藝春秋・文春新書、二〇〇四年)。
(47) 丸山眞男「近代日本思想史における国家理性の問題」(前掲論文)、二四頁。
(48) 王光遠『陳独秀年譜』(重慶出版社、一九八七年)、六—一三頁
(49) 「今日之教育方針」、『著作選編』第一巻、一七四頁。
(50) 『新民叢報』第一号(一九〇二年)、七六—七七頁。
(51) 一九〇三年八月十七日上海の『国民日日報』に陳独秀の「題西郷南洲遊猟図」という詩が掲載された。有田和夫は陳独秀が何時何所で「西郷南洲遊猟図」を見たのかが未知のままであると指摘している(同氏「陳独秀の思想的出発——康党から乱党へ」、『東洋大学中国哲学文学科紀要』第三号(一九九五年三月)、六—八頁)。陳独秀が見た「西郷南洲遊猟図」はおそらく一九〇二年の『新民叢報』第七号に掲載されたものであろう。
(52) 『新民叢報』第二号(一九〇二年)、二八頁。
(53) 『新民叢報』第一二号(一九〇二年)、一頁。
(54) 詳しくは、肖朗「福沢諭吉と梁啓超——近代日本と中国の思想・文化交流史の一側面」、『日本史』第五七六号(一九九六年五月)、六七—八二頁を見よ。
(55) 「敬告青年」、『著作選編』第一巻、一六二頁。

(56)「時局雑感」、『著作選編』第一巻、三五二頁。
(57)『新青年』罪案之答弁書」、『著作選編』第二巻、一一頁。
(58)この観点は次の論考で強調されている。洪小夏「陳独秀民主思想芻議」、唐宝林主編『陳独秀研究文集』（香港・新苗出版社、一九九九年）、四四―五二頁。
(59)この論争過程で双方が発表した主な論文、および陳独秀と胡適が要望に応じて書き下ろした序文は一九二三年十二月に中国亜東図書館によってまとめられ、『科学与人生観』を書名として出版された。その新版は、一九九七年に中国山東人民出版社から刊行されている。詳しくは、本書第六章を参照。
(60)高語罕「参与陳独秀先生葬儀感言」、陳木辛編『陳独秀印象』（学林出版社、一九九七年）、七二―七六頁。
(61)国民革命期における陳独秀の思想と役割については、近年、江田憲治の克明な調査によって、しだいに明らかになってきている。詳しくは、江田憲治「陳独秀と「二回革命論」の形成」、『東方学報』第六二分冊（一九九〇年三月）、五四三―五七二頁や、「中共第一任総書記陳独秀的功与過」、『紀念陳独秀逝世六十周年論文集』（全国第七届陳独秀学術研討会（南京会議）籌備処編印、二〇〇二年五月）、五七―七二頁を参照。
(62)陳のトロツキイ派とのかかわりに触れた研究には、Gregor Benton, *China's Urban Revolutionaries — Explorations in the History of Chinese Trotskyism, 1921-1952* (Atlantic Highlands: Humanities Press, 1996) や、佐々木力「復権する陳独秀の後期思想」、『思想』第九三九号（二〇〇二年七月）、九九―一一五頁などがある。
(63)朱文華『終身的反対派――陳独秀評伝』（青島出版社、一九九七年）は、生涯「反対派」として活動した陳独秀像を生き生きと描き出している。
(64)佐々木力「復権する陳独秀の後期思想」（前掲）、九八―一一五頁、および「中国で進む陳独秀復権――民主主義の永久革命者」（二〇〇二年七月十日『毎日新聞』夕刊二版）を参照。
(65)唐宝林「中国学術界為陳独秀正名的艱難歴程（提綱）」、『陳独秀研究動態』第二九、三〇号（二〇〇二年三―四月）、三五頁。

(66) 鄭学稼『陳独秀伝』上・下（台北・時報文化出版、一九八九年）や、郭成棠『陳独秀與中国共産主義運動』（台北・聯経出版、一九九二年）などを見よ。
(67) 溪内謙『現代史を学ぶ』（岩波書店、一九九五年）、三五―三六頁、参照。
(68) トーマス・S・クーン著、佐々木力訳「自然科学と人間科学」、『構造以来の道』（みすず書房、二〇〇八年）、二八七頁。
(69) 溪内謙『現代史を学ぶ』（前掲書）、二九頁。
(70) 佐々木力『科学革命の歴史構造』上（前掲書）、八二―八三頁。

第一章　福澤諭吉における啓蒙理念の形成

日本の幕末・明治維新期は、伝統的中国文明圏から近代的西洋的文明圏へのきわめて大胆な転換の時期として理解される。福澤諭吉の一大傑作『文明論之概略』緒言が述懐しているように、「試に見よ、方今我国の洋学者流、其前年は悉皆漢書生ならざるはなし、悉皆神仏者ならざるはなし。封建の士族に非ざれば封建の民なり。恰も一身にして二生を経るが如く、一人にして両身あるが如し(1)」。福澤の先輩格としては、三歳ほど年長の同じ「洋行組」の中村正直(2)や、後輩格としては、四歳ほど年少で『米欧回覧実記』の編著者として著名な久米邦武(3)も同様の経験をしたものと考えられる。

ところで、明治維新前後から西南戦争までの約十年間は、日本思想史上、啓蒙時代と呼ばれる(4)。この時期の思想、とりわけ明六社に依った学者たちが展開した思想には、蒙昧な「無気無力の愚民」を知的に啓発して、その成長を促そうとする要素が含まれていた。西欧における歴史概念としての啓蒙思想は、「自然の光」たる人間理性を導きの糸として、既成の宗教的、政治的権威を打破し個人の尊厳と理性的自立を実現しようとした思潮であるが、当時の日本の思想にはそうした西欧の啓蒙思想との類似点があった(5)。

明治初期における啓蒙主義の最大の代表者は福澤諭吉であろう。福澤はなぜ明治初期に国民に啓蒙を行なう決意を固めたのかという問いは、多くの人々にとっては陳腐かもしれないが、その問いが徹底的に論じられたのかと言えば、必ずしもそうではなかろう。

福澤の啓蒙思想は、「自由」、「平等」を中心的旗幟として掲げるものであったが、同時に、ナショナルな枠組みによっても規定されていた。なかでも、「独立」という概念が最も重要である。その「独立」の実現には、学問観の転回が必要であった。

以下、主として幕末から維新初期にかけて福澤の思想の発展の軌跡を追跡して、彼が学問によって「民の卑屈無力」の気分を改造し、民の個の「独立」を実現させようとした目標、すなわち啓蒙理念の形成過程を明らかにすることにしたい。

第一節　自由の尊重から独立の重視へ

1　『西洋事情』における「自由」

(1) 早期の自由認識

『福翁百余話』第十五話「禍福の発動機」によれば、福澤は年少時から「門閥制度は親の敵で御座る」[6]という意識をもって育ち、洋行期に門閥制度と西洋社会の「人権」との異質性に気づいていた。そこで彼は次のように述べている。「余は元と旧中津藩の小士族にして、生来、藩風の窮屈なるを悦ばず、藩士の家に生れて却て自から藩士の身の境遇を厭ひ、弱冠にして洋学に志し、長崎大阪に遊学して、後に江戸に来りしは年二十五歳の時なり。夫れより米国に行き又欧州に行き、学業も漸く進歩すると同時に、親しく欧米諸国文明の活劇に接して欽慕に堪へず。就中その人権を重んずるの一事は、封建制度の門閥に呼吸したる日本人の、夢にも想像せざる所にして、眼前に之を見れば、唯茫然として心酔するのみ。〔……〕帰来、旧に依て書を読み、又著書翻訳の事に忙しくするも、社会全体の為めに期する所は、門閥打破の一事にして、学友談笑の間にも之を聞かざるはなし[7]」。

福澤はまた、この第十五話の後半でも、次のように門閥に対する攻撃を行なっている。「真成の文明を日本国に入れんとするには、吾々洋学者流の持論たる門閥打破の主義を拡め、徳川と共に諸藩をも亡ぼして、大名国家老の権力を根底より奪却す可し云々とて、恰も持論の論鋒を新にして、之を同友知人に語れば、一人として不可を云ふ者なく(8)」。

やや大げさな嫌いはあるが、一八六〇年代初期に自らがすでに「人権」、あるいは自由、平等に気を配っていたことには少しの誇張もないといってよい。というのは、慶應二年(一八六六)から刊行され始めた『西洋事情』に日本の門閥制度と西洋の自由、平等との異質性に触れた論述が多く見られるからである。

『西洋事情』初編が刊行された慶應二年(一八六六)、福澤はすでに而立の齢をすぎ、三十三歳になっていた。それまでに彼はアメリカへ一回、ヨーロッパへ一回と、二回にわたって欧米諸国を見聞する機会に恵まれ、その時の見聞をもとにして、西洋の物産、制度、歴史などの事情を紹介しようとしたのが『西洋事情』初編であった。この書の冒頭に「備考」という節を設けて、自身の経験によって西洋の制度や生活様式を総括的に紹介しようと試みている。この「備考」の「政治」という項目で彼がもっとも力を注いだのは、「文明の政治」の「六ヶ条の要訣」の第一条として取り上げた「自主任意」であった。「自主任意」とは何かに答えて、福澤は次のように述べている。「国法寛にして人を束縛せず、人々自から其所好を為し、士を好むものは士となり、農を好むものは農となり、士農工商の間に少しも区別を立てず、固より門閥を論ずることなく、朝廷の位を以て人を軽蔑せず、上下貴賤各々其所を得て、毫も他人の自由を妨げずして、天稟の才力を伸べしむるを趣旨とす(9)」。すなわち、「自主任意」とは、人々は自主的に職業などを選ぶ自由をもっており、誰も勝手に他人の自己の天賦の才能を発揮することに干渉することができないという精神なのである。なお、最近の福澤評伝の佳作、平山洋『福澤諭吉』は、『西洋事情』初編において述べられた「文明政治の六条件」に脚光を浴びせ、「この文明国の定義について、以後の諭吉にいささかもぶれが生じることはなかった(10)」と評している。

『西洋事情』初編巻之二で、福澤は一七七六年七月四日のアメリカ独立宣言の全訳を掲載し、人間の自由は、人々の「動かす可らざるの通義（right の訳語）」、揺るがすことのできない権利であり、政府は人間の自由、平等の権利を保障するために作り上げられたものにすぎないという西洋の天賦人権論と社会契約論的思想を積極的に国民に紹介している[11]。

こうして、慶應二年（一八六六）頃、福澤が自由、平等を西洋社会の重要な特徴の一つと見なしていることは明らかである。しかし、この時、福澤の認識はまだ自由、平等が近代西欧社会の思想的基礎をなしていると見る水準までは達していなかったようである[12]。初編の中で自由について記された部分の分量が、蒸気機関、伝信機、瓦斯燈などの近代技術および株式会社、徴税方法などの経済制度についての紹介よりも非常に少ないのはそのせいであろう。

(2)　自由認識の深化

『西洋事情』初編刊行の直後、福澤は再び米国行の内命を受け、アメリカに発注した軍艦と小銃を購入するために、慶應三年（一八六七）正月に軍艦に乗って渡航した。六月に帰国したが、翌七月には渡米中の行動に不都合の嫌いがあるとの理由で謹慎を命ぜられた。この「意外の難災」で強い衝撃を受けた福澤は、同年十二月十六日、すなわち大政奉還・王政復古後、英国留学中の門弟福澤英之助への書簡で「小生輩世事を論ずべき身にあらず、謹て分を守り読書一方に勉強致し候[13]」と書き、政治の現場から退いて、読書著述に専念する心境を告白している。この時期、福澤は洋行の途中で買った西洋の新刊書を読みながら、西洋社会と日本社会の驚くべき相違が形成された原因について思いをめぐらしていた。そのような読書と思考を通じて、彼の思想は飛躍的に発展した。

福澤はそれまで立てた『西洋事情』刊行のプランを変更し、西洋文明成立の根本原理、家に譬えれば「柱礎屋壁の構成」を明らかにするために、それだけを内容とする外編の刊行を思い立った[14]。それはほぼチェンバーズ兄弟（William Chambers, 一八〇〇―一八八三；Robert Chambers, 一八〇二―一八七一）の『経済学』の前半部分 "Social Economy" の翻訳であるが、福澤の関心は人生の「通義」、すなわち権利や、職業、貴賤貧富の別、政府の種類と機能などに向けられていたことが分かる。

『西洋事情』外編が発売されてまもなく、福澤は慶應四年（一八六八）の「義塾中元パーティー」で、その内容の一部を乾杯の辞として引用した。「西洋事情外篇の初巻に云へることあり。人若し其天与の才力を活用するに当て、心身の自由を得ざれば、才力共に用を為さず。故に世界中、何等の国を論せず、何等の人種たるを問はず、人々自から其身体を自由にするは天道の法則なり。即ち人は其人の人にして、猶天下は天下の天下なりと云ふが如し。其生るゝや、束縛せらるゝことなく、天より附与せられたる自主自由の通義は、売る可らず亦買ふ可らず、人として其行を正ふし他の妨を為すに非ざれば云々と」(15)。人間の生まれつきの自由権は束縛されるべきではないというのである。おそらくチェンバースが個人の自然権の次元で説いた自由論が「才力」によって奮闘し門閥格式の壁に戦いを挑んできた自分の行為を正当化するものなので、福澤は深く感動し、この文を引用したのであろう。

『西洋事情』外編が出版されてから二年後の明治三年（一八七〇）、福澤は西洋事情の紹介をさらに推し進めようとして、『西洋事情』第二編を出版した。彼は、この第二編巻之一で、とくに 'liberty' と 'right' の訳語とその語義について再び論じている。「人生の自由は其通義なりとは、人は生ながら独立不羈にして、束縛を被るの由縁なく、自由自在なる可き筈の道理を持つと云ふことなり」(16)。すなわち、自由が個人の権利だというのは、人間は生まれながらに独立した存在であり、他者の束縛を受ける理由はないので、自由自在に活動するのが理屈にあっている、ということである。

この巻之一の備考で、福澤は「人間の通義」と題し、ウィリアム・ブラックストン（William Blackstone, 一七二三―一七八〇）の『イングランドの法律についての註解』に依拠して、自然法以外の何ものにも制限されることなく思うがままに行為する自由、すなわち「人生天賦の自由」(natural liberty of mankind) と、社会を構成する人々の自由「処世の自由」(political or civil liberty)[17] を詳しく紹介している。[18] 福澤がブラックストンを通して接した「天賦の自由」と「処世の自由」、すなわち自然法的自由と実定法的自由の概念は、明らかにトーマス・ホッブズ (Thomas Hobbes, 一五八八—一六七九) やジョン・ロックの社会契約論に由来するものである。ホッブズとロックの社会契約論は趣きが異なっている。ホッブズの場合、社会契約を行なうのは、社会生活において「万人の万人との戦争」状態を解消するためである。他方、ロックの場合は、人々が互いに交換により自分の生計を営むためである。しかし、そのように社会契約を行なう理由についての両者の考えは異なるとしても、各人が互いに自分の自然権の一部を譲渡して社会共同体を結成し、共同の力で全員の安全と財産を防衛し保護すること、そして人間が相互契約によって作り出す社会共同体が各人の自由を損ねないことを根本的な前提とするという社会契約について、両者は基本的に同一である。[19] このような社会契約論的自由観が、のちに福澤の思想的営為に与えた影響は、きわめて大きいと言うことができる。

明治十年代以降、福澤が民権運動に対して「私権論の発達を見ずして、俄に政権論の盛なる」と批判したことがよく知られている。この「私権」と「政権」論にはブラックストンを介して西洋の社会契約論的自由論から学んだものが多いと思われる。

「私権」と「政権」の対置は、明治十五年 (一八八二) 四月に書かれた「時事大勢論」に始まっている。福澤は「財産生命栄誉を全ふするは人の権理なり。道理なくしては一毫も相害するを許さず」と述べている。彼はそこで、財産、生命、名誉を自由にする権利を、「人権」、「人々の身に附たる権理の義」と位置づけ、他方、「人権を全ふせしむる所以の方便」が「政事」であるとして、立憲政体の国における「国民をして政治に参与せしむ」権利、すなわち、参政権を「政権」[20] としている。さらに「立憲政治の国民は、恰も其身を折半して、人権の点より見れば保護を受くる者なり、政権の点より見れば保護を施す者なり」というように、国民一人一人は人権の保護を受ける者であると同時に、政治に参加することにより保護を行なう者でもあるとしてとらえられている。[21] 明治二十年（一八八七）の「私権論」で、福澤は、これら二つの間には「自から前後緩急の別」があるとして、「政権」は戦略的に「後」に位置づけている。ここで「私有、生命、栄誉」を自由にする権利を「人権」ではなく「私権」と表現した福澤は、人民のこの「私権」を堅固にすることを「立国の大本」とする一方で、「政権」については「之に政権を得せしむるは第二の要なり」とした。そして、それを文明史の観点から説明することを試みていたのである。[22] 彼が「文明歴史の正則」と名づけたのは、「政権参与の事」が「人民の私権」が犯されて初めて「国政に喙を容れて自から私権を衛」ろうとするところに生ずる、言い換えれば、「政権」が「私権の思想に胚胎する」という見解であった。したがって、彼は、「私権末だ固からずして之を犯す者も侵さるゝも平気なるが如き漠然たる社会に、唯熱して政権のみの事を講ずる」[23] 民権運動に不満を漏らしている。[24]

このように、「私権」と「政権」を区別し、それらを人々の必要な権利として強調しながら、「私権」の「政権」に対する優先性を主張する福澤の思想の原型を、われわれが『西洋事情』第二編、ないし外編の訳文の中から探し出すことは難しくない。

一般に、訳者が他国の原著者の観点を自国に翻訳・紹介する場合、必ずしも訳者が原著者の観点を受け入れたことを意味するものではないだろうが、『西洋事情』外編、『西洋事情』第二編にある社会契約論的自由観についての訳述は、福澤が感心し、かつ意図的に日本国民に知らせようとしたものといえる。そうだとすれば、われわれが、福澤が明治初年、すでに自由・平等・人権を西洋近代社会の思想的基礎と見、日本の「経国の本」と見なし始めたと結論づけても大過ないであろう。

以上から明らかなように、幕末期に、福澤はすでに蒸気機関、蒸気船車、伝信機、瓦斯燈などをはじめとする西洋物質力の基盤になる近代科学技術に強く心を魅かれ始めていたとともに、国家機関、軍隊構成、株式会社、徴税方法などの西洋政治経済制度の基底を成す自由・平等・人権にも目を向け始めた。明治初年にいたって、彼は日本の近代化の過程において、旧封建体制の人身束縛を否定し、人間社会の自由・平等を実現することがもつ意義をかなり認識していたのであった。

近世日本における人間は身分によって格づけられ、各々の位置で安分することを強制される存在であった。そのことに矛盾や不合理さを覚えた人はもちろん多くいた。しかし、その矛盾や不合理さへの感性的反発を社会問題として敷衍し、身分制自体を批判・否定してゆく方法を編み出した人は稀有であった。若き福澤も例外ではなかった。「門閥制度は親の敵で御座る」と見た彼は、若い頃たしかに身分制社会に対し人一倍の反発を示したし、その非合理さを日常的に経験したにもかかわらず、その痛覚を社会的に敷衍する方法を模索したかといえば、そうではなく、ある諦観をもって身分制秩序と距離をおいていたにすぎなかった。のちに三回にわたって欧米諸国を見聞する機会に恵まれたからこそ、彼は初めて身分制日本社会の変革の理論を身につけた。その後、彼は、五倫五常の身分制的道徳を自然なものと見なして、自然で恒久の存在である論理を説く朱子学を中核に据える幕制イデオロギーの不合理性を十分に露見させ、人間は自身の才能を自由に活用する権利を天から平等に賦与されており、国家の存在理由は天賦人権の保護に求めるべきだという天賦人権論を国民に喧伝し、国民の思想変革を呼びかけようと努めるようになったわけである。

2　明治初年の「独立」論

(1)「一身独立」論の提出

福澤は慶應末年から明治初めにかけて、『西洋事情』に続き、『西洋旅案内』（慶應三年秋刊）、『条約十一国記』（慶應三年冬刊）、『西洋衣食住』、『訓蒙　窮理図解』（明治元年秋刊）、『掌中万国一覧』（明治二年春刊）といった西洋紹介書を次々と著している。また、慶應四年（一八六八）すなわち明治元年には、従来の塾に慶應義塾の名をつけ、本格的に洋学教育活動に乗り出している。当時、新たに洋学教育に着手しようとしていたいくつかの藩から、このように洋学者としてすでに名声を博した彼のもとに招聘要請や意見の問い合わせがあったのは自然な成り行きであった。それに対する返書のなかで福澤は、漢学者流の学問を、「僅に数十巻の書を数百度も繰返し、所得は唯スレーブの一義のみ」と非難し、「其一身を売奴の如く処しながら、何として其国を独立せしむべきや、何として天下の独立を謀る可きや。小生敢て云ふ、一身独立して一家独立、一家独立、一国独立、天下独立と。其の一身を独立せしむるは、他なし、先づ智識を開くたり。其の智識を開くには、必ず西洋の書を読まざるべからず」と基本的な考え方を披瀝している。[25]他の返書でも、「兎角人に智識乏しく候ては、不覊独立の何物たるを知らず。一身の独立をも知らざる者を相手に為し、何ぞ天下の独立をも談ずべけんや。方今の急務、先づ文明開化抔の話は姑く擱き、人民知識の端を開き候義と奉存候」[26]と論じている。すべてが明治二年（一八六九）二月の書簡中の文章であるが、これらに述べられている福澤の考えは、「人民」を対象として、その「一身の独立」をこそ図るべきであること、そのためには旧来の漢学教育ではなく洋学による知識の修得が必要であること、そのうえで初めて藩や国家の独立が言い出せるのだ、というものであった。

同じ趣旨は、明治三年（一八七〇）一月二十二日付の九鬼隆義宛の手紙でも披瀝された。そこで福澤は「一身の独立一家に及び、一家の独立一国に及び、始て我日本も独立の勢を成す」[27]と説いている。さらに、同年十一月に東京から中津へ母を迎えにいった際、郷里の長老に宛てて書かれた『中津留別之書』の中で、福澤は次のように述べている。「人の自由独立は大切なるものにて、此一義を誤るときは、徳も脩む可らず、智も開く可らず、家も治らず、国も立たず、天下の独立も望む可らず。一身独立して一家独立し、一家独立して一国独立し、一国独立して天下も独立すべし。士農工商、相互に其自由独立を妨ぐ可らず」[28]。この文の最後のところで、福澤は開国後の日本が外国につけ入るすきを窺われていることを指摘し、「外人の憚るものは独り西洋学のみ」なのであるから、「内には智徳を脩めて人々の独立自由を逞ふし、外には公法を守て一国の独立を耀かし」、「真の大日本国」を建設しようと主張している[29]。

こう見てくると、明治六年（一八七三）の『学問のすゝめ』第三編の基本論旨、すなわち「一身独立して一国独立する事」との有名なテーゼは、明治二、三年頃に打ち出されていた「一身独立」論の延長にすぎないということが分かる[30]。のみならず、明治二年に入ってから提出し「独立」という言葉は、のちに福澤の生涯のキャッチフレーズになった。たとえば、明治二十四年（一八九一）、還暦の年に近い彼は慶應義塾の卒業生に対して、「凡そ人生に大切なるは独立の一義にして、人の人たる所以は唯この一義に在るのみ」[31]とまで極言した。

言うまでもなく、明治二年に福澤が言い出した「一身独立して一家独立、一家独立、一国独立、天下独立」という言葉は、『大学』の「修身斉家治国平天下」の形式を踏襲するものである。福澤は儒教の修身斉家治国平天下に代わるべきものとして、何よりも一身の独立、そして家、国、天下の独立を重要なものと考えた。だが、問題となるのは、明治二年から提出し始められた「独立」とそれまで説かれてきた「自由」がどのように関連しているのかということであろう。なぜこの時から福澤が「自由」を唱えると共に、「独立」を唱道し始めているのか、ということである。以下、彼の「独立」の概念から着手し、少々この問題に立ち入ってみたい。

(2)「独立」と「自由」とのかかわり

福澤の「独立」を「自由」と同じ概念、あるいは交換できるものであると見なす論者は少なくない。たとえば、山田洸は、明治二年における福澤の「独立とは自由と同義である」と明言した[32]。そして、高増杰は、福澤の「独立」の概念が「自由」と必ずしも重なってはいないことを認識してはいたが、やはり、その「「独立」は「自由」の日本化された表現に過ぎない」と結論づけている。(33) しかし、このような見方を支える直接的証拠を福澤自身の論述の中に見いだすのは困難なようである。逆に、反対の証拠は多く存している。

『学問のすゝめ』第三編の中で、福澤は次のように「独立」を説明したことがある。「独立とは、自分にて自分の身を支配し、他に依りすがる心なきを云ふ。自から物事の理非を弁別して、処置を誤ることなき者は、他人の智恵に依らざる独立なり。自から心身を労して、私立の活計を為す者は、他人の財に依らざる独立なり(34)」。

また、明治九年（一八七六）に刊行した第十六編で、彼は「独立に二様の別あり。一は有形なり。一は無形なり。尚手近く云へば、品物に就ての独立と、精神に就ての独立と、二様に区別あるなり(35)」と述べている。

こうして、福澤のいう人間の独立とは、人々が心身両面、あるいは物質と精神の両面とも他人に頼らずに、自分の言行などを自由に支配することを指していることが明らかになる。しかも、このような「独立」概念は彼の生涯を通じて変わらなかったのである。たとえば、明治三十年（一八九七）に書き始めた『福翁百余話』の「人生の独立」という文章の中で、彼は「独立にも心身二様の別ありて、衣食住有形の需用を自力に弁ずるを身体の独立と云ひ、社会の交際、処世法に、我思ふ所を言ひ、思ふ所を行ひ、満腔豁然洗ふが如くにして、秋毫の微も節を屈することなきを、心事無形の独立と云ふ(36)」と書き、「独立」が二つの意味、物質面の独立と精神面の独立を含むという明治初期の論旨を再び打ち出している。

このような福澤の「独立」の解釈を、彼の「自由」の概念と対照してみると、彼の「独立」と「自由」が相異なるカテゴリーに属する二つの概念であることが理解できよう。突き詰めて言えば、彼の「自由」は主に個人の権利の次元で説かれたものであり、「天賦の自由」(natural liberty) と「処世の自由」(political or civil liberty) との二つの意味を包含している。そして、この「天賦の自由」と「処世の自由」という概念は、民権運動の高揚期に「私権」と

「政権」の形に変わって踏襲されている。このような「自由」の概念と異なり、福澤のいう人間の「独立」とは、「心身」両面の独立を指しており、主に個人のありさまの次元で説かれたものであり、権利カテゴリーに属する概念なのではない。

このような考え方を理解するのはそれほど難しいことではない。人間の独立は人間の自由を前提条件としているにもかかわらず、究極において自由そのものではない。言い換えれば、「心身」両面の独立を得た人間は必ず自由な人間であるといってもよいが、自由権を有している人間は必ずしも独立した人間ではない。たとえば、市民国家の国民はみな権利の次元で自由・平等であるが、物質と精神の両面でともに独立を実現した人たちはそれほど多くない。なぜなら、人間の自由から独立への転換は、一定の条件を備えていなければ、実現できないからである。自由権が法律によって保障されているとしても、国民は奮励努力しなければ、容易に独立を実現するわけにはいかないのである。

明治初年に入り、福澤はこのような「自由」と「独立」とのかかわりをはっきりと理解していたからこそ、人間の自由を謳歌しながら、「一身独立」論を打ち出しえたのであろう。次第に明らかになるように、彼にとって、自由と独立との間には学問が介在している。すなわち、人々が自由になり、学問を身につけてこそ、初めて独立を実現しえるのである。

福澤が人間の自由とともに人間の独立を唱える思想へと飛躍した鍵は、彼が置かれた歴史的状況の中から得られたものであると思われる。幕府倒壊後、主として討幕藩出身の藩士からなる維新政権は、厳しい国際情勢に直面し、早くから全国の政治力や経済力などを統一的に管理し調整しうる中央集権的な国家体制を造り上げなければ、虎視眈々と日本を狙っている西洋列強に対して自国の権益を有効に守れるわけがないと痛切に感じていた。たとえば、維新政権の中心人物の一人、岩倉具視は明治三年（一八七〇）に、次のように自らの国事意見を開陳したことがある。「凡天下分レテ治ムレハ、国力随テ分ル。国力随テ分レハ、国勢随テ弱シ。国勢随テ弱ケレハ、外寇随テ乗ス。外寇随テ乗スレハ、億兆何ヲ以テ其生ヲ遂ルヲ得ン。〔……〕億兆衆庶ノ心ヲ一ニシ、億兆衆庶ノ力ヲ一ニシ、億兆衆庶ノ勢ヲ一ニシ、而後国勢可振張。国勢振張シテ万民其生ヲ保ツヲ可得。是レ郡県ノ制立ツ所ニシテ。要之スルニ、大権ヲ一シ大勢ヲ一スルユヘンノ基本素子。之ヨリ外ナラサルヲ以テナリ(37)」。

まさしく、国力を一つにまとめなければ外敵に征服されるという、このような中央集権の論理に従って、明治新政府は、政治面においては、分割支配の状態に置かれている藩制度に積極的にメスを入れ、まず「藩治職制」を定めて、藩組織を格一化し（明治元年十月）、さらに版籍奉還を画策し、藩主を知藩事に任命し（明治二年六月）、廃藩置県を断行し、名実ともに従来の藩を中央政府の一地方行政単位に転化する（明治四年七月）などの作業を推し進め、経済面においては、相次いで、金札の発行、家禄の削減・奉還、士族授産、地租改正などの施策を講じて、国家財政基盤の強化に全力を尽くしたのであった(38)。

攘夷の組織した新政府を信用せず、新政府からの二回にわたる出仕への招きを断り、政治の外に身を置き、翻訳や教育の事業に打ち込んでいた福澤は、理非曲直を問わずに新政府の中央集権化政策に反対しているわけではなかった。逆に、彼は新政府が思いきって廃藩置県などの政策を採ったのを見て、「コリヤ面白い、此勢に乗じて更らに大に西洋文明の空気を吹込み、全国の人心を根底より転覆して、絶遠の東洋に一新文明国を開き、東に日本、西に英国と、相対して後れを取らぬやうになられまいものでもない(39)」と高く評価している。ところが、この文面にも見られるように、彼は、新政府の中央政権の強化を目指している施策に完全に満足していたのではない。彼から見れば、新政府が次々に旧来の封建的な制限禁令を撤廃し、四民平等を唱えて、移転・婚姻、栽培・売買、職業選択などの自由策を施すのは、称賛すべき盛挙であるとはいえ、下層の民衆に向けた政策は不十分なものであった。彼は、戊辰戦争により困窮化している農民と、幾多の戦闘を戦いぬきながらも利益をえられず、生きていくことも困難な多くの一般士族が物質と精神との両面で独立できるかどうかという点で、政府の認識はまだ不十分であると考えた(40)。

したがって、「一国治マルト雖、天下壊ル、トキハ、一国亦其安ヲ保ツコト能ハス。〔……〕是故ニ、天下ノ安危存亡ハ即チ億兆ノ安危存亡ナリ(41)」という認識に基づいて、国家の安危が個人の独立を実現する前提であるという建国の方策を提示している新政府のリーダー岩倉具視と少し異なり、福澤は、「一身独立して一家独立し、一家独立して一国独立し、一国独立して天下も独立すべし(42)」と考え、国民の心身の独立を重視しないままに民族の独立と国家の富強を図ることは骨ばかり折れて効果が上がらないと認めている。つまり、福澤にとって、国家独立の確保はもちろん優先的な課題であるが、国家独立を確保する方途はしょせん国民の個の独立に求めるほかないのである。

こうした考えに従って、「明治政府は古風一天〔点〕張りの攘夷政府と思込んで(43)」、政治の外に身を置き言論を自制していた福澤は、「一身独立して一家独立、一家独立、一国独立、天下独立」、すなわち、国民の独立は国家の独立を実現する条件の一つであるという論点を打ち出している。

総じて言えば、明治二、三年頃に、福澤が人間の自由を謳歌しながら、人間の独立を唱え始めたことは、日本近代思想史上、画期的な大事件と言っても過言ではない。明治四年（一八七一）、中村正直は、ジョン・スチュアート・ミルの『自由論』(*On Liberty*, 一八五九) を翻訳した『自由之理』と英国の社会思想家サミュエル・スマイルズ (Samuel Smiles, 一八一二―一九〇四) の名著『自助論』(*Self-Help*, 一八五九) の訳業『西国立志編』を出版した。それらの訳書は、西洋の自由主義と独立自主の精神を明治初期の日本社会に紹介し、高い人気を博して、ベスト・セラーとなった(44)。中村のそれらの訳書が、福澤が「自由」と「独立」というキャッチフレーズを言い出してから、わずかながら後に出版されたものであることは留意されなければならない。

福澤は幕末期から、日本の近代化の過程において個人の「自由」を実現することがもつ意義に目を向けていた。一方、明治初年に彼は「独立」の重要性を打ち出した。彼の理解する「自由」と「独立」については、従来の研究ではほぼ同義としてとらえられてきた。しかし、彼にとって「自由」と「独立」とはたがいに異なる概念であった。「自由」とは、人間が自由に行動することは正当な権利であるという権利に関する概念である。だが、そのような権利があるとしても、必ずしも人間は実際にその権利を行使できるとは限らない。「独立」とは現実に自力で生活を立て、自分の意志どおりに行動し、自分で自分を支配することを意味する。いわば、現実における「自由」であると言ってもよい。西洋の自由主義を受容し、権利としての自由を主張するだけでなく、現実における自由としての「独立」を重視したところに福澤思想の特徴があったのである。

権利について敏感に西洋思想を取り込みながら、現実への考察を深めていくという福澤思想の特徴は、国の「平等」についての考察にも見いだすことができる。次節では国家の独立という問題において、権利としての平等と、現実の平等＝独立について彼が展開した議論について論じたい。

第二節　国家の独立と個人の独立

1　国際関係論における二重構造

(1) 権利次元の国家平等論

明治二、三年頃の「一身独立」論は、見方によっては、福澤が維新直後の混迷の状態に直面して持ち出した思いつき的な発言であって、理論的には不十分だと言っていいかもしれないが、明治五年（一八七二）から刊行され始めた

『学問のすゝめ』の中で展開した「一身独立して一国独立する」という論議は、彼が理論的に跋渉した思想的結果であるというべきである。

福澤は『学問のすゝめ』を次のように書き起こした。「天は人の上に人を造らず、人の下に人を造らずと云へり。されば天より人を生ずるには、万人は万人、皆同じ位にして、生れながら貴賤上下の差別なく、万物の霊たる身と心との働を以て、天地の間にあるよろづの物を資り、以て衣食住の用を達し、自由自在、互に人の妨げをなさずして、各安楽に此世を渡らしめ給ふの趣意なり(45)」。この冒頭の文句はあまりにも有名で、『学問のすゝめ』といえば、この言葉が引き合いに出されるほどである。ここで福澤は西洋近代社会の通念である人間平等の思想や、自由主義の精神を最も明瞭に言い表わしたものと考えられる。

さらに、彼は『学問のすゝめ』第二編で、次のように自分の人間平等論を解説している。「人の生るゝは天の然らしむる所にて人力に非ず。この人々互に相敬愛して各其職分を尽し、互に相妨ることなき所以は、もと同類の人間にして、共に一天を与にし、〔……〕兄弟相互に睦しくするは、もと同一家の兄弟にして、共に一父一母を与にするの大倫あればかり。故に今、人と人との釣合を問へば、これを同等と云はざるを得ず。但し其同等とは、有様の等しきを云ふに非ず、権理通義の等しきを云ふなり。其有様を論ずるときは、貧富強弱智愚の差あること甚しく〔……〕又一方より見て、其人々持前の権理通義を以て論ずるときは、如何にも同等にして、一厘一毛の軽重あることなし。即ち其権理通義とは、人々其命を重んじ、其身代所持の物を守り、其面目名誉を大切にするの大義なり。天の人を生ずるや、これに体と心との働を与へて、人々をしてこの通義を遂げしむるの仕掛を設けたるものなれば、何等の事あるも、人力を以てこれを害す可らず(46)」。すなわち、福澤にとっての人間平等は、権利の次元での平等であり、有様での平等ではない。言いかえれば、スタートライン上の平等であり、最終結果上の平等ではないというのである。

権利の面において個人と個人との関係は平等であるとされるが、国と国との関係はどうであろうか？　福澤の答えは、国々は大小を問わずみな平等である、ということであった。なぜなら、「国とは人の集りたるものにて、日本国は日本人の集りたるものなり、英国は英国人の集りたるものなり。日本人も英国人も、等しく天地の間の人なれば、互に其権義を妨るの理なし。〔……〕百万人も千万人も同様のわけにて、物事の道理は人数の多少に由て変ず可らず(47)」。ここで福澤は、弱小国・後進国たる日本が富強国・先進国たる欧米列強に対して、権利において平等である理念を国民に宣伝している。彼の言葉でいえば、「我日本国にても、今日の有様にては西洋諸国の富強に及ばざる所あれども、一国の権義に於ては、厘毛の軽重あることなし(48)」。このように、人と人との間の平等の関係を、国と国との間の平等の関係に拡張した結果、福澤は、力強く「天理人道」が貫徹する国家平等説を主張している。それは、『学問のすゝめ』初編にある次の文章に典型的に表明されている。日本とても西洋諸国とても、「同じ月を眺め、海を共にし、空気を共にし、情合相同じき人民なれば、こゝに余るものは彼に渡し、彼に余るものは我に取り、互に相教へ互に相学び、恥ることもなく誇ることもなく、互に便利を達し、互に其幸を祈り、天理人道に従て互の交を結び、理のためには亜米利加の黒奴にも恐入り、道のためには英吉利、亜米利加の軍艦をも恐れず、国の恥辱とありては、日本国中の人民、一人も残らず命を棄てゝ国の威光を落さゞるこそ、一国の自由独立と申すべきなり(49)」。

実は、このような国際社会における自然法的国家平等観は、慶應元年（一八六五）に書かれた『唐人往来』にすでに現われていた。長い間写本として読者の間に伝えられたこの書物は、著者の福澤自身が断っているように、「江戸中の爺婆を開国に口説き落さん(50)」がために書かれたものである。この本で説かれた開国論の拠り所は、「世界普遍の道理」による国家平等論である。その中には次のような文章がある。「元来外国人の日本に来たる趣旨は、最初にも云へる如く、日本国を盗み取りに来たではなし、各国より当前の礼義を以て使者を差遣はし、既に条約も取り結びたることなれば、隔意なく附合ひ、篤と其意を察して、如何にも最前使者を遣し条約を結びし時と同様の心得にて、睦しく交はらんとするならば此上もなき次第、此方よりも世界普遍の道理に従て益々信実を尽すべし。若し又さもなく、此方から信実を尽しても、先方は表向許りにて、内心は日本の土地をも奪取らんと思ひ、不埒なる振舞を為す国もあらば、此等は世界の道理に背きたるものにて、世界中の罪人なれば、其道理を押立て我日本国の威勢を張り、之を追ひ払ふとも其国を攻取るとも、誰か何と言ふべきや。斯く筋の立たる師なれば、世間にて我国の方を尤なりとするは勿論、時宜に依り加勢に来る国もあるべし。敵は如何程大国なりとも少しも恐るゝに足らず[51]」。

以上で検討したことから分かるように、幕末から福澤が攘夷論に対抗して開国論を唱えた論理の拠り所は、欧米列強の強大な兵力に屈したからでもなく、また「夷の長技を師とし、以て夷を制する[52]」論理による西洋文明移植のための方便からでもなかった。いかなる国も等しく自由独立権をもっており、たがいに礼儀正しく理に従って交わることが自由独立だという自然法的国家平等観から生まれたものであった。

安川寿之輔は「幕末以来の福沢の基本的な国際関係認識は、マイト・イズ・ライトであります[53]」という結論を下したことがある。この結論が正しいとするならば、どのように前で紹介した福澤の陳述を解釈するかは非常に難しい問題となる。安川は、それは福澤が攘夷的思想を戒めるために強調した、バイアスをもつものにすぎないと解釈しているが[54]、この把握は理解し難い。というのは、福澤が本当に幕末から「マイト・イズ・ライト」という国際関係の論理を主張していたならば、彼はなぜ欧米列強が弱小国たる日本を軽侮することを論理的に正当化しないかという問題に直面せざるをえなくなるのである。「マイト・イズ・ライト」という国際関係認識では、欧米列強の日本への進出は正当化されることになるが、福澤はそうしない。弱小国家の立場に立ち欧米列強の進出に反対しようとするならば、論理において必然に国家が大小を問わず平等であるという国家平等説を堅持しなければならないはずである。したがって、安川説よりも、むしろ啓蒙期の福澤の国際関係認識は基本的に「国際社会における「自然法」（道理）の支配、それを前提とする国家平等観である[55]」との丸山眞男の説の方が納得しやすいことが分かるであろう。

(2) 現状の国家間不平等

しかるに、幕末維新期の福澤は、国家平等説を主張しているにもかかわらず、彼が言っている平等はけっして無制限的な平等ではない。彼は『学問のすゝめ』第三編で次のように述べたことがある。「今世界中を見渡すに、文明開化とて、文字も武備も盛んにして富強なる国あり、或は蛮野未開とて、文武ともに不行届にして貧弱なる国あり。一般に、欧羅巴、亜米利加の諸国は富で強く、亜細亜、阿非利加の諸国は貧にして弱し。されどもこの貧富強弱は国の有様なれば、固より同じかる可らず。然るに今、自国の富強なる勢を以て、貧弱なる国へ無理を加へんとするは、所謂力士が腕の力を以て、病人の腕を握り折るに異ならず。国の権義に於て許す可らざることなり(56)」。「この貧富強弱は国の有様なれば、固より同じかる可らず」という表現からみれば、福澤の説く国家平等は権利の次元での平等にすぎず、現実の次元での国家平等は彼によっては追求されていないことが明らかである。言い換えれば、福澤にとって、国家権利の平等を主張することと、国家の状態の違いを承認することは、異なる次元に属する問題であり、論理的な矛盾は生じないのである。

福澤の考えによれば、現状において国々が不平等であるからといって、人々がそれで権利においてもすべての国が平等であるという理念を放棄したら、是非を転倒することにほかならない。反対に、国家の権利が平等であるという理念をもたなければならないとはいえ、それで国々の貧富強弱のありさまが違うという現状を無視してはならない。このように権利と現状、あるいは道理と実際の両面から、複眼的に国際社会を考察したからこそ(57)、福澤は、自然法的な国家平等説を唱えるとともに、各国の貧富強弱のありさまが異なり、不正や強暴があるという国際社会の実情をとらえることができたのであった。

福澤はたしかに「マイト・イズ・ライト」の事態が生じていることにも目を向けていた。他の多くの知識人と同様、彼は早くから現実の国際社会に弱肉強食、「マイト・イズ・ライト」の現象が存在していることを悟っていたのである。たとえば、一八六一年に遣欧使節の一員としてヨーロッパ諸国を訪問する際に書いた日記に、途中立ち寄った香港、シンガポール、セイロン、スエズなどで目撃した先進諸国による「傍若無人」の植民地支配の非情さを、驚きをもって記した個所が多く見られる(58)。この植民地での体験は、永く福澤の記憶に残らないはずはなかった。一八六八年に刊行した『西洋事情』外編にある、「各国交際の有様は、今日に至るまで尚ほ、往古夷民の互に匹夫の勇を争ひしものに異ならず(59)」、「各国政府の不正強暴を制して全くこれを止む可きの方術あることなし。是即ち、天下に戦争の止まざる所以なり(60)」などの文章は、訳述であるとはいえ、福澤の国際関係について早期に得た理解の延長と見なしても大過がないと思われる。

福澤が幕末期に形成したこのような国際情勢の認識は、明治初期に入っても変わっていない。明治八年（一八七五）に刊行した『文明論之概略』において、彼は欧米先進資本主義諸国によるインド、中国、ペルシャなどへの植民地支配が被植民者に対して過酷なものであったことを示している。「欧人の触るゝ処にて、よく其本国の権義と利益とを全ふして、真の独立を保つものありや。〔……〕欧人の触るゝ所は、恰も土地の生力を絶ち、草も木も其成長を遂ること能はず。甚しきは其人種を殲すに至るものあり(61)」。そして、西欧人による「其処置の無情残酷なる、実に云ふ忍びざる(62)」現状を告発し、このような国際環境の中で、「外国人に対して、其交際に天地の公道を頼にする」ことは「迂闊も亦甚し(63)」と結論づけている。国々の強弱は一様ではなく、いくら道理を主張しても強国が勢力を頼んで弱国を虐げることは回避できない以上、当面、国民は何よりも国家独立の保全に全力を尽くさなければならない。さもなければ、国民の独立自主の実現がありえないというのである。

それでは、いかにして日本を国際社会で西洋と対等の独立国にさせることができるのか。これに対して、福澤は明治六年（一八七三）に『学問のすゝめ』第三編で次のように答えている。「我日本国人も今より学問に志し気力を慥にして、先づ一身の独立を謀り、随て一国の富強を致すことあらば、何ぞ西洋人の力を恐るゝに足らん。道理あるものはこれに交り、道理なきものはこれに打払はんのみ。一身独立して一国独立するとは此事なり」[64]。福澤は、道理のあるものには交わり、道理の無いものは打ち払う、という、道理を踏まえた上で現実の状況に合わせて対処するという、国際関係における二重の基準を出している。また、ここで一層明確に打ち出したのは、学問による一身の独立を介しての「一国独立」という路線であったのである。

2 「一身独立して一国独立する」

(1) 「一国独立」と「一身独立」

福澤の考えでは、道理からいえば、国家の権利は平等である。しかし、現実に国民が独立の気力をもたなければ、厳しい国際情勢の中で国家の権利を確保するのは不可能なことである。換言すれば、国民の個の独立を実現してこそ、初めて真の国家の独立を維持しうる。このように、対外危機感から出発しながら自国人民の独立問題に着目したのは、明治初期の福澤思想の一大特徴といってよい。

幕末に育ち、「純然たる日本の文明」を身に装していた福澤は、西洋渡航の体験をとおして日本社会と西洋社会との大きな相違に驚愕した。西洋の社会風俗について、彼が繰り返して述べている衝撃的見聞として、アメリカで建国の父ジョージ・ワシントン（George Washington, 一七三二―一七九九）の子孫について質問した時に受けたそっけない回答や、ヨーロッパで見学した政党の争う議会政治などがある。彼は上下尊卑が厳しく、政党結社を許さない当時の日本社会の観念からして、即座にこの西洋社会風俗を理解しえたわけではない。ところが、識者との討論や洋書の研究を通じて、彼はようやく根底から西洋の富強と独立を支えているのは大砲と軍艦などに象徴される物質力ではなく、一般人民の独立不羈の気性であるということを認識したのであった。

福澤は、西洋諸国から、個々の独立が報国心の基盤をなしている秘密を発見した。とくに彼に感嘆させてやまなかった西洋の出来事は、一八七〇年代初めに起こった普仏戦争であった。この戦争の中で、フランス皇帝ルイ＝ナポレオン・ボナパルト（Charles Louis-Napoléon Bonaparte, 一八〇八—一八七三）はオットー・フォン・ビスマルク（Otto von Bismarck, 一八一五—一八九八）率いるプロイセンに捕虜にされたが、フランス国民はそれで士気が挫けることなく、逆に自国の権利を守るために主人公としての姿勢で引き続き奮戦して、最後に国権を保全することに成功した。ところが、それと著しい対照をなすのは、戦国時代の今川義元と織田信長の桶狭間の戦いである。今川が戦闘の中で亡くなってしまうと、彼が率いていた優勢を占めた駿河の軍隊もまもなく「蜘蛛の子を散らすが如く」敗れ散ってしまった。一時おおいに名を上げた駿河の国もそれで一朝に滅んでしまった。その理由について、福澤は次のように分析している。「駿河の人民は、唯義元一人に依りすがり、其身は客分の積りにて、駿河の国を我本国と思ふ者なく、仏蘭西には報国の士民多くして、国の難を銘々の身に引受け、人の勧を待たずして自から本国のために戦ふ者あるゆゑ、斯る相違も出来しことなり(65)」。それでは、どうしてフランス国民は「其国を自分の身の上に引受け」、「本国のためを思ふこと私家を思ふが如く」することができ、日本の国民はそのようにならないのか。福澤は、フランスなどの西洋諸国では「上下貴賤の別なく」、「自由独立の気分」が国中に満ちているのに対して、日本では「治者と被治者との区別」があり、一般の国民が国事と無関係である「客分」の立場に置かれていたと結論づけている(66)。彼から見れば、政府が少数の知識人の才能をもって多数の民衆を支配していくと、一般民衆は国事に関してなんでも「主人」に頼ってしまうという気持を形成しやすく、月日の経つうちに独立意識をまったく失ってしまうのである。それによって、彼は「独立の気力なき者は国を思ふこと深切ならず(67)」とか、「一国の独立は国民の独立心から涌いて出てることだ。国中を挙げて古風の奴隷根性では、迚も国が持てない」[68]という判断を打ち出している。

民衆の独立こそ西洋諸国の独立を支える根本だと確信する福澤は、日本人民の気風に着目し、「民の卑屈無力」という現状を深く憂慮した。これについてのエピソードが自伝に記録されている。彼は維新初期子どもを連れて江ノ島、鎌倉に行った時、百姓が向うから馬に乗ってきたが、福澤たちを見ると慌てて馬から飛び下りた。百姓のこの卑屈さを見て「古来の習慣は恐ろしいものだ」と彼は心の中で思った。[69]また、彼は「路傍の人の硬軟」を試してみた。こちらが横柄な士族の荒い口調で百姓に道を聞く場合、向うは丁寧に答え、お辞儀もしたが、こちらが謹んだ口調で聞くと、向うは「中々横風で会釈もせずに颯々と別れて行く」。こうして「ゴム人形」のように、「行先の人を見て自分の身を伸縮する」という人々のありさまを見て、福澤は「世間に圧制政府と云ふ説があるが、是れは政府の圧制ではない、人民の方から圧制を招くのだ」と慨嘆した。[70]維新後、四民平等が施行されたにもかかわらず、「平民の根性は依然として旧の平民に異ならず、〔……〕立てと云へば立ち、舞へと云へば舞ひ、其柔順なること家に飼たる痩犬の如し」[71]。人民の無気力は昔の封建の世ではそれでよかったかもしれない。しかし福澤は、「今外国と交るの日に至ては、これがため大なる弊害あり」[72]と断ずる。というのは、「内に居て独立を得ざる者は、外に在ても独立すること能はざる」[73]、「内に居て弱き者は外に向て強きこと能はず。〔……〕内に在ては唯政府を尊崇して卑屈固陋を極めたるものなれば、此人民を駆て外人に当らしめ、日本独立の気分を保たしめんとするも亦難きに非ずや」[74]と考えるからである。

要するに、福澤の考えにおいては、独立の気力をもたない者は強烈な愛国意識を形成し得ず、国内で独立の地位を戦い取る勇気をもたない者は厳しい国際競争の環境の中で精一杯国家独立の実現を目指して努力することができないのである。このような認識に基づいて、彼は「一身独立して一国独立する」[75]という有名なテーゼを押し出し、国民に「今の世に生れ、苟も愛国の意あらん者は、官私を問はず、先づ自己の独立を謀り、余力あらば他人の独立を助け成す可し。父兄は子弟に独立を教へ、教師は生徒に独立を勧め、士農工商共に独立して、国を守らざる可らず」[76]と呼びかけたのであった。

(2)「一身独立」主張の内実

福澤は「一国独立」と関連して「一身独立」の課題を提出したが、その「一身独立」という主張の内実はいったいいかなるものであろうか。はたして、それは「近代的ナショナリズム」の理念のもとでの「民権の確立」を唱道するものと解することができるのであろうか。

福澤が『学問のすゝめ』の中で展開した政府と国民の関係論をみよう。「政府は国民の名代にて、国民の思ふ所に従ひ事を為すものなり[77]」。それゆえ、「政府たるものは、人民の委任を引受け、其約束に従て、一国の人をして貴賤上下の別なく、何れも其権義を逞ふせしめざる可らず。法を正ふし罰を厳にして、一点の私曲ある可らず[78]」。すなわち、政府は国民の代表として、統治を代行するというのである。また、国民は自分の「総代として政府を立て、善人保護の職分を勤めしめ、其代として、役人の給料は勿論、政府の諸入用をば、悉皆国民より賄ふ可しと、約束せしことなり。且又政府は、既に国民の総名代となりて事を為す可き権を得たるものなれば、政府の為す事は即ち国民の為す事にて、国民は必ず政府の法に従はざる可なず。是亦国民と政府との約束なり。故に国民の政府に従ふは、政府の作りし法に従ふに非ず、自から作りし法に従ふなり[79]」。ここで福澤がある種の「社会契約論」を展開しているのを疑うことはできない。驚くべきことに、彼は、西洋近代民主主義国家理念の体現たる社会契約論がそのまま日本の現実の政府と人民の関係にあてはまると考えていたのである。この認識は実に明治六年（一八七三）十一月の『学問のすゝめ』第二編にすでに現われていた。そこで彼は、「今、日本国中にて明治の年号を奉ずる者は、今の政府の法に従ふ可しと条約を結びたる人民なり[80]」と明言していたのである。維新政府が社会契約によって成立したものではなく、薩長を主とするいわゆる官軍が暴力をもって徳川政府から政権を奪取することによって成立したことは誰の目にも明らかであった。だが、福澤はそれが人民との約束、すなわち社会契約によって成立したと国民に説き聞かせたのである。それは彼の意図的な虚構と解されるほかない。なぜなら、文久渡欧の際、彼はすでに国家権力の人民による信託の方法、すなわち議会制度に接触した。しかも、明治七年（一八七四）初め、『学問のすゝめ』第六編、第七編が世に現われ出た時、民選議員設立建白書がすでに世に問われていた。したがって、明治政府が人民による信託の産物ではないことを福澤が知らないわけはないのである。明治政府を人民との契約の産物と解したあと、福澤は日本の人民に次のような「人民の職分」を要求している。「国の政体に由て定りし法は、仮令ひ或は愚なるも、或は不便なるも、妄にこれを破るの理なし。師を起すも、外国と条約を結ぶも、政府の権にある事にて、この権はもと約束にて人民より政府へ与へたるものなれば、政府の政に関係なき者は決して其事を評議す可らず(81)」。すなわち、国法を「小心翼々謹て守」ることが「是即ち人民の職分」である。また、「人民は既に一国の家元にて、国を護るための入用を払ふは固より其職分なれば、この入用を出すに付き、決して不平の顔色を見はす可らず(82)」として、人民は国の「家元」である以上、税金を「思案にも及ばず快く」納めることが要求されているのである。

　ところが、国民の総名代としての政府が、自らの権限を越えて国民の権利を侵害した場合、どうすればいいのであろうか。福澤は、「人民たる者は、平生よりよく心を用び、政府の処置を見て不安心と思ふことあれば、深切にこれを告げ、遠慮なく穏に論ず可きなり(83)」とか、国法には「不正不便の箇条あらば、一国の支配人たる政府に説き勧めて、静かに其法を改めしむ可し。政府若し我説に従はずんば、且力を尽し且堪忍して時節を待つ可きなり(84)」と答えている。穏やかに論じて静かに待ってから、はたして人民の意志が政府によって聞き届けられない場合、「主人」としての人民はどんな態度を取るべきかについて、福澤は次のように説いている。「政府なるもの、其分限を越て暴政を行ふことあり。こゝに至て、人民の分として為す可き挙動は、唯三箇条あるのみ。即ち節を屈して政府に従ふ歟。力を以て政府に敵対する歟、正理を守て身を棄る歟、この三箇条なり(85)」。

福澤は、第一条の「節を屈して政府に従ふ」という選択肢は「甚だ宜しからず」と認めている。なぜならば、「天の正道」に従うことは人々の職分であり、節を屈して「政府の人造の悪法」に従うことは、「天の正道」に違反する行為である。しかも、一度「不正の法」に従うと、後世に悪例を残してしまう。彼の考えによれば、当時の日本に溢れていた政府の役人を恐れる気分はまさにそこに由来する。第二条について、彼は、人民が「力を以て政府に敵対する」という選択は、「固より一人の能する所に非ず、必ず徒党を結ばざる可らず。即是れ内乱の師なり。決してこれを上策と云ふ可らず」と断じている。政府の暴政に対して反抗するのは内乱の元となるのでよくないというのである。彼が「上策の上」とした人民の取るべき態度は、「如何なる暴政の下に居て如何なる苛酷の法に窘めらるゝも、其苦痛を忍て我志を挫くことなく、一寸の武器も携へず」に「正理を唱て政府に迫る」ところの「マルチルドム」(殉教)の道である。[86] すなわち、政府がいかなる暴政を行なっても、人民は一寸の武器も取るべきではなく、平和的な「マルチルドム」の道を選ぶことによって、悪政府の側の「同情相憐む心」と「改心」[87]を待つというのである。

こうしたことから見れば、福澤は暴力革命をとおして悪政を打ち倒すことを主張していないとはいえ、人民の抵抗権をけっして否定しているわけでもない。彼が反対するのは抵抗そのものではなく暴力による抵抗にすぎない。したがって、筆者は、安川寿之輔の「福沢は、基本的に人民の「抵抗権」を否定する」[88]という表現の仕方に同意しない。さもなければ、「政府に対して不平を抱くことあらば、これを包みかくして暗に上を怨むことなく、其路を求め其筋に由り、静にこれを訴て遠慮なく議論すべし。天理人情にさへ叶ふ事ならば、一命をも抛て争ふべきなり」[89]との福澤の論述を解釈するのは難しくなるであろう。

『学問のすゝめ』時代の福澤は人民の抵抗権を否定しないものの、逆に有効に国家の職能を果たせない悪政府を倒して「人の安全幸福を保つべき新政府を立る」[90]ことにも賛成していない。こうして、福澤の求める「一身独立」は事実上二つの前置条件が設定されたものになる。一つは国家独立の確保を前提条件としなければならない。もう一つは明治政府の支配を覆せないことを先決条件としなければならない。言い換えれば、福澤の「一身独立」は「一国独立」という当面の課題に従属する「一身独立」でもあれば、政府の絶対権力によって規定される政治秩序と経済秩序の枠内での「一身独立」でもある。このような非近代的成分が福澤の個人と国家観の中に紛れ込んでいるので、明治初期の彼の「一身独立」の主張を、近代民主主義理念に基づいて「民権の確立」を唱道するものと解すのは妥当ではないと言ってよい。

福澤の国際関係認識は「マイト・イズ・ライト」であったという議論が提出されているが、実情はそうではない。そのような主張は、福澤の、権利についての議論と現実についての議論を混同してしまっているのだ。彼は、権利においては、国家は力と関係なく平等であるという国家平等説を堅持していた。だが、現実においては、国々は貧富、強弱の差があるという不平等な状態にあることを彼はリアリスティックに認識していたのである。彼は権利としての「自由」と、それを現実化した「独立」を明晰に区別して論じていたように、権利としての国の「平等」と、現実の国の「独立」とを混同せず、理論展開したのであった。

そして、厳しい国際環境のなかで日本を西洋諸国と肩を並べる国家として「独立」させるためには、なによりも国民一人一人の「独立」精神が重要であるとした。ここで福澤が打ち出すのが、学問による「独立」という路線である。次節では、国民の「独立」を学問によって実現するための方途について論ずることにしよう。

第三節　「一身独立」の実現の方途

1　学者は在野たるべし

(1)「権力偏重」の悪果

「国中の人民に独立の気力なきときは、一国独立の権義を伸すこと能はず」と確信していた福澤は、厳しい国際環境の中で日本を西洋諸国と対等し得る国家に造り上げたいなら、何より国民を「一身独立」させなければならないと訴えた。ところが、問題の焦点は、そもそもどのようにして国民を「一身独立」させることができるか、というところにある。「一身独立」を実現する具体的な方法を明示せず、ただ「一身独立」の必要性だけを説いても、国民の「一身独立」の問題がいつまでも解決できないという道理が彼に分からないわけはない。彼は国民を「一身独立」させなければならないという課題を提出した以上、当然その解決策をも頭に入れていた。

明治初期、福澤は内外両面から国民の自立を推し進める二つの方法を提示した。一つは、学者は在野で活動しなければならないということである。もう一つは、国民が学問、とくに実学に励まなければならないということである。以下、この二つの方途を検討してみる。

いかなる社会改造方案であろうと、それは発案者が宿す自らの社会認識を反映したものに相違ない。福澤の「一身独立」の推進方法として打ち出した学者在野論も例外ではない。

福澤によれば、日本人民を卑屈無力、自立できない状態に落ち込ませた社会的要因は、主に社会の権力が過分に「治者」に集中され、「被治者」すなわち日本人民が「客分」の立場に置かれてきたところにある。明治七年（一八七四）刊の『学問のすゝめ』第四編で彼が使った言葉を借りて言えば、次のようになる。「我国の人民に気力なき其源因を尋るに、数千百年の古より、全国の権柄を政府の一手に握り、武備文学より工業商売に至るまで、人間些末の事務と雖ども、政府の関らざるものなく、人民は唯政府の嗾する所に向て奔走するのみ。恰も国は政府の私有にして、人民は国の食客たるが如し(91)」。すなわち、日本では、権力が政府の一手に握られ、人民は政府に従うのみであったことにより、気力が失われたというのである。

一年後に出版した『文明論之概略』の中で彼はほぼ同じ論旨を持ち出している。そこで彼は次のように日本社会の権力偏重の汎通性と、それがもたらした悪果を指摘した。「日本の人間交際は、上古の時より、治者流と被治者流の二元素に分れて、権力の偏重を成し、今日に至るまでも、其勢を変じたることなし(92)」。

このような事態の必然的帰結として、すべての権力が常に治者の一方に偏した結果、民衆の気力だけでなく、学問も自立することがなかった。また、権力偏重により、民衆が国の歴史からまったく隔離されてしまった。「恰も治者と被治者の間に高大なる隔壁を作て其通路を絶つが如し。〔……〕治乱興廃、文明の進退、悉皆治者の知る所にして、被治者は嘗て心に之を関せず、恬として路傍の事を見聞するが如し(93)」、「戦争は武士と武士との戦にして、人民と人民との戦に非ず。家と家との争にして、国と国との争に非ず」、人民は「其勝利を栄とするに非ず、又其敗を辱とするに非ず(94)」。つまり、「日本には政府ありて国民（ネーション）なし(95)」という状態になってしまったのである。

徳川幕府が崩壊する前の日本社会の権力偏重は以上のようであったが、明治時代に入ったあとも、事情はほとんど変わっていない。変わったのは、「古の政府は力を用ひ、今の政府は力と智を用ゆ。古の政府は民を御するの術に乏しく、今の政府はこれに富めり(96)」というように、暴力的な統治から文化的な統治に変わったにすぎない。したがって、維新後の日本では、学制・徴兵令・地租改正が実施され、文明開化の風潮が高まったものの、政府の専制と人民の卑屈という関係が再生産され続けられている。ひいては、政府は文明が進めば進むほど、文明の精神たる人民の独立の気分が日に日に衰退するという結果になる。

このように人民の卑屈無力、自立できない社会病に対して診断を行なったあと、福澤は学者が政府外にあって自立し、人民の拠るべき目標を示さなければならないという処方箋を出すことになるのである。

(2) 学者在野の利益

学者は在野にあるべし、という福澤の主張は、権力偏重の批判と独立した国民の形成の構想において核心的な位置を占めていると言ってよい。福澤から見れば、学者が政府に入って仕事をなすことは、民間の力を弱め、政府の力を強め、権力偏重の傾きを助長することになる。それゆえ彼はあらん限りの力を尽くして、学者がジェームズ・ワット（James Watt, 一七三六―一八一九）や、ジョージ・ステーヴンソン（George Stephenson, 一七八一―一八四八）や、アダム・スミス（Adam Smith, 一七二三―一七九〇）のように政府外に立って、新しいものを発明することや、有益な学説を立てることや、大きな事業を起こすことを評価し、権力を政府に偏する傾向を抑え、人民の卑屈無力の状況を変えようと力説する。

また、福澤は、日本人の心に染み込んでいる卑屈無力の根性を根絶し、文明に進めさせるには、「唯政府の力のみに依頼す可らざるなり[97]」と考えている。というのは、「事を為すに、これを命ずるはこれを諭すに若かず、これを諭すは我より其実の例を示すに若かず。然り而して、政府は唯命ずるの権あるのみ[98]」だからである。したがって、「必ずしも人に先《さきだ》つて私に事を為し、以て人民の由る可き標的を示す者なかる可らず[99]」。つまり、政府がリーダーシップを発揮して強力に人民に文明を押し付けると、一国独立の基礎たる人民の独立自主の精神は一層衰えてしまうので、必ず衆人の先頭に立って、民間で独立の事業を起こし、一般人民の学ぶべきお手本を身をもって示す人間がなければならないのである。福澤によれば、こうしたお手本を示す人物の任にあたるべき者は、「所謂ミッヅルカラッスなる者にて、国の執政に非ず、亦力役の小民に非ず、正に国人の中等に位し、智力を以て一世を指揮したる者なり[100]」。ここでいう「ミッヅルカラッス」は、すなわち、ミドル・クラス、中産階級である。

日本社会のミドル・クラスとして、福澤が期待を寄せたのは「和漢の学者」ではなく、「唯一種の洋学者流」である。しかし、彼は当時の一般の洋学者も頼むに足りないと思っていた。なぜならば、「方今、世の洋学者流は概皆官途に就き、私に事を為す者は僅に指を屈するに足らず。蓋し其官に在るは、唯利是れ貪るのためのみに非ず、生来の教育に先入して、只管政府に眼を着し、政府に非ざれば決して事を為す可らざるものと思ひ、これに依頼して、宿昔青雲の志を遂んと欲するのみ[101]」だからである。すなわち、洋学者もおおむね官職についており、その官職についているのはたんに利を得るためではなく、政府こそが社会を動かせると考えているがゆえに、洋学者も独立心の育成の頼りにはならないというのである。今日の日本では、「青年の書生、僅に数巻の書を読めば、乃ち官途に志し、有志の町人、僅に数百の元金あれば、乃ち官の名を仮りて商売を行はんとし、学校も官許なり、説教も官許なり、牧牛も官許、養蚕も官許、凡そ民間の事業、十に七、八は官の関せざるものなし。是を以て、世の人心益其風に靡き、官を慕ひ官を頼み、官を恐れ官に諂ひ、毫も独立の丹心を発露する者なくして、其醜体、見るに忍びざることなり[102]」。学校も事業もみな政府がかかわっており、これでは独立精神は養われない。このような卑屈無力の状態にいっそう拍車を掛けたのは、まさに「官あるを知て私あるを知らず、政府の上にたつの術を知て、政府の下に居るの道を知らざる[103]」洋学者であると福澤は考えている。したがって、彼は「今の洋学者流も依頼するに足らず[104]」と断言している。

和漢の学者も洋学者流も頼りにできない状況に直面して、福澤は「先づ我より事の端を開き、愚民の先を為すのみならず、亦彼の洋学者流のために先駆して、其向ふ所を示さゞる可らず[105]」と言い、先に政府外にあって自立し、人民の拠るべき手本を示すということを「我輩の任[106]」と決めた。さらに、全国の有識者に政府の「範囲を脱して私立する」ことを力説している。「百回の説諭を費すは、一回の実例を示すに若かず。今我より私立の実例を示し、人間の事業は独り政府の任にあらず、学者は学者にて私に事を行ふ可し、町人は町人にて私に事を為す可し、政府も日本の政府なり、人民も日本の人民なり。政府は恐る可らず近づく可し、疑ふ可らず親む可しとの趣を知らしめなば、人民漸く向ふ所を明にし、上下固有の気分も次第に消滅して、始めて真の日本国民を生じ、政府の玩具たらずして政府の刺衝と為り、〔……〕以て全国の独立を維持すべきなり[107]」。

学者の在野たるべきを呼びかけた福澤の「学者職分論」は「明六社」の学者を始め、当時の識者の間で議論の的となった。「明六社」の創立当時の社員は福澤と箕作秋坪、中村正直を除けば、全員政府の役人であった。学者は在野たるべしという福澤の主張は彼らの行為を非難するものと変わらないので、彼らの反論を招いたわけである。

加藤弘之は「国務モ民事モ倶ニ肝要ナレバ、洋学者タル者其才学ニ随テ．或ハ官務ニ従事スル者モアリ、或ハ私業ニ従事スル者モアリテ、偏セザル方可ナル可シト思フナリ」と指摘し、学者が政府に仕えることを弁護した[108]。森有礼は「在官為務ノ公益、私立為業ノ世利ニ及バズト云フ時ハ、学者ハ皆官途ヲ去リ不学ノ者ノミニ政府ニ托シテ始テ世利興ルト云フニ至ルナリ」という意味で、福澤の説を「穏当ナラザル」ものと感じた。しかし森有礼は「民権ヲ立ル」福澤の本意を評価してもいる[109]。津田眞道は「力ヲ尽シテ人民自由自主ノ説ヲ主張シテ、喩ヘ政府ノ命ト雖無理ナルコトハ之ヲ拒ム権アルコトヲ知ラシメ、自由自主ノ気象ヲ我人民ニ陶鋳スルハ我輩ノ大ニ望ム所ナリ。此事ハ在官私立ニ拘ラズ各其地位ニ従ヒ其人相当ニ尽力スルコト出来ベキナリ。然ルヲ我輩皆官ヲ去リ私ニ就カザレバ出来ズト云ヘルハアマリ激ナルベシ」と述べ、在野でなくても、民衆の独立精神の養成に寄与しうると説いた[110]。西周は「人々所長ヲ異ニシ又志趣ヲ異ニス、故ニ均シク洋学者ト雖モ或ハ政府ニ在テ事ヲ助ケ或ハ私立シテ事ヲ成ス共ニ不可ナル者ナシ」と言い、人々が自由に在官か在野かを選ぶことができると指摘した[111]。

以上四人の評論から見ると、学者在野論についても、彼らは完全に福澤の説に反対したのではなく、ただ在官も否定できないと主張しただけであることが分かる。人民の独立という主意に関しては、彼らはむしろ福澤の説に賛同を表明した。たしかに加藤などの指摘したとおり、福澤の「私立」の主張には極端な所がある。しかし学者が在野たるべしという福澤の主張は「独り政府の力のみに依頼する」[112]当時の傾向や「全国の権柄を政府の一手に握」[113]る社会の現実を念頭に置いて提起したものであることに留意しなければならない。

注目すべきは、福澤が学者の在野の趣旨を主張したばかりでなく、終始自らの在野の実践をもって独立の原型を作り出したことである。[114]この点は明治時代の人々に多く語られていた。たとえば、山路愛山は福澤の最も敬服すべき所を、「何処までも「平民」として世に立てること」とし、「明治の時代に平民的模範を与へたる者、己の生涯を以て平民主義を解釈したる者は、彼れに非ずして何ぞや」と述べている。[115]三宅雪嶺は福澤の「偉なる所」が「瘠我慢を徹ほせるにあり。独立自尊の模範を垂れたるにあり」と言い、[116]「人爵を辞して受けず、専ら天爵に安んぜし」福澤の精神を、「明治の時代に傑出せる偉大なる人物たりし」根本的要素としている。[117]福澤の学者としての独立精神および在野を堅持する模範的実践は、彼の支持者と批判者とを問わず、高い評価を得ているわけである。

2　国民は実学に励むべし

(1) 「一身独立」と学問

学者が在野にあることは国民を「一身独立」の道に導いていく一つの有効な方向であろうが、それはあくまで外部からの刺激要素にすぎず、国民が積極的に学問に励むことこそ、「一身独立」を実現するもっとも重要な方途である。

もちろん、この考えは、福澤が自分なりの自由観と独立論とに基づいて形成したものであった。

すでに指摘したごとく、福澤の一身独立は、精神の独立と経済の独立という二層の意味を含んでいる。彼によれば、徳川時代の日本人が精神の独立も経済の独立も実現できなかったのは、主として人々に意志と行動の自由がなかったからにほかならない。人心が身分によって拘束され、行動が政治権力によって規制された場合、人々が独自に物事の判断を行ない、自己の才覚や身体を生かし、一身独立を図ることは当然不可能である。まさにこのような認識に基づいていたからこそ、彼は、徳川時代の士農工商の身分制がいかに下位の民衆の意志や行動の自由を抑圧し破壊したか、また家庭内で女性が男性の横暴によって精神的にも身体的にもいかに厳しい屈辱と隷従を強いられたか、を事実に即して詳細に告発しえたのであった。

しかるに、明治時代に入った後、福澤は、日本で民衆の意志と行動の自由という問題は基本的に解決済であり、残った問題は自由に思考・行動できる人々がいかにして一身独立という高次の目標を達成するかということであると考えた。たとえば、『学問のすゝめ』初編の中で彼は、「王制一度新なりしより以来、我日本の政風大に改り、外は万国の公法を以て外国に交り、内は人民に自由独立の趣旨を示し、既に平民へ苗字乗馬を許せしが如きは、開闢以来の一美事、士農工商、四民の位を一様にするの基、こゝに定りたりと云ふべきなり。されば今より後は、日本国中の人民に、生れながら其身に附たる位などゝ申すは先づなき姿にて、唯其人の才徳と其居所とに由て位もあるものなり[118]」とか、「このごろは四民同等の基本も立ちしことなれば、何れも安心いたし、唯天理に従て存分に事を為すべし[119]」と説いている。このような論述からみれば、福澤の考えにおいて、封建時代には、人間は生まれながらに不平等であったが、今はそうではない。政府の役人も、一般の人民も、一個人としてはなんら権利に相違はなくなり、人々はみな好きな所に行き、好きな所に留まり、自由に国事を議論し、自由に職業を選ぶことができる人間になっている。このように人々が意志と行動の自由を有しているから、理論的には誰もが自らの心身を介して欲求を実現し、自立の地位を獲得することが可能になる。

ところが、人身の自由をもつ人々はいかにして自立、あるいは一身独立を実現することができるのか。福澤の答えは、人々が学問に励むことこそ精神の独立と経済の独立を追求する最上の方法である、ということであった。

『学問のすゝめ』初編の冒頭で福澤は、人が生まれながら身についた位などなく、己の心身を働かせて自由自在に世を渡ることのできる存在であるという自由観・平等観を掲げたあと、すぐ筆を転じて「今、広く人間世界を見渡すに、かしこき人あり、おろかなる人あり、貧しきもあり、富めるもあり、貴人もあり、下人もあり(120)」と述べ、現実において人と人との間に雲泥の差があることを指摘した。彼は、言動の自由や権利平等が確立された人間が必ずしも経済の独立と精神の独立を実現するわけではないという問題を提起しているのである。なぜなら、それは「学ぶと学ばざるとに由て(121)」、すなわち学問の有無によって決まるからである。このように学問の重要性を強調し、「学問を勤て物事をよく知る者は貴人となり富人となり、無学なる者は貧人となり下人となる(122)」という観点を打ち出したので、福澤は教育万能論を主張したものである(123)と指摘されることがあったが、それは別に不思議なことではない。

人間の賢愚や貴賤や貧富が、すべて学問の有無によって決まるという観点は、現実から遊離していると見られるかもしれない。当時の社会的現実に即して見ても、人間が自由になってからは、学問が貴賤貧富を決定する唯一の要素であるという考えは、空虚な観念論たる感じを免れない。明治初期、新政府が四民平等、廃藩置県、地租改正などの政治改革と経済改革を断行したが、それらの改革はあくまで上から推進された社会変革であり、不徹底な変革であった。封建制度が一朝に崩壊して、民衆は急に解放感を味わったが、真の自由、平等、民主の社会の骨組みは依然としてできあがってはいなかった。このような社会に置かれた人々がただ学問に没頭し、それだけによって「一身独立」を実現するのは事実上不可能であると言ってよい。したがって、安川寿之輔の「福沢の近代ナショナリズムの基礎としての『一身独立』は、経済的条件を不問に付し、政治的条件を欠落した心がまえ『独立』論であ(124)」ったという評価は、少し酷ではあるが、まったく事実に合っていないとも言えないかもしれない。

(2)「実学」こそ真の学問である

国家の独立と個人の独立を実現するために、国民はどうしても学問に励まなければならないが、その学問は実学でなければならない。このことについて福澤は『学問のすゝめ』初編において次のように説明している。「学問とは、唯むつかしき字を知り、解し難き古文を読み、和歌を楽み、詩を作るなど、世上に実のなき文学を云ふにあらず。〔……〕古来、漢学者に世帯持の上手なる者も少く、和歌をよくして商売に巧者なる町人も稀なり。これがため心ある町人百姓は、其子の学問に出精するを見て、やがて身代を持崩すならんとて親心に心配する者あり。無理ならぬことなり。畢竟、其学問の実に遠くして、日用の間に合はぬ証拠なり。されば今斯る実なき学問は先づ次にし、専ら勤むべきは人間普通日用に近き実学なり(125)」。ここで福澤は、「実学」を、古文・和歌・詩などの「実のなき文学」、すなわち「虚学」に対置している。彼は、「人間普通日用に近き」実学、すなわち、「世帯持の上手なる者」、「商売に巧者」を育成しうる学問こそ、当時の人々が励むべき学問であると主張しているのである。

「実学」という言葉が福澤の著作の中に初めて現われたのは、『西洋事情』初編においてであろう。彼はその巻一でルネサンス期ヨーロッパの「文学技術」に言及した際に、「これより、千四百年代に至るまでは、世の学者、詩歌を玩び小説を悦て実学を勉るもの少し。千四百二十三年、版刻の発明ありし後も、文学大に進歩し、経学、性理、詩歌、歴史の学は其盛美を極めたれども、独り究理学に至ては然からず。世人皆古聖アリストーツルの学流に心酔し、附会奇異の神説を唱へて、有用の実学に志すものなく、千六百年の頃に至るまでも其形勢依然たり(126)」と述べていた。ここにおける「実学」は、『学問のすゝめ』初編に出現する「実学」と異ならず、ともに詩歌や、小説などの「虚学」に対する「有用」の学問を意味している。福澤が国民に勧めている実学は、ほかならぬ有用性をもった学問である。その中味として、彼が『学問のすゝめ』初編で列挙したのは、いろは四十七文字、手紙の文言、帳合の仕方、算盤の稽古、天秤の取扱いおよび地理学、究理学、歴史、経済学、修身学などであった[127]。

かつて日本の学界で広く信じられていたのは、福澤における伝統的な学問から「実学」への転回の意義は、空疎にして迂遠な漢学や有閑的な歌学に対して、「人間普通日用に近き」実学を対置し、学問の実用性を提唱することにあった、というものであった。現在の中国では、この見方は依然として有力な説である。福澤の学問における革新は倫理学から物理学への変革として理解されている[128]。しかし、丸山眞男は先述の「福澤諭吉における「実学」の転回」において次のように指摘した。福澤の学問についての主張が、たんに「学問の有用性」、「学問と日常生活との結合」ということに尽きるならば、彼は江戸時代の実学の「継承者」ではあっても、断じて「革命者」ではない。丸山によれば、「福澤の実学に於ける真の革命的転回は、実は、学問と生活との結合、学問の実用性の主張自体にあるのではなく、むしろ学問と生活とがいかなる仕方でつけられるかといふ点に問題の核心が存する[129]」。さらに、丸山は、「福澤の「実学」への飛躍は、そこでの中核的学問領域の推移から見るならば、実に倫理学より物理学への転回として現われる」のであったが、「物理学を学問の原型に置いたことは、「倫理」と「精神」の軽視ではなくして、逆に、新たなる倫理と精神の確立の前提」であったとし、「福澤の関心を惹いたのは、自然科学それ自体、またそのもたらした諸結果よりも、根本的に近代自然科学を生み出し、そしてまた近代的な倫理・政治・経済・芸術を生み出した人間精神であった」と論ずる。ここから「「倫理」の実学と「物理」の実学との対立はかくして、根本的には、東洋的な道学を産む所の「精神」と近代の数学的物理学を産む所の「精神」との対立に帰着する」という結論が導き出される[130]。丸山によれば、その数学的物理学を産む所の「精神」とは、ほかならぬ近代科学精神そのものを指すのである[131]。

上述の丸山眞男の論文について、源了圓は、「戦後の混乱期に新しい時代をきりひらこうとする気迫に満ちたすぐれた論文だ[132]」と評価すると同時に、その問題点をも指摘している。具体的にいえば、「（1）果して「学問ノス、メ」

の時代の福澤は、ここで丸山が解明されたような思想を自覚的にもっていたか、（2）近世実学はこの論文で一括されたように「倫理を中核とする実学」と規定しつくされるかという問題である[133]。（2）の問題点について、源了圓は、徳川時代の実学が「倫理を中核とする実学」と言い切れないと批判している。というのは、横井小楠などが説いていた実学は「倫理を中核とする実学」と言えるが、荻生徂徠の「実証的実学」や、渡辺崋山、高野長英の「経済の実学」や、海保青陵の「経世済民の実学」などは、「物理を中核とする」ところまではいたらないにもかかわらず、「倫理を中核とする実学」ともとらえられないからである[134]。（1）の問題点について、源了圓は「ここではこれ以上問わない」としているが、著者としては、ここで簡単に吟味してみたいと思う。

すでに指摘したように、『学問のすゝめ』の時代の福澤にとっての至上の命題は、国家の独立というナショナルな問題であった。彼からみれば、国家の独立を維持するためには、まずもって国民の「一身独立」を実現しなければならない。ところが、旧来の学問は精神面だけではなく経済面においても厳重に国民の独立の実現を妨げている。まさにこのように、旧来の学問が国民の精神的かつ経済的独立のためにならないことを強く自覚していたからこそ、福澤はいっそう新しい学問、すなわち「人間普通日用に近き実学」への転回の決意を固めたのではないであろうか。だとすれば、福澤の「実学」の枢要性がただヨーロッパ近代科学の根底にある特異な精神を採用したところのみに存すると唱えている丸山眞男は明治初期の福澤の実学思想を自らが戦後抱えていた問題に引きつけすぎていると言ってもよい。実のところ、学問の実用性を強調するという点において、福澤には近世実学の「継承者」という面もある。しかし、彼が打ち出した、国民が実学に努めることにより精神と物質との両面の独立を実現すべきという主張には高い評価を与えるべきではないのか。

維新初期の福澤の考えの道筋は次のようなものであった。日本の独立を確保するために、国民がどうしても「一身独立」を実現しなければならない。国民の「一身独立」を図る時、取るべき主な方途は二つある。すなわち、第一に、学者が政府外にあって自立し、国民に一身独立を実現する拠るべき目標を示さなければならない、第二に、全国民が「実学」という新しい学問に励み、「一身独立」の能力を身に付けなければならない。このように、国民に着目し、国民一般の知識を開くことこそ現在の急務であると意識し始めた時、福澤はまさに文明の先覚者として国民に対する啓蒙の課題を抱え込んだわけなのである。

福澤の啓蒙思想は、西洋の啓蒙思想を受容するとともに、当時の厳しい国際関係のなかで、国家の独立を図らねばならないというナショナルな枠組みに大きな規定をうけていた。その結果、福澤の啓蒙思想は、権利についての理想的な議論と現実についてのリアリスティックな議論の二面性をもつことになった。彼は権利においては国家平等説を堅持していたが、現実においては、国々は不平等な状態にあることを認識していた。そして、厳しい国際環境のなかで日本を「独立」させるためには、国民一人一人の「独立」精神が重要であるとした。彼は幕末期から、日本の近代化の過程において個人の「自由」の実現が重要であると考えていたが、その「自由」と「独立」との間に学問が介在する。人々は自由になり、学問を身に付けてこそ、「独立」を実現しうるのである。そして、文明の先覚者として啓蒙の課題を抱え込んだ彼は、旧来の学問に対して鋭い批判を向け、科学啓蒙思想の建設に向かう。

次の第二章では、福澤の科学啓蒙思想の構造の再構成を行なうこととしよう。

注

（1）『文明論之概略』、『選集』第四巻、八—九頁。

（2）評伝としては、平川祐弘『天ハ自ラ助クルモノヲ助ク——中村正直と『西国立志編』』（名古屋大学出版会、二〇〇六年）を見よ。

（3）高田誠二『久米邦武――史学の眼鏡で浮き世の景を』（ミネルヴァ書房、二〇〇七年）。
（4）永田広志『日本唯物論史』（法政大学出版局、一九六九年）、六八頁を見よ。永田の啓蒙概念には十分には承服できない面があるが、彼による日本啓蒙期についての区分はそれほど大きな問題はないであろう。
（5）植手通有『日本近代思想の形成』（岩波書店、一九七四年）、一一一―一九六頁や、水野建雄「近代理性と明治啓蒙」、『東と西』第一〇号（一九九二年六月）、六六―八〇頁を参照。
（6）『福翁自伝』、『選集』第一〇巻、一三頁。
（7）『福翁百余話』、『選集』第一一巻、二八二頁。
（8）同前、二八四頁。
（9）『西洋事情初編』、『選集』第一巻、一〇三頁。
（10）平山洋『福澤諭吉――文明の政治には六つの要訣あり』（ミネルヴァ書房、二〇〇八年）、二〇六頁。
（11）『西洋事情初編』、『選集』第一巻、一三九―一四〇頁。
（12）この時の福澤の自由認識については、多田顕の論議を参照されたい。多田顕「福沢諭吉と自由の概念」、『福沢諭吉年鑑』第四号（一九七七年一一月）、三〇頁。
（13）「福沢英之助宛」、『全集』第一七巻、四五頁。
（14）『西洋事情外編』、『選集』第一巻、一六四頁。
（15）「中元祝酒之記」、『選集』第三巻、一八頁。
（16）『西洋事情二編』、『全集』第一巻、四八八頁。
（17）W. Blackstone, *Commentaries on the Laws of England, 1765-69* (Reprint, London: Dawsons of Pall Mall, 1966), Vol. I, p. 121.
（18）『西洋事情二編』、『全集』第一巻、四九五―五〇二頁。
（19）除大同主編『西方政治思想史』（天津人民出版社、一九八五年）、二一二―二三五頁や、福田歓一『近代政治原理成立史序

説』（岩波書店、一九七一年）などを参照。
(20)　福澤の「政権」の概念は多義的である。詳しくは石田雄「福沢諭吉における『政権』の三つの意味」、『近代日本の政治文化と言語象徴』（東京大学出版会、一九八三年）を参照。
(21)　「時事大勢論」、『選集』第六巻、七頁。
(22)　「私権論」、『全集』第一一巻、三八四―三九〇頁。
(23)　同前、三八六頁。
(24)　福澤が「私権論」を提起した背景については、山田央子「〈シヴィル〉と〈ポリティカル〉の境界――明治日本における〈自由〉観再考」、『年報・近代日本研究』第一八号（一九九六年）、二五―六二頁を参照。
(25)　「松山棟庵宛」、『選集』第一三巻、五二―五三頁。
(26)　「浜口儀兵衛宛」、『選集』第一三巻、五四―五五頁。
(27)　「九鬼隆義宛」、『選集』第一三巻、七三頁。
(28)　『中津留別之書』、『選集』第九巻、六頁。
(29)　同前、一〇頁。
(30)　遠山茂樹『福沢諭吉――思想と政治との関連』（東京大学出版会、一九七〇年）、三八頁。
(31)　「明治二四年七月二三日慶應義塾の卒業生に告ぐ」、『全集』第一三巻、一六六頁。
(32)　山田洸『近代日本道徳思想史研究』（未来社、一九七二年）、九二頁。
(33)　高増杰「社会契約論的「自由」と進化論的「自由」――福沢諭吉と厳復の「自由」についての比較」、『アジア文化研究』第二〇号（一九九四年三月）、二二頁。なお、高増杰の明治三年から福澤が初めて「独立」を提起したという論断もさらに検討される必要がある。
(34)　『学問のすゝめ』、『選集』第三巻、七一頁。
(35)　同前、一六二頁。

(36)『福翁百余話』、『選集』第一一巻、二四八頁。
(37) 日本史蹟協会『岩倉具視関係文書』第一巻（東京大学出版会、一九六八年復刻版）、三四七―三四八頁。
(38) 芳賀徹『明治維新と日本人』（講談社、一九八〇年）、二〇三―二一八頁、安岡昭男『日本近代史』（芸林書房、一九八五年）、一三三―一六二頁。
(39)『福翁自伝』、『選集』第一〇巻、三二二頁。
(40) のちに岩倉具視もある程度は民衆を独立させることの重要性を認識した。たとえば、明治三年八月の「建国策」、『岩倉公実記』中巻（岩倉公旧蹟保存会）、八三二頁で、岩倉は「士族及卒ニ農工商ノ業に就クコトヲ勧誘スベキ事」を挙げ、「士族卒ヲシテ自由ニ他ノ土地ニ移住セシムルハ列藩士卒ヲ私有セシ旧習ヲ一洗スルニ足ル」と書き、士族の一身独立を必須のこととする認識を示した。
(41) 多田好問『岩倉公実記』中巻（原書房、一九六八年）、八三〇頁。
(42)『中津留別之書』、『選集』第九巻、六頁。
(43)『福翁自伝』、『選集』第一〇巻、二〇〇頁。
(44) 伊藤正雄『『学問のすゝめ』講読』（風間書房、一九六八年）、二九―三一頁。中村正直による訳業『西国立志編』の思想史的意義については、前掲の綿密な研究、平川祐弘『天ハ自ラ助クルモノヲ助ク』を参照。
(45)『学問のすゝめ』、『選集』第三巻、五七頁。
(46) 同前、六五頁。
(47) 同前、七〇頁。
(48) 同前、七〇頁。
(49) 同前、五九―六〇頁。
(50)『唐人往来』、『選集』第一巻、七一頁。
(51) 同前、八一―八二頁。

(52) 魏源『海国図志』自序（一八四四年）、石峻主編『中国近代思想史参考資料選編』（北京三聯書店、一九五七年）、三一頁。
(53) 安川寿之輔「日本の近代と福沢諭吉の啓蒙思想」、『社会思想史研究』第一〇号（北樹出版、一九八六年）、一二〇頁。
(54) 安川寿之輔『福沢諭吉のアジア認識』（高文研、二〇〇〇年）、五三―六一頁。
(55) 丸山眞男「『福沢諭吉選集』第四巻解題」、『丸山眞男集』第五巻（岩波書店、一九九五年）、二三〇頁。
(56)『学問のすゝめ』、『選集』第三巻、七〇頁。
(57) 福澤の思考法については、露口卓也「福沢諭吉――その思考法」、『日本思想史学』第三一号（一九九九年九月）、一二一―一四頁や、丸山眞男「福澤諭吉の哲学――とくにその時事批判との関連」、『国家学会雑誌』第六一巻三号（一九四七年九月）、『丸山眞男集』第三巻（岩波書店、一九九五年）、一六三―二〇四頁を参照。
(58)『西航記』、『選集』第一巻、一三―二三頁。
(59)『西洋事情外編』、『選集』第一巻、一九二頁。
(60) 同前、一九三頁。
(61)『文明論之概略』、『選集』第四巻、二四二―二四三頁。
(62) 同前、二三九頁。
(63) 同前、二四四頁。
(64)『学問のすゝめ』、『選集』第三巻、七一頁。
(65) 同前、七三頁。
(66) 同前、七二頁。
(67) 同前、七一頁。
(68)『福翁自伝』、『選集』第一〇巻、三〇二―三〇三頁。
(69) 同前、二三三頁。
(70) 同前、二三三―二三五頁。

(71) 『学問のすゝめ』、『選集』第三巻、七四頁。
(72) 同前、七四頁。
(73) 同前、七五頁。
(74) 「内忍ぶ可し外忍ぶ可らず」、『全集』第一九巻、二二六―二二七頁。
(75) 『学問のすゝめ』、『選集』第三巻、七一頁。
(76) 同前、七六頁。
(77) 同前、九一頁。
(78) 同前、一〇一頁。
(79) 同前、九二頁。
(80) 同前、六八頁。
(81) 同前、九九―一〇〇頁。
(82) 同前、一〇二頁。
(83) 同前、一〇二頁。
(84) 同前、一〇〇頁。
(85) 同前、一〇三頁。
(86) 同前、一〇四頁。
(87) 同前、一〇五頁。
(88) 安川寿之輔『日本近代教育の思想構造』（新評論、一九七〇年）、四二頁。
(89) 『学問のすゝめ』、『選集』第三巻、六一頁。
(90) 『西洋事情初編』、『選集』第一巻、一四〇頁。
(91) 『学問のすゝめ』、『選集』第三巻、八七頁。

(92)『文明論之概略』、『選集』第四巻、二〇〇頁。
(93)同前、一八二頁。
(94)同前、一八二頁。
(95)同前、一八三頁。
(96)『学問のすゝめ』、『選集』第三巻、八八頁。
(97)同前、八〇頁。
(98)同前、八二頁。
(99)同前、八〇頁。
(100)同前、八九頁。
(101)同前、八〇―八一頁。
(102)同前、八一頁。
(103)同前、八〇頁。
(104)同前、八二頁。
(105)同前、八二頁。
(106)遠山茂樹はこの「我輩」を単数であると解釈しているが、これは必ずしも正しくないであろう。ここでの「我輩」という言葉は複数、すなわち、われわれと解したほうがいい。少なくともここで福澤が用いた「我輩」は、伊藤正雄が主張しているように、福澤およびその周辺の有志者、なかんずく慶應義塾の同志の人々を含めていると見るべきである。遠山茂樹『福沢諭吉――思想と政治との関連』（東京大学出版会、一九七〇年）、五七頁と伊藤正雄『『学問のすゝめ』講説』（風間書房、一九六八年）、二二九頁を参照。
(107)『学問のすゝめ』、『選集』第三巻、八三頁。
(108)『明六雑誌』第二号（一八七四年四月）、『明六雑誌』復刻版（立体社、一九七六年）所収、二頁。

(109) 同前、三頁。
(110) 同前、三―四頁。
(111) 同前、六頁。
(112) 『学問のすゝめ』、『選集』第三巻、八四頁。
(113) 同前、八七頁。
(114) 福澤の在野の活動については、石河幹明『福沢諭吉伝』（岩波書店、一九三一年）第二巻の第三一編を参照せよ。
(115) 伊藤正雄編『明治人の観た福沢諭吉――資料集成』（慶應通信、一九七〇年）、四〇頁。
(116) 同前、六七頁。
(117) 同前、七〇頁。
(118) 『学問のすゝめ』、『選集』第三巻、六〇頁。
(119) 同前、六一頁。
(120) 同前、五七頁。
(121) 同前。
(122) 同前、五八頁。
(123) 伊藤正雄『『学問のすゝめ』講読』（風間書房、一九六七年）、三五、三七頁。
(124) 安川寿之輔『日本近代教育の思想構造』（新評論、一九七一年）、五七頁。
(125) 『学問のすゝめ』、『選集』第三巻、五八頁。
(126) 『西洋事情初編』、『選集』第一巻、一一六頁。
(127) 『学問のすゝめ』、『選集』第三巻、五八頁。
(128) 區建英「現代中国における福沢理解」、『近代日本研究』第七巻（慶應義塾福澤諭吉研究センター、一九九一年）、一四二―一四三頁。

(129) 丸山眞男「福沢に於ける「実学」の転回」、『丸山眞男集』第三巻（岩波書店、一九九五年）、一一三頁。
(130) 同前、一一五―一一六頁。
(131) 同前、一二二―一二三頁。
(132) 源了圓『近世初期実学思想の研究』（創文社、一九八〇年）附論「日本における実学研究の現状」、五五〇頁。
(133) 同前、五五一頁。
(134) 同前、五五一―五五二頁。その他、源了圓『実学思想の系譜』（講談社学術文庫、一九八六年）をも参照。

第二章　福澤諭吉の科学啓蒙思想の構造

幕末に人となり、純然たる日本伝統の文明を深く学んだ福澤は、欧米渡航の体験や洋書の研究などを通じて、「国中の人民に独立の気力なきときは、一国独立の権義を伸ること能はず(1)」というように、早くから民衆の卑屈・無気力の気分に着目し、人々の「一身独立」の達成を新生日本の核心的課題としていた。そして、そのためには新しい学問が必要であると考え、人々の啓蒙に努めたのであった。

それでは、そもそも福澤の考える新しい学問とは何だったのであろうか。福澤は、民衆の「奴隷根性」の改造は、従来のままの知識人に託した国民の教育ではなく、むしろ儒学(2)を始めとする旧来の学問の問題、ひいては、そのような学問を担う知識人の問題に対する厳しい追及から出発するものでなければならないと考えていた。したがって、明治初期において、彼は厳しい目で儒学を中核とする旧来の学問の構造および儒学を自分の学問の基底としているそれまでの学者の在り方を批判的に検討すると同時に、科学を基底とする西洋の「文明の実学(3)」をもって日本と中国の古来の学問を取り換えなければならないと主張し続けたのであった。このような、「学問体系における「脱亜入欧(4)」を唱えた福澤の姿勢は当時の知識人の中で特異であったと言わなければならない。

本章では、主として明治啓蒙期における福澤自身の儒学と科学に関する論述に基づいて、それらが書かれた歴史的コンテクストをも勘案しながら、福澤の儒学批判と科学唱道の「真の実像」の再構成をしてみることにしたい。

第一節　儒学の批判

1　儒学素養の形成

福澤の儒学批判の内容を検討する前に、彼の儒学的素養について検討する必要があろう。

福澤は天保五年十二月十二日（一八三五年一月十日）、父百助が在勤していた大坂（現在は大阪と表記）の堂島にあった中津藩倉屋敷で一兄三姉の末子として生まれた。父の百助は中津藩の下級武士で、十三石二人扶持であった。百助は優れた漢学の才能をもっていたが、「封建制度に束縛せられて何事も出来ず、空しく不平を呑んで世を去」ったという。(5)父が亡くなったあと、数え年で三歳の福澤は余儀なく母と兄に従って、大坂から中津に戻った。「私共の兄弟五人はドウシテも中津人と一所に混和することが出来ない(6)」という福澤の追憶からも分かるように、大坂生まれの彼は中津で違和感をもつこととなった。余所者の生存のための知恵かも知れないが、藩中で孤独であった彼は「世間に無頓首」であった。その頃、藩の下級士族は、買物をするのに人目をはばかって夜に頬冠りをして出かけるのであったが、彼は、これに逆らって、「顔も頭も丸出して」、「徳利を提て、夜は扨置き白昼公然、町の店に行く(7)」のであった。彼は意地を張ってまわりに迎合せず、さらに「俗事」における「手の先きの器用」という自分の得意を誇りとした。(8)殿様の名前の書かれた反故を踏んだり、神様の名のある御札を踏んだりしたこと、稲荷様の神体の札を捨て、神体の取られた稲荷様を有り難がって参拝する人々の様子を嘲うことなども、(9)よく伝えられている逸話である。人々の世俗的観念に反逆するこれらの行動はまさしく彼の「世間に無頓着」な性格を物語っている。少年期の孤独は福澤の独立的個性の涵養にプラスの要素になったと思われる。

中津時代の福澤にとってもっとも耐えがたかったことは、厳格な門閥制度であった。『福翁自伝』の中で彼は次のように述べている。「私が幼少の時から中津に居て、終始不平で堪らぬと云ふのは無理ではない。一体、中津の藩風と云ふものは、士族の間に門閥制度がチャント決まつて居て、其門閥の堅い事は、啻に藩の公用に就てのみならず、今日私の交際上、小供の交際に至るまで、貴賤上下の区別を成して、上士族の子弟が私の家のやうな下士族の者に向ては丸で言葉が違ふ。〔……〕万事其通りで、何でもない只小供の戯れの遊びにも門閥が付て廻るから、如何しても不平がなくては居られない(10)」。

福澤はこのような自らの年少時の体験をもって父の不遇を理解し、「門閥制度」を敵とするにいたったとも考えられる。また、自伝の中で「門閥の故を以て漫に威張る」気分に対する少年期からの嫌悪を述べたところで、彼は、この品格は彼の「独りの発明」ではなく、「父母から譲られた性質」であると説いている。漢学者で下級士族としての父は「上流士族から蔑視されていた」にもかかわらず、「決して他人を軽蔑しない(11)」と彼は述べている。そうだとすれば、のちに彼の自由・平等思想につながるこの品格は、西洋体験前における固有の素性であったと見なされうるかもしれない。

福澤の青少年期に受けた教育は儒学を中心とする漢学の教育であった。彼が漢書を読んだのは、日本の儒学が多様化する江戸時代の末期であった。十四、十五歳から漢塾での勉強を始めたと『福翁自伝』は伝えているが(12)、近年の研究によれば、福澤は入塾以前、五歳から福澤家に縁故のあった人の所で四書の素読をし、のちに野本雪巌の息子、野本真城について漢学の入門教育を受けた。当時中津での漢学塾は野本雪巌、真城父子と山川東林、玉樵父子との二つの流派があった。前者は帆足万里の学と関連があり、福澤の後の師である白石照山も父百助も彼に師事した。後者は広瀬淡窓の系譜に属する。

野本真城による漢学の授業は短期間で終わった。というのは、師の真城が藩から非難を受け、先祖の地に帰ったためである。[13]その後、福澤は十四歳になって白石照山の塾に入る。野本真城による素読、入門教育は短期間であったため、白石照山から受けた影響のほうが強かったと思われる。『照山白石先生遺稿』の「附録」によれば、照山はかつて中津の野本雪巌、それから江戸の古賀洞庵に師事し、のちに佐藤一斉、野田笛浦、松田菘盧、塩谷巌陰などの諸名家とも往来した学者であった。彼は江戸にいる時から徂徠学者亀井南冥、昭陽父子の学風に心酔し、朱子学から亀井学に転じた。照山はとくに亀井の門下にならなかったものの、「学説信仰と亀井の普及に方を致せしは、亀井の門人に優る」という評価がある。[14]照山のこのような学問的傾向は弟子の福澤に深い印象を与えた。「一体の学流は亀井風で、私の先生は亀井が大信心[15]」であったと彼は述べている。

『福翁自伝』によると、福澤の白石照山の塾での学習は経書と史書を中心にしたものである。論語、孟子、詩経、書経などをはじめ、蒙求、世説、左伝、戦国策、老子、荘子などを学び、なお独学で史紀をはじめ、前後漢書、晋書、五代史、元明史略など数多くの史書を読んだ。これらの勉強の中で福澤がとりわけ気に入ったのは左伝であった。彼は自伝の中で漢学の勉強における自分の天稟、文才と理解力を自負し、「大概の書生は左伝十五巻のうち三、四巻で仕舞ふのを、私は全部通読、凡そ十一度び読返して、面白い処は暗記して居た。夫れで一ト通り漢学者の前座ぐらゐになって居た[16]」と述べている。

安政元年（一八五四）、二十一歳にして蘭学の勉強のため長崎に出向くまで、福澤はずっと中津で漢学を学んでいた。その間の本格的な漢学学習は五、六年間しかなかったにもかかわらず、福澤は幅広く師の白石照山から儒学を中心とする漢学の薫陶を受けた。このことは、のちに彼の著述に儒学・漢学の典故が多く引用されていることからも明らかである。また、照山が徂徠学の系統に属した亀井学を信奉し、広瀬淡窓や頼山陽を低く評価したという学問的傾向が福澤にもかなりの影響を与えたことに留意すべきであろう。[17]

徳川時代を通じて儒教の基本的な常識は日本で普及したのだが、一般民衆の本格的な儒学・漢学知識のレベルは低かった。(18) 福澤の学んだ儒学は、一般的教養の程度をはるかに超えていたと考えられる。それゆえ、彼がのちに、とくに明治初期において展開した儒学批判は峻烈を極めたが、それは往々政治的反対者の攻撃に見られるように対象の知識に乏しい頭ごなしの所論ではなく、「儒学の殆ど一切の経書典籍に対するかなり高度の理解の上に立脚していた(19)」批判であったと言えるであろう。

2　儒学批判の時期区分

福澤の四十年に及ぶ著述活動の中で、儒学に関して発言した時期は、主要に三度ほどあったものと考えられる。第一の時期は、『学問のすゝめ』、『文明論之概略』に代表される明治初期の積極的な啓蒙期である。第二の時期は、一八八〇年代前半の儒学教育の復活に反対の意向を表明した時期であり、第三の時期は、明治三十年（一八九七）以降の最晩年の時期である。

第一の時期の啓蒙主義時代に、福澤は「一身独立して一国独立する」という近代化路線によって、国民の一身独立を阻害するあらゆる封建的残滓を除去するため、儒学に妥協せずに批判を展開した。このことについて彼自身は明治十五年（一八八二）に書いた「掃除破壊と建置経営」で次のように告白した。「此十五年の間を顧るに、我輩の思想に於て其方向を二段に分て見る可きものあり。蓋し初段は掃除破壊の主義にして、第二段は建置経営の主義なり。掃除破壊とは何ぞや。当時維新の初に際して天下の形勢を察するに、人民の無気力なること甚し。農商の輩は依然として旧の如く、俗に所謂素町人土百姓にして、固より歯牙に留るに足らず。少しく上て士族学者と称するものにても、其心事の卑屈なる、誠に見るに堪へざる者多し。数百年来儒者の教を以て育したる此士君子にして斯る有様なりとは、畢竟儒流の教育は頼むに足らず。儒流頼むに足らざれば儒者の主義中に包羅する封建門閥の制度も固より我輩の敵なり、之も破壊せざる可らずと覚悟を定めて、専ら儒林を攻撃して門閥を排することに勉めたり[20]」。すなわち、日本人が歴史的に形成されてきた精神構造の中核体としての「儒魂」を取り除かなければ、国民の「卑屈」、「無気力」という病気を癒すことはできないと福澤は考えていたのである。そのため、彼はこの時期において後進国日本の社会の広汎な領域（政治・教育・経済・文化・社会・宗教等）に浸潤して社会的病理現象にまでなっている儒学思想と儒学的思惟に対して厳しく攻撃をしかけたのであった。

第二の儒学批判の時期は、一八八〇年代前半の文部省による儒学教育の復活に反対の意向を表明した時期、とくに明治十五—十七年（一八八二—八四）の三年間である。

周知のように、明治十二、十三年から国会開設願望を反映して全国的に巻き起こった自由民権運動は、明治十四年（一八八一）七月、北海道開拓使官有物払下事件を契機として激化した。この勢いに驚愕狼狽した政府内の保守派は、対抗策として同年十月に「明治十四年の政変」を断行し、明治二十三年（一八九〇）をもって国会を開設するとの詔勅を出すとともに、国会の早期開設と政党内閣制を主張した大隈重信などの進歩的官僚を一斉に免官追放した。このようにして体制を強化した薩長政権は猛然と攻勢に出で、自由・改進両党の結成に対しては立憲帝政党なる御用党をもって抵抗し、集会条例の改正、請願規則の発布、新聞紙条例および出版条例の改正などによって民権運動を極力弾圧しつつ、さらに教育の近代化策をも一変せしめることとなった[21]。「明治十四年の政変」がもった学問史的意図については、遠山茂樹や丸山眞男が的確な指摘をなしているほか、近年では渡辺俊一が先鋭に論じている[22]。まさしく、その政変こそ、明治学問の「帝国主義的再編」をなさしめた事件であった。

当時の文部卿福岡孝悌は各府県学務官を召集して、「教育には碩学醇儒にして徳望あるものを選用し、生徒をして益々恭敬整粛ならしむべく、修身を教授するには、必ず皇国固有の道徳教に基きて、儒学の主義に依らんことを要す」[23]と訓示し、維新以来、営々として推進定着させてきた西洋化の急進的道程を否定して、儒教主義の復活を要求した。このような時流に逆行した動向に対して、「文明の実学」の勉強を通じて一身独立を実現することを唱えてきた福澤は、やむなく『文明論之概略』以来しばらく遠ざかっていた儒学批判に再び筆鋒を向け始めたのであった。この時期、彼は明治十五年（一八八二）に創刊した『時事新報』を拠点に一連の文章を公表し、さまざまな角度から儒学復活論の論理的な欠陥を暴き出した。

『時事新報』を中心とする福澤の儒学批判は、『学問のすゝめ』、『文明論之概略』における儒学思想と儒学的思惟への批判、すなわち理論レベルでの儒学批判から、具体的な政策レベルや一般的政策での儒学批判へと変化している。つまり、この時期に至って、福澤の儒学批判は、日本国民の一身独立を阻害した封建的残渣を除去するのみではなく、むしろ、薩長藩閥政府によって推進された忠孝を中核とする徳育教育策などに攻撃の矛先を向けているのである。ただし、明治十四年の政変以降、福澤は明治政府を安易に信用してきたという自身の過ちを発見し、急速に皇室へ接近している。このことは奇妙に思われるかもしれないが、現実の政府の政策に抵抗するのに、逆の皇室利用を図ることは当時においては、それほどめずらしいことではなかった。『時事新報』における当時の儒学批判は、天皇制国家体制の枠内で政府文教政策などに対して行なわれた批判といった趣である。[24]

第三の時期は、明治三十年（一八九七）以降の福澤の最晩年の時期である。それは、日本において最初の過剰生産危機が爆発し、労働組合期成会が成立した時期でもあれば、やっと帝国主義強国にまで成長した時期でもある。この時期、福澤の儒教批判は丸山眞男が書いた通りに条約改正問題に深く関係している。[25]

第三の時期において、福澤は排外論の勃興を儒学教育の結果と見なして、再び政府の復古教育の過ちを糾弾していた。[26]したがって、この時期において彼が展開した儒学批判は、事実上第二時期の批判の延長線に立つものであると言ってよい。

要するに、福澤が「封建社会の思惟範型にまで成熟している様な儒教理念[27]」および儒学的思惟に対して行なった批判は、主に第一の時期、すなわち明治初期に集中している。明治十四年の政変後の第二、第三の時期、彼は時々儒学にも攻撃の矛先を向けたが、攻撃の力点はあくまで儒学復活論および政府の具体的な政策に置かれており、学問論的な記述は少なかった。以下、明治初期、とくに『学問のすゝめ』と『文明論之概略』を中心にして、福澤がまっこうから儒学を批判した論理について少々詳しく考察してみたい。

3　儒学批判の論理

(1)　身分道徳の思想的根源

倫理道徳の問題は、どの時代のどの思想家でも避けて通れない問題である。封建社会から近代社会に移行する明治初期に、伝統的倫理観を省みて、新しい近代的道徳体系を打ち立てることは、啓蒙思想家が抱えた重要な課題の一つであった。明治初期、福澤は彼の多くの著述の中で、儒学の三綱説、すなわち君臣、父子、夫婦のそれぞれの間柄の秩序を説くことを中核とする儒学の倫理観の偽善性を暴露して糾弾し、新しい時代に適合した資本主義的道徳原則、すなわち自由、平等、独立を提起し、民衆の覚醒を促した。

儒教の君臣関係について、彼は『文明論之概略』の中で次のように自らの認識を示している。「支那日本等に於ては君臣の倫を以て人の天性と称し、人に君臣の倫あるは猶夫婦親子の倫あるが如く、君臣の分は人の生前に先づ定たるものゝやうに見込み、孔子の如きも此惑溺を脱すること能はず、生涯の心事は周の天子を助けて政を行ふ歟、又は窮迫の余りには諸侯にても地方官にても己を用ひんとする者あれば之に仕へ、兎にも角にも土地人民を支配する君主に依頼して事を成さんとするより外に策略あることとなし。〔……〕元と君臣は人の生れて後に出来たるものなれば、之を人の性と云ふ可らず。人の性のまゝに備はるものは本なり、生れて後に出来たるものは末なり。事物の末に就て議論の純精たるものあればとて、之に由て其本を動かす可らず(28)」。「君と臣との間柄は人と人との関係なり。今この関係に就き条理の見る可きものありと雖ども、其条理は偶ま世に君臣なるもの有て然る後に出来たるものなれば、此条理を見て君臣を人の性と云ふ可らず。〔……〕天に二日なし地に二王なしとは孟子の言なれども、目今現に無王の国あり手、然も其国民の有様は遥に陶（唐）虞三代の右に出るものあるは如何ん。仮に孔孟をして今日に在らしめなば、将た何の面目有てこの諸国の人民を見ん。聖賢の粗漏と云ふべし(29)」。

これらの引用文の中で、福澤は、君臣の倫理が生得なものであり、後天的なものではないというような長い間根強く支配してきた儒学の考え方を激しく非難している。君臣の倫理は親子、長幼などの倫理と異なり、人が生まれた後に人為的に作られたものである以上、君臣という上下関係を死守する必要はなくなるわけである。それで、「封建世禄の臣は国君一身のみに忠を尽すを知て、報国の意薄し(30)」が愚忠の行為にほかならないと考え、忠臣義士の討死・切腹という日本古来の封建的武士道精神を非難する決意を固めたのであった。

儒学の夫婦関係については、福澤は次のように論難している。世に生まれた者の中で、男も人であり女も人である。「此世に欠く可らざる用を為す所を以て云へば、天下一日も男なかる可らず、又女なかる可らず。其功能如何にも同様(31)」である。だから、男女の間に軽重の別はないはずである。ところが、「古今支那日本の風俗を見るに、一男子にて数多の婦人を妻妾にし、婦人を取扱ふこと下婢の如く又罪人の如くして、嘗てこれを恥る色なし(32)」。「男子に二女を娶るの権あらば、婦人にも二夫を私するの理なかるべからず。試に問ふ、天下の男子、其妻君が別に一夫を愛し、一婦二夫、家に居ることあらば、主人よくこれを甘んじて其婦人に事る乎(33)」。「父を共にし母を共にする者を兄弟と名づけ、父母兄弟共に住居する処を家と名づく。然るに今、兄弟、父を共にして母を異にし、一父独立して衆母は群を成せり。これを人類の家と云ふ可きか。〔……〕余が眼を以て見れば、人の家に非ず。畜類の小屋と云はざるを得ず[34]」。つまり、福澤の目において、男と女は異なる役割を果たしているが、権利の次元で双方は平等なのである。

このような男女同権論に基づいて、福澤は『学問のすゝめ』第八編において日本と中国の封建時代に女性が厳守することを要求した「三従之道〔女性が父・夫・子に服従しなければならないとする説〕」や、「七出之条〔妻に対して一方的に離別を要求しうるとされた七つのケース〕」などの旧習にも激しく攻撃をした。

儒学の父子関係については、福澤は、明治三年（一八七〇）に執筆した『中津留別の書』の中で次のように論じている。「人の父母たる者、其子に対して我生たる子と唱へ、手もて造り金もて買ひし道具などの如く思ふは、大なる心得違なり。天より人に授かりたる賜なれば、これを大切に思はざる可らず。子生れば父母力を合せてこれを教育し、年齢十歳余までは親の手許に置き、両親の威光と慈愛とにてよき方に導き。〔……〕子の年齢二十一、二歳にも及ぶときは、これを成人の齢と名づけ、各一人の了管出来るものなれば、父母はこれを棄てゝ顧みず、独立の活計を営ましめ、其好む所に行き、其欲する事を為さしめて可なり。〔……〕前に云へる棄てゝ顧みずとは、父子の間柄にても其独立自由を防げざるの趣旨のみ[35]」。すなわち、福澤は、子供は親の私有物ではなく、親は、子供が成人したら、自分の考え方で子供の行動を制限して彼らの一身独立を妨ぐべきではないと考えているのである。のちに『学問のすゝめ』の第十一編の中で、彼は再び父子関係問題をとりあげ、「親子の交際は唯智力の熟したる実の父母と十歳計りの実の子供の間に行はる可きのみ、他人の子供に対しては固より叶ひ難し。仮令ひ実の子供にても、最早二十歳以上に至れば、次第に其趣を改めざるを得ず[36]」という父子平等論、ないし長幼平等論を主張している。

福澤から見れば、儒教の倫理観が日本社会で機能した結果、人と人の関係はすべて貴賤尊卑の秩序に固定化され、社会の活力がしだいに失われてしまっていた。この点について、彼は『学問のすゝめ』の中で次のように例を挙げて、おもしろく論じている。「仮に其一例を挙て云はん。禁裏様は公方様よりも貴きものなるゆへ、禁裏様の心を以て公方様の身を勝手次第に動かし、行かんとすれば止《とま》れと云ひ、止まらんとすれば行けと云ひ、寝るも起るも飲むも喰うも、我思ひのまゝに行はるゝことなからん。公方様は又手下の大名を制し、自分の心を以て大名の身を自由自在に取扱はん。大名は又自分の心を以て家老の身を制し、家老は自分の心を以て用人の身を制し、用人は徒士を制し、徒士は足軽を制し、足軽は百姓を制するならん〔……〕斯の如きは則ち日本国中の人民、自躬から其身を制する権義なくして、却て他人を制するの権あり。人の身と心とは全く其居所を別にして、其身は恰も他人の魂を止る旅宿の如し(37)」。

福澤によれば、このような人間関係は天理人情に適わない。また、文明ともいえない。不思議なことに、子供さえもその理が分かるが、数千百年の古より和漢の学者先生がそれを見れども見えず、上下貴賤の名分を唱え続けている。結局、今日、その弊は漸く顕れ、大は小を制し強は弱を圧するのは社会の風俗となった。

儒学の倫理観が民衆の「卑屈」、「無気力」を招き、封建的門閥制度をもたらす思想的根源となった以上、真っ先に文明開化というスローガンを提示した福澤は、少しも容赦せず、攻撃の鉾先をそれに向けたわけである。

(2) 確実性と実用性の欠如

福澤の唱える一身独立は、精神的独立だけではなく、経済的独立をも含むものである。彼にとって、人の精神的独立の観点からは、もちろん「古来の学問」を改造しなければならず、また、人の経済独立の観点からいえば、同様に「古来の学問」の悪影響をも徹底的に追究しなければならない。というのは、「古来の学問」が「実に遠くして、日用の間に合はぬ(38)」からである。福澤がここでいう「古来の学問」とはそれまで日本と中国で通用していた儒学を中核とする伝統的な学問を指している。

福澤によれば、「学問をするに、〔……〕一科一学も実事を押へ、其事に就き其物に従ひ、近く物事の道理を求て、今日の用を達すべきなり(39)」。言い換えれば、学問の要は、自然、あるいは人事に即してそれに内在する確実な理を発見し、その理を現実生活に活用することにある。のちに彼はそれを繰り返し力説した。「学理の思想なければ、其平生の智能如何に拘はらず、百事転機に鈍くして物の用を為さず[40]」。「文明の実学、誠に実なりと云ふも、唯事物の真理原則を明にして其応用の法を説くのみ[41]」、「学問上の真理原則を弁へて然るに非ず、唯偶然の僥倖に得たる所を其まゝに利用」するのみであれば、「真実の改良進歩は望む可らざる[42]」。彼は現実の実用なき学問と学問を敬遠する実業家との並存、または学問と生活との乖離という現象に、「学問の真理原則」、すなわち、「学理」の欠乏という問題を見いだし、学問の有用性と確実性との関連を深く認識していたのである。

福澤が「通俗医術論」で大槻玄沢の医論を説明するにあたり、次の一例を挙げた。今世間の人に、海路によって、東京から大阪に至る場合、日本型の帆船と西洋型の汽船との、いずれを選ぶかを問うならば、誰もが帆船が危険で、汽船が安全であることを考えて、後者を選ぶであろう。その理由として福澤は以下のように論じている。「日本の帆船は之を作ること学問上に拠らず、航海の術も亦無学なる船頭輩の熟練に依頼するものなれば、仮令ひ無難に海上を渡るも、其無難なるや偶中にて、毎に恃みにす可らず、之に反して西洋作の汽船は、其造船航海共に一切学問より起り、天然の真理原則を本として毛髪程の事をも等閑にすることなく、其本正しくして実に恃み可き所あるを知るが故[43]」。日本の帆船は造船においても、航海術においても学問によらず、一方、西洋の汽船は造船・航海ともに学問的根拠があるゆえに信頼できるというのである。一般に、福澤には、技術上の成果をそのまま学理の成果と見なす性向があった。また、学問の有用性と確実性は密接に関係しており、ともに新しい学問の特質の徴表になるべきであるという彼の考えはかなり鮮明である。このような学問観をもっていたがゆえに、彼は、西洋の「文明の実学」と東洋の「古来の学問」との本質的な区別が、確実な「学理」があるか否か、日常の生活に役立つかどうかということにあり、西洋の「文明の実学」をもって中国の「虚文空論」を必ず撲滅しなければならないと主張し続けたのであった。

福澤にとって、文明の実学と比べ、儒学、あるいは漢学の最大の問題点は、実用性と確実性に欠けているということにあった。文久二年（一八六二）、ヨーロッパ歴訪中の福澤は中津藩藩士である島津祐太郎に宛てた書簡の中で、「当今の急務は富国強兵に御座候。富国強兵の本は人物を養育すること専務に存候。此まで御屋敷にて人物を引立には漢籍を読むを先務と致来候得共、漢籍も読様にて実地に施し用をなし不申。〔……〕富国強兵の本、人物を養育するは、必ず漢籍を読にも在らざることゝ被存候(44)」と書き、儒学を始めとする漢学が富国強兵、人材育成にあまり役に立たないという考えを明確に示していた。これは、おそらく福澤の儒学、ないし漢学に対する最初の批判であろう。

福澤から見れば、儒教は個人の行為を調整する道徳原理としてはともかく、国家を治める政治理論としては無用の長物にほかならない。彼は『文明論之概略』において次のように論じている。「元来、孔孟の本説は修心倫常の道なり。畢竟、無形の仁義道徳を論ずるものにて、之を心の学と云ふも可なり。〔……〕然るに今、内に存する無形のものを以て、外に顕はるゝ有形の政に施し、古の道を以て今世の人事を処し、情実を以て下民を御せんとするは、惑溺の甚しきものと云ふ可し。〔……〕周の時代は孔孟に適する時代に非ず。孔孟は此時代に在て現に事を為す可き人物に非ず。其道も後世に於ては政治に施す可き道に非ず。理論家の説（ヒロソヒイ）と政治家の事（ポリチカルマタル）とは大に区別あるものなり。後の学者、孔孟の道に由て政治の法を求る勿れ(45)」。すなわち、儒教はあくまで個人の行動様式だけに限定された道徳的教訓に過ぎず、それが政治理論として広く現代社会に応用されると、無益であるばかりでなく、有害であるというのである。

儒教は政治理論としては価値をもたないとしても、道徳的教訓としてはどうだろうか。福澤の考えによれば、それには肯定すべき個所が少なくないが、問題点も多い。というのは、儒教の教え、とくに三綱五倫の説には学理と事実に合わない内容が多く存在しているからである。儒教倫理の虚偽についての指摘は、福澤の著述の中に数え切れないほど多くある。たとえば、『学問のすゝめ』の中には次のような批判がある。「古来和漢にて孝行を勧めたる話は甚だ多く、二十四孝を始として、其外の著述書も計ふるに遑あらず。然るに此書を見れば、十に八、九は人間に出来難き事を勧める歟、又は愚にして笑ふ可き事を説く歟、甚しきは理に背きたる事を誉めて孝行とするものあり。寒中に裸体にて氷の上に臥し、其解るを待たんとするも、人間に出来ざることなり[46]」。

また、先に紹介した君臣の倫理に対する非難も好例である。五倫中の君臣の倫は人が生まれた後に人為的に作られたものなのに、孔子はそれを人の本性と見なした。驚くべきことであるが、儒学者は長い間このような誤謬を発見できなかった。儒学者および彼らが吹聴する儒教倫理を人々に信じさせることは困難としか言いようがない。

儒学と日常生活との乖離によって、儒学を身に付けた儒学者がかえって一身の独立を実現しえない事実に対する福澤の皮肉は、同様に手厳しいものがある。『文明論之概略』の中で、彼は徳川時代の儒学者を酷評している。「我国の学問は所謂治者の世界の学問にして、恰も政府の一部分たるに過ぎず。試に見よ。徳川の治世二百五十年の間、国内に学校と称するものは、本《もと》、政府の設立に非ざれば諸藩のものなり。或は有名の学者なきに非ず、或は大部の著述なきに非ざれども、其学者は必ず人の家来なり、其著書は必ず官の発兌なり。〔……〕遇ま碩学大儒、家塾を開て人を教る者あれば、其生徒は必ず士族に限り、世禄を食て君に仕るの余業に字を学ぶ者のみ、其学流も亦治者の名義に背かずして、専ら人を治るの道を求め、数千百巻の書を読み了するも、官途に就かざれば用を為さざるが如し。或は稀に隠君子と称する先生あるも、其実は心に甘んじて隠するに非ず、窃に不遇の歎を為して他を怨望する者歟、然らざれば世を忘れて放心したる者なり。その趣を形容して云へば、日本の学者は政府と名る籠の中に閉込められ、此籠を以て己が乾坤と為し、此小乾坤の中に煩悶するものと云ふ可し[47]」。結局、日本の学者は「斯くの如く限ある籠の中に限なき学者を生じ、籠の外に人間世界のあるを知らざる者なれば、自分の地位を作るの方便を得ず。只管其時代の有権者に依頼して、何等の軽蔑を受るもかつて之を恥るを知らず[48]」。ここで福澤は、儒学が政治から独立できず、儒学者が官途に向き、政治権力に依存し、個人の力で一身の独立を全うすることを知らないという傾向を強く批判している。

福澤にとって、儒学を中核とする古来の学問と実生活との乖離によって、旧来の学者は自身の独立を確保できないどころか、民衆が学問を嫌悪してしまうという弊害さえも引き起こしていると映っていた。彼は明治六年（一八七三）の『帳合之法』の中で説いている。「古来日本にては学問と家業と互に縁なく、学者は字を知るほど益高くして天にも登らんとし、無学の百姓町人は益軽蔑せられて地にも入らんとするの勢にて、互に近づくことなし。或は好事の百姓町人、少しく書を読て学者の真似をする者あれば、無用の漢文詩歌にふけり、物の数を知らず金銭の勘定を忘れ、家業の便利には為らずして必らず身代を破るに至れり。故に百姓町人は、学者の見て表向にこれを貴び、物知り先生などゝ口には云へども、内心は既に其所業を厭ひ尽し、学者を視ること貧乏神の如くして、敢てこれに近づくことなく、其子弟を戒て読書を禁ずるの勢と為り、〔……〕畢竟、数百年来、和漢の学者先生が虚文空論に溺れて実学を求めず、下民を愚にしたる罪と云ふ可し(49)」。

福澤は、儒学を始めとする旧来の学問が国民の一身独立のためにならないことを強く自覚していたからこそ、「文明の実学」をもって「古来の学問」を撲滅しようと決意したと思われる。

(3) 権威への無批判的追従

近代西洋の学問は、デカルトやイマヌエル・カント（Immanuel Kant, 一七二四―一八〇四）などの思索過程から分かるように、伝統的な権威や学説を徹底的に批判することによって成立したものである。福澤が「西洋の諸大家が日新の説を唱へて人を文明に導くものを見るに、其目的は、唯古人の確定して駁す可らざるの論説を駁し、世上に普通にして疑を容る可らざるの習慣に疑を容るゝに在るのみ(50)」と記しているのは、まさにそのような事態を指してのことである。どんなに真理を内包しているような学説であっても、それを正統として無批判に追随したならば、思想的自由と学問の進歩は原理的に生じえない。しかし、長い間、中国と日本の儒学者はただ古を慕い、昔を理想化するだけで、現実を変革することを知らなかった。このことは当然ながら福澤の反発を招くわけである。彼は『文明論之概略』の中で次のように説いている。「儒学も仏法とともに、各其一局を働き、我国に於て、今日に至るまで、此文明を致したることなれども、何れも皆、古を慕ふの病を免かれず。宗旨の本分は、人の心の教を司り、其教に変化ある可らざるものなれば、仏法又は神道の輩が、数千百年の古を語て、今世の人を諭さんとするも、尤のことなれども、儒学に至ては宗教に異なり、専ら人間交際の理を論じ、礼楽六芸の事をも説き、半は之を政治上に関する学問と云ふ可し。今この学問にして、変通改進の旨を知らざるは、遺憾のことならずや。人間の学問は日に新に月に進て、昨日の得は今日の失と為り、前年の是は今年の非と為り、毎物に疑を容れ、毎事に不審を起し、之を糺し、之を吟味し、之を発明し、之を改革して、子弟は父兄に優り、後進は先進の右に出て、年々歳々、生又生を重ね、次第に盛大に進て、顧て百年の古を見れば、其粗鹵不文にして憫笑す可きもの多きこそ、文明の進歩、学問の上達と云ふ可きなり。然るに〔……〕漢儒の道の系図は、尭、舜より、禹、湯、文、武、周公、孔子に伝へ、孔子以後は既に聖人の種も尽きて、支那にも日本にも再び其人あるを聞かず。〔……〕斯の如く古を信じ古を慕ふて、毫も自己の工夫を交へず、所謂精神の奴隷（メンタルスレーヴ）とて、己が精神をば挙て之を古の道に捧げ、今の世に居て古人の支配を受け、其支配を又伝へて今の世の中を支配し、洽ねく人間の交際に停滞不流の元素を吸入せしめたるものは、之を儒学の罪と云ふ可きなり」(51)。つまり、ほとんどの儒学者が尚古主義者、あるいは退嬰主義者であり、尚古主義が流行した結果、世の中に精神の奴隷は次から次へと出てきたというのである。

福澤から見れば、儒学者は尭、舜、孔、孟を聖人と見なし、「真理の独裁」を認め、上下貴賤の妄説を唱えたため、いっそう政府の専制の悪習が助長されてしまった。『文明論之概略』の中で、彼はこう指弾している。「政府専制よく人を束縛すと云ひ、少しく気力ある儒者は、動もすれば之に向て不平を抱く者なきに非ず。然りと雖ども、よく其本を尋れば、夫子自から種を蒔て之を培養し、其苗の蔓延するがために却て自から窘めらるゝものなり。政府の専制、これを教る者は誰ぞや。仮令ひ政府本来の性質に専制の元素あるも、其元素の発生を助けて之を潤色するものは、漢儒者流の学問に非ずや。古来日本の儒者にて、最も才力を有して、最もよく事を為したる人物と称する者は、最も専制に巧にして、最もよく政府に用ひられたる者なり[52]」。古典を絶対視し権威主義に無批判に追従している儒学者が政府の専制行為をもたらす元凶として強く非難しているのである。

近代日本の夜明けに際して国民と国家の独立を至上命題と見なしていた福澤は、儒学を中核とする「旧来の学問」を一刀両断に切り捨てることを呼びかけたのである。彼は、君臣、父子、夫婦の秩序を維持する道徳が民衆の無気力を招き、封建的門閥制度をもたらす思想的根源とみなした。また、儒学には確実性と実用性が欠如しており、国民の一身独立のためにならないことを強く自覚していた。さらに、古典を絶対視し権威主義に無批判に追従している儒学者を強く非難した。

このように「旧来の学問」を根底的に批判する学問姿勢は当時の学者たちの間ではきわめて例外的であった。ほかの学者たちは、伝統的な学問の改造を不可避であるとする認識ではほとんど一致していたものの、伝統的な学問である儒学との連続性を保とうと主張していた。たとえば、阪谷素や中村敬宇は意図的に儒学的観念を動員し、若干の新しい意味づけを加え、異質な西洋の学問を受容しようとした[53]。儒学を「虚文空論」であると指弾し、既存の学問が実用性と確実性を持つ「文明の実学」に取って代わるべきであると断ずる福澤の学問観に対して、佐々木力は次のような評価を与えている。「十七世紀の西欧で近代科学が誕生しつつあった時も、今日私たちが近代哲学の祖と崇めるデカルトのような「数理学」への徹底した帰依者はごく例外的であった。多くの学者たちは伝統的なアリストテレス主義的学問観（それも「倫理」を中心とする）を信奉しつづけ、その中に新興近代科学を部分的に取り入れようとした。幕末から明治初期への転換期の日本でも同様のことが起こっていたと言ってよいのである。そういったさまざまな折衷主義的学者たちの中にあって福澤は学問思想における根底的改革者としての地歩を築きえたのである[54]」。

以上の所見は、たしかにわれわれがこれまで見てきたような福澤の学問的姿勢の歴史的意義を鋭く指摘したものであると言えよう。あらゆる学問がおよそ過去の伝統的知識の上に立って成立する以上、その原理的変革は容易ではない。また、知識のシステムは、異質な知識に出会った場合、自らを部分的に変容させながら、その知識に再解釈を加えて吸収することも可能である。ところが、福澤はデカルトと同様、部分的変容ではなく、旧来の倫理を中心とする学問体系を斥け、かつ懐疑的精神に基づいて、学問に対する根底的改革を企てたのである。ここに近代日本の最初の学問理念の唱道者としての福澤の意義があるのである。

留意しておかなければならないのは、明治初期前後、福澤は、儒学はもはや停滞を生む役割しか果たせないと考えてはいるが、彼はけっして儒学の歴史的役割をも全面否定しているわけではなかった、ということである。この点については、『文明論之概略』の中の次の文章を読めば納得される。「西洋諸国は実験の説を主とし、我日本は孔孟の理論を悦び、虚実の相違、固より日を同ふして語る可きに非ざれども、亦一概に之を咎む可らず。兎に角に、我人民を野蛮の域に救て今日の文明に至らしめたるものは、之を仏法と儒学との賜と云はざるを得ず。殊に近世儒学の盛なるに及て、俗間に行はるゝ神仏者流の虚誕妄説を排して、人心の蠱惑を払たるが如きは、其功、最も少なからず[55]」。ここで、福澤は、儒学が事実に基づく西洋の学問と異なり、もう近代社会の需要に応じきれないと指摘しながら、明らかに儒学の歴史的価値を是認している。

ところが、福澤は儒学の歴史的役割をある程度評価していたとはいえ、その適用範囲を民衆の知的教養の形成などのごく一部の領域に限定していた。彼の儒学的学問方法と儒学的思惟様式に対してとる批判の姿勢は終始はっきりしている。このことは、「文学会員に告ぐ」という講演稿に明確に示されている。明治十六年（一八八三）に慶應義塾の学生が結成した文学会の会議で行なったこの講演の冒頭で、福澤は、「蓋し文明の進歩とは原則（ナチュラルロー）の支配する領分の日月に増加するを云ふなり[56]」と指摘している。この論点は、彼が『文明論之概略』で披露した

「徳」よりも「智」こそ文明のレベルを評価する基準であるとする観点の反復と言ってもよい。

福澤によれば、自然法、すなわち「原則」の遵奉と発見がこれほど重要であるが、「漢学には毫も原則なるものではなくして、其根拠とする所のものは陰陽にあらざれば五行説に外ならず、立論も文章も極めて簡単、極めて漠然にして、主意を左右にし義解を二、三にするも亦容易なる」。これに対して、「洋学は決して然らず。万古不易の原則なるありて、凡そ如何なる学科にても各皆此原則に拠らざるはなく、一事を論ずる毎に必ず此原則と結果と符合せざれば決して一条の説となるを許さず。否や、之に耳を傾く者もなかる可し[57]」。この観点から見てみると、確実性を重視しない儒学の学問様式に対する福澤の怒気は、明治初期のそれに比べ、勝りこそすれけっして劣るものではなかったと言っても過言ではないのである。

第二節　科学の唱道

明治初期、福澤は「一身独立して一国独立する」という近代化路線に沿って国民の「一身独立」の実現を妨げる要因として儒学を中核とする旧来の学問、ないしその担い手に対して猛烈な攻撃をしかけた。しかし、彼にとって、古いものを破壊するのは、あくまで新しいものを建設するためであった。したがって彼は、「封建社会の思惟範型にまで成熟している様な儒教理念[58]」に厳しく批判を行なうとともに、人々の「一身独立」の実現に役立つ新しい学問、すなわち近代科学を中核とする西洋の「文明の実学」を熱心に唱え続けた。

本節では、まず、福澤が西洋の科学技術とどのように接触したかを概観し、彼の科学認識がどのように形作られたのかを論じたい。彼は蘭学修業、米欧渡航体験、英文書籍の研究により、西洋の科学技術の成果と接触するとともに、その精華と国民の知的素養にまで知見を得ていた。次に、福澤の科学観について探究する。とりわけ、従来の思想史研究ではあいまいに使われてきた「科学」、「窮理」といった重要な概念を分析し、彼がどのような科学認識をもっていたのかを明らかにする。当時は、「科学」という言葉はまだ現在のような広く安定した使われ方をしていなかった。それゆえ、福澤の科学思想を究明する際には、「科学」という言葉に糸口を求めるにとどまらず、サイエンスの概念を表わしているさまざまな用語を分析する必要があるのである。そして、窮理学を実践する精神としての批判的精神、懐疑の精神を提唱したことについて検討する。このようにして、明治初期に福澤がいかなる学問思想に基づいて科学啓蒙を行なったのか、議論を進めてゆきたい。

1　西洋科学技術との早期接触

(1) 蘭学の修業

一八四〇年代後半、メキシコ戦争を終結させカリフォルニアを領有したアメリカ合衆国は、自らの商業的、宗教的関心を太平洋を越えて、直接極東に伸ばそうとしていた。そのころ中国では上海が驚異的な発展を遂げ、広東を凌いで外国取引の中心となりつつあった。そのことは太平洋を挟む両大陸の間の空間的、経済的距離をさらに縮めた。アメリカはホノルルのほかに日本にも貯炭所を設けさえすれば、ニューヨークからサンフランシスコ—日本—上海までの航路が、スエズ—香港—上海にいたる航路に対抗できると考えたのである。また、アメリカの漂流民の保護は絶対に必要なことであった。それらの理由から、アメリカにとって日本の開国が避けて通れないことになった。このような経緯で、嘉永六年（一八五三）七月、アメリカのマシュー・カルブレース・ペリー（Matthew Calbraith Perry, 一七九四―一八五八）提督の率いる艦隊が浦賀沖に姿を現わすことになった。[59]

長年、鎖国政策をとっていた日本は、当時の科学と技術の進歩から大きく取り残されていたため、ペリーの艦隊が日本の領海に侵入してきた時、新技術の産物である「黒船」を前に、なす術がなかった。翌年のペリー再度の来日にあたって、隣国中国の英国とのアヘン戦争による一方的な敗北を目の当たりにしていた日本は、やむをえずアメリカと和親条約を結び開国を余儀なくされた。そのような時代の要請のさなかで、数少ない志ある人たちは積極的に西洋を理解し、西洋に習い始めたのであった。福澤もその中の一人であった。

近代的科学技術で装備した西洋の衝撃に直面し、幕府は矢継ぎ早に各藩江戸屋敷の軍備増強、藩邸内訓練の強化を命ずる一方で、大船建造禁止令を解除し、さらに西洋砲術修業を指令した。九州の小藩の中津藩が藩地で大砲鋳造と砲術家養成に着手したのは、この幕府の指令によってのことであった。それを機に、福澤は安政元年（一八五四）二月、兄三之助に伴われ長崎に行き、西洋砲術修業を始めた。当時、砲術を学ぶにはオランダの原書を読まなければならないと考え、長崎に赴いた福澤は、蘭医のもとで、その門弟に素読を受けることにした。ところが、まもなく母の病気などの事情があって中津に帰ることになった。[60]

福澤が再び蘭学修業を始めたのは、安政二年（一八五五）三月大坂の緒方洪庵の適塾に入門した時のことである。緒方洪庵は「生理学、病理学というような基礎医学に心を潜め、それにくわしかった」大坂有数の蘭学者であった。[61]彼の主導下、医学塾としての適塾では、医術のみならず、物理学などについての書物の読解や実験に基づく基礎科学の勉強も重視された。このような緒方の適塾で福澤は、物理学、化学、解剖学、生理学を学び、西洋学術の精妙さと的確さに驚嘆したのであった。すでに適塾で西洋の科学技術に接した経験があったため、その後の万延元年（一八六〇）、彼が幕府の軍艦咸臨丸に乗って初めてサンフランシスコに渡った時には、西洋の事情に触れて、不可思議な事として面食らったりしたものは、ただ社会、人事に関する事柄のみで、科学技術に関することではもはやそれほど驚くことはなかった。これについて彼は『福翁自伝』の中で次のように述べている。「工業は様々の制作所があって、ソレを見せて呉れた。其処がどうも不思議な訳けで、電気利用の電灯はないけれども、電信はある。夫れからガルウァニの鍍金法と云ふものも実際に行れて居た。亜米利加人の考えに、さう云ふものは日本人の夢にも知らない事だろうと思て見せて呉れた所が、此方はチャント知て居る。是れはテレガラフだ。是れはガルウァニの力で、斯う云ふことをして居るのだ。〔……〕先方では、そう云ふ事は思ひも寄らぬ事だと斯う察して、懇ろに教へて呉れるのであろうが、此方は日本に居る中に数年の間そんな事ばかり穿鑿して居たのであるから、ソレは少しも驚くに足らない[62]」。

文久元年（一八六一）幕府の使節に随行してヨーロッパに行った時にも同様のことがあった。『福沢全集緒言』で福澤は次のように書いている。「蒸気電気の如きは日本に在るとき出来る丈の力を尽して其大体を講究し、当時最近のファラデー電池の事なども、既に原書を熟読して飽くまでも了解し居ることなれば、外人の深切に説明する其厚意は有難けれども[63]」。ここで述べられているマイケル・ファラデー（Michael Faraday, 1791-1867）電池についての原書は英語から蘭語に訳されたワンダーベルトの物理書であると考えられている。緒方洪庵が築前国主黒田からその本を借りてきたが、塾長福澤はそれを見て驚くに堪えず、塾生全体を動員し三日三晩不眠不休でその電気の章を写し取った、ということが『福翁百余話』に記述されている[64]。当時福澤が西洋科学技術の精妙さに魅せられ、それに心酔したありさまが目に見えるようである。

蘭学修業で、福澤は一定の西洋科学知識を身につけただけでなく、それを実地に試みる実証精神をも培った。『福翁自伝』中には、適塾で物理や化学の実験を試みたありさまが面白く書かれている。「蒸気機関などは、日本国中で見やうと云でもありはせぬ。化学の道具にせよ、何処にも揃ったものはありさうにもしない。〔……〕器械の事にせよ化学の事にせよ、大体の道理は知て居るから、如何かして実地を試みたいものだと云ふので、原書を見て、其図を写して似寄の物を拵へると云ふことに就ては、なかなか骨を折りました[65]」。

福澤は、塩酸亜鉛があれば鉄に錫を着けることができると聞き、本を頼りに塩酸を造り、それに亜鉛を溶かして試してみた。それに成功した彼は「面白くてたまらぬ」と喜ぶのであった。さらに、ヨウ素を造ろうとし、市場にいって昆布、荒布のような海草類を買ってきて、炮烙で煎ってみたが、これは失敗した。今度はアンモニアを造ろうとした。鼈甲屋から馬爪の削屑をもらってきて、それを徳利に入れて火で蒸すと、アンモニア液は、取れることは取れるのだが、何とも云えない悪臭を発した。「夕方湯屋に行くと着物が臭くって犬が吠える」というほどであった。周囲の人から苦情が出るので、熱心な人たちがとうとう舟を借りて川へ出て、水上を回遊しながら実験を続けたこともあった。(66)

このように、緒方の適塾で三年間にわたって蘭学を修業した結果、福澤はかなり高いレベルの「理学」の知識を身につけることになった。そうして安政五年（一八五八）、彼は江戸に出府し、築地鉄砲洲の中津藩奥平家中屋敷内に蘭学塾を開くことになった。

蘭学塾を開いた翌安政六年六月、福澤は自分のオランダ語の実力を試そうとして、開港直後の横浜に出かけた。ところが、横浜で流通していた外国語はオランダ語ではなく、英語なのであった。過去数年間苦労して修業してきた蘭学がやがて役に立たなくなるのを恐れ、福澤はすぐさま英学への転向を密かに決意した。(67)ところが、かんばしい手蔓が得られず、万延元年（一八六〇）一月訪米するまで、彼の西洋科学技術についての知識は適塾で学習した範囲をほとんど超えることがなかった。

福澤の思想に大きな衝撃を与え、彼の西洋科学技術理解を一層深化させていたのは、三回に及ぶ米欧渡航の体験、並びに親しんだ英語の書物であったと考えられる。

(2) 米欧渡航の体験

万延元年（一八六〇）二月九日幕府外国奉行新見正興を団長とする遣米使節一行が、日米修好条約文書の交換のため、ワシントンへ向かうことになった。これより先、二月四日には、幕府の軍艦咸臨丸が、軍艦奉行木村摂津守喜毅、艦長勝海舟を始め、福澤らを搭乗させ、ポーハタン号の先導役をかねて米国訪問の旅に品川を出発した(68)。これは日本人自身が初めて操船して太平洋を越えてアメリカへ渡り、西洋社会と出会った出来事であった。

初めてのアメリカ渡航によって福澤の得たところは、きわめて大きいものであった。まず彼の英語学力は、五十余日をアメリカで暮らすことによって、当然ある程度は進歩したにちがいない。また、この滞在の間に、彼はアメリカの近代工業文明を目のあたりにし、異質な文化に接する際のカルチャー・ショックを受けた。これによって彼が国内に留まった同じ世代の「洋学書生」に比べて、知見上、断然大きく一歩を先じたことは争えない。このアメリカ渡航の収穫について、彼は後年木村喜毅の著書『三十年史』のために起草した序文の一節で、こう述べている。アメリカ滞在中の「所見所聞一として新ならざるはなし。多年来西洋の書を読む理を講じて多少に得たる所の其知見も、今や始めて実物に接して、大に平生の思想に齟齬するものあり、又正しく符号するものありて、之を要するに今度の航海は諭吉が机上の学問を実にしたるものにして、畢生の利益これより大なるものはなし(69)」。この叙述は、かなり事実と合致していると思われる。

福澤にとって、たしかにアメリカで見聞したもの、たとえば、馬車、ホテルの建物とその設備、男女の衣服、食物、シャンパン、マッチ、まるでごみ同様に捨てられている鉄などは一々珍しかった。しかし、これらの価値判断が必ずしもすべて正しくまたよいと思われたわけではなかった。建国の父ワシントンの子孫に対する現代人の無関心や、「かかあ天下」ともいえる女性上位の風俗や、貴女紳士打ち交って座敷を飛び回るダンスのようなことを、彼はそれほど高く評価しなかった。[70] 当時書かれた「万延元年アメリカハワイ見聞報告書」を見ると、福澤を魅了してやまなかったのは、主として、道路の幅広く井然たること、石造家屋の宏壮なること、ガス照明の明るく、夜行に提灯を要せぬこと、鉄の豊富なること、力を要する仕事のことごとく蒸気仕掛けであること、そして船舶修理工場の規模および先進的修理方法などの科学技術を実用化した成果であった。[71] この傾向は、のちにヨーロッパ五カ国を訪問した際の報告の中にも見いだされる。

福澤はその後、文久元年（一八六一）十二月暮れ、幕府の訪欧使節団に加わり、江戸を発って、長崎から英国軍艦で欧州に赴き、マルセイユから蒸気車に乗って、仏、英、蘭、独、露などの国を順次訪問することとなった。この一年近い訪問活動を記録した『西航記』には、香港で入手したロンドン発行の新聞、カイロ行きの蒸気車・鉄道会社、パリの病院・学校・図書館・議事堂、ロンドンの博覧会会場・テームズトンネル・天文台、ベルリンの製鉄所、ベートル造幣局・電信局、ロシアの軍隊・動物園などについて記述されている。[72] 帰国後まもなく、渡航中の見聞に基づいて書いた『西洋事情』（その写本は一八六四年から流布[73]）における西洋文物の積極的な紹介も、そのような科学技術を実用化した成果、あるいは科学技術を制度的に支える社会基盤であった。福澤がわざわざそれらの事項を摘出し、編集した仕方に、彼のとくに主張しようとしたことがうかがわれる。

『西洋事情』初編は慶應二年（一八六六）に公刊された。その際に、福澤は地球全域にはりめぐらされた電信線と電信柱、蒸気船、蒸気車および気球の絵でその扉を飾り、そこに「蒸汽済人電気傳信」という漢字八文字を添えた。彼の目には蒸気船車、電信機等の先端技術がまるで当時の西洋文明の精粋、あるいは中核のように映っていたのである。したがって、それらを日本に紹介し導入することにも熱意を燃やした。

この初編では「文学技術」という小節の中で、福澤は古代ギリシャ科学を復興させたアラビア科学について言及し、ロジャー・ベイコン（Roger Bacon, 一二一四—一二九四）（「ローゼル・バーコン」）が初めて「実験の説」、フランシス・ベイコン（「フランシス・パーコン」）、ルネ・デカルト（「デス・カルテス」）が「試験の物理論」、ガリレオ・ガリレイ（Galileo Galilei, 一五六四—一六四二）が地動説、ウィリアム・ハーヴェイ（William Harvey, 一五七八—一六五七）（「ハルフキー」）が血液循環論を唱えたことを挙げ、十七世紀に入って西洋の学問が漸く実験・実用を重視する軌道に乗ったことを説明した。さらに彼はニュートンの科学的功績を特筆して述べている。「其著述プリンシピアと題せる書は、究理学の大本を説くものにて、世の学者皆之を宗とす。これより西洋の学風更に一面目を改め、衆傑輩出してニュートン氏の余業を継ぎ、切瑳琢磨、今日の盛なるに及べり[74]」。その後、蒸気機関、電信機、瓦斯燈などの「新器械を発明したること枚挙するに遑あらず」。こうして米欧諸国を実際に見学した後、福澤の西洋科学技術に対する認識はいっそう深まった。蘭学修業時代、西洋学術の精妙さと的確さに驚嘆してはいたものの、西洋社会に強く影響を与えた技術の発明のほとんどすべてが「究理学」、すなわち科学に基づいた産物であることを理解してはいなかったように思われる。

また、『西洋事情』初編の「小引」において、福澤は「窮理、地理、兵法、航海術等の諸学、日に開け月に明にして、我文明の治を助け武備の欠を補ふもの、其益豈亦大ならずや。然りと雖ども余窃に謂らく、独り洋外の文学技芸を講窮するのみにて、其各国の政治風俗如何を詳にせざれば、仮令ひ其学芸を得たりとも、其経国の本に反らざるを以て啻に実用に益なきのみならず、却て害を招んも亦計るべからず[75]」と書き、西洋の科学と技術を支える「政治風俗」、すなわち社会制度と文化などにも注目すべきだと説いた。

ドイツ人医学者であり、東京大学医学部の前身東京医学校の教師として招聘され、近代日本の医学に大きな功労のあったエルヴィン・フォン・ベルツ（Erwin von Bälz, 一八四九—一九一三）は、日本人の西洋学術の受容の仕方について、明治三十四年（一九〇一）に述べている。「西洋の科学の起源と本質に関して日本では、しばしば間違った見解が行なわれているように思われるのであります。人々はこの科学を、年にこれこれだけの仕事をする機械であり、どこか他の場所へたやすく運んで、そこで仕事をさすことのできる機械であると考えています。これは誤りです。西洋の科学の世界は決して機械ではなく、一つの有機体でありまして、その成長には他のすべての有機体と同様に一定の気候、一定の大気が必要なのであります。しかしながら、地球の大気が無限の時間の結果であるように、西洋の精神的大気もまた、自然の探究、世界のなぞの究明を目指して幾多の傑出した人々が数千年にわたって努力した結果でありま(76)す」。

ベルツによる、西洋学術を「機械」と見なしている日本人の学術受容の仕方に対する批判は手厳しいものだが、彼が指摘したような傾向が当時の日本社会に広く存在したことは否定できない事実であったであろう。そのような社会風潮の中で、福澤は、第一に西洋科学技術を導入するよりも、むしろそれらを支える「政治風俗」を受容しようと考えた。

要するに、一八六六年、すなわち二度目のアメリカ訪問に向かう時まで、福澤は西洋の科学技術の成果だけではなく、それをもたらす「政治風俗」にも目を向け始めていた。ところで、西洋の科学技術と「政治風俗」との間にはいったいどのような関係があるのかにいたっては、彼の認識はまだ明確ではなかったようである。この関係がいっそう深く理解されるようになったのは彼の三度目の洋行後のことであった。

(3) 英文書籍の研究

慶應三年（一八六七）一月、福澤は幕府軍艦受け取りのため渡米する勘定吟味役小野友五郎の随員となって三回目の洋行に出発した。一行は横浜でアメリカの商船に乗り入れ、サンフランシスコからパナマを通ってニューヨーク、ワシントンに滞留すること前後合せて五十余日に及んだから、福澤の西洋科学技術などに対する理解はいっそう進むことになった。ことに、この旅行において、彼は仙台藩、和歌山藩から託せられた資金や自費によって、多くの米国出版の書籍を購入して携え帰ったことは、その後の日本において、一時広く米国出版の教科書が使用されることになった端緒を開いたものと見られる。彼がその自伝で語るところによれば、彼は幕府から支給された手当金で「有らん限りの原書」を買った。「大中小の辞書、地理書、歴史等は勿論、其外法律書、経済書、数学書なども其時始めて日本に輸入して、塾の何十人と云ふ生徒に、銘々其版本を持たして立派に修業の出来るやうにしたのは、実に無上の便利でした(77)」。用務を果たしたあと、一行は往路に沿って六月下旬帰国したが、福澤は、旅中委員長である小野の不興を買ったため、翌七月に御用中不都合の次第ありということで謹慎を命ぜられ、また、購入した書籍の荷物を差押さえられることになった。謹慎を十月に解除され、再び幕臣として出仕していたが、彼の思想がそれによって変化を生じたのは当然のことであろう(78)。彼は同年十二月十六日、すなわち大政奉還、王政復古後、福澤英之助への書簡の中で「小生輩、世事を論ずべき身にあらず、謹て分を守り、読書一方に勉強いたし居候(79)」と書き、政治の現場から退いて、読書著述に専念する決意を明言している。この時期、福澤は洋行の途中で買った西洋の新刊書を読みながら、西洋社会と日本社会との驚くべき差異が形成された原因について思いをめぐらした。そのような読書と思考を通じて、彼の西洋科学技術に対する認識は飛躍的に深化した。それは慶應四年（一八六八）に刊行された『西洋事情』外編によく現われている。

『西洋事情』外編は、主にチェンバーズ社の『経済学』の前半部に基づいて著したものである。その中には、科学技術の進歩と社会の知的風土に関する議論がしばしば展開されている。まず、チェンバーズの『経済学』に接した後、福澤が強く感銘していたことの一つは、西洋社会には技術の発明を奨励するメカニズムが備えられ、発明に携わった精神労働者がその費やした労力に見合う報酬を得られるということであった。『西洋事情』外編で彼は次のように書いている。「事物の変化する所以の理を窮めて其定則を発明せんとするには、非常の才力を尽して時を費し財を散ずるに非らざれば、其極に至り難しと雖ども、一旦此定則を発明するときは、凡庸の人物にても之を伝へ習ふことを得べし」[80]。しかし「無形の産物たる発明工夫は、以て国家の大益を起し世人の幸福を増す可き至大至重のものなれば、経済学に於ては、自からこの産物を処置する法ありて、其発明家をして労すれば随て必ず其報を得せしめり」[81]。こうして文明国においては、「法を設け、此類の勤労を為せし者へも、必ず至当の報酬を得せしむるの処置を為せり。即ち、蔵版の免許、発明の免許の如き、是なり」[82]。西洋社会に多くの発明家が出て新技術が生まれている契機が発明奨励の社会システムにあると考えると、福澤が西洋技術のみならず、「発明の免許」や「蔵版の免許」などの制度をも導入しなければならないと唱えるのは不思議ではなくなる。

次に、米欧諸国を実際に見てきた福澤は、洋書の研究を通じて、科学と技術が実地に応用され、精神労働者と肉体労働者がともに尊重されねば、社会の進歩がないことをも認識していた。「一国の人民、尽く学者先生にて、窮理、発明、其他教授の業にのみに従事して、他の産業を修ることなくば、其国民、富を致さざるのみならず、遂には飢渇の窮に陥入る可し。元来是等の職人（学者を云ふ）に由て産する物（知識を云ふ）は、他の職業に合わせざればかつて功用を為さずと雖ども、他と相合して此彼相助るときは、其功、最も大なり。〔……〕右の故を以て、世上の職業、各々其類を異にすと雖ども、互に相助けざる可らず。万物の理を窮めて其定則を知る者なければ、蛮野の民たるを免かれず。器械の用法に巧なる者なければ、知識を研くの方便なし。或は其知識あるも、之を実用に施す可らず。故に世人、或は其先人する所、主となりて、心を労する者と力を役する者と、互に其職業を軽侮することなきに非らざれども、無謂の甚しきものと云ふ可し。事実に於て此両様、毫も軽重の別なし。双方、互に力を合わせ、好合調和、以て物産の道を進め、世の便利を達す、人の幸福を増すは、豈人間の一大美事ならずや」[83]。この文章は『西洋事情』外編からのものである。知識や発明は実地に応用されなければ無用の長物であり、理を極める知識人と理によって機械を工夫する職人とは尊敬しあうようにと説かれているのである。

孔子には「労心者治人、労力者治於人」（心で労する人は人を制し、体で労する人は人に制される）という一文がある。孔子の言葉を絶対的真理と見なす伝統的な中国儒教社会では、知識人と職人が隔絶された階級に分別されていた。儒教の影響を強く受けた日本社会にも、知的階層と職人階層との間に身分差別が厳然と存在していた。それで、中国でも日本でも、精神労働者と肉体労働者との間には交流・協力が稀薄であった。このような東洋社会のありさまを省み、また西洋社会の技術発展の原因について思索し、福澤は学問と実地の結合、知識人と職人の関係などの問題を念頭におき、西洋科学技術の形成と発展を支える価値体系と社会メカニズムに注目した。この姿勢は、はるかに佐久間象山を始めとする洋学者の「東洋道徳、西洋芸術」の思想の水準を超えていることを示すものである。

さらに、技術進歩が国民の知的素養の高低と深くかかわっているということを福澤は理解していた。技術の発明に対する国民の理解と適応について彼は『西洋事情』外編で、「古来、種々の新発明に由て、世間の裨益を成せしことは挙て云ふ可らず。然るに無知頑陋の輩は、此発明工夫を見て奇異妖怪の如くに思へり。小民徒党を結て精巧なる機関を毀ち、或は其発明家の功徳を謝せずして、却て之を凌辱せしこと屢ゝこれあり。是れ皆、無知文盲の然らしむる所なり。此輩は固より機関の何物たるを知らずして、只管これを有害無益の物と視做し、之が為め世間一般の恩人たる発明家も、害を被りしこと少なからず[84]」と書き、国民の教養が低ければ、新たな技術が生まれても理解され難いという認識を示した。

また、『西洋事情』外編には次のようなことが書かれている。「新式の工夫、世に行はれ、或は時物の流行、変換するに従て、人も亦其職業を改めざる可らず、此時に当て、事物の理に通じ、器械学の趣旨を知るものは、よく時変に応じて其業を改ることを得ると雖ども、無知文盲なる者は然らず、旧業を固守して変通を知らず、坐して他の新工夫の為めに窘めらるゝのみ、抑も斯る愚夫の意には、旧来我守る所の職業の外、天下に求む可き活計の道なしと思ふべけれども、若し此輩をして稍や物理に明かならしめなば、活計の求て得易すきを知り、旧を棄て新に就き、却て貧困の苦を免かる可し[85]」。すなわち、技術進歩に従って、国民の価値観念が変わらなければならないうえに、国民の知的素養も高まらなければならない。さもないと、技術進歩は十分に体現できないというのである。

以上の紹介から分かるように、明治時代に入る前に、科学技術は西洋文明の精粋であり、その発展は社会の進歩と国民の知的素養に深く依存しているという事実がすでに福澤には理解されていたわけである。このような認識の形成は、彼が科学啓蒙の道を踏み込む一つの重要な原因であったと思われる。

2　啓蒙期の科学観

(1)「科学」と「サイエンス」

(a)「科学」という言葉

不思議なことに、福澤の文献の中にはめったに「科学」という言葉が出てこない。明治六年（一八七三）に発表された『学問のすゝめ』第六編に初めて「科学」という語彙が現われるが、その「科学」は現在のサイエンスの訳語としての科学とは異なり、「文学科学」[86]という表現で用いられており、「文学」、すなわち語学、に対する「科学」＝専門学科に近い意味をもつものと考えられる。科学をサイエンスの訳語として使った例は明治十八年（一八八五）三月に書いた「脱亜論」[87]に見いだされるが、あくまで稀な使用例である。それで、福澤の科学思想を検討する前に、まず、その時代の「科学」という言葉とサイエンスに当てられた日本語について少し説明を加える必要がある。

これまで、数少なくない日本の学者は、おそらく「科学」という言葉が幕末維新期の日本で作られた、と考えてきた。実はそうではない。「科学」という術語は、清朝中国の乾隆年間に編纂された『四庫全書』の中に出ている。それらの「科学」は「科挙之学」の略語として用いられている場合がほとんどである。[88]たとえば、『四庫全書』に収録された『文苑英華』の中に唐末羅袞の「倉部栢郎中墓誌銘」という文章がある。その文章には次のように書かれている。「近代科学之家有栢氏倉部、府君諱宗回字幾、聖祖士良忠州司馬」（近年の科学の大家に倉部栢氏がいる。彼の本名は宗回、字は幾である。かれの祖父は士良であり、忠州の司馬である）。[89] この文に出ている「科学」が「科挙之学」を意味する語彙であろうことは明らかであると思われるが、残念ながら、それは孤立した使用例にとどまり、同じ北宋の時期（九六〇―一一二七）の他の典籍には出てこない。『四庫全書』が編纂された際、この個所の写し取りが正確なものだったとするなら、その場合、この個所が「科学」の最初の事例となる。[90]

明朝になると、「科学」の用例が多く出てくる。明朝の唐順之（一五〇七―六〇）が編集した『稗編』の中に「広科学以弭盗」という文書が収録されている。標題のみならず、本文の中にも「科学」が用いられている。「故聖朝広開科学之門、俾人人皆有覬覦之心、不忍自棄於賊盗姦宄」（故に本朝は広く科学の門を開いているが、以て人々が皆野心をもって、悪人と組んで自暴自棄になっているのには忍びがたい）。[91] ここでの「科学」は、間違いなく「科挙之学」を指している。そして、一つの文章に「科学」は二度出ているから、ここでは疑いを容れない。

周知のように、隋唐以降、中国では定期的に、科目ごとの試験によって官吏を登用する科挙の試験制度を実施していた。その科挙の試験で課された学問の内容は、十九世紀中葉の西洋において学ばれていた専門化された近代学問のそれとはまったく違っていた。しかしながら、当時用いられていた「科学」という言葉と、われわれが今日用いている科学との間には一定の類似性が認められる。というのも、分化した学科、あるいは専門化した学問を意味する点において、両者には共通性があるからである。このことから、十九世紀に「科学」という漢語を借用して、西洋近代の専門分化されつつあった学問分野を表わすことにそれほど不自然さがないことが理解される。

日本の学者が「科学」という言葉を使い始めたのは、おそらく十九世紀前半のことであろう。天保三年（一八三二）に刊行された高野長英の『醫原樞要内編』の中に、「科学」という言葉が立派に使われているのである。その本の題言において、長英は次のように書いている。「故ニ、或ハ責メテ曰、人身窮理ハ醫家ノ一科學ニシテ、人ノ解シ難ク譯シ難クトスル所ナリ」（読点は引用者）[92]。解釈すれば、人身窮理（生理学に似た学問と理解される）は医者が身に付けなければならない「科学」、すなわち、学科であるが、非常に理解・翻訳しにくい、というのである。ここで用いられている「科学」は、学科ないし専門学問分野の意味をもっていると解釈して大過ないであろう。

今度は明治維新後の例に言及することにしよう。明治四年（一八七一）、当時南校中舎長であり、のちに文部大臣として帝国大学に講座制を導入したことで知られる井上毅は、明治政府に提出した「学制意見案」の中で、幾度も「科学」という言葉を用いている。たとえば、「新ニ貢生を徴シ語学ヲ教ヘ往往洋人ニ口伝シテ科学ニ渉ラシメントス」[93]とか、「僕甘シテ妄言ノ罪ニ就ン語学已熟ス其科学ニ於ルハ梠流の勢ナラン」[94]とかである。井上はこれらの文において、学校の制度を論じて、まず学生に外人教師について普通学としての「語学」を習わせ、あとで、「科学」、すなわち、専門の学問分野に進ませるようにと主張しているのである。井上は、その「意見案」で「農科学」[95]などという言葉をも使用している。以上の用例から彼が「科学」という言葉を専門学問分野の意味で用いていたことが分かる。

さらに、福澤が明治七年（一八七四）刊の『学問のすゝめ』第四編において使った「科学」は、高野長英や井上毅が用いた「科学」と同じく、専門の学問分野、あるいは個別学問を意味していたと見ることができる。

辻哲夫は、日本の科学術語について系統的に調査して書かれた著作『日本の科学思想』（一九七三）の中で次のように書いている。「科学という言葉を、それらしい意味で最初につかったのは、やはり西周のようである」[96]。それでは、その西周がどのように科学概念を使い分けているかを見てみよう。明治七年（一八七四）に『明六雑誌』に連載した「知説（四）」と題する論説において、西は、西洋のサイエンスに「学」という語を充てて、次のように述べている。「如此クシテ事実ヲ一貫ノ真理ニ帰納シ、又此真理を序テ前後本末ヲ掲ケ、著ハシテ一ノ模範トナシタル者ヲ学（サイエンス）ト云フ。既ニ学ニ因テ真理瞭然タル時ハ、之ヲ活用シテ、人間万般ノ事物ニ便ナラシムルヲ、術と云フ」[97]。

すなわち、西によれば、「学」（サイエンス）とは、事実から原理を帰納し、その原理から演繹的に述べられた事実に関する理論であり、「術」とは、「学」（サイエンス）によって明らかにされた原理を応用して、人間に奉仕する技のことなのである。

西はさらに、「知説（四）」において次のように論じている。「学ハ人ノ性ニ於テ能其智ヲ開キ、術ハ人ノ性ニ於テ能其能ヲ益ス者ナリ、然ルニ如此ク学ト術トノ其旨趣ヲ異ニスト雖モ、然モ所謂科学ニ至テハ両相混シテ判然區別ス可ラサル者アリ、譬ヘハ化学ノ如シ、大要分解法ノ化学ハ之ヲ学ト謂フヘク、総合法ノ化学ハ之ヲ術ト謂フヘシテ雖モ、亦判然相分ツ可ラサル者アルガ如シ」(98)。この文章において西が述べているところによれば、「科学」は、「学」と「術」によってはうまくとらえられず、両者が混然と融合した何物かなのである。この何物かは、十九世紀に盛んになり出した、今日のわれわれが使っている「科学技術」と類似した概念であったものと推測される。

「知説」の中に「科学」は頻繁には出てこない。そこで西は、「学」という言葉に「サイエンス」と仮名を振って、これを science に充てる語彙として多用している。こうした用語法には、その当時の西の考え方がよく表われている。そもそも science はラテン語の scientia（スキエンティア）に由来し、主として知識一般、知識の種類・部門を意味していた。西欧では中世から十七、十八世紀までは、philosophy と science はほぼ同義語として扱われており、さまざまな学問領域は未だ独立・専門化しておらず、「哲学」もまたそうした学科の一つとして見なされるにはいたっていなかった。現在用いられるような意味での science の概念は、十九世紀半ばに入ってからようやく定着し始めたものである(99)。ところで、西が通じていたオランダ語で science に対応する言葉は wetenschap である。その語根 weten が「知る」を意味していることから、wetenschap の語義がごく一般的な知識、学問であったことが分かる。西は、この scientia ないし wetenschap と同じ意味で「学」という用語を使用したのであろう。とすれば、十九世紀半ば頃技術と深く関わりをもつようになってきた自然科学（natural science）の新たな様相を描こうとして、西が「学」を使わず、「科学」という言葉を選んだのは不思議なことではなくなる。まさしく山田慶児の言うとおり、「西はそれ〔「学」と「術」が融合しあう新しい学問〕を、「普通ノ学」である「文教史地ノ四学」をもふくむ「学」と区別して、「科学」と呼んだのである」[100]。

「知説」を書いた三年後の明治十年（一八七七）の論説「学問ハ淵源ヲ深クスルニ在ルノ論」の中で、西は「科学」という言葉を織り込んだ次のような文章を書いている。「総テ学問ニ従事スル以上ハ、ナルタケ直接ニ当世ノ事ニ拘ハラスモ、各其科学ノ深遠ナル理ヲ極メ、無用ノ事ニ類スルモ、理ヲ講明スル為ニハ徹底ノ見解ヲ要シ、特別ノ衆理ヲ集メテ一貫ノ元理ニ帰スル如ク〔……〕左右其源に逢フノ地ニ至ルベキナリ」[101]。西はここで、哲学とは何かを説明するために、「科学」を引き合いに出している。そして、たんに「科学」の知識を把握・利用するにとどまらず、それぞれの「科学」の間に共通な原理を徹底的に追究しなければならないと唱えている。換言すれば、彼は、科学の知識を身につけるにとどまらず、科学的精神を欠いてはいけないとの認識にまで達していた。

このように西周の「科学」概念には今日の科学とかなり似たニュアンスが感じ取れる。しかしながら、彼の著作に「科学」をサイエンスの訳語として使用した例は、著者が知る限り、存在しない。したがって、辻哲夫の所説は正しいとは言えない。

誰がいつから「科学」をサイエンスの訳語に転用し始めたのかは明らかではない。ただ、明治十四年（一八八一）和田垣謙三他編の『哲学字彙』初版は、サイエンスの訳名に「理学」と「科学」の語を充てていることが注目される[102]。このことによって、遅くとも一八八一年までに日本の学界で「科学」がサイエンスの訳語として使用されていたことは明らかである。その後、近代日本の学問教育体制が整うにつれて、近代自然科学を指す「科学」という言葉が、次第に普及してゆくことになった。明治十六年（一八八三）に長沢市蔵が「哲学科学ノ関係一斑」という論文に用いた「科学」[103]と、明治十八年（一八八五）に福澤が「脱亜論」で使用した「科学」がその代表例である。飯田賢一によると、大正デモクラシーの時代にいたって、「科学」という呼称はほぼ完全に民衆の間に定着したという。[104]

ちなみに、中国では、「科学」という言葉がサイエンスの意味で用いられた用例は日清戦争の終わりまで現われなかった。一八九七年に梁啓超は『時務報』において、康有為編の『日本書目誌』を紹介している。その本の物理条目に「『科学入門』普及舎訳、『科学之原理』本村駿吉著」がある。[105] これは、著者がこれまで調査した限りでの、中国語文献の中から見いだした最も早いサイエンスの訳語としての「科学」の用例である。この「科学」が日本語から逆輸入されたものであることは明らかである。

(b) サイエンスに充てられた訳語

サイエンスの訳語として「科学」が普及する前、それに対応する用語はまちまちだったようである。たとえば、明治元年（一八六八）、福澤はジョージ・ペイン・クワッケンボス（George Payn Quackenbos）の *Natural Philosophy*（一八五九）を訳す際、「学」をサイエンスの訳語に充てている。[106] また、明治三年（一八七〇）に西周は『百学連環』の中で「学」をサイエンスの訳語として使っている。[107] そして、福澤は明治十六年（一八八三）に「実学」にサイエンスのふり仮名をつけている。[108] しかし、当時、サイエンスの訳語としてよく使われたのは、やはり「理学」という語彙であった。ただし、「理学」の語義はかなり多義的に用いられていた。[109] そういった事例の一つとして、フランスに留学経験のある中江兆民が『理学沿革史』（明治十九年）および『理学鉤玄』（同年）においてフランス語の philosophie に、西周の使用していた「哲学」ではなく、「理学」の語彙を充てていることが著名である。[110]

「理学」という言葉は、窮（究）理学を略したものと考えられる。窮理という言葉は、易の説卦伝（窮理尽性以至天命）に由来し、万物の道理と人の本性との探究を通じて天命にいたることが易の本来の目的であるということを述べる際に使われた。そして、宋朝になって、「格物致知」が『大学』の「格物致知誠意正心修身斉家治国平天下」の八条目の根底にあり、天下を平らにし理想状態に到達するための一切の出発点として解釈された時、窮理は格物に結びつけられた。たとえば、北宋の程頤は、「「格」とは、すなわち「窮める」なり、「物」とは、すなわち「理」なり。つまり、「格物」とは、物の理を窮め尽くすということにほかならない」[111]と、「格物」を「窮理」に結びつけている。さらに、彼は「格物」と「窮理」から組み立てられてできた語彙「格物窮理」を一つの用語として使用した[112]。南宋の朱子も、程頤のように「格物」と「窮理」を結びつけて、「格物」を説明した。すなわち、「所謂知を致すは物に格るに在りとは、吾の知を致さんと欲すれば、物に即きて、其の理を窮むるにあることを言う」[113]。

ところで問題は、「格物窮理」がどのような意味をもっていたのかということである。その答えの一端は、『朱子語類』にある次の文章によって、おおよそ窺い知ることができよう。「上而無極太極、下而至於一草、一木、一昆虫之微、亦各有理、一書不読、則闕了一書道理、一事不窮、則闕了一事道理、一物不格、則闕了一物道理。須着逐一件与他理会過」[114]。解釈すれば、宇宙にも、草木昆虫にも、みなそれなりの理がある。一書、あるいは一事、あるいは一物を窮めなければ、それに存する理は手に入らないので、ことごとくその理を窮め、明らかにしなければならない、というのである。朱子の窮理は、科学上の探究を示唆しているようにみえるが、実際はそうではない。というのも、程頤と朱熹において、窮理の対象には、自然の「物」だけではなく、社会の「事」も、さらに著書も区別なく含まれていたからである。つまり、朱子が追究した「知」ないし「理」は、自然の「物理」ばかりではなく、社会の「倫理」をも含んでいた。しかも、彼らにとっての窮理の究極的目的は、人間の倫理を認識し「天下を平らにする」ところにあった[115]。したがって、程朱にとって、窮理ないし格物は道理と物理とを一貫してとらえる、いわゆる「為学修身」の方法を表わすキーワードにほかならなかったのである。しかも、窮理と格物窮理、格物、致知、格致などとの間に明確な差異は認められていなかったものと考えられる。

このように、程朱の窮理学ないし理学は、アリストテレス以来の自然学（physica)、あるいは自然哲学（natural philosophy）と異なっている。だが、両者の間に何らの類似点もないとまでは言えない。少なくとも宇宙の万物に即して、その「理」を明らかにしようとする点において、朱子の「格物窮理」は西洋近代合理主義思想とある種の類似性をもっている。[116] こういった理由から、十七世紀半ば向井玄松と沢野忠庵が西洋の自然（哲）学を表現しようとした時、「窮理」という言葉を借用し、[117] のちにこの使い方が、本木良永、司馬江漢、杉田玄白、帆足万里、佐久間象山などの蘭学者らによって受け継がれたのであろう。ただし、蘭学者においては、程朱の窮理の対象としての「事」、「物」は客観的な自然物に即するという方向に転回され、窮理は実証性を伴って自然物を探究し、さらに自然物の理（法則）を追究する意味に変化していた。すなわち、蘭学者が用いていた窮理学の意味は次第に変容して、窮物理学、物理学、理学を指すようになっていたのである。[118]

例として、ここでは川本幸民の用語を見てみよう。川本幸民は、『気海観瀾廣義』（一八五一年初篇刊行、一八五六年全十五巻完結）凡例において、次のように書いている。「「ヒシカ」は和蘭にこれを「ナチュールキュンデ」と云ひ、先哲訳して理学と云ふ。天地万物の理を窮むるの学にして、上は日月星辰より、下は動植金石に至るまで、其性理を論弁して一も残す所なし。此学たるや、諸芸百工の源にして、千百の事物、須臾も此理を離るべからず[119]」。また彼は巻一では「費西加（ヒシカ）者、窮物理之学也、其要先知其物、而後察其用也。（費西加（ヒシカ）は、窮物理の学であり、その要は先ず其物を知り、後に其用を察することにある）[120]」と説明している。文中の「費西加（ヒシカ）」は physica であり、自然学の意である。「ナチュールキュンデ」は、オランダ語の natuurkunde であり、natural philosophy と同義である。この文から、幕末には、一部の蘭学者において理学、窮物理学、すなわち、窮理学はすでに西洋自然哲学の同義語として用いられ、窮理の対象は、「物」（動物、植物、鉱物などを含む）に限定される傾向にあったことは明らかであろう。

他方で、コリングウッド（Robin George Collingwood, 1889–1943）の『自然の概念』（一九四五）が明らかにしているように、[121] 十九世紀以前のヨーロッパにおいては、自然哲学は自然界一般を対象とし、それを解釈し説明しようとする学知的探究の総体を意味していた。そのため自然哲学（natural philosophy）には、経験的・実証的自然の探究（natural science）だけでなく、その前提となるいわゆる自然観の形而上学的研究（metaphysicsとしてのphilosophy）も含まれていたわけである。しかし、十九世紀になると、自然哲学は次第に科学の研究と哲学的思考とに両極化していった。換言すれば、経験的・実証的自然の探究が次第に専門化して、自然哲学が今日の自然科学に変容を遂げていった。それとともに、「自然哲学」のほうは次第に狭義に解され、たんなる自然観の形而上学的研究を意味する概念になっていったのである。

それゆえ、蘭学者たちが、physica、あるいはnatural philosophyの訳語として用いた窮理学（究理学）、窮物理あるいは理学は、このような原語そのものの多義性を反映していたわけである。

概括して言えば、十九世紀中葉、natural philosophy、あるいはnatural scienceの原語自体の語意が多義的であったのみならず、その訳語も実に多様で、時と人によって、サイエンスに充てられる用語およびその意味はかなり異なっていたわけである。

福澤が西欧科学（science）という新参の学問について思索し始めたのは、まさしくこのような背景のもとでであった。したがって、彼の科学思想を究明する際には、「科学」という言葉に糸口を求めるにとどまらず、サイエンスの概念を表わしているさまざまな用語、たとえば、窮理学、物理学、数理学などを手がかりにすべきである。

(2) 福澤の「窮理」認識

(a)「窮理」とは？

明治期の福澤の著作活動は、『訓蒙　窮理図解』の出版をもって始まる。このことは無論、福澤の意図したことではない。慶應四年（一八六八）に執筆を終了し、秋に印刷体制に入っていたところ、予期せずして、明治への改元があったというのが実状なのである。この著作のタイトルの中に「窮理」という言葉が用いられている。それは、古代から儒学者にしばしば持ち出されてきた語彙であった。が、啓蒙思想家福澤はどうしてこのような儒学において重要な位置を占めていた言葉を用いたのであろうか。また、彼はどうして「窮理学」という学問を熱心に国民に唱道すると決意したのであろうか。以下、これらの問題を中心に福澤の窮理認識に少々触れてみたい。

福澤の「窮理」の意味については、まず彼が下した「窮理」の定義を見てみるに越したことはない。明治三年（一八七〇）の「学校之説」で福澤は次のように「窮理学」を定義づけている。「窮理学とて、理窟ばかり論じ、押へ処なき学問にはあらず。物の性と物の働を知るの趣意なり。〔……〕工夫発明、器械の用法等、皆これに基かざる者なし」[122]。明治四年（一八七一）の『啓蒙手習之文』の「窮理学」という節にも、同様の説明がある。「窮理とは、無形の理を窮め、無実の議論を為すに非らず。唯万物の性質と其働とを知るの趣意にて」[123]。そして、『学問のすゝめ』の中には、次のような一文が見える。「究理学とは、天地万物の性質を見て其働を知る学問なり」[124]。

以上の引用文から、福澤が用いた「窮理」および「究理」の概念には以下の三つの特徴がみられることが分かる。第一に、自然に存在する有形の万物を対象とする。第二に、その理は物の性質と働きと原因を追究することによって把握される。第三に、発明、器械等を工夫する際の基礎になる。

したがって、福澤の「窮理」は、儒学の用語を借りて、自然物の実理を窮める学問を指すために用いられている。けれども、本質において、彼の「窮理」概念は儒学のそれと異なる。というのも、すでに指摘したように、朱子の窮理の対象には、自然の「物」だけではなく、社会の「事」も含まれ、追究される「理」には自然の「物理」ばかりでなく、社会の「倫理」も含まれていたからである。他方、福澤の「窮理学」は動植物をも考察対象から排除していないから、彼の「窮理学」は今日の日本語の物理学とも異なっていた。

実は、福澤の朱子学起源の「窮理学」という言葉は、ほかならぬ十九世紀半ば頃の西欧の natural philosophy に対応していた。明治元年（一八六八）頃になされたと考えられる福澤の未完の訳著『窮理全書』には、「窮理学」について、以下のような記述が見える。「窮理学とは、物の性質と其規則とを議論する学なり[125]」。原著であるクワッケンボスの *Natural Philosophy* を調べてみる。この部分の原文は次のとおりである[126]——"Natural Philosophy is the science that treats of properties and laws of matter." このことによって、福澤は「窮理学」を十九世紀半ば頃の西洋における natural philosophy の訳語として使用していたと考えてよいわけである。

こうしてみると、福澤の「窮理学」の概念は、川本幸民の「窮物理学」、「理学」および同じ適塾の出身者である広瀬元恭の「窮物理学」、「物理学[127]」と本質的に異ならず、ともに当時の natural philosophy を意味していることが明らかになる。

次に、他の学科との関わりから福澤の「窮理」の概念を検討してみよう。

慶應二年（一八六六）の『西洋事情』初編には、アメリカの大学の学科を紹介した次のような記述がみえる。「新古語を探索し、文法を学び、歴史を読み、理学、作文学、究理学、修身学等を研究す[128]」。ここに出てくる「理学」は、「地理学」の誤記ないし誤植のはずである。また、明治三年（一八七〇）の「学校之説」と明治四年（一八七一）の『啓蒙手習之文』には、「洋学の科目」として次のものがあげられている。「読本、地理学、数学、窮理学、歴史、経済学、修心学[129]」。そのあとには、「前条の外に、化学、天文学等、種々の科目あれども、窮理学の中に属するものなれば別に掲げず」とも書かれている。のちの『学問のすゝめ』初編でも、「人間普通日用に近き実学」として、「地理学、究理学、歴史、経済学、修身学及び四十七文字、手紙の文言、帳合の仕方、算盤の稽古、天秤の取扱」などが列挙されている[130]。

このように、福澤の「窮理学」は、洋学あるいは実学の中の一つとして位置づけられており、化学・天文学もそれに含まれ、数学、今日の人文学に属する歴史・修身（心）学、および社会科学に属する経済学などと並んで、自然に関する学問を指していた、ということが分かる。このことは、福澤の「窮理学」がほぼ「自然科学」(natural science) と同義と見なされてよい、ということを意味する。これは、彼の「窮理学」が英語の natural philosophy に対応しているという先に導いた知見と矛盾しない。なぜなら、十九世紀半ば頃の自然哲学 (natural philosophy) という言葉は、自然科学 (natural science) に相当する機能をも果たしていたからである。たとえば、クワッケンボスの *Natural Philosophy* (初版、一八五九) とほぼ同時代に書かれたと言ってよい。しかし、影響力の点ではるかに優っていた、ケルヴィン (Kelvin) 卿、すなわちウィリアム・トムソン (Wiliam Thomson, 一八二四―一九〇七) のピーター・ガスリー・テイト (Peter Guthrie Tait, 一八三一―一九〇一) との共著 *Treatise on Natural Philosophy* (一八六七；第二版、全二巻、一八七九―八三) の表題は「自然哲学」と銘打たれているものの、中身は物理学を中核とする自然科学である。[131] このことはすべての自然現象が力学的モデルによって説明されるべきだと主張した、機械論的自然像の持主であったケルヴィン卿にとってごく自然なことであったろう。このような事実は、日本の幕末・明治維新期の英語圏での natural philosophy の意味を把握する際に念頭に置かれるべきことがらであろう。

指摘されるべきは、『学問のすゝめ』第二編の端書には、「天文、地理、窮理、化学等は形ある学問なり[132]」という所見が見られ、また「慶應義塾之記」には、「是際や読書訳文の法、漸く開け、諸家翻訳の書、陸続、世に出ると雖ども、概ね和蘭の医籍に止りて、旁ら其窮理、天文、地理、化学等の数科に及のみ[133]」と書かれているということである。福澤はここで「窮理」を、天文、地理、化学と並んであげている。一見して、ここの「窮理」は今日の物理学で置き換えてよいかのように見えるが、その「窮理」は、実験などの研究方法で構築された物理学や、生物学や、生理学や、はては分析化学といった諸学問分野を含む学問 (とりあえず広義の「物理学」と呼んでもいい) にも置き換えられうる。したがって、福澤の「窮理学」を、豊田利幸や、佐々木重雄のように狭義に物理学と解するのは、厳密に言えば、誤りである。[134] この印象は、先に紹介した「窮理」の定義を考えれば、さらに強くなるであろう。

要するに、福澤の「窮理学」の外延は今日の物理学より広い。その「窮理学」は、当時専門分化しつつあった自然諸科学の結合体と解したほうがより適当であろう。ただし、自然諸科学といっても、物理学を中心にする学問であるというのは、十九世紀半ば頃は自然諸科学の中では、物理学の発達が著しく、化学、生物学等の発達が相当になされたとはいっても物理学ほどではなく、自然諸科学は機械論的自然観の中軸たる物理学を中心に統括されつつあったと考えられるからである。このようなことを考慮すると、明治初期に福澤が国民に普及させようとしていた「窮理」の知識は、実際には物理学を中核とする自然諸科学の知識体系であったということが結論づけられるのである。

(b) 窮理学を唱える意図

西欧においては、十七世紀、とりわけ一六六〇年以降、数学的、機械論的、実験的科学が制度化されるようになっていた。さらに近代科学的合理性は啓蒙主義者の手で一般思想にまで及ぼされ、一般社会に普及していった。また、産業革命後、「科学に基づいた技術」が飛躍的に向上したため、近代科学の産業での有用性についても民衆によく理解されるようになっていった。福澤は、このような近代科学技術の性格を早くから深く理解していたがゆえに、熱心に科学啓蒙に力を注いだのであった。すなわち、福澤が国民に「窮理」を唱道したのは、彼がその思考の合理性と実業での有用性を深く意識したからであった。

明治元年（一八六八）に福澤は『訓蒙　窮理図解』を世に出した。この本を書いた意図の一つは窮理の知識の紹介を通じて、民衆に窮理学の有用性を会得させることにあったと思われる。福澤は書いている。「磨きたる金は、熱気を吸込むことも遅くして、亦これを吐出すことも遅し。ゆへに、同じ大さの錫の急須を二いだし、その一に泥を塗りて、両方ともに熱湯をいれ置くときは、泥を塗りたる方の湯は既に水となるとも、一方の湯はいまだ冷ざるべし。泥にて膈を粗くなしたるゆへ、熱気を吐出すこと速きなり。又この急須に水をいれて火に掛なば、泥を塗りたる方、先に沸くべし。火気を吸込むこと速ければなり。きめの粗き鉄瓶と底まで磨立たる銅の薬鑵とにて湯を沸さば、鉄瓶の方、先に沸くべし。世間の炊婢、何ほど奉公をよく勤るとも、鍋釜の尻を白金の如くに磨くべからず。主人のためには却て薪の不倹約なり[135]」。ここで、福澤は、熱伝導の原理を通俗的に説明し、それが分かると、非常に日常生活に役立つという道理、すなわち「窮理学」の実用性を国民に唱えた。『訓蒙　窮理図解』にはこのような例がたくさん見られる。また、この本の序文に福澤は、「物の理に暗ければ、身の養生も出来ず、親の病気に介抱の道も分らず、子を育るに教の方便もなし[136]」と書いて、万物の理を究め、窮理の知識を身につけて初めて、人間が効果的に自分のいろいろな必要を満たすことができるという見解を明確に示している。

福澤にとって、窮理は、物質的な面で有用性をもつだけにとどまらず、精神の面においても唱道する価値がある学問であった。そして後者こそ、彼が国民に窮理を勧める強調点であった。これらについての彼の論述を検討してみよう。

人間は万物の霊長である。人が理性をもつのは、人が動物と違い人が人になる主な所以である。人間が万物の霊長である以上、人が「無所惜身を役し、無所憚心を労し、徳誼を修め知識を開き、精心は活発、身体は強壮にして、真の万物の霊たらんことを勉べし[137]」、また、「塵芥一片、木葉一枚のことにても、其理あらざるはなし。故に人たるものは、幼きときより心を静にして、何事にも疑を起し、博く物を知り、遠く理を窮て、知識を開かんことを勉むべし[138]」。これらは『訓蒙　窮理図解』で福澤が力説したところである。

徳川時代、倫理道徳の大切さが強く強調されたのに対して、福澤は、たしかに道徳を修めることも人の職分であるが、知恵を磨くのも人が人になるための不可欠な条件であり、ある意味で道徳より高い地位をもつはずであると考えた。彼は『訓蒙　窮理図解』の冒頭でこのように説いた。「天は高しといひ、淵は深しといひ、夏は熱き筈なり、冬は寒き筈なりとて、ありの儘の物を、ありの儘に見過して、少しも心に留めざるは、猶馬の秣を食ひ、其味を知て其品柄を知らざるが如しと[139]」。すなわち、理を窮めるかどうかは人と動物との分水嶺であり、人間は懐疑と窮理の精神、あるいは合理的思考様式をもたなければ、ほとんど動物との違いもなくなるというわけである。

そして、福澤によれば、窮理学の対象は自然万物に限られるが、窮理の精神あるいは合理的思考様式は自然に限られず、人事にも適用される。それどころか、人事に広く適用していかなければならない。つまり、福澤にとって、物にしろ、事にしろ、伝統にしろ、現実にしろ、人間は必ず理性の眼で一切を見なければならない。彼の言葉でいえば、「何事にも大小軽重に拘はらず、先づ其物を知り其理を窮め、一事一物も捨置くべからず」[140]。

要するに、維新初期の福澤は国民に有用な窮理学を学ぶことを提唱したのみならず、事実に即して日常生活や現象の背後にある因果法則、すなわち理を徹底的に追究する窮理精神あるいは合理的思考様式もが当時の人々に浸潤すべきであると考えた。そうすることによって、長らく染みついていた価値観や認識構造を根底から変革しようとした。この時期の福澤の思想においては、窮理学と窮理精神、あえて現代語に言い換えると、科学的知識と科学的精神の両方が、国民の精神の啓蒙に必要不可欠な部分とされ、しかも統一的にとらえられていた。このように、窮理の特質を深く認識しただけに、福澤は「一身独立して一国独立する」という路線の上に立って、精一杯に国民に「文明の実学」を唱道し始めたわけなのであった。

(3) 懐疑主義思想

(a) 批判的精神の喧伝

明治初期の福澤の啓蒙思想は、まばゆいばかりに輝いている。それは著作としては主に『学問のすゝめ』と『文明論之概略』によって体現される。そして、この時期の福澤こそ、丸山眞男が敗戦直後の時期に新たな息吹で甦らせた福澤なのであった。

啓蒙期の代表作のひとつ『学問のすゝめ』は全十七編からなり、明治五年（一八七二）二月から明治九年（一八七六）十一月まで断続的に刊行された。この連作において特筆されるべき点は、「窮理学」を始めとする「実学」の有用性を説くのみならず、ごく一般的に、西洋近代学問の「精神」に分け入り、その根源に達しようとしたことであった。その根源をなす事柄とは、第一に、人民の自立の権利を謳った「天賦人権論」であり、第二に、学問の政治からの独立という「学者独立論」、あるいは「政教（教育を指す）分離論」であり、第三に、批判的精神の確立とつながる「懐疑主義」思想の彫琢であった、とまとめることができる。

福澤の「天賦人権論」および「学者独立論」はこれまで多く学者にとりあげられてきた。したがって、ここではさらにこれらの問題を論じるつもりはない。ここで注目しておきたいことは、福澤が明治初期にいかに懐疑主義思想を評価・宣伝したのかという問題である。

明治九年（一八七六）七月刊の『学問のすゝめ』第十五編は「事物を疑って取捨を断ずる事」である。その書き出しは、「信の世界に偽詐多く、疑の世界に真理多し」という一文である。「疑」からこそ、「真理」は得られるというのである。福澤は西洋近代において自然科学を発展に導いた根源的精神についてこう述べている。「文明の進歩は、天地の間にある有形の物にても無形の人事にても、其働の趣を詮索して、真実を発明するに在り。西洋諸国の人民が今日の文明に達したる其源を尋れば、疑の一点より出でざるものなし。ガリレヲが天文の旧説を疑て地動を発明し、ガルハニが蟆の脚の搐搦するを疑て動物の越歴を発明し、ニウトンが林檎の落るを見て重力の理に疑を起し、ワットが鉄瓶の湯気を弄で蒸気の働に疑を生じたるが如く、何れも皆、疑の路に由て真理の奥に達したるものと云ふ可し[141]」。

ここで、福澤は、地動説を立証したガリレオ、電気生理学への道を切り開いた十七世紀イタリアの生理学者ルイギ・ガルヴァーニ（Luigi Galvani, 一七三七—一七九八）、万有引力の法則を発見したニュートン、そして蒸気機関を発明したジェームズ・ワットなどの科学技術上の発見と発明はすべて、懐疑の精神から生まれたと指摘しているのである。

続いて、福澤は、「格物窮理の域を去て、顧て人事進歩の有様を見るも、亦斯の如し。売奴法の当否を疑て天下後世に惨毒の源を絶たる者は、トーマス・クラレクソンなり。羅馬宗教の妄誕を疑て教法に一面目を改めたる者は、マルチン・ルーザなり。仏蘭西の人民は貴族の跋扈に疑を起して、騒乱の端を開き、亜米利加の州民は英国の成法に疑を容れて、独立の功を成したり」[142]と書き、懐疑の精神は自然科学の分野ばかりではなく、トマス・クラークソン（Thomas Clarkson, 一七六〇—一八四六）の奴隷売買の批判、マルティン・ルター（Martin Luther, 一四八三—一五四六）の宗教改革、フランス革命、アメリカの独立にまで及び、西洋近代社会の成立に重要な働きをしてきたことを例証している。こういった議論から見れば、福澤の考えにおいて、西洋近代学問は、伝統的権威や学説や習慣を徹底的に懐疑・批判することによって成立したと見ていることが明らかである。

ところで、伝統的な権威や学説や習慣を懐疑・批判するためには、それら全体を相対化する自由な判断力が必要となる。伝統的な権威そのものを絶対視する限り、自由に批判する動機が生まれることはない。懐疑の精神、あるいは批判的精神は、何よりも、自由な主体的な判断力を前提としているのである。したがって、福澤は懐疑の精神、批判的精神の確立を唱えると同時に、主体的な判断力の向上をも訴えている。『学問のすゝめ』第十五編において、彼は次のように述べている。「人事の進歩して真理に達するの路は、唯異説争論の際にまぎるの一法あるのみ。而して其説論の生ずる源は、疑の一点に在て存するものなり。〔……〕然りと雖ども、事物の軽々信ず可らざること果して是ならば、亦これを軽々疑ふ可らず。此信疑の際に就き、必ず取捨の明なかる可らず。蓋し学問の要は、此明智を明にするに在るものならん」[143]。すなわち、軽々しく信じてはいけないが、軽々しく疑ってもいけない。重要なのは、信じるべきものは信じ、疑うべきものは疑うということである。そのために、人々が事物に対して独立、かつ正確な判断を下す能力を身につけるのが要件となる。福澤によれば、学問の主な目的は、まさしくこのような自主的な判断力を高めるところにある。したがって、福澤が提唱しようとする学問は、ほかならぬ批判的精神の養成と自主的な判断力の向上に役立つ効力を備える新しい学問、すなわち「窮理学」を始めとする西洋近代学問である。

このように懐疑の精神と主体的な判断力を称える福澤は、西洋文明の価値を絶対視しているわけにはいかない。同じ第十五編の中で、彼は「西洋の文明は我国の右に出ること必ず数等ならんと雖ども、決して文明の十全なるに非ず。その欠典〔点〕を計れば、枚挙に遑あらず」[144]と書き、日本に西洋文明を移植するに際して、懐疑の精神、また主体的態度を失なうことのないようにと訴えている。彼の考えにおいて、対象の模倣に終始する受容態度は、むしろ西洋近代学問の精神とは根本的に反するものである。西洋の文明を無批判に模倣することは、権威主義に追随する軽率な態度を示すにすぎないのである。

『学問のすゝめ』第十五編における福澤の懐疑の精神の鼓舞はまことに徹底しており、類例がないほど首尾一貫したものである。ところが、このような議論は福澤自身の創見ではなく、彼がヘンリー・トーマス・バックル（Henry Thomas Buckle, 一八二一―一八六二）の『イングランド文明史』全二巻（初版第一巻一八五七年、第二巻一八六一年）、とくに第一巻第七章「十六世紀半ばから十八世紀終わりまでのイングランド知性の歴史概観」と同第八章「十六世紀半ばからルイ十四即位までのフランス知性の歴史概観」から多くを学び、それに基づいてなしたものである。[145]とはいえ、福澤が明治初期という時代にドグマティズムとは対極にある建設的な懐疑の精神、批判的な態度および自主的な判断力の向上に役立つ近代科学などを民衆に提唱することがもった歴史的価値は、高く評価しなければならない。

(b)「惑溺」の排除

『学問のすゝめ』に優るとも劣らない著書『文明論之概略』は、『学問のすゝめ』を刊行中の明治八年（一八七五）に世に問われた。『文明論之概略』の執筆に先立って明治七年（一八七四）二月に綴られた「文明論プラン」と今日呼ばれる草稿が存在する。「文明論プラン」は、西洋文明と日本文明の差違は畢竟相対的なものであるとの認識から始まり、日本人がいかなる点で西洋人に遅れをとっているかについて次のように論じている。「日本全国に智徳の分量甚だ少なし。其証拠には物を発明せしことなし。学問は唯文字のみ、技芸は唯遇〔偶〕然の仕来のみ。人を殺す者あり、物を盗むものありて、罪人の多きことは西洋諸国の比に非ず。就中痛哭す可きは人の惑溺甚だしくして敢為の勇なし。フヒシカルの事は勿論、人間交際の事に就ても不審を起すものあらず。陰陽五行の惑溺を除かれば、天地の顕像を知る可らず。上下卑賤の惑溺を除かれば、人間の顕像を見る可らず。窮理発明なきも此惑溺に由るなり。工業の起らざるもこれに由り、歴史の誤謬斯の如し。今の時勢を見るに誤あるも宜ならずや。文明を達せんとするには此惑溺を払はざる可らず。これ払ふの術は智を研くに在り。徳を脩るに在らず(146)」。

このくだりに頻出している枢要な術語は「惑溺」である。福澤によれば、自然探究においても、また人間交際においても、日本人は「惑溺」に捕らわれて、「不審を起す」ことがない。すなわち、『学問のすゝめ』第十五編の言葉では、「疑」の念を生じしめることがない。したがって、「西洋諸国の人民が今日の文明に達したる其源を尋れば、疑の一点より出でざるものなし」と考える福澤が「痛哭」の念をもって取り除こうとするものは、この「惑溺」の日本人に対する呪縛であった。その「惑溺」を取り除くもっとも有効な方法は、ほかならぬ「智を研く」、すなわち知性の向上というところにあると福澤は認めている。

以上のような福澤による「惑溺」への言及は、成稿『文明論之概略』にもしばしば見られる。たとえば、第二章の中で福澤はこう述べている。日本人にとって、一番緊要な課題は、日本の独立を失なわないということである。日本の独立を確保するためには、「人民の智力を進めざる可らず。其条目は甚だ多しと雖ども、智力発生の道に於て第一着の急須は、古習の惑溺を一掃して西洋に行わるゝ文明の精神を取るにあり。陰陽五行の惑溺を払はざれば、窮理の道に入る可らず。人事も亦斯の如し。古風束縛の惑溺を除かざれば、人間の交際は保つ可らず(147)」。

明治初期、福澤が頻繁に用いたこの「惑溺」という言葉はどのような意味をもった概念なのであろうか。一九八五年、丸山眞男は福澤諭吉協会総会で行なった講演の中でこの問題を取り上げている。丸山によれば、「惑溺」は中国語に存在した言葉であり、江戸時代において、それほどたびたびではないが、日本学者によって使われていた。明治初期になると、啓蒙思想家西周はそれを“superstition”に当てる用語として使った。そして福澤本人も明治三年（一八七〇）刊の『西洋事情』二編の中で「惑溺」を使い始めた。その意味は西周の場合とほとんど同じであったと丸山は指摘している。[148] このように、丸山は「惑溺」が“superstition”などの意味で用いられた可能性を探ったあと、福澤が『文明論之概略』を草する際に参照したことが確実なヘンリー・トーマス・バックルの『イングランド文明史』に見える“credulity”という言葉に着目する。丸山は、福澤がこの時期に頻繁に用いた「惑溺」は“credulity”、あるいは“credulous”そのものの訳であるという断定を慎重に避けているものの、次のように総括している。「バックルを読んだ時に、バックルが頻発して使っているこのクレデュリティ乃至クレデュラスという言葉が、ほかのスーパースティションズとかbigotryというような表現と似た意味ながら、学問についていわれている点で、とくに福沢の思考を刺戟したのではないか。従ってバックルを集中的に学んだ時期において、福沢は「惑溺」という言葉をもっともしばしば使って、それ以後においては、その言葉の使用は急速に減じているというのは、どうもそれに関係があるのではないか[149]」。

以上の講演の中で丸山は「惑溺」の中国での使われ方に触れていないので、ここで少し補足をしておくことにする。中国語で「惑溺」は「溺惑」と書かれる場合もある。「惑」は「妄」と結びついて「惑妄」、「溺」は「信」と結びついて「溺信」という形で使われる時もある。一般的に中国語辞書の中で「惑溺」という漢語に与えられる解釈は二つがある。ひとつは、「迷信」、「妄（盲）信」を意味している。もうひとつは、「沈迷」、「迷恋」と解される、すなわち、よからぬ方面にはまりこんで、正常な判断力がなくなるという意味である。[150] つまり、中国で「惑溺」という言葉は、合理的な根拠がない神・仏などに関する教説をかたく信じることのみならず、ことがらに対するたやすく信じ込む傾向、あるいは性質をも意味しているのである。ここから見れば、福澤の「惑溺」は、宗教・迷信だけではなく、むしろ政治・学問について使われる概念であるという丸山の指摘は不当ではない。

一九七一年の「福沢諭吉の人と思想」と題された講演の中で、丸山は、再び「惑溺」概念に触れている。そこで、丸山は「独立の精神、独立の思考、インデペンデンス・オヴ・マインドというのは、惑溺からの解放ということです[151]」。「惑溺というのは、人間の活動のあらゆる領域で生じます。政治・学問・教育・商売、なんでも惑溺に発展する。〔……〕政治とか学問とか、教育であれ、商売であれ、なんでもかんでも、それ自身が自己目的化する。そこに全部の精神が、凝集してほかが見えなくなってしまうということ、簡単に言うとそれが惑溺です[152]」といった注目すべきことを述べている。このような言明はきわめて重要である。丸山が、まさしく「惑溺」に対してまっこうから闘いを挑んだ福澤の「懐疑の精神」、「独立の思想」をもっとも高く評価していたことを示唆してくれるからである。

「惑溺」についての記述は、おそらく福澤がヨーロッパの中世から近世への過渡期を念頭においてなしたものであろう。彼は、『文明論之概略』第七章「智徳の行はる可き時代と場所とを論ず」においてこう述べている。「惑溺」の中世から「疑」が尊重される文明の近代への移り行きを描写していて興味深い。「畢竟、野蛮不文の時代に在ては、人間の交際を支配するものは唯一片の徳義のみにて、此外に用ゆ可きものあらざるの明証なり。人文漸く開花し、智力次第に進歩するに従て、人の心に疑を生じ、天地間の事物に遇ふて、軽々之を看過することなく、物の働を見れば其働の源因を求めんとし、仮令ひ或は真の源因を探り得ざることあるも、既に疑の心生ずれば、其働の利害を撰て、利に就き害を避るの工夫を運らす可し。〔……〕故に、智恵に一歩を進れば一段の勇気を生じ、其智恵愈進めば勇力の発生も亦限あることなし。試に今日西洋の文明を以て其趣を見るに、凡そ身外の万物、人の五官に感ずるものあれば、先づ其物の性質を求め、其働を糺し、随て又其働の源因を探索して、一利と雖ども取る可きは之を取り、一害と雖ども除く可きは之を除き、今世の人力の及ぶ所は尽さゞることなし[153]」。

結局、福澤によれば、文明の根源には「疑」の精神がなければならず、その精神によって探究を推し進め、「智恵」の増進を図ることが肝要である。「徳義」は「智恵」に従属すべきものなのである。

ヨーロッパの長い文明の停滞期を経たあとの近世における文明の歴史は、福澤によると次のようであった。西欧近世といえども、「政治廃壊」を免れえなかった。しかし、「文物の盛なること前代無比と称す可し。千六百年の間にも、学者の議論に自由の思想なきに非ざれども、其所見、或は狭隘なるを免かれざりしもの、七百年代に至ては、更に其面目を改め、宗旨の教なり、政治の学なり、理論なり、窮理なり、其研究する所に際限あることなく、之を究め、之を疑ひ、之を糺し、之を試み、心思豁然として、其向ふ所を妨るものなきが如し(154)」。ここでも懐疑の精神、探究の精神が強調されていることに注意されたい。

ヨーロッパ近世は、福澤にとって、これから自ら建設にかかわってゆこうとしている日本近代の鏡であった。『文明論之概略』第九章「日本文明の由来」では、いかに日本の権力が政府に偏重していたかが縷々述べられ、それに人民自身の「智力」の拡充による改革案が提示されることになる。近代日本の出発にあたって必須なものとして強調されるのは、人民の自立した向上心である。福澤はこの議論をさらに深めて、最終章である第十章「自国の独立を論ず」で述べている。「外形の体裁」のみの文明は文明の名に値しない。「仮令ひ或は其文明をして頗る高尚のものならしむるも、全国人民の間に一片の独立心あらざれば、文明も我国の用を為さず、之を日本の文明と名く可らざるなり(155)」。このことは『学問のすゝめ』三編の中の「一身独立して一国独立する事」（明治六年十二月刊）というタイトルをもった一節が説いたところでもあった。

『学問のすゝめ』と『文明論之概略』の両著に共通する福澤の人心一新のための変革プログラムは、おそらく「文明論プラン」の次の言葉に要約して述べることができるであろう。「人民の自から教育するを許す可し(156)」。「恰も全国を一場の学校の如く為す可し(157)」。この、教育をもって人心を変革せしむる、との改革プログラムは、明治日本が人民をあげて邁進した時のスローガンとしても機能したように思われる。

明治初期、とくに前記『学問のすゝめ』と『文明論之概略』を著した時期の福澤は、全生涯の中で最も充実した生を生きることができた。近代日本も、その産みの親たちが未だ生きていた時代で、その多様な可能性によってもっとも精気に富み、幸福に満ちた瞬間を経つつあったと言うことができるかもしれない。この時期、福澤は慶應義塾を主宰するかたわら、明六社同人としても活躍した。それのみならず、彼はその社中のほとんどのメンバーが明治政府の「与党」的立場になった中で、「外様的」態度を堅持し、独立人たる気を吐いた[158]。そして彼はまた、日本の官設のアカデミーとして東京学士会院が設立されるや、その初代会長に就任した[159]。近代日本の初期学界は福澤なくして語ることはできない。まさしく佐々木力が指摘したとおり、「『学問のすゝめ』と『文明論之概略』が書かれ、世に問われたのは、日本啓蒙主義の最も輝ける〝青春時代〟というべき時であった。その栄光の時代を領導したのは、近代日本最初の自立心をもった「学者」すなわち「知識人」であった福澤であった。福澤とともに近代日本の最も先鋭な批判的精神は誕生したのである[160]」。

われわれは、福澤が明治初期に懐疑の精神、あるいは批判的精神、独立の思想、あるいは主体的な思考などを唱えることを高く評価しなければならないが、この時期における福澤の科学思想の限界をも見逃してはいけない。福澤によれば、社会の進歩にとって枢要なのは「徳義」というより、「智恵」すなわち知性を育成することである。しかし、智恵に関する彼の認識は「人の智恵は唯教に在るのみ。之を教れば其進むことも亦際限ある可らず。既に進めば又退くことある可らず[161]」というレベルにしか到達しなかった。智恵と深くかかわる認知方法、つまり、福澤は明治初期に人間がいかなる知恵を駆動し、合理的に自然の理を窮めるかを十分に重要視していなかったのである。

福澤は、国民の「一身独立」の実現を妨げる要因として儒学に対して猛烈な攻撃をしかけるとともに、「一身独立」の実現に役立つ新しい学問、すなわち近代科学を中核とする西洋の「文明の実学」を熱心に唱え、科学啓蒙を行なった。彼にとって学問の目的は、人々の精神の変革を推し進め、自主的な判断力を高めるところにあった。彼が提唱しようとする学問は、批判的精神の養成と自主的な判断力の向上に役立つ新しい学問、すなわち「窮理学」を始めとする西洋近代学問だった。『学問のすゝめ』と『文明論之概略』が書かれた時代、福澤は「近代日本の最も先鋭な批判的精神」(162)だったと言えるのではあるまいか。

注

（1）『学問のすゝめ』、『選集』第三巻、七一頁。
（2）今日の日本で「儒教」と「儒学」の使い分けはあまり明確ではなく、混乱していると言ってもよい。子安宣邦「儒教にとっての近代」、『季刊・日本思想史』第四一号（一九九三年）、一四―一五頁や、衣笠安喜「日本の近代化と儒教」、『季刊・日本思想史』第四一号、一六―一七頁を参照。本書では、孔孟のオリジナルな教え、およびその後の儒教についての新しい解釈を総称する場合、「儒学」を使い、特別に孔孟のオリジナルな教えを指す場合、「儒教」を使うことにする。
（3）『福翁百話』、『選集』第十一巻、八二頁。
（4）田中明「民主主義と帝国主義の同居――福沢諭吉のディレンマ」、『アプロ21』第二巻六号（一九九八年六月）、一四頁。ただし、福澤はたしかに「脱亜」という語彙を使っているのであるが、「脱亜入欧」を使ったことがなかったという事実は注目に値する事実である。
（5）『福翁自伝』、『選集』第十巻、一三頁。
（6）同前、九頁。
（7）同前、一八頁。
（8）同前、一六頁。
（9）同前、二一―二二頁。
（10）同前、二三―二四頁。
（11）同前、一七五―一七六頁。

(12)　同前、一四頁。
(13)　小久保明浩「中津における福沢諭吉の修学とその世界」、『福沢諭吉年鑑』第九号（一九八二年）、一一―一六頁。
(14)　赤松文二郎編『照山白石先生遺稿』（照山白石先生遺稿編纂会、一九三〇年）の「附録」、三一―三二頁。
(15)　『福翁自伝』、『選集』第十巻、一五頁。
(16)　同前、一五頁。
(17)　同前、一五頁。
(18)　宮崎道生「江戸時代における儒学の理解と変容――近代化・近代思想との関連において」、『国学院雑誌』第八十四巻一一号（一九八三年十一月）、一六九―一九三頁や、衣笠安喜『近世儒教思想史の研究』（法政大学出版局、一九七六年）；陳奉林「儒教倫理与日本現代化」、『日本研究』一九九三年第一期、六九―七一頁；トーマス&ドロシー・フーブラー著、鈴木博訳『儒教』（青土社、一九九四年）、九〇―九八頁、などを参照。
(19)　丸山眞男「福沢諭吉の儒教批判」、『丸山眞男集』第二巻（岩波書店、一九九六年）、一四八―一四九頁。
(20)　「掃除破壊と建置経営」、『全集』第二十巻、二四八頁。
(21)　遠山茂樹『福沢諭吉――思想と政治との関連』（東京大学出版会、一九七〇年）、一五八―一六四頁や、丸山眞男「福沢諭吉の儒教批判」、前掲書、一五一―一五三頁を参照。
(22)　渡辺俊一『井上毅と福沢諭吉』（日本図書センター、二〇〇四年）は先鋭な分析である。安川寿之輔の最近の丸山批判の過誤は、一般に、福澤と、井上のような守旧派を同一の枠にくくってしまう安易さにある。明治十四年の改変そのものの歴史的解説については、姜範錫『明治十四年の政変――大隈重信派が挑んだもの』（朝日選書、一九九一年）が優れている。
(23)　西園寺公望「明治教育史要」、大隈重信撰『開国五十年史』上（原書房、一九七〇年）、六九〇頁。
(24)　佐伯友弘「福沢諭吉の儒教批判に関する一考察」、『鳥取大学教育学部研究報告』第二十五巻（一九八三年）、二八二―二八七頁。
(25)　丸山眞男「福沢諭吉の儒学批判」（前掲書）一五三―一五四頁を参照。

(26) 千種義人『福沢諭吉の社会思想——その現代的意義』(同文舘出版、一九九三年)、二五三—三一六頁。
(27) 丸山眞男「福沢諭吉の儒教批判」(前掲書)、一四三頁。
(28) 『文明論之概略』、『選集』第四巻、五二—五三頁。
(29) 同前、五四頁。
(30) 『或云随筆』、『選集』第三巻、七頁。
(31) 『学問のすゝめ』、『選集』第三巻、一一〇頁。
(32) 『中津留別の書』、『選集』第九巻、七頁。
(33) 同前、七頁。
(34) 『学問のすゝめ』、『選集』第三巻、一一一頁。
(35) 『中津留別の書』、『選集』第九巻、八頁。
(36) 『学問のすゝめ』、『選集』第三巻、一二七頁。
(37) 同前、一〇九頁。
(38) 同前、五八頁。
(39) 同前、五八頁。
(40) 『福翁百話』、『選集』第十一巻、七九—八〇頁。
(41) 同前、八一頁。
(42) 「西洋学と古学流」、時事新報社編『福沢全集』第九巻(国民図書、一九二六年)、五六七頁。
(43) 「通俗医術論」、『全集』第九巻、一七一—一七二頁。
(44) 「島津祐太郎宛」、『選集』第十三巻、一五頁。
(45) 『文明論之概略』、『選集』第四巻、七四—七五頁。
(46) 『学問のすゝめ』、『選集』第三巻、一一三頁。

(47)『文明論之概略』、『選集』第四巻、一九〇—一九一頁。
(48)同前、一九一頁。
(49)『帳合之法』、『選集』第二巻、二一一—二一二頁。
(50)『学問のすゝめ』、『選集』第三巻、一五四頁。
(51)『文明論之概略』、『選集』第四巻、一九二—一九四頁。
(52)同前、一九二頁。
(53)松本三之介「新しい学問の形成と知識人」、『学問と知識人』日本近代思想大系第十巻（岩波書店、一九八八年）、四二九—四五七頁を参照。
(54)佐々木力『科学論入門』（岩波新書、一九九六年）、一三—一四頁。
(55)『文明論之概略』、『選集』第四巻、一九〇頁。
(56)「文学会員に告ぐ」、『全集』第二十巻、二六七頁。
(57)同前、二六九—二七〇頁。
(58)丸山眞男「福沢諭吉の儒教批判」（前掲書）、一四三頁。
(59)芳賀徹『明治維新と日本人』（講談社学術文庫、一九八〇年）、二五—二九頁。
(60)長尾正憲「福沢諭吉と洋学」、『洋学史研究』第九号（一九九二年）、一一—一五頁。
(61)緒方富雄『緒方洪庵伝』（岩波書店、一九四二年）、四六頁。
(62)『福翁自伝』、『選集』第十巻、一一六—一一七頁。
(63)「福沢全集緒言」、『選集』第十二巻、一五五頁。
(64)『福翁百余話』、『選集』第十一巻、二九五—二九六頁。
(65)『福翁自伝』、『選集』第十巻、八七頁。
(66)同前、八七—八九頁。

(67) 同前、九八―一〇〇頁。
(68) 安岡昭男『日本近代史（増補新版）』（芸林書房、一九八五年）、二一一―二一二頁を参照。
(69) 「三十年史序」、『全集』第十九巻、七七二―七七三頁。
(70) 『福翁自伝』、『選集』第十巻、一一二―一一七頁。
(71) 「万延元年アメリカハワイ見聞報告書」、『選集』第一巻、六―九頁。
(72) 『西航記』、『選集』第一巻、一二―六三頁。
(73) 松沢弘陽「『福沢諭吉選集』第一巻解説」、『選集』第一巻、二七六頁。
(74) 『西洋事情初編』、『選集』第一巻、一一七頁。
(75) 同前、一〇〇頁。
(76) トク・ベルツ編、菅沼龍太郎訳『ベルツの日記』第一部下（岩波書店、一九五二年）、五一頁。
(77) 『福翁自伝』、『選集』第十巻、一九四―一九五頁。
(78) 遠山茂樹『福沢諭吉』（東京大学出版会、一九七〇年）、三三―三五頁。
(79) 「福沢英之助宛」、『選集』第十三巻、三八頁。
(80) 『西洋事情外編』、『選集』第一巻、二五四―二五五頁。
(81) 同前、二五五頁。
(82) 同前、二五五頁。
(83) 同前、二五六―二五七頁。
(84) 同前、二三六頁。
(85) 同前、二三七頁。
(86) 『学問のすゝめ』、『選集』第三巻、九七―九八頁。
(87) 「脱亜論」、『選集』第七巻、二二三頁。

(88) 詳しくは、周程「科学一詞並非従日本引進」、『中国文化研究』二〇〇九年夏之巻（二〇〇九年五月）、一八二―一八七頁を参照せよ。羅竹風主編『漢語大詞典』第八巻（漢語大詞典出版社、一九九一年）中にある「科学」という項目によると、中国南宋の陳亮（一一四三―九四）は「送叔祖主黨州高要簿序」（叔父が黨州高要を治めるために赴く際に贈る冊子の序言）という文章の中で「自科学之興、世之為士者往往困於一日之程文、甚至於老死而或不遇科学」（科挙の学が盛んになった後、世の中の知識人は往々にして一日しか使われない科挙の試験の文体に困らされて、死ぬまで念願が成就できないほどである）と書いて、「科学」という言葉を使ったとする。『四庫全書』に収録された「送叔祖主黨州高要簿序」を点検した結果、原文は「自科学之興」ではなく、「自科挙之興」である。繁体字では、〝挙（舉）〟が〝学（學）〟と酷似しており、見間違いやすいので、このような過誤が導き出されたものと思われる。

(89)（宋）李昉ほか編『文苑英華』巻九百四十六、文淵閣『欽定四庫全書』集部八・総集類、四頁。

(90) 周程、紀秀芳「究竟誰在中国最先使用了〝科学〟一詞？」、『自然弁証法通迅』第三十一巻第四号（二〇〇九年八月）、一〇九―一一四頁。

(91)（明）唐順之『稗編』巻九十六、文淵閣『欽定四庫全書』子部十一・類書類、二四頁。

(92)『高野長英全集』第一巻（同刊行会、一九三〇年）、七頁。

(93) 井上毅伝記編纂委員会編『井上毅伝・史料編第一』（国学院大学図書館、一九六六年）、一頁。

(94) 同前、三頁。

(95) 同前、五頁。

(96) 辻哲夫『日本の科学思想』（中央公論社、一九七三年）、一七六頁

(97)『西周全集』第一巻（宗高書房、一九六〇年）、四六〇―四六一頁。

(98) 同前、四六一頁。

(99) 'Science,' in J. A. Simpson and E. S. C. Weiner, eds. *Oxford English Dictionary*, Vol. XIV (Clarendon Press, 1989), pp. 648–649.

(100) 山田慶児「見ることと見えたもの」、河合隼雄、佐藤文隆編『日本人の科学』(岩波書店、一九九六年)、六〇頁。
(101) 『西周全集』第一巻（前掲書)、五七二頁。
(102) 和田垣謙三ほか編『哲学字彙』(東京大学三学部印行、一八八一年)、八二頁。
(103) 長沢市蔵「哲学科学ノ関係一斑」、『東洋学芸雑誌』第二十七号（一八八三年十二月)、二一五—二二二頁。
(104) 飯田賢一「日本における近代科学技術思想の形成」、『科学と技術』日本近代思想大系第十四巻（岩波書店、一九八九年)、四二八頁。
(105) 樊洪業「従〝格致〟到〝科学〟」、『自然弁証法通訊』第十巻第三号（一九八八年六月)、四五頁。
(106) G. P. Quackenbos, *Natural Philosophy* (New York, 1873), p. 9（福澤が用いたのは一八五九年の初版であるが、中川保雄によると、改定版は項目数、ページ数、挿図数において初版と変更はなく、内容的にもとくに「熱」の項目が書き改められていること以外は初版とほぼ同じである、ということである。中川保雄「Quackenbos の Natural Philosophy とその日本への影響」、『大阪府立中之島図書館紀要』第一号（一九七五年三月)、六四頁）と、『窮理全書訳稿』、『全集』第七巻、六二三頁、を参照。
(107) 『西周全集』第一巻（日本評論社、一九四五年)、一二一—一五頁。
(108) 「文学会員に告ぐ」、『全集』第二十巻、二六七頁。
(109) 明治期の理学の概念については、辻哲夫、前掲書の第八章を見よ。
(110) 『理学沿革史』は岩波書店版『中江兆民全集』の第四、五、六巻所収、および『理学鉤玄』は同第七巻（いずれも一九八四年刊）所収。
(111) 「格犹窮也、物犹理也、犹曰窮尽其理而已也」。『河南程氏遺書』巻二十五。
(112) 同前、巻十五。
(113) 「所謂致知在格物者、言欲致吾之知、在即物而窮其理也」。『大学章句』』。
(114) 『朱子語類』巻十五。

(115) 市川安司『程伊川哲学の研究』(東京大学出版会、一九六四年)、二八五—二九〇頁や、吉田忠「自然と科学」、『自然』講座・日本思想第一巻(東京大学出版会、一九八三年)、三三六—三四二頁や、朱宝信「「格物致知」論抉微」、『天津社会科学』No.3(一九九五年三月)、三七頁などを参照。

(116) 今道友信『自然哲学序説』(講談社、一九九三年)、一三—四六頁；植手通有『日本近代思想の形成』(岩波書店、一九七四年)、五一頁を参照。

(117) 向井玄松・沢野忠庵『乾坤弁説』、『文明源流叢書』第二巻(図書刊行会、一九一四年)、六頁。

(118) 日本における「窮理」の概念の変遷については、次の研究を見よ。1. 井上忠「窮理の発展——徳川時代の科学精神とその限界」『歴史学研究』第十巻第七号(一九四〇年七月)、二—三八頁；2. 矢島祐利「本邦における窮理学の成立」『科学史研究』No.7(一九四三年十一月)、一三二—一六七頁；No.8(一九四四年五月)、一五〇—一七七頁；3. 中山茂「江戸時代における儒者の科学観」『科学史研究』第七二号(一九六四年十—十二月)、一六五—一六六頁；4. アルバート・クレイグ「徳川時代の日本における科学と儒学」、細谷千博編訳『日本における近代化の問題』(岩波書店、一九六八年)、一三九—一七〇頁。

(119) 川本幸民『気海観瀾廣義』、三枝博音編『日本科学古典全書』第六巻)(朝日新聞社、一九四二年)所収、七三頁。

(120) 同前、七九頁。

(121) R. G. Collingwood, *The Idea of Nature* (Oxford, 1945), pp. 2-3(平林康之・大沼忠弘訳『自然の観念』(みすず書房、一九七四年)、一一—一二頁)。

(122) 「学校之説」、『選集』第三巻、二九頁。

(123) 『啓蒙手習之文』、『選集』第二巻、一九八頁。

(124) 『学問のすゝめ』、『選集』第三巻、五八頁。

(125) 『窮理全書』、『全集』第七巻、六二三頁。

(126) Quackenbos, *op. cit.*, p. 9。

(127) 矢島祐利「本邦における窮理学の成立」(二)、『科学史研究』No. 8（一九四四年五月）、一五一―一五二頁；中川保雄「幕末の窮理学と明治初年の科学啓蒙思想について」、『物理と教育』（大阪府科学教育センター）第二号（一九七五年）、二一七頁を参照。

(128) 『西洋事情』初編、『選集』第一巻、一六〇頁。

(129) 「学校之説」、『選集』第三巻、二八―三〇頁；『啓蒙手習之文』、『選集』第二巻、一九七―二〇〇頁。

(130) 『学問のすゝめ』、『選集』第三巻、五八頁。

(131) William Thomson and Peter Guthrie Tait, *Treatise on Natural Philosophy* (Oxford, 1867); New Edition (2 vols., Cambridge, 1879-83). Kelvin の物理学思想については、Harold I. Sharlin, *Lord Kelvin: The Dynamic Victorian* (University Park & London, 1979), および Crosbie Smith and M. Norton Wise, *Energy and Empire: A Biographical Study of Lord Kelvin* (Cambridge, 1989) を参照。いずれも Kelvin の natural philosopher の多面的な姿を活写している。

(132) 『学問のすゝめ』、『選集』第三巻、六三頁。

(133) 「慶應義塾之記」、『選集』第三巻、一六頁。

(134) 豊田利幸「福沢諭吉と物理学」、『図書』第二二四号（一九六八年）や、佐々木重雄「福沢諭吉と物理学」、『三色旗』第二七四号（一九七一年）などを参照。

(135) 『訓蒙　窮理図解』、『選集』第二巻、五九―六〇頁。

(136) 同前、五〇頁。

(137) 同前、五一頁。

(138) 同前、六六頁。

(139) 同前、五〇頁。

(140) 同前、五〇頁。

(141) 『学問のすゝめ』、『選集』第三巻、一五四頁。

(142) 同前、一五四頁。
(143) 同前、一五五頁。
(144) 同前、一五六頁。
(145) 詳しくは、丸山眞男「福澤における「惑溺」」、『丸山眞男集』第十二巻（岩波書店、一九九六年）、三四六―三五三頁や、佐々木力『学問論――ポストモダニズムに抗して』（東京大学出版会、一九九七年）、二二一―二二三頁を参照。佐々木によれば、福澤はバックルの書物を米国版で読んだ（第一巻一八七三年、第二巻一八七二年）。
(146) 「文明論プラン」、『福沢諭吉年鑑』十八（一九九一年）、七頁。
(147) 『文明論之概略』、『選集』第四巻、三九頁。
(148) 丸山眞男「福沢における「惑溺」」、『丸山眞男集』第十二巻（前掲書）、三三一―三三二頁。
(149) 同前、三五三―三五四頁。
(150) 電子辞典『金山詞覇　2002』に収録の『中国語現代大詞典』の相関条項を参照。
(151) 丸山眞男「福沢諭吉の人と思想」、『丸山眞男集』第十五巻（岩波書店、一九九七年）、二九〇頁。
(152) 同前、二九一頁。
(153) 『文明論之概略』、『選集』第四巻、一四三頁。
(154) 同前、一七一頁。
(155) 同前、二四三頁。
(156) 「文明論プラン」、『福澤諭吉年鑑』（前掲書）、八頁。
(157) 同前、九頁。
(158) 大久保利謙「福沢諭吉と明治初期の学界――とくに明六社と東京学士院を中心として」、『明治の思想と文化』（吉川弘文館、一九八八年）、二二五頁。
(159) 同前、二三二頁。同著作集に収録の「東京学士会院の創設と福沢諭吉」をも見よ。

(160) 佐々木力『学問論』(前掲書)、二二八頁。
(161)『文明論之概略』、『選集』第四巻、一一六頁。
(162) 佐々木力『学問論』(前掲書)、二二八頁。

第三章　福澤諭吉における啓蒙思想の転回と蹉跌

明治初期、福澤は実用性をもつ「窮理学」の知識だけではなく、物に即して日常生活や現象の背後にある理を徹底的に追究する合理主義の精神をもって、当時の人々に浸透し、長らく染みついていた儒学的価値観や封建的精神構造を根底から変革しようと志していた。この時期の彼は主として「一身独立して一国独立する」という路線の上で科学啓蒙を行なっていた。彼が「近代日本の最も先鋭な批判的精神[1]」だったと評価されるゆえんである。

ところが、明治十年代になると、自由民権運動が高揚して国内の政治的危機が明らかになり、さらに東アジアの対外的危機が深刻化するにつれて、福澤は、しだいに思考の重点を、民権から国権に、国民の精神変革から富国強兵へと移動させている。このように、国家の独立と強大化を追求する路線に踏み出すや、彼は「物理学」という学問の殖産興業、軍備充実での応用価値および宗教の社会の安寧・秩序の維持での有用性をとりわけ強調するようになる。福澤はなぜ、いかにして当初の科学啓蒙路線の理想から逸れていったのか？　本章は、主に西南戦争後の福澤の科学技術論と宗教利用論への考察をとおして、これらの問題を解明しようとするものである。

ここで予想される批判、たとえば、福澤の「国家理性」についての原則は一貫しており、「転向」などはなかったというような近年の西村稔の立論[2]に似た批判に予め応えておけば、たとえ原則の一貫性が認められるとしても、それは半面の真理でしかない、状況に応じた転換は認められねばならない、と著者は答える。とりわけ、過去に帝国主義的野心に蹂躙された民族はこの転換に眼を閉ざすわけにはいかない。

第一節　科学技術思想の転換

1　「精神発達論」から「技術決定論」へ

(1) 精神の変革と社会の活性化

レーニン（Vladimir Iliich Lenim, 一八七〇―一九二四）の自然成長性と目的意識性という言葉を借りて言えば、「後進」国の日本の近代化は目的意識性的近代化であると言えよう。自然成長性的近代化の国、たとえば、英国が、近代化しようとして意識した目的に従って近代化したのではなく、歴史の内的発展として結果において近代化していったのに対して、日本の場合は、近代化のモデルがあって、そのゴールを目指して近代化していった。つまり、日本の近代化は一定のイデオロギーによって指導された選択的な近代化だったのである。したがって、国家の近代化の目標の設定とその目標達成のための近代化の手段の選択は、当時の政治家も、異質文明の伝播者である知識人も、直面する重大な課題になった。福澤の『文明論之概略』は、まさにそれを中心的なテーマとして長期にわたって読書し、思索した成果であった。

『文明論之概略』の第二、三章において、福澤は「文明の物たるや至大至重、人間万事皆この文明を目的とせざるものなし」(3)と説き、文明がそもそもそれ自体において貴重なものであり、日本が「西洋の文明を目的とす」べきであると認めている。しかし同じ個所で、「此時に当て日本人の義務は唯この国体を保つの一箇条のみ、国体を保つとは自国の政権を失わざることなり[4]」と力説している。すなわち、彼の当時における最も切実な関心はやはり険しい国際的環境の中でいかにして日本の独立を確保するかということにあった。西洋文明はこの日本の置かれた具体的状況において危機を処理するための不可欠の手段として要請されたのである。この考えは『文明論之概略』の結論部分にはっきりと表明されている。要するに、西洋文明を取り入れることによって日本の独立を護るというその一事に在る。日本の「独立を保つの法は文明の外に求む可らず、今の日本国人を文明に進るは此国の独立を保たんがためのみ。故に、国の独立は目的なり、国民の文明は此目的に達するの術なり[5]」。実に鮮明な新国家目標の提示ではないか。

ところで、当面、日本の独立を確保するために、国民全体が文明に向かって進まなければならないということが明白になったが、問題となるのは、「半開の国」日本が西洋の文明から何をどのように学ぶかということである。これに対する答えとして福澤は次のように述べている。「外国の文明を取て半開の国に施すには固より取捨の宜なかる可らず。然りと雖ども、文明には外に見はるゝ事物と内に存する精神と二様の区別あり。外の文明はこれを取るに易く、内の文明はこれを求るに難し[6]」、日本が「欧羅巴の文明を求むるには、難を先にして易を後にし、先づ人心を改革して、次で政令に及ぼし、終に有形の物に至る可し[7]」。ここにいう「外の文明」とは、いわゆる物質文明と制度文明を意味する。また「内の文明」とは、「全国人民の気分」あるいは「文明の精神」を指し、今日いう精神文明を意味しているのであろう。ここでの福澤の考えによると、日本は何よりもまず内の文明すなわち精神文明を推進しなければならない。次いで、政治・法律等の制度文明、それから衣食住器械等の物質文明を推進していく、というのである。

実は、何よりの先決事項と福澤が考えた「内の文明」、すなわち「文明の精神」とは、身の安楽や衣食の豊かさという「外の文明」の進歩を可能にする「智力」にほかならず、福澤が「文明論とは、人の精神発達の議論なり[8]」として「精神」を強調したことは、必ずしも彼が価値的に「物質」よりも「精神」を重んじたということを意味するものではない。

個人の文明進歩にとって、もちろん、窮理学を始めとする実学の学習や、智恵、すなわち知性の働きはたいへん重要なことであるが、社会全体の「文明は一人の身に就て論ず可らず、全国の有様に就て見る可きものなり」[9]。すなわち、社会全体の文明の精神の変革においては、個人だけではなく、一国の気風、あるいは全体の時勢を変えていくことが問題なのである。だが、それでは、全体的趨勢としての文明の精神の変革は主に何によって促されるのであろうか。

福澤から見れば、人間精神の活動が一つの方向にだけ向かうと、そこにだけに活動力が集中するようになる。したがって、「権力の偏重」が生ずる。人間の活動が多様化してくると、人心が一つに集中しない。文学に専心する者、学問に専心する者など、いろいろな志向が出てきて価値が多様化してくる。このように、単一の価値が他の価値を全部抑えて人間の精神がその一つに向かって集中している社会から、各々の人間活動の領域が分化して人間の精神の働きが多様になってくる過程こそは文明化の過程なのである。彼の言葉を借りれば、「文明を進るの要は、勉めて人事を忙はしくして需用を繁多ならしめ、事物の軽重大小を問わず、多々益これを採用して益精神の働を活潑ならしむるに在り」[10]。

さらにまた、福澤は「西洋文明の由来」と題する第八章において「西洋の文明の他に異なる所は、人間の交際に於て其説一様ならず、諸説互に並立して互に和することなきの一事に在り」[11]と説き、のちに発表した『学問のすゝめ』の第十五編において「人事の進歩して真理に達するの路は、唯異説争論の際にまぎるの一法あるのみ」[12]と再び同じ趣旨の文章を書き、異説争論による進歩を主張している。これは、彼の社交（人間交際）や演説・討論に対する異常な熱意と相俟って、人々のコミュニケーションをなるべく頻繁にし、将来展望をできるだけ多様化しようとする、ほとんど衝動的な欲求を物語るものである。

要するに、福澤は、『文明論之概略』において、文明の精神の変革を、日本の独立を達する前提と見なし、人々の思想と行動を活性化させることこそ、文明の精神の変革を達する基礎であると認めた。しかし、社会の活性化が何によって促されるのか。福澤のこの問いに対する回答は、明治十二年（一八七九）に『民情一新』が刊行された時に示唆される。すなわち、「人民交通の便」こそ社会の活性化の原動力である。こうして「人民交通の便」は、自然に文明の精神を変革する手がかりになるわけである。だが、蒸気船車、電信、印刷、郵便の技術力は人民の交通の便を駆使する利器であるから、結局、福澤の注意点は、文明の精神から交通の便利へ移ったあと、交通の便利から蒸気船車、電信、郵便、印刷などの技術力へと移転していくこととなる。

(2) 技術決定論思想の形成

先述のように、慶應二年（一八六六）刊の『西洋事情』初編の備考に、蒸気機関、蒸気船、蒸気車、電信機、瓦斯燈など技術に関する西洋の新基軸が紹介された。たとえば、蒸気機関については、「職人は唯機関の運転に注意するのみにてかつて手足を労せず、一人の力を以て数百人の工を成し、其費冗は少くして其製造は美なり。蒸気機関一と度び世に行はれてより、世界中、之が為めに工作貿易の風を一変せりと云ふ[13]」。蒸気船については、「初めは川船及び内海の渡船に用ひ、次第に之を改正して、遂に軍艦、商船、飛脚船と為し、万里の大洋を往来して、暴風激浪の難を凌ぎ、攻防の勢力を強くし、貿易の便利を増し、航海者の勇気、昔時に百倍せり[14]」。蒸気車については、「国内縦横に鉄道を作り、車を製すること一年は一年より多し。旅客を乗せ荷物を運送し、東西に駆せ南北に走る。恰も是れ陸路の良舟、千里を遠しとするに足らず。蒸気車の法、世に行はれてより以来、各地産物の有無を交易して物価平均し、都鄙の往来を便利にして人情相通じ、世間の交際俄に一新せり[15]」。電信機については、「傳信機とは、エレキトルの気力を以て遠方に音信を伝ふるものを云ふ〔……〕現今西洋諸国には、海陸縦横に線を張ること恰も蜘蛛の網の如し。互に新聞を報じ、緊要の消息を通じ、千里外の人と対話すべし。公私の便をなすこと、挙て言ふべからず。西洋人の諺に、伝信機の発明を以て世界を狭くせりと云ふも、亦溢言に非らず[16]」などと力説されていた。当時の西洋の政治的、軍事的、経済的な圧倒的優位の重要の一翼を担っていたのが、蒸気、電信であることは、すでに十分に認識されていた。このことは、「近時の文明は蒸気の文明なりと云ふも可なり[17]」という言葉から確証される。しかも彼はわざわざ小引において西洋の「文学技術」を学ぶだけで、各国の政治風俗に目を閉じるのであれば、「啻に実用に益なきのみならず、却て害を招んも亦計るべからず」と強調していた[18]。

明治初期に入ると、福澤は「兎角人に知識乏しく候ては、不羈独立の何物たるを知らず。一身の独立をも知らざる者を相手に為し、何ぞ天下の独立を談ずべけんや。方今の急務、先づ文明開化抔の話は姑く擱き、人民知識の端を開き候義と奉存候[19]」と説き、日本の独立を守るためには、窮理学ないし実学で国民を啓蒙し、人民の独立の精神を根づかせ、人民の気風、あるいは時勢を変えていくということこそが大切であると主張した。

しかし、人民の気風、あるいは時勢はいかにして動くのか。明治初期において、福澤は、たんに人々の思想と行動を活発化させなければならないという認識の段階にとどまっていたものと考えられる。

明治十二年（一八七九）に『民情一新』が出版された。その書物の緒言において、福澤は、「西洋諸国の文明開化は、徳教にも在らず、文学にも在らず、又理論にも在らざるなり。然ば則ち之を何処に求めて可ならん。余を以て之を見れば、其人民交通の便に在りと云はざるを得ず。両間の人類、相互に交通往来するもの、之を社会と云ふ。社会に大あり小あり、活潑なる者あり、無力なる者あり、皆交通往来の便不便に由らざるはなし」と述べ、西洋諸国の文明開化を単純に「交通便利」の一つの原因に帰している[20]。福澤は、また、次のように書いている。「交通の便を以て、恰も人類を摩擦刺衝して、其身心に活潑を致す時は、復た閑静に安んず可らず。之を譬へば、山居独坐の幽人は、其心も自から虚無にして、求る所少なしと雖ども、此幽人をして市井喧嘩の地に移らしむるときは、其心、虚無ならんとするも決して得可らずして〔……〕。人間社会も亦斯の如し。交通の便を開くは、人の身心を実用に導くの一大原因にして、人心一度び実用に赴くときは、其社会に行はるゝ文学なり理論なり、皆実用の範囲を脱す可らず[21]」。また、「智とは必ずしも事物の理を考へて工夫するの義のみに非ず、聞見を博くして事物の有様を知ると云ふ意味にも取る可し。即ち英語にて云へばインフォルメーションの義に解して可ならん。人生かつて聞見せざる事に就ては、兎角これに臆して遽に進て取るの気力を生ぜざるものなれども、偶然に之を聞き、又これを目撃すれば、思の外のものにて、一度び之に取掛れば、又随て工夫も付き、気力も生じて、容易に功を奏するもの多し。〔……〕而して今、人の聞見を博くするが為に、最も有力にして、其働の最も広大なるものは、印刷と郵便の右に出るものある可らず[22]」。

すなわち、交通の便利によって情報（福澤のいう「インフォルメーション」）の交換と物資の交流が速くなって、人間社会の活動は活発になってくる。人間を取り巻く社会環境が急激に変化すると、人々の精神が現在の状況に安住していることができない。昨日の状況に妥当した価値規準にもはや今日は安んじて依りかかっていられないため、不断に現在の状況を審査し、より真なるもの、より善きもの、より美しいものを絶えず識別しなければならない。そこに伝統や習慣に代わって知性の占める役割が大きくなる。人間の智力は不断の活動と緊張を要求せられることによっていよいよ発達する。しかも情報がさらに便利に交換できるため、人間の智力の発達ももっとたやすくなる。と同時に、価値規準が流動化する結果、精神の主体性もいよいよ強靱になる。そうなると、人民交通の便こそが文明の精神、一国の気風に急激的に変化をもたらす原動力にほかならないと見えてくる。

それでは、交通の便利の原因はどこに求められるのか。福澤は、交通に長足の進歩を促したものは、蒸気船車、電信、郵便、印刷の発明工夫であると答えている。その発明は「恰も人間社会を顚覆するの一挙動と云ふ可し」というようなものであった[23]。しかも、今後それらによって起こる民情の変化は、さらに広く深く続いて行く、と彼は信じている。「昔年西洋人が、彼の緩慢遅鈍なる帆船を以て、僅に遠方の各地に交通して、尚且人民に活潑の気風を生じて、位を東洋人の右に占めたり。況や今後、この蒸気船車を以て地球の水陸を飛走し、電信、郵便、印刷の利器を以て、人民の思想を伝達分布することとあらば、其勢力の増進、実に測る可らざるものあらん。一新又一新、一変又一変、遂に旧物を廃滅し又変革し尽すに非ざれば止むことなかる可し。唯其際に、聊か旧慣を維持して古俗を存せんとするは、辛ふじて改進急変の震動を制節するものにして、臨時の策たるに過ぎざるのみ(24)」。

こうして福澤は述べている。「蒸気船車、電信、郵便、印刷と、四項に区別したれども、其実は印刷も蒸気機関を用ひ、郵便を配達するも蒸気船車に附し、電信も蒸気に依て実用を為すことなれば、単に之を蒸気の一力に帰して、人間社会の運動力は蒸気に在りと云ふも可なり。千八百年は蒸気の時代なり、近時の文明は蒸気の文明なりと云ふも可なり。蒸気一度び世に行はれてより、現に旧物を顛覆するは勿論、凡そ人事の是非得失を論ずるに、旧時の先輶に照らして之を判断す可らず」。要するに、蒸気船車、電信、郵便、印刷の四者は、「蒸気の一力」としてまとめられることになる(25)。

さらに、明治十六年（一八八三）に発表した「文明進歩の速力は思議すべからず」という文章の中では、「今の西洋の文明開化は蒸気電気の二元素により成立ちたるものなることは、我輩の常に論弁する所にして世人が認知する所の事実なり。此二元素の発明は西洋に起り、西洋人先づ此二気に触れて其征服する所となり、政治なり兵事なり農工商事なり人間の事、一も此二気に向て降を納れざるものなし。〔……〕実に此二気は古来人為の法則を撼して其基本より顛覆するのみならず、人間を煽して天を凌がしむるの自在力なりと云ふべきなり(26)」というように、文明開化の原動力を蒸気、電気の二要素に帰している。

このように、福澤は「社会の全面に直接の影響を及ぼし、人類肉体の禍福のみならず、其内部の精神を動かして、智徳の有様をも一変したるもの」を、蒸気船車、電信、郵便、印刷の四要素に帰したり(27)、あるいは蒸気・電気の二気に帰す。さらに単純明快に蒸気の一力に帰したこともある。いずれにしても、「人間社会を顛覆する」要因を技術力に帰している。つまりは、当時の、民情の変化、社会の進歩の原動力を技術力に求めている。そうだとすると、福澤は「技術決定論」の立場に踏み込んだと言っても大過ない。

要するに、西洋文明の摂取に際し、外面的制度、物質よりも、文明の精神を重視すべきことを強調した明治八年（一八七五）の『文明論之概略』の発想は、やがて明治十二年（一八七九）の『民情一新』において、その実践的路線を確立しているのである。すなわち、蒸気船車、電信、郵便、印刷などの技術力の発展をとおして、交通（主に情報の流通を指す）の便利を促進し、次第に人民の気風、すなわち、文明の精神の変革を達するという行動理念を福澤は形成したわけである。だとすれば、主観的願望のいかんを問わず、当時の福澤が明治政府に接近しようとしていた事実は争えない。しかも、ちょうどその頃、彼は従来の権力偏重の批判の立場に代わり、官民調和論を主張し始めていた。その事実を看過してはならない。

(3)「窮理学」から「物理学」へ

(a)「物理学」の意味

明治十年代に入って、福澤は頻繁に「物理学」という言葉を持ち出している。しかし彼の「物理学」は今日の物理学と異なる。以下、福澤の「物理学」はどのような意味をもつ概念であったのか、を見てゆくこととする。そして、その「物理学」と明治初期に使われた「窮理学」との関係はどうなのか、また、彼の思い描いた「物理学」がいかなるものであったのかという問題について検討したい。

「窮理学」から「物理学」への使用語彙の変化に伴って、「物理学」の応用価値がより強調されていくようになる。そして、「物理学」によって人間は完全に自然を支配し征服する主人になれるという未来像まで描かれる。

実は、「物理」という用語は、幕末維新期の福澤の著作にすでに数多く見受けられる。たとえば、慶應二年（一八六六）刊の『西洋事情』初編には、「此時にフランシス・バーコン、デス・カルテス等の賢哲、世に出て、専ら試験の物理論を唱へて古来の空談を排し[28]」と書かれている。また、慶應四年（一八六八）の「慶應義塾之記」には、「抑も洋学の以て洋学たる所や、天然に胚胎し、物理を格致し、人道を訓誨し、身世を営求するの業にして[29]」とある。

ところで、これらの「物理」という用語は、古典中国語の「物理」概念と異ならず、物の理ないし法則を意味し、学問としての物理学の意味ではなかったことが注意されるべきである。福澤が学問の一つの意味で、「物理」、すなわち「物理学」を用い始めたのは、明治五年（一八七二）に「学制」が頒布され、「物理」が教科名として定められ、「物理」の呼称が次第に一般化しつつあった時期以降のことである。その用例は、とりわけ以下の論著に集中して見られる――明治十四年（一八八一）の『時事小言』、明治十五年（一八八二）の『時事新報』の社説「物理学之要用」、明治二十九―三十年（一八九六―九七）に書かれた『福翁百話』、明治三十年（一八九七）から三十四年（一九〇一）まで書かれた『福翁百余話』。

まず、これらの論著に出てくる「物理学」の定義を検討してみることにしよう。「物理学之要用」には、「物理学とは、天然の原則に基き、物の性質を明にし、其働を察し、之を採て以て人事之用に供するの学にして[30]」と書かれている。そして、『福翁百余話』第十七話「物理学」には、「宇宙自然の真理原則に基づき、物の数と形と性質とを詳にして其働を知り、遂に其物を将て人事に利用するもの、之を物理学と云ふ[31]」とある。これら二つの定義の間には違いがあるように解釈されるかもしれないが、しかし、基本的に両者は同一と考えられる。すなわち、福澤から見れば、「物理学」は、自然に存在する物の真理原則を定量的かつ実証的に究明し、そういった究明を介して自然をコントロールし、人間社会に物質的に利用させる学問にほかならないのである。

今日の日本の学界では、福澤の「物理学」を現代的意味での物理学と同一と見なすのが普通であろうが、上に引用した「物理学」の定義から見ると、彼が用いた「物理学」の研究対象も概念の外延も、今日の物理学（physics）よりやや広い研究範囲に及んでいたことが見て取れる。安西敏三によれば、明治十二年（一八七九）の『民情一新』において福澤は「千八百七十五年英国刊行『エカルド』氏所著の魯西亜近世史」にある“the study of natural science”を「物理学」と訳していたという[32]。そうだとすれば、福澤は今日の物理学の内容を中核にして、しかしその範囲をも超えて「物理学」という語彙を使用していたと結論づけてよい。実は、このように広義に「物理学」を使うことは、当時珍しくなかった。たとえば、一八八一年刊の『哲学字彙』を調べてみると、natural philosophy（すなわち、自然科学）の訳語として、ほかならぬ「物理学」が使われている[33]。

したがって、「物理学」の定義を前章で説明した「窮理学」のそれと比較すると、両者が基本的に類似していることが明らかになる。だが、福澤の「物理学」が「窮理学」に取って代わられた新しい術語にすぎないとも言い難い。というのは、両者に込められたニュアンスが少し異なるからである。

福澤は「物理学」を、自然の普遍的原理を探究する学問と定めている。すなわち、彼にとって、「物理学」は時間あるいは空間に従って変化しない物理の原則から構成されている知識体系である。これは彼の「物理学」に関する認識の特徴の一つである。

「物理学之要用」の中で福澤は、次のように述べている。「経済学と云ふ、商売学と云ふ、等しく学の名あれども、今日の有様にては、経済商売の如き、未だ全く天然の原則に依るものに非ず。〔……〕物理は則ち然らず。開闢の初より今日に至るまで、世界古今、正しく同一様にして変違あることなし。神代の水も華氏の寒暖計二百十二度の熱に逢ふて沸騰し、明治年間の水も亦これに同じ。西洋の蒸気も東洋の蒸気も、其膨張の力は異ならず。〔……〕之を物理の原則と云ひ、此原則を究めて利用する、之を物理学と云ふ。人間万事この理に洩るゝものある可らず[34]」。そして、『福翁百余話』第十七話「物理学」の中で、彼は、「有形の物理」と「無形の論理」の区別を念頭に置いて、次のように論じている。「物理の学たる、千万年の古より千万年の後世に至るまで、世界に通じ宇宙に達して変換あるなし。唯人智の進むに従ひ、古来の未発を発明して、以て其学域を広くするのみ[35]」。このような自然真理の絶対性の強調は、

「窮理学」を論ずる場面ではけっして見られないものである。このことは福澤が自然科学に対する認識を次第に深めた結果であろう。

さらにまた、福澤にとって、「物理学」は自然の法則を発見することだけを目的とするものではない。自然の法則を発見し、それを「人事」、すなわち、人間社会に応用してこそ、物理学の存在理由がある。これは彼の「物理学」認識のもう一つの重要な特徴であろう。ただし、このような、物の理を明らかにして人間社会に仕えさせようとする認識は、「物理」の把握を手段として「道理」ないし「倫理」の把握を目標とした儒教的格物致知論とまったく異なる。この点には特別の注意が喚起されねばならない。

実際、福澤は明治十四年（一八八一）の『時事小言』の中で、「凡そ人間の事業、〔……〕一として自然の原則に由らざるものなし。物理実学の目的は、此原則を知て之を殖産の道に活用するに在るのみ[36]」と述べ、物理学を殖産興業に応用しようと主張した。明治十年代半ばからは「物理学」の実用性が非常に強調されている。明治三十一年（一八九八）に彼が、「我輩の平素に有形理学の主義を重んじて、畢生の希望は其真理原則を明にして之を人事の実際に応用するの一事に外ならず[37]」とまで極言しているのが、そういった事例の一つである。

福澤は以前、「窮理学」の実用性を説いたこともあるが、その強調の度合いはそれほど大きくはなかった。これに対して、彼が「物理学」に言及する際には、必ずと言ってよいほど、殖産興業、あるいは実際への利用が強調されており、「物理学」と実用性は密接不可分と考えられている。幕末維新初期、福澤は、実用性をもつ窮理の知識だけではなく、物に即して日常生活や現象の背後にある因果法則（理）を徹底的に追究する合理主義の精神をもって、当時の人々に浸潤し、長らく染みついていた価値観や精神構造を根底から変革しようとした。すなわち、この時期の彼は主として「一身独立して一国独立する」路線のうえで窮理の啓蒙を行なっていた。

ところが、自由民権運動が高揚して国内の政治危機が明らかになり、さらに東アジアの対外政治的危機が深刻化するにつれて、福澤は、しだいに思考の重点を、民権から国権に、国民の精神変革から富国強兵へと移動させている。このように、国家の独立と強大化を追求する路線に踏み出すや、「物理学」の応用価値がことさらに強調されるようになる。福澤における「物理学」にはこういった歴史的背景もが反映しているのかもしれない。

以上の考察から、「窮理学」から「物理学」への使用語彙の変化に伴い、福澤の「窮理学」ないし「物理学」が含意する関心の重点が移動していったことが明らかになる。しかるに、重点は異なっても、福澤の「窮理学」も「物理学」もいずれもが広義の物理学、さらにその範囲をも超えた自然科学の分野をも意味したのであった(38)。

(b)「物理学」の未来像

すでに触れたように、福澤にとって、「物理学」すなわち自然科学とは、自然の法則を知ることだけに目的があるのではない。自然の法則を知って自然を支配することである。彼は、「学問の旨は、事物の理を知り、天然を制して、此平安を致すの術を施すに在り。〔……〕人生の目的は天を知り天を制するに在り(39)」と述べ、また、「物理学とは、天然の原則に基づき、物の性質を明かにし、其働きを察し、之を採て以て人事の用に供する学(40)」だと書いている。自然科学に対する人間のこうした主体的なかかわり方は、『福翁百話』第十七話「造化と争う」という文章にも、はっきりとうかがうことができる。「凡そ人間の衣食住は天然に生ずるものに非ず。天の恵大なりと云うも、一方より見れば、天は唯約束の固きのみにして、天然の物はあれども、之に人の力を加へざれば人の用を為さず。〔……〕左れば万物の霊、地球上の至尊と称する人間は、天の意地悪きに驚かずして、之に当るの工風を運らし、其秘密をあばき出して我物と為し、一歩一歩、人間の領分を広くして、浮世の快楽を大にすることそ肝要なれ。即ち我輩の持論に、与造化争境と云ひ、束縛化翁是開明と云ふも、此辺の意味にして、物理学の要は唯この一点に在るのみ(41)」。

このように、人間が造物主と争い、不可思議なる領域をわが手に収めて、その無限無量の秘密を暴き、その法則を発見し、造化の世界、すなわち自然界を支配し人事に利用することが「物理学」の趣旨である、と福澤は考えたのである。

万物に一貫した法則を見いだし、「天を知り、天を制する」道を求めた福澤にとって、自然はあくまでも人間にとっての対象であり、人間が「工夫を運らし」、「智恵の働き」によって発見するところの自然の法則は、人間が自然を支配するための方法を生み出すための知識であり、自然探究の成果としての「物理学」は自然を支配し人間に奉仕する、人間の幸福、社会の進歩、ないし富国強兵のための手段なのである。その意味において、福澤はけっして人間の主体的自由が失われてしまうような、決定論的科学主義の同調者ではない。人間が自然科学、あるいは自然法則の奴隷なのではなくて、むしろそれを発見し、それを利用するところの主人なのであった。

福澤によれば、天の力は無限であり、その秘密も無限であるが、人間の智恵、すなわち知性も無限に発達していくため、天と人間の競争において最終的には天の秘密である自然の真理原則をすべて人間が把捉し尽くすことができる。このような考え方は『福翁百話』の最後の第百話の「人事に絶対の美なし」にはっきりと示されている。そこで、福澤は十九世紀という歴史上の視点に立った時の「物理学」と、一千万年後の将来の視点に立った時の「物理学」を話題にして、自らの科学思想を展開している。十九世紀という歴史の時点は、文明の発展の度合いから見れば、人類はまだまだ初歩的な段階にあることを指摘している。「今の世界の人類は開闢以来、年尚小くして、文明門の初歩、次第に前進する者にこそあれば、其経営中、固より絶対の美を見る可らず。之を喩へば、拙き大工が建築の大凡を想像して、銘々伎倆のあらん限りを働き、先祖以来幾百代幾千万年の経営に、今日尚ほ未だ土台をも置くこと能はざるもの丶如し(42)」。

こうした未熟な文明、未発達の「物理学」の状態では、その応用部分に当たる人事にも絶対の美なしというわけである。しかし、福澤は一千万年後の将来の視点でものを見ようとする。「千万年後の絶美は我輩の確に期する所にして、その道筋の順序は、先づ器械的に有形の物理を知るに在り。物理を究めて歩々天工の領分中に侵入し、其秘密を摘発し、其真理原則を叩き、之を叩き尽くして遺す所なく、恰も宇宙を将て我手中の者と為すの日ある可し」[43]。福澤は、最終的には、言葉の真の意味でのオプティミストだったのである。

将来、「物理学」がすべての真理原則を発見した暁の時代は「天人合体の日」と見なされた。「即ち天人合体の日にして、此境遇に達するときは、人間世界に無形の人事なるものなく、事あれば、必ず其事の原因に非ざれば感応たる可き物の形を現はし、両者相互に直接すること影の形に於けるが如くにして、遂には、人心の正邪、清濁、喜怒哀楽の情感に至るまでも、五官の能く達する所と為る可し」[44]。

人間の科学が一千万年後に理想的な科学の状態に達した時、自然界と人間界とを問わず、自然、社会、世界はいうに及ばず、さらに人間精神の内部の感覚や感情すべてに内在している真理原則が「物理学」、すなわち科学を取り扱う人間主体によって把捉されるであろう。そこでは自然的世界と人間社会との区別はなくなり、人間は一切の物理学的真理原則によって統一的にこの世界を理解することができるようになる。自然、社会、世界を含めた宇宙全体が人間主体によって同一の物理原則によって網羅されていることが理解されるというわけである。この時代が「天人合体の日」という将来の時点なのである。

十九世紀に生きた福澤は、この第百話の中でこうした立場に立って、医学の領域を取り扱い、次のように想像する。すなわち、最終の天人合体の時点では、細菌学から精神病学にいたる医学の領域が細菌学の真理原則によって網羅され尽くし、物質と精神といった領域区別がなくなる。「故に医学の方針は、無形より次第に有形に入り、今より幾十百年の後には、単に病と称するものなく、一切万病を化学、視学、聴学、器械学の中に包羅して、爰に病あれば直接に其の物を示点し、病の治療は取りも直さず有形物の整理に過ぎず、彼の微妙なる精神病の如きも、遂に物理学の範囲を脱すること能はざるに至るべし」[45]。

こうして科学の進歩は、しだいに人間の身体の内部に入り、「次第次第に其微妙を穿て、其運動変化の機を明らかにし」てゆき、精神と身体との関係を機械的に解析し理解していく日がくると予想する。すなわち、「心身関係の真面目を得て器械的に人心を視るの法なきを得ず」というわけである(46)。

「物理学」の発展がこうした理想状態に達すれば、ここでは人間の世界の有形と無形を含めた一切が「物理学中に包羅して、光明遍照、一目瞭然、恰も今世の暗黒を変じて白昼に逢ふの観あるや疑ふ可らず。故に今日の物理学の不完全なるも、其研究は正しく人間絶対の美に進むの順路なれば、学者一日の勉強、一物の発明も、我輩は絶対に賛成して他念なき者なり(47)」。

つまりは、科学によって、自然、人間、世界、宇宙が白昼のもとに分析され解釈され、その応用としての人間社会に対しても理想的社会を構成することができる。したがって、現在の不完全な科学の歩みも続行されなければならない。

福澤は、こうして、科学に対して大いなる楽観論をもって、十九世紀の数多くの科学者たちと同じように人間社会の文明進歩の目盛りとしての科学に明るい将来の夢と希望を託していた。だが二十世紀にいたって、全幅の信頼を寄せて奉っていたその科学技術が次々に影の面をもたらした。とりわけ科学技術兵器が利用された二つの世界大戦をとおして、ようやく科学技術は両刃の剣であり、使い方次第で善にも悪にもなると認められるようになった。さらに今日では、公害・環境破壊・原発事故・遺伝子操作など、近代科学技術にまつわるさまざまな事件が連日の紙面をにぎわしている。いっこうに衰える気配を見せないこうした問題の所在を、もはや使用法という観点からでなく、これまでの科学技術そのものの中に求める動きが近年見られる。今日、もちろん、われわれは、時代を超えて過去の人間に度を超えて厳しく要求してはいけない。福澤はけっしてスーパーマンではない。しかし、彼の思想の底流をなすのは「科学性善説」であったことは否定できない事実であろう。

他方で、「物理学」が「人事に絶対の美」になる思想の底流には、人間はあくまでも自然法則に縛られる奴隷ではなく、自然法則の発見によって完全に自然を支配し征服する主人になれるという認識が存在していた。福澤からみれば、自然法則はいったん人間に発見されたら、それは人間によって思うがままに駆使できるようになる。

(4) 思想転換の原因

明治初期、福澤は、近代科学の成果、近代技術のみを東洋的思想の土壌に移し変えようとする「和魂洋才」的思想に反対し、文明の精神を学ばなければならない、と主張した。彼が唱えた、まずは精神革命、次に政治・法律の改革、それから衣食住器械等の変革をしていく文明開化の路線は現実の日本政府のやり方とまったく逆になっていた。ところが、明治十年代になると、逆に、彼はそれまであまり同調していなかった、巨費の投下などによって推進された模倣一辺倒と言われる政府の近代化政策に一定の認容の姿勢を表明し、蒸気船車、電信、郵便、印刷などの技術力の発展におおいに力を入れよ、と提唱し始めた。このような思想の転換は何によって引き起こされたのであろうか。

明治十四年（一八八一）以降、明治政府の牛耳をとった伊藤博文は「維新ノ際主トシテ機械工業ノ長ヲ西洋ニ取リテ以テ、我短ヲ補フノ急ヲ覚悟シテヨリ、凡ソ造船、鉄道、電信、鉱山、造家ヨリ百般ノ機械器具ニ至ル迄、西洋模倣シテ以テ内地ニ之ヲ製造シ」と述べた。その言辞に見られるように、明治新政府の主眼は、西洋の全面的な模倣によって、いわば一括セットとして一挙に工業化を図ろうとすることにあった。[48] しかし、「貴重な貨幣の材料を軌条として地面に並べ、その上に通行用の車を走らせるのは如何にも勿体ない。贅沢極める」というように、鉄道を「金を失う道」と看做している人が未だたくさん存在した時に技術模倣政策を推進した困難さは想像に難くないであろう。[49] したがって、一部の知識人がその状態に直面し、何もかも西洋のものを模倣するよりも、むしろ国民の精神構造を変革し西洋技術の導入の基礎を作ることが大切であると認識したのは当然であったものと思われる。だが、経済条件、物質的基礎から離れて、たんに思想の啓蒙、人心の変革を強調しても無益である可能性が高いのであるから、そういう主張を実践するのには、もちろん困難もかなり大きい。国民が就学の経済的負担に堪えられず、明治五年（一八七二）発布された学制がやむをえずに緩められたのは、「民質」の改造が深く経済力にかかわっている好例と言える。そして重要なことに、慶應義塾の独立経営さえ困難になっていた。

慶應義塾は年を追って発展する傾向にあったものの、経費が増大して生徒の授業料で賄いきれず、加うるに明治九年（一八七六）の入学者三四五名であったが、明治十年から十一年（一八七七―七八）にかけては、二二〇―二三〇に減じて、授業料収入が減少し、財政が破綻するにいたった。その原因は西南戦争の影響による士族の進学熱の動揺とその生活困窮の深化、および福澤の期待した農工商三民上層部分の成長の低迷にあった。それで福澤は明治十一年末、資本金拝借の願書を文部卿西郷従道に提出した。そしてその実現を、大蔵卿大隈重信・工部卿井上馨を始め各参議に依頼した。[50]従来の官学を排して官の支配から独立した私学の意義を主張してきた福澤にとって、それは重大な難局であったと言えよう。

他方で、西洋模倣の工業化政策は、意の如く進めるわけにはいかないのにもかかわらず、一定の成功を勝ち得た。明治十年代に入ると、鉄道は東京・横浜間、京都・大阪間が開業した。電信はレンガ二階造の当時としては広壮な中央電信局が作られ、明治七年（一八七四）末の長崎・青森間の縦貫を中心として広がってゆく電信網の中枢機関となっていた。これを見て、感心しない人がいるだろうか。福澤も例外ではなかった。

明治十一年（一八七八）三月二十五日、東京木挽町の中央電信局開業式祝宴に臨んで福澤は、次のような祝辞を述べた。「今を去ること十三年、慶應寅の年、諭吉が著したる『西洋事情』に電信の功用の大略を挙げ、西洋諸国には電信といふ一種の奇器ありて遠国に音信を通じ其神速なること千百里にても瞬くひまに通じたる由を記したり、其の時には世間にもこれを信ずる者なく、著者も亦敢て之を直ちに日本国に施さんとする意ありしに非ず、唯彼の国にて目撃したるままを記して世上に示し、百歳の後には又これを実地に用ふることもあらんかと思ふまでにてとても生涯の中日本に於て電信の実物を見んなどとは夢にも想像せざりしことなるに、豈計らんや十三年の今日に至りて親しく此の機会に陪するを得たるは諭吉が心に於て恰も百三十年の想像を十三年の実に見るが如し、人事の進歩実に驚くに堪えたり、既往かくの如し、将来推して知るべきなり感喜の余り鄙辞を呈して謹んで祝す[51]」。

この祝辞から、福澤が政府の主導した文明開化の急速な進歩を目のあたりにし、自らの過去の判断が保守的すぎたことを吐露したのであった。

自らは国民の独立精神の育成を唱えたものの、所論の中核である国民の生活と教育の自立が育つ見込みはなかった。また、自らは政府の仕事と国民の仕事に相侵さぬ区別とそれによる官と民との相互理解と協力を説いたものの、官の保護なくして、当時のマニュファクチャーや問屋制家内工業が、当時の文明の特色である蒸気力を使う機械制工業に発展することはできなかった。したがって、福澤は従来の主張を総検点しないわけにはいかなくなる。『民情一新』は、その思想の点検の結果であったと思われる。

強調すべきは、『民情一新』において福澤が精神発達論から技術決定論へ転換したことは、けっして従来の思想を完全に否定し政府と全面的に同調することを意味するものではない、という点である。ほかならぬ彼の考えは、技術力の発展を手がかりにして、交通（主に情報の流通を指す）の便利を促進し、文明の精神の変革を達するということである。つまり、彼は文明の精神の変革に対する強調は一刻も軽視していない。しかし、強調点は明確に変わっているのである。

2　技術力信奉から「科学帝国主義」へ

(1) 国際競争と技術力

すでに第一章で触れたように、幕末維新初期、国際関係において福澤の認識は強く自然法的色彩を帯びていた。彼は国家の大小、あるいは強弱を問わず、普遍的「理」に従って平等に交際できることを信じていた。物理的「力」は、ただ普遍的「理」を国際関係の原則としたくない国があった場合、初めて問題を解決する手段になる。だから、その頃、福澤は、物理的「力」を増やす有効な手段として科学技術の発展を利用し、日本の外交における利益を図ろうと訴えるわけにはいかなかった。ところが、明治七年（一八七四）頃にいたって、福澤は次第に「天理」や「普遍の道理」や「天地の公道」に対して不信を表明し始めた。『文明論之概略』で、「東西懸隔、殊域の外国人に対して、其交際に天地の公道を頼にするとは、果して何の心ぞや。迂闊も亦甚し」という言葉で、「各国交際は、天地の公道に基きたるものなり」という当時の「或る学者の説」に対して強く不満を漏らしていた[52]。また、ほぼ同じ時期に書いた「内忍ぶ可し外忍ぶ可らず」という文章の中で、「万国公法は何所にあるや。〔……〕公法は欧羅巴各国の公法にて、東洋に在ては一毫の働きをも為さず[53]」と述べ、実に国家の独立と平等の国際法原則は西欧国家内に限って通用されるに過ぎず、非ヨーロッパ世界ではまったく別の原則が通用されているという認識を示していた。

明治七年（一八七四）を福澤の思想的転回の始まり、と見るのはひろたまさきである。ひろたは「思想構造全体が変化した[54]」と論じた。ひろたの解釈に全面的に同意することはできないが、少なくとも国際関係の見方に変化が認められるのが明治七年であったことは否定しがたいであろう。そのような思想変化をもたらしたひとつの契機は、近代日本の対外姿勢が明確に出た台湾出兵事件にあると考えられる。

台湾出兵事件は、はじめ琉球などの漁船が台湾に漂着し、乗組員多数が原住民に殺害・略奪されたことを理由に、早くから征韓論を唱えて大陸進出をめざしていた当時の外務卿副島種臣によって引き起こされた。その企図は、日本国内の政変のため一時棚上げにされた。改めて明治七年（一八七四）四月西郷隆盛の弟従道を台湾事務都督に任じ、実行に移そうとするも、反対意見もあっていったん征討中止が決定された。しかし、兵士三千余を率いて長崎に到着していた西郷従道は、日本政府の中止命令に応ぜず、独断で出兵し、台湾に上陸、戦闘状態となった。その結果、内務卿大久保利通が全権弁理公使となって清朝中国と交渉にあたり、英国の調停と李鴻章の宥和論によって、同年十月三十一日、日本の出兵を正当と認めること、日本人被害民の撫恤銀と日本の施設費として償金五十万両を清朝中国が支払うことなどを主な内容とする和議が成立し、事の決着を見た。事件の規模や期間はさほどのことではなかったが、明治六年の政変との連動や、日本開国後の外国に対する最初の本格的な軍事行動であったことなどで日本の内政、外交の方針に大きくかかわった事件であった(55)。

この事件は福澤にかなり大きな衝撃を与えた。それは、『明六雑誌』第二十一号（一八七四年十一月）掲載の福澤の「征台和議の演説」に読みとれる。その論考の中で福澤は国内の政治、事件の事実経過について述べ、天理・公道の原則に触れずに、もっぱら利益の損得と力の強弱を論じている。その概要を示せば、次のとおりである。事件の当事国は日本と清朝中国であるが、商売の観点からすれば欧米諸国も加えた三方から見なければいけない。名実ともに失った清朝中国に比べれば、日本の得たものは大きいが、「会計上」からすれば不足もまた大きい。一兵も損わず日中両国に武器などを売って多大な利得を手に入れたのは西洋の商人であった。このようなこと、すなわち東洋の紛争が西洋を利するようなことは今後も起こるであろう。「西人ノ内心ヲ測ルニ彼輩ハ向後モ常ニ亜細亜諸国ニ不和争闘ノ起ルヲ祈ル事ナラン実ニ口惜シキ始末ナラズヤ(56)」と述べて、福澤は次のように結んでいる。「結局今ノ我困難ハ外国交際ニ在リ今ノ我勁敵ハ陰ニ西洋諸国ニ在リ然カモ其敵ハ兵馬ノ敵ニ非スシテ商売ノ敵ナリ武力ノ敵ニ非ズシテ智力ノ敵ナリ此智戦ノ勝敗ハ今後我人民ノ勉強如何ニ在ルノミ」(57)。

福澤は台湾出兵事件が「我国民ノ気風ヲ一変シ始テ内外ノ別ヲ明ニシテナショナリチ〔国体〕ノ基ヲ固クシ」と国家意識を高めたことを踏まえながら、外国との関係に、「銭ノ勘定」を忘れてはならないこと、商売こそが関係の本質であり商売は智戦なのだから強敵は西洋諸国にあること、その相手と戦うには日本人民の「智力」養成こそが緊要であることを説いた。こういう福澤の論旨はその独立論に基づくものであったが、近代的国家関係や東洋と西洋との関係、アジアの一国としての日本の立場などを見通しているところがあり、鋭く現実主義的である。

このように、国際関係の本質は「力」が強い国々が有利な地位をもつというものであるという見方に立つと、非ヨーロッパ社会の一員としての日本はどのようにして、この「権道」社会の中で生存してゆくのかが、次に福澤が考え直さなければならない問題になるわけである。明治十一年（一八七八）の「通俗国権論」で彼は、「世界古今の事実を見よ。貧弱無智の小国がよく条約と公法とに依頼して独立の体面を全うしたるの例なきは、皆人の知る所ならずや」、「和親条約と云ひ、万国公法と云ひ、甚だ美なるが如くなれども、唯外面の儀式名目のみにして、交際の実は権威を争ひ利益を貪るに過ぎず」、「百巻の万国公法は数門の大砲に若かず、幾冊の和親条約は一筐の弾薬に若かず。大砲弾薬は、以て有る道理を主張するの備に非ずして、無き道理を造るの器械なり」と喝破し、「禽獣世界」の現状に対し、「大砲弾薬」のような「力」の必要性を強く自覚することとなった(58)。この姿勢は明治十四年（一八八一）の『時事小言』執筆の頃、なおいっそう明瞭になった。

『時事小言』の中で、福澤は頻繁に軍事関係の術語を持ち出している。このことは明治初期の議論の仕方と大きく異なる。したがって、『時事小言』が後期福澤の言動の出発点になっているような印象は拭いがたい。その書の中で、福澤は、「近年各国にて次第に新奇の武器を工夫し、又、常備の兵員を増すことも日一日より多し。誠に無益の事にして、誠に愚なりと雖ども、他人愚を働けば、我も亦愚を以て之に応ぜざるを得ず。他人暴なれば我亦暴なり。他人権謀術数を用れば、我亦これを用ゆ。愚なり暴なり又権謀術数なり、力を尽して之を行ひ、復た正論を顧るに遑あらず」と述べ、国際関係の中では、力によって力と対抗するという「マキァヴェリズム」的主張を行なっている[59]。

ところが、福澤は西洋列強の強権主義に不満を表わし、力をもって彼らと対抗すると主張すると同時に、その強権主義を国際関係の普遍的な道理と混同していた。同じ『時事小言』の中で彼は、次のように述べている。「今、西洋の諸国が威勢を以て東洋に迫る其有様は、火の蔓延するものに異ならず。然るに東洋諸国、殊に我近隣なる支那朝鮮等の遅鈍にして其勢に当ること能はざるは、木造板屋の火に堪へざるものに等し。故に我日本の武力を以て之に応援するは、単に他の為に非ずして、自から為にするものと知る可し。武以て之を保護し、文以て之を誘導し、速に我例に倣て、近時の文明に入らしめざる可らず。或は止むを得ざるの場合に於ては、力を以て其進歩を脅迫するものも可なり[60]」。ここで、福澤は日本の立場に立ち、自国の独立と安寧を保つために、自国の文明化に遅れているアジア近隣の文明化の主体性を無視し、「力」によってアジアの文明化を強制推進しようという強権主義的主張を明言してはばからなかったのである。

『時事小言』の、軍事を射程に入れ、それを強調した文明論は、明治十八年（一八八五）三月十六日付『時事新報』に掲載された「脱亜論」を予想させるものである。そこで、福澤は中国・朝鮮の開化が遅々として進捗しない状況に嘆息し、「西洋の文明国と進退を共にし、其支那朝鮮に接する法も、隣国なるが故にとて特別の会釈に及ばず、正に西洋人が之に接するの風に従て処分す可きのみ[61]」とまで極言し、西洋が「力」をもってアジアに対処する方式で、アジア近隣に対処していこうと明言して恥じることはなかった。

こうして、国際関係において福澤は過去の自然法的色彩を帯びた普遍的「理」を明確に棚上げし、もっぱら「力」に従う、社会ダーウィン主義の姿勢をとるようになった。

しかしながら、国家の独立と安寧の保障にとって、もっとも重要な「力」は、いったい何であろうか、またそれをどこに求めるのか。福澤は『時事小言』で、このように述べた。「国と国との破約には世界中に其法廷あるなし。故に此約束を守ると守らざるとの機会、即ち条約書の威重を有すると否との機会は、両国の金力と兵力とを比較して、其多寡強弱如何の一点に在りて存するものと知る可し[62]」。つまり、国際交際の現実において国家の尊厳と利益を護る有効な道具は、経済力と軍事力にほかならない。経済力と軍事力との関係について、彼は同じ書の中で、「兵馬の戦争は人間稀有の事にして、仮令ひ之れあればとて、其時日も亦甚だ短きものなれども、工商の戦争は終始片時も止むときもなくして、戦法も極めて多端なれば、其勝敗の結果に至ては、利害の及ぶ所、兵馬の戦争に幾倍なるを知る可らず。最も注意す可き所なり」と指摘した[63]。これはけっして彼が軍事力を軽視していたことを意味しない。逆に、彼は、軍事力こそが国と国との問題を解決する枢要な方途であると認めていた。のちに朝鮮問題をめぐって、彼が極力、軍事力で中国と勝敗を決めることを力説したことが、その例証である。しかし、長い目で見れば、根底から国を支える力は、経済力のほかにないと福澤は考えていた。軍事力にしろ、経済力にしろ、いずれも、主に技術の進歩に依存している。『時事小言』において彼は、繰り返しこのような認識を説いた。たとえば、「軍備戦闘の事、殖産工業の事、一切皆これ〔蒸気電信の用法を工夫することを指す〕に藉らざるはなし。殊に運輸交通の法に於ては、開闢以来、蒸気発明の日を界にして、前後正しく別乾坤と云ふも可なり[64]」と言い、「彼の国人も此利器〔蒸気電信を指す〕を発明して、之を人事の実際に施してより、恰も社会の旧機関を顛覆して、之を兵事に用れば小弱却て強大に克ち、之を商工に用れば、貧富忽ち主客の地を易へ、俄に富む者あれば俄に飢る者あり[65]」と述べた。福澤にとって、国際関係においてきわめて重要な役割を果している「力」は、軍事力と経済力というよりも、むしろ蒸気・電信をはじめとする技術力であったのである。

実は、『時事小言』の前に刊行された『民情一新』には、「よく之〔蒸気電信などの技術力を指す〕を利用する者は人を制し、然らざる者は人に制せられんのみ」[66]というような、技術力が国と国との交際の後押しである考えがすでに見える。しかも、この思想は、のちにいっそうはっきり表明された。明治十六年（一八八三）に発表した小論「文明進歩の速力は思議すべからず」で、福澤はこのように述べた。「西洋人の向ふ所天下に敵なく、其跋扈侵凌を恣にして敢えてこれを支え得る者なきは、其人口の多きにもあらず、又其智力筋力の大なるにもあらず、唯其人の乗駕する当代文明の元素たる蒸気電気の二力、強且大にしてこれを能く支るものなきのみ。即ち西洋人の向ふ所天下に敵なきにあらずして、蒸気電気の向ふ所天下に敵なきのみ。然るに全世界中に於て西洋人独り此二力を使用して天下を横行し、東洋人の如きは茫然唯他が自在力の大なるを傍観して禍の将に已れに及ばんとするを知らざるなり」[67]。国際社会の現実において西洋諸国が天下を横行でき、東洋各国が独立自尊も確保できない原因は国民の質にはなく、ただ蒸気電気という技術力によるのだ、と福澤は考えたのである。

そもそも福澤は、国民の独立精神の創出を優先的な課題とし、技術力を文明の精神を変える手がかりと見なしていたが、今や国家の対外的権力が優位を占め、技術力が国際競争の中で勝利を得る決め手になっている。こういう認識のもと、険悪化した国際状況に直面している福澤が、早急に西洋の技術文明を導入し、自国の技術の発展を推し進めると唱道したのは当然のことであった。

(2)「科学帝国主義」の萌芽

力の論理こそ、日本が激しい国際競争の環境に自国の生存を確保するためにとるべき政策であるという信念のもとに、福澤は、根底から軍備充実、殖産興業を支える近代技術に発展させせなければならないと唱えた。しかも、彼から見れば、日本には近代技術を発達させる必要性があるばかりでなく、その可能性もある。

福澤にとって、西洋「社会の旧機関を顚覆して」いる力は蒸気電信などの利器の発明およびそれの応用にほかならない。これらの利器の発明によってこそ、西洋社会という「小児は、頓《とみ》に成長して大人に為り、虎に翼を生じたるもの」になり、東洋社会を脅威せしめる存在になる。(68) しかるに、「蒸気電信の発明施行、僅に三十年乃至四十年来の事のみ」。しかも、日本は「其利器を以て実用に試みたるも亦十年に近し」、「東西比較して僅に二、三十年の差あるのみにして、固より計るに足る可き数に非ず」。だからといって、「近時文明の元素は、吾人と西人と共に与にする所のものにて、共に此利器に乗じて、あたかも其出発の点を同ふし、其着鞭の時を同ふするものなれば、今後競走して、前後遅速の勝敗は、其人の勤惰如何に在て存するのみ」。(69) すなわち、たんに技術面から見れば、日本の近代技術の発展は遅れて出発したことは事実であるが、その遅れはそれほど大きくはない。日本は力を尽してキャッチ・アップをめざしてゆきさえすれば、彼らに追いつく可能性が存在する。

少々脱線するが、従来、日本における西洋科学技術の導入を論じてきた人々は、それを後進国が短時期に先進国に追いつくのに成功した稀な場合として位置づけた。しかし、福澤の上述した観点から見れば、それは誤解であると言ってよい。廣重徹もこれと近い観点をもっていた。彼は『科学の社会史』で二百五十年の鎖国の間、日本は停滞し、西洋はいちずに進んだと考えるのは錯覚であるとした。彼によれば、西洋において、物質文明、あるいは生産力の発展という点では、十七世紀から十八世紀までの間、ほとんど変化はなかった。急激な変化が始まるのは産業革命以降である。「日本はそれに五十年ほど遅れたにすぎない」と廣重は明言した。しかも、幕末明治の日本が導入した西洋科学は制度化された科学であった。それが始まるのは十九世紀のことであるから、廣重は、「これまた日本は五十年ほど遅れをとったにすぎない」と喝破した。(70) 福澤や廣重の所見は否定できない事実である。しかし、果実が結実できるようになる前に長い成長期が不可欠であるように、西洋の科学技術には、実る前、一定の果実を孕む過程もあったはずである。そうすると、日本と欧米との技術の格差を判定する時、福澤はそれを楽観的に見過ぎたと言っても大過ないであろう。実は十九世紀末にいたっても、日本での技術発明は依然として多くなかった。

しかも技術を導入する基盤の側面から見て、福澤は日本社会に近代技術の発展を妨げるものも多くないとした。『時事小言』の中で、「我日本人民の天資と古来遺伝の教育とに於て、果して其能力の足らざる所のものあるか、他国の人は能く之を為して、日本人に限りて能くせざる所のものあるか、我輩未だ之を見ず。文学武芸、百工製作、一として吾人の手に成す可らざるものなし」という積極的な言葉で、福澤は技術の発展の基礎である日本国民の素養と古来の教育を高く評価した。(71) ところが明治初期、彼が激しく批判していたのはまさしくそれらの問題であった。同じ『時事小言』において、彼はこのように述べた。「我日本の人民は祖先伝来の資力を以て、今日正に近時の文明に接する者なれば、唯速に其形を変じて可なり」。近代技術などの西洋文明を導入する時、日本が克服しなければならないのは、ただ縦書きに慣れた力を横書きに変形し、強い剣術の基礎上で槍術を練習するような困難にすぎない、というのである。(72) 福澤は近代技術の導入に強く自信をもっていたものらしい。

ところが、明治十六年（一八八三）にいたって、福澤の論調はかなり変わってくる。「文明進歩の速力は思議すべからず」という小論で、彼はこのように東洋が近代技術を中核とする西洋文明を追い抜くことの困難さを慨嘆していた。「文明の元素たる蒸気電気は西洋人の専有品にあらず、東洋人も亦これを使用して大に彼れと対峙するに妨なしと雖ども、如何せん、西洋人は其使用に慣熟すると共に益其用を広大にすることを勉め、日進月捗、丸の坂を下るの勢も啻ならず。顧みて東洋人を見れば、文明紀元前の旧夢未だ全く覚めず、僅かに蒸気電気を使用することを学び得て、忽ち亦疑懼躊躇して其背後を顧み、進むが如く退くが如く、日進月退、車の坂を上るの勢に異ならず。今の有様を以てこれを視るに、東洋西洋文明の懸隔は日に益甚だしくして、到底相近接するの期なきもの丶如く然り」。(73) ここでいう東洋はもちろん日本をも含む。この時点で、日本での近代技術の発展に対する福澤の認識は以前とは反対に、悲観論に転ずるにいたっているのである。

ただし、日本における近代技術の発展を楽観するにせよ悲観するにせよ、激しい国際競争の環境の中で国家の独立自尊を確保するためにそれを促進するよりほかないという福澤の考えは終始変わっていない。それでは、いかにして近代技術の発展を促進してゆこうというのか？

福澤は『時事小言』の中で、このように述べた。「欧州各国に於ては、有形物理の学、夙に開けて、人間百般の事、皆実物の原則を基として次第に進歩を致し、物産製造、運輸交通、農工商一切の事業より、居家日常の細事に至るまで、物理学の原則に出るもの多し。試みに今、西洋船来の製造品と称する物品を取て、其由て産出する所の次第を推究したらば、大抵皆器械の力と化学の作用とによらざるものは無かる可し。而して其器械学化学は、皆物理の原則を研究し、千古不易、天然の約束を知て之を人事に施したるものなり(74)」。すなわち、西洋の生産・交通など「人間百般の事」は、たいてい「器械学化学」を応用する産物である。ところが、「器械学化学」のような応用の学問はみな「物理学の原則」に基づいて形成されたものである。したがって、福澤にとって、「物理学の原則」こそ、西洋技術先進、産業発達の謎を解く糸口であった。

同じ文章において、福澤が物の製造にあたって「手練の偶中」が現実に果たす役割を念頭に置いていたことも事実であろう。にもかかわらず、両者の相違はしっかりととらえられており、そこで福澤は、「原則を知て之を後世子孫に伝へ、次第に改良に赴くものは、樹木を植へて年々成長するが如し、年々に其実質を増して大木に至る可し。手練の偶中は、〔……〕其趣は一年立ちの草が、年々歳々、同一様の成長を為して、遂に大幹に至ること能はざるが如し」という言葉で、「物理学の原則」の優位を指摘した(75)。福澤にとって、あくまで西洋技術文明は「物理学」の原則から出てきたものである。この認識は、明治十五年（一八八二）に書かれた「物理学之要用」でもっとはっきり表明された。そこで彼はこのように述べた。「欧州近時の文明は皆この物理学より出でざるはなし。彼の発明の蒸汽船車なり、銃砲軍器なり、又電信瓦斯なり、働の成跡は大なりと雖ども、其初は錙銖の理を推究分離して、遂に以て人事に施したる者のみ(76)」。「物理学」は近代技術発明、ないし近代西洋文明を生み出す基礎なのであり、「物理学」の進歩は技術の進歩、ないし文明の進歩をもたらすはずである。こうして、技術の進歩を実現しようとしたら、「物理学」から着手しなければいけない。

この時期、福澤が明治十年代にすでに科学と技術とを見分け、技術の原動力を科学に求めるという認識まで到達したといっても大過ない。技術はそもそも、科学と違って、物を現実に制作する営みである。したがって、日本を含む東洋社会では、近代自然科学は生まれなかったものの、技術は有していた。のみならず、十九世紀初期まで、日本などの東洋諸国の技術は西洋で行なわれていたのと大同小異の技術であった。すなわち、近代科学を応用しない技術であった。ところが、その後、西洋で科学と技術が急激に融合し始めた。もっと正確に言えば、「科学に基づいた技術」が歴史の舞台に大がかりに登場してきた。西洋列強はそういった「科学に基づいた技術」で武装しえたからこそ、東アジア諸国を開国させに来航しえたのである。実際、その頃少なくとも東洋社会は科学と技術の両方からのインパクトを受けたにもかかわらず、一般の人々は技術の直接的インパクトしか感じなかった。そのため、技術の導入を主張していた人々は多かったが、科学の受容を唱道していた者は少なかった。清朝末期の中国ではこの傾向がさらに顕著であった。一八六〇年代から洋務運動という西洋技術の導入運動が始まったにもかかわらず、日清戦争後の一八九八年にいたって、やっと各省府庁州県に属した書院を、中学と西学とをともに学習する学校に変え、京師大学堂（北京大学の前身）を設置し、系統的に近代科学を伝習し始める始末であった。

実は、明治十年代の日本でも、近代技術が近代科学に基づいている本性が分からない人はけっして少数ではなかった。東京大学教授菊池大麓が明治十七年（一八八四）六月八日、大日本教育会において、「理学之説」を主題とする演説を行なった。その演説に際して、彼は「理学と理学ノ応用トヲ混雑スル」、言い換えれば科学と技術とを混同する日本の社会現象に即応して、このように説いた。「電信機、電気燈等ハ理学ノ応用ナリ。先キニ既ニ純正ノ理学者有リテ電気ノ流動等ノ理ヲ研究シタルニ有ラザレバ、百人ノエヂソン、千人ノベル、何十人ノモース有リトモ、能ク之ヲ応用シタル電気ノ機械ヲ発明スルヲ得ンヤ。昨年米国理学奨励会ニ於テ有名ナルローランド先生ハ、米国人ノ理学ト理学応用トヲ混雑シ其理学ヲ等閑ニスルコトヲ嘆ジタリ。〔……〕世人ハ理学者ノ研究直ニ実用に係ラザレバ、「彼ハ学者ナリ」トテ幾分カ嘲ヲ含ミ、其迂遠ヲ笑フガ如シ。然レドモ斯ク迂遠トシ、此世ノ中ノ事ニ殆関係ナキガ如ク見做ス所ノ研究ヨリシテ、世界ニ及ボシタル実益ハ甚ダ大ナリ。今日マデ世界ノ進歩、其源ヲ此ノ尋常世人ノ迂遠トシテ嘲リ笑フモノニ取ラザルモノハ殆ド希ナリ」[77]。菊池の演説から察するに、そのころ、日本どころか、アメリカでも、近代技術が「科学に基づく技術」であることを認識していない人は多かったようである。したがって、早くから科学と技術とを見分け、技術の原動力を科学に求めていた福澤の眼力はきわめて高かったと評さざるをえない。

前章で述べたように、幕末明治初期、福澤は「窮理学」という学問を唱道した。その時、彼はけっして「窮理学」が技術発明の基礎でしかないという立場に立つのではなく、すべての人間（一国人民）が物と事の理を窮め、学問を身に付けて、実用に施すべきであるとして、国民の独立精神の育成、生活改善の可能性を追求し、一身独立して一国独立するという路線のうえで、窮理の啓蒙、すなわち科学啓蒙を行なった。ところが、明治十年代になると、彼は「物理学」という学問を技術進歩の基礎としてとりわけ強調し、国家の独立と強大を追求する路線を遂行するうえで、「物理学」、すなわち自然科学を殖産興業、軍備充実に応用しようと唱えるようになった。こう見れば、早期に比べて、福澤の科学の功能についての認識にも小さくない変化が生じたと言っても過言ではないであろう。

今や、われわれは重要な論点に到達した、というべきであろう。それを要約すれば、明治十年代に国際関係において福澤が信奉していた原則は、「普遍の道理」という「正道」から、弱肉強食という「権道」へ転回し、国家の独立と強大を図ろうとするようになったのであるが、その頃、彼の注目点は、国民の独立精神の育成から殖産興業、軍備充実、さらに対外拡張さえに役立つ技術力、科学へと変化していった。そのころ、福澤の思想には、「科学帝国主義」の萌芽が芽生えたのではないのか。

十八世紀まで、ヨーロッパの非西洋地域への侵略の正当化のために利用されたのはキリスト教であった。十九世紀以降、その宗教に代わって、科学と技術が利用されるようになった。こういう現象を最近、「科学帝国主義」（scientific imperialism）という術語を使って表現することが一般的になっている。[78] 帝国主義とは、ある文明共同体が政治的―経済的になんらかの意味での後進地域を征服ないし従属させて、大きな支配圏を建設する傾向のことをいうが、「科学帝国主義」とは、その概念を限定して、その「帝国主義」的支配を確立する際に科学が重要な役割を果たす場合をいう。

飯田鼎は、『時事小言』時期の「福沢は、たんなる国民国家論を超えて、帝国主義の新しい領域への途を歩もうとするのか[79]」と指摘し、福澤の思想に帝国主義の萌芽が見えると認めている。しかし、その「帝国主義」を限定し、「科学帝国主義」にとって代わられたというほうがより適当ではないかと思う。これまでの分析から理解されるように、福澤は主に科学に基づく技術による軍事力と経済力を利用して西洋に対抗しアジア隣国に進出しようと考えていた。そのうえで、彼は主に領土の占領と経済の制覇を目的としてアジア進出を主張するのではなく、野蛮に対する文明の戦いという大義名分をもって、隣国と戦争し、その国を文明化させると主張した。たとえば、彼は、「武以て之〔中国・朝鮮を指す〕を保護し、文以て之を誘導し、速に我例に倣て、近時の文明に入らしめざる可らず。或は止むを得ざるの場合に於ては、力を以て其進歩を脅迫するものも可なり[80]」とか、「日清の戦争は文野の戦争なり」、「戦争の事実は日清両国の間に起りたりと雖ども、其根源を尋ぬれば文明開化の進歩を謀るものと其進歩を妨げんとするものとの戦にして、決して両国間の争に非ず」と述べた。[81] 彼がアジア近隣に押し広めようとする文明とは、「近時の文明は蒸気の文明なりと云ふも可なり」、「欧州近時の文明は皆この物理学より出でざるはなし」という言葉で示されるように、主に近代科学に基づいた近代技術文明であった。こういった点に鑑みる時、福澤の思想に芽生えたのは、一般の帝国主義というよりは、むしろ「科学帝国主義」であったと言うべきだろう。

平山洋は、福澤擁護論の一端として、明治二十八年一月二十二日（実際は一月二十日）の演説に言及し、その演説が「科学技術が日清戦争の勝利をもたらした」[82]と主張していたと評しているが、それこそ、福澤が「科学帝国主義」に陥っていた重要な証拠であろう。

第二節　宗教不要論から宗教利用論へ

1　早期の宗教観

(1) 宗教の概念

福澤が少年時から宗教に信頼を置かず、軽蔑の念さえ宿していたことは、『福翁自伝』に見られるところである。殿様の名の書いてある反故を平気で踏む福澤少年は、また、殿様の名のある御礼を踏んでみるが、「ウム何ともない、コリャ面白い」[83]と考える。また、稲荷様の御神体を見てやろうと隣家の社の中に入って調べてみると石がはいっている。それを捨てて、別の石を入れておいたが、何のこともなく、人々は初午で幟を立てたり、太鼓を叩いたり御神酒をその石にあげたりしているのをひとりおかしがる。「幼少の時から、神様が怖いだの仏様が難有いだの云ふことは一寸ともない。卜筮呪詛、一切不信仰で、狐狸が付くと云ふやうなことは初めから馬鹿にして少しも信じない」[84]。福澤はこうして日本古来の神々を彼の実証的精神によって克服してゆく少年なのであった。しかも、こうした無信仰の態度は晩年まで維持された(85)。

宗教を信じない人は、ふつう次の三種の中にいずれかの姿勢をとるであろう。一つは、宗教を迷信として退け、それを積極的に否定しようとする姿勢である。もう一つは、宗教を認めるわけではないが、それを度外視したまま放っておく姿勢である。いま一つは、自ら信ずるところの宗教をもたないが、宗教を経世の手段として積極的に利用しようと主張する姿勢である。ところが、福澤の宗教に対する姿勢はそれほど単純なものではなかった。明治初期、「卑屈無気力」の民衆を啓蒙する方策として、福澤は開智の啓蒙路線を提起し、宗教不要を唱えていたが、明治十年代に入ってから、「無智不徳」の民衆に対して、知的啓蒙ではなく、宗教的教化によって対処することを説き続けた。福澤はなぜ、いかに宗教不要論者から宗教利用論者に切り替わったのか。言うまでもなく、これらの問題の解明は福澤の科学啓蒙思想の転換を総体的にとらえることに役立つにちがいない。したがって、本節で福澤の宗教についての考え方に若干触れてみたい。

まず、福澤の宗教概念の考察から論議を進めていこう。慶應二年（一八六六）に執筆した『或云随筆』の中で福澤は次のように彼独特の宗教認識を示している。「世の宗門の趣旨を、一筋に死後の冥福を祈ることゝ思ふは、大なる心得違なり。世界中宗旨の数、甚夥多し。其説、千緒万端なれども、概して之を云へば、現在未来に拘はらず、唯安心の地を求るなり。仏氏の善言功徳を以て未来の冥福を祈り、孔孟氏の仁義五常を以て現在の身の行を守るも、皆安心の地を定るにて、仏も宗旨なり、儒も宗旨なり。〔……〕又日本に大和魂とか云へる宗旨あり(86)」。すなわち、宗教の本質は人の世を離れてからの問題に答えることにあるのではなく、人間が直面している心の問題にうまく対処することができるかどうかにある。この当時、福澤は、儒教と神道と仏教とを一括りにして、みな宗教であると考えていたものと思われる。

ところが、明治時代になってから、福澤は明らかに上述の考え方を修正した。『文明論之概略』の中で、彼は「人間万事、才力に由て意の如くなる可きに似たりと雖ども、独り死生幽冥の理に至ては一の解す可らざるものあり。〔……〕宗教の本分は、此幽冥の理を説き、造化の微妙を明にするものと称して、敢て人の疑惑に答ふるものなれば、苟も生を有する人類に於て、誰か之に心を奪はれざる者あらんや(87)」と述べ、宗教の本質を主に人間の死後の問題に答えることにあると限定している。この立場に立つと、当然ながら儒教と神道の宗教性は否定される。たとえば、彼は『文明論之概略』の中で、儒学を、道徳問題と政治問題を論じる学問と見なして、それが霊魂救済問題を説く宗教と違うと明言した。彼は書いている。「宗旨の本分は、人の心の教を司り、その教に変化ある可らざるものなれば、仏法又は神道の輩が、数千百年の古を語て、今世の人を諭さんとするも、尤のことなれども、儒学に至ては宗教に異なり、専ら人間交際の理を論じ、礼楽六芸の事をも説き、半ば之を政治上に関する学問と云ふ可し(88)」。

また、次のように神道の宗教的性質を否定した。「宗教は人心の内部に働くものにて、最も自由、最も独立して、毫も他の制御を受けず、毫も他の力に依頼せずして、世に存す可き筈なるに、我日本に於ては則ち然らず。元来我国の宗旨は、神仏両道なりと云ふ者あれども、神道は未だ宗旨の体を成さず。〔……〕兎に角に古来日本に行はれて文明の一局を働きたる宗旨は、唯一の仏法あるのみ(89)」。すなわち、神道を宗教と見なしてはいけない、日本では、宗教と言えるのは仏教しかない、というのである。

宗教と言えるのは仏教しかない以上、儒教や、神道はいかなるものであろうか。『文明論之概略』には次の文章が読める。「抑も日本に行はるゝ徳教は神儒仏なり、西洋に行はるゝものは耶蘇教なり。耶蘇と神儒仏と、其説く所は同じからずと雖ども、其善を善とし悪を悪とするの大趣意に至ては、互に大に異なることなし(90)」。この文章の中で、福澤は儒教と神道を、仏教とキリスト教とともに「徳教」と呼んでいる。彼にとって、儒教と神道は、人の世を離れてからの問題、すなわち霊魂の救済問題に触れていないが、人生の道徳問題を言及しており、この点において、儒教も神道も仏教、キリスト教と同様である。そのため、彼は儒教と神道を宗教と呼ばず、「徳教」、すなわち道徳に関する教義と見なしている。福澤の頭には、宗教は必ず道徳論に触れるわけであるが、道徳問題を論及したものが必ずしもみな宗教と見なしえない、という認識がある。

このように、福澤が宗教を「幽冥」に関する説であるとしたことを考えると、のちに彼が宗教を科学と対立させて、前者は神話的観念、情の世界に属するもの、後者は確実な知識、理の世界に属するものとして区分するのは、無理からぬことになるであろう。

宗教と科学との対立関係について、明治八年（一八七五）九月から明治十一年（一八七八）五月頃にかけて書かれ、在世中に公になることのなかった『覚書』の中で、福澤は次のように書いている。「古より工風〔夫〕発明と称するものは、悉皆、造化の領分を犯して、之を人力の範囲に入るゝことなり。即ち自力を用ると他方〔力〕に依頼するとの界なり。神の性質は人智の深浅に由て異なる可し。人力の及ばざる処は即ち神の位する処なり(91)」。すなわち、科学技術は、人々が智恵をふるって、それまで神の領域、すなわち未知の領域に属するものを侵食し、それを明らかにしたものであり、宗教の存在の余地は人間の認知能力が到達できない領域にしか残っていない。言い換えれば、福澤にとって、科学の範囲の拡大は信仰の領域の縮小を意味している。

福澤が宗教を科学と対立させ、宗教を、科学の進歩を阻む要素と見なしたことは、『覚書』に書かれた次の文章からも明らかである。「命を云はざる者はサイヤンスに入り易し。〔……〕西洋諸国の人民は、上帝を信仰するの心よりして、国王を神視するの念慮、薄し。日本人は最初より天子を神視するが故に、上帝を信ずるの念、少なし。而して武家の政、行はれてより、此天子に権なし。故に日本人民は、其精神に神視するものなしと云ふ可し。西洋にては近日に至りて始てサイヤンスの力を以て、上帝論の賤しきものを排せんとして、頗る困難なれども、日本にては、唯人力の専制を排すれば、直にサイヤンスに入るの路あり(92)」。すなわち、西洋人は天国と地獄を説くキリスト教を妄信しているから、キリスト教の教説と矛盾している「サイヤンス〔サイエンス〕」をなかなか受け入れ難いが、日本人はそうではない。日本人の上帝信仰は天皇崇拝によって阻まれ、天皇崇拝は武家支配によって力を失ったため、日本人はかなり無神論的非宗教的であるので、人間による専制さえ排すれば、神を信ずる西洋人よりも、サイエンスに入りやすい、というのである。

福澤にとって、宗教は理性の働きによって獲得した認識ではなく、想像によって作り出された観念にすぎないため、宗教は科学の発展、文明の進歩に従って必然的に進化していかなければならないものであった。このような「進化論的宗教観」[93]が彼の明治初期の著作から読みとれる。たとえば、『文明論之概略』において、彼は「宗教は文明進歩の度に従て其趣を変ずるものなり」[94]と明言して、いかなる宗教も歴史的変遷を免れないものであるという認識を示した。このような認識を裏づけるために、彼がヨーロッパ・キリスト教史の例をあげて次のように論じている。

ローマ時代に生まれたキリスト教は最初に「専ら虚誕妄説」を唱えていたが、当時の人智に適していたから、数百年の間に、次第に人々の信仰を集め、一種の権力を得てきた。しかし、「人智発生の力は大河の流るゝが如く、之を塞がんとして返て之に激し、宗旨の権力、一時に其声価を落すに至れり」。結局、千五百年代に入って、宗教改革運動が行なわれ、新教プロテスタントが現われた。彼によれば、宗教改革後、「新教の盛なる由縁は、宗教の儀式を簡易に改め、古習の虚誕妄説を省て、正しく近世の人情に応じ、其智識進歩の有様に適すればなり」[95]。したがって、彼は、「世の文明次第に進歩すれば、宗教も必ず簡易に従ひ、稍や道理に基かざるを得ざる」[96]ようになる、と結論づけている。

宗教は、人民の智恵、文明の進歩によって進化するものである以上、人々は当然、理性をもって宗教のもつ「虚誕妄説」（荒唐無稽な作り話）をなるべく減じてゆかなければならない。また、宗教に「虚誕妄説」が含まれている以上、人々は宗教――キリスト教にしても仏教にしても――を妄信すべきではない。このように、宗教が未発達、非文明の産物としてとらえられたことを考えると、「窮理学」を中核とする「実学」の普及を通じて国民の「一身独立」、さらに国家の独立を実現しようという構想をもつ福澤が、宗教に消極的な態度をとるのは、不思議なことではないだろう。

(2) 宗教不要の論理

明治八年（一八七五）に刊行された『文明論之概略』は福澤の啓蒙思想家としての真面目を体現する代表作である。丸山眞男によれば、この『文明論之概略』は、「彼〔福澤〕の尨大な論著のうち、原理論的性格をもつ」「唯一の体系的原論」という位置づけが可能である[97]。したがって、明治初年の福澤の宗教不要主張を把握しようとする場合、『文明論之概略』から着手するのが適切であろう。

『文明論之概略』の中で、福澤は主として三つの視点から宗教を論じているように思われる。宗教は、まず「智恵」、すなわち「インテレクト」と対比された「徳義」を内容とするものととらえられている。彼によれば、「文明は人の智徳の進歩なりと云へり[98]」と、文明とは「智恵」と「徳義」の両方の進歩を意味するが、「徳義は一人の行状にて其功能の及ぶ所狭く、智恵は人に伝ること速にして其及ぶ所広し[99]」という差異があり、文明論の基本的立場からは、「徳義」よりも「智恵」を重視すべきである。今日の日本人が西洋人に劣っているのも、「文学技術商売工業」などの「智恵」の側面であり、宗教のような「徳義」の側面ではない、とされる。このような見地から、彼は、国家の独立を確保するために、「人民の智力を進めざる可らず。其条目は甚だ多しと雖ども、智力発生の道に於て第一着の急須は、古習の惑溺を一掃して西洋に行はるゝ文明の精神を取るに在り。陰陽五行の惑溺を払はされば、窮理の道に入る可らず。人事も亦斯の如し。古風束縛の惑溺を除かざれば、人間の交際は保つ可らず[100]」と力説すると同時に、「宗旨のことは之を度外に置く可き[101]」と主張している。

第二に、政治権力と宗教権力との関連で宗教がとらえられている。『文明論之概略』第九章「日本文明の由来」の中で、福澤は、日本における権力偏重の事例として、次のように宗教の伝統的特質をとりあげている。「古来日本に行はれて文明の一局を働きたる宗旨は、唯一の仏法あるのみ。然るに此仏法も初生の時より治者の党に入て、其力に依頼せざる者なし(102)」。日本には仏教という宗教があるが、政治権力に対して自立性をもった宗教はない。福澤の考えによれば、宗教の自立性がなければ、宗教に帰依する人々に本当の内面的信仰があるわけはない。表面上、人々は宗教を信じているようであるが、実質上、信者たちを感服させるのは宗教の光明ではなく、「政権の威光」である。これは一種の「権力偏重」である。福澤によれば、徳川時代、宗教はこのような状態に置かれていたが、明治時代に入った後でも、宗教が政治権力に対して自立性をもちえなかった状態には本質的な変化が見えない。一言で言えば、日本では昔から「宗教権なし」であり、「仏法は唯是れ文盲世界の一器械にして、最愚最陋の人心を緩和するの方便たるのみ。其他には何等の功用もなく(103)」、したがって、「権力偏重なれば治乱共に文明は進む可ら」ざると思う福澤は、宗教を「度外に置」き、「一身独立」をもっぱら「智恵」に拠ろうと唱えている。

第三に指摘できることは、ナショナリズムという視点からも宗教が論じられている点である。『文明論之概略』の終章「自国の独立を論ず」の中で、福澤は「一視同仁、四海兄弟」を唱えるキリスト教に対して明確に不信感を表わした。キリスト教は「今の此世と未来の彼の世とを区別して論を立て、其説く所、常に洪大にして、他の学問とは全く趣を異にするものなり。一視同仁、四海兄弟と云へば、此地球は恰も一家の如く、地球上の人民は等しく兄弟の如くにして、其相交るの情に厚薄の差別ある可らず。四海既に一家の如くなれば、又何ぞ家内に境界を作るに及ばん。〔……〕然りと雖ども、今世界中の有様を見れば、処として建国ならざるはなし、建国として政府あらざるはなし。政府よく人民を保護し、人民よく商売を勤め、政府よく戦ひ、人民よく利を得れば、之を富国強兵と称し、其国民の自から誇るは勿論、他国の人も之を羨み、其富国強兵に倣はんとして勉強するは何ぞや。宗教の旨には背くと雖ども、世界の勢に於て止むを得ざるものなり。故に今日の文明にて、世界各国互ひの関係を問へば、其人民、私の交には、或は万里外の人を友として、一見旧相識の如きものある可しと雖ども、国と国との交際に至ては唯二箇条あるのみ。云く平時は物を売買して互に利を争ひ、事あれば武器を以て相殺すなり。言葉を替へて云へば、今の世界は、商売と戦争の世の中と名くるも可なり[104]」。要するに、「一視同仁、四海兄弟の大義と、報国尽忠、建国独立の大義とは、互に相戻て相容れざるを覚るなり。故に宗教を拡て政治上に及ぼし、以て一国独立の基を立てんとするの説は、考の条理を誤るものと云ふ可し[105]」。こうして、福澤はキリスト教を立国の基礎に据える考え方に対して、「宗教は一身の私徳に関係するのみにて、建国独立の精神とは其赴く所を異にするものなれば、仮令ひ此教を以て人民の心を維持するを得るも、其人民と共に国を守るの一事に至ては、果して大なる功能ある可らず[106]」と明確な批判を下している。

これまでの分析から分かるように、明治初期、福澤は理論の領域においては幽冥を説く宗教を「虚誕妄説」として評価しておらず、実践の領域においては、宗教を「一身独立」と「一国独立」の実現に役立たないものとして否定的にとらえている。「人心を緩和する」、「人民の心を維持する」という社会秩序維持に果たす宗教の効用については、彼も消極的ながら一般論として是認していたとはいえ、当時、彼が「一身独立して一国独立する」という啓蒙路線に沿って精一杯取り組んでいたのは、いかに国民の智恵を向上させて、よって、「一身独立」と「一国独立」を実現するかという課題であった。したがって、当時、彼は積極的に宗教の利用論を打ち出していないことが結論づけられる。

2　宗教利用論の展開

(1)　宗教の効用の是認

福澤が「経世の方便」として宗教の効用を明確に認めるようになったのは明治九年（一八七六）十一月に「宗教の

必用なるを論ず」を公表してからのことであろう。

農民一揆が多発し、民権運動が高まっていた明治九年に書いた「宗教の必用なるを論ず」の中で、福澤は、「理窟に適はざる所」があるという理由で宗教を全面否定する「世の学者」の姿勢を「苛酷に過る」[107]と戒めた後、民衆が「不動、金毘羅、耶蘇、「ゴッド」、木仏、金仏、八百万の神等に依頼して、行儀をよくし人間の道を尽さん抔と望むは、理窟に適はぬことにて至極馬鹿らしきもの」であるとしても、「「ゴッド」なり、耶蘇なり、阿弥陀様なり、不動様なり、豈其功能なしと云ふ可けんや[108]」と主張して、宗教を無益のこととする学者先生たちに批判の矛先を突きつけている。結論として彼は述べている。「夜盗流行すれば犬を養ひ、鼠跋扈すれば猫を飼ふ。今の世の中に宗教は不徳を防ぐ為めの犬猫の如し。一日も人間世界に欠く可らざるものなり[109]」。

そして、福澤は、明治九年前後に書きのこした『覚書』において次のように述べている。「凡そ道徳の手引となる可きものなれば、仏法にても神道にても、金比羅様にても稲荷様にても、人民の智識の度に従て其教を守て可なり。モラルスタンドアルドは、人々の地位に由て幾十百段もある可し。次第に其地位を移して上の方に進み、稲荷様の信仰を止めて仏法を信じ、又これを止めて今の耶蘇を信じ、又これに疑を容れてウーチリタリスムなどを考へ、追々に惑溺を少なくするを得ば御目出度し。結局、宗教は人間に必ず存して必ず滅す可らざるものなり。其要は之を改進せしむるに在るのみ[110]」。福澤にとって、宗教は「人民の智識の度」によって標準の変わる「道徳の手引き」であるとされている。だが、彼は、宗教の存在の必要性を認めていると同時に、宗教のもつ惑溺を徐々に少なくする必要があることをも訴えている。

さらに、明治九年頃の演説原稿と言われる[111]「宗教の説」の中で、福澤は、「都て自から頼む能はざる者は他を頼むこと必然の勢なり。即ち他力の信心とも云ふ。禁酒禁博等、皆神仏に誓て之を禁ず。道理を知て禁ずるも、知らずして禁ずるも、其禁ずるは一なり。自から其心を頼むこと能はざる者は、猶自から其足を頼て歩行する能はざる者の如く、即ち片輪なり。神仏なり、耶蘇なり、往古片輪の時代に適したる教なれば、世の中に片輪のあらん限りは其教も亦甚だ入用なり。酔狂立小便にポリス、夜盗に犬、いくじなし愚民に暴政府、馬鹿と片輪に宗教、丁度よき取合せなら ん[112]」と書き、宗教は「馬鹿と片輪」という下流民衆にふさわしいものであることを公言している。

留意すべきは、それらの文章は、『学問のすゝめ』第十五編（明治八年七月）において、「信の世界に偽詐多く、疑の世界に真理多し[113]」として、宗教を批判して間もないころに書かれたものであるということである。それでは、なぜ福澤は明治九年にそのような宗教論を打ち出したのであろうか。

安川寿之輔は、明治八年（一八七五）六月の「国権可分の説」において、福澤が「百姓車挽の学問を進めて、其気力の生ずるを待つは、杉苗を植えて帆柱を求るが如し。法外なる望ならずや[114]」と述べていることに注目し、「この絶望を契機として、〔……〕『従順屈伏』の人心に依拠して政治を運営していく方向を志向するようになっていく。それ以後この姿勢は、かれの晩年まで基本的にかわらないまま一貫するのである[115]」と説明している。すなわち、安川によれば、福澤は『学問のすゝめ』による民衆の「独立の気力」の啓蒙路線に絶望したからこそ、初めて宗教利用に転じたのである。

安川と異なり、藤原正信は次のように解釈している。「それは前年の七五年五月に教部省行政による神仏合併布教が瓦解し、その十一月には「信教の自由保障の口達[116]」がだされたことで、宗教界の混乱がひとまず収拾し、宗教が「愚民」に対応し得ると判断されたからではなかろうか」。すなわち、明治九年、日本の歴史において、ようやく宗教が利用可能な状態になったから、福澤は宗教利用論を展開し始めたというのである。

安川にしろ、藤原にしろ、みな福澤が明治九年に宗教利用に転じ始めたと考えているようである。この観点は、明治八年に刊行された『文明論之概略』の中で示された次のような見方から整合的に解釈できる。

『文明論之概略』第十章「自国の独立を論ず」の中で、福澤は、「外国に対して自国の独立を謀るが如きは、固より文明論の中に於て瑣々たる一箇条に過ぎざれども、〔……〕文明の進歩には段々の度あるものなれば、其進歩の度に従て相当の処置なかる可らず[117]」と説き、「自国の独立」の達成を日本の当面の目標としている。また、同じ第十章で、彼は次のように述べている。「結局の目的を自国の独立に定め、恰も今の人間万事を鎔解して一に帰せしめ、悉皆これを彼の目的に達するの術とするときは、其術の煩多なること、際限ある可らず。制度なり、学問なり、商売なり、工業なり、一として此術に非ざるはなし。啻に制度学問等の類のみならず、或は鄙俗虚浮の事、盤楽遊嬉の物と雖ども、よく其内情を探て、其帰する所の功能を察すれば、亦以て文明中の箇条に入る可きもの多し[118]」。

言い換えれば、福澤にとって、「文明論の中に於て瑣々たる一箇条に過ぎ」ない「自国の独立」達成のためには、「人間の万事」なんでも「術」であり、手段化してもよい。「君臣の義、先祖の由緒、上下の名分、本末の差別等の如きは、人間品行の中に於て貴ぶ可き箇条にて、即ち文明の方便なれば、概して之を擯斥するの理なし、唯此方便を用ひて世上に益を為すと否とは、其用法如何に在るのみ[119]」。この論理に従うと、福澤が「富国強兵」のために宗教を一部の「愚民」の道徳教化に適用することに反対するわけはなくなる。

実は福澤自身も早くから宗教を子どもの教育に利用している。明治四年（一八七一）十月中旬から、彼は長男一太郎、次男捨次郎のために「ひゞのをしへ」と題する教訓を書き与えた。これには日常生活についての注意や、数のかぞえ方などのほか、『学問のすゝめ』初編の出される直前とあって、学問の重要なこと、「一身独立」すべきことも記されているが、その「十月廿七日」の条には次のように書かれている。「世の中に父母ほどよきものはなし。父母よりしんせつなるものはなし。父母のながくいきてじやうぶなるは、子供のねがふところなれども、けふはいきて、あすはしぬるもわからず。父母のいきしにはごつどの心にあり。ごつどは父母をこしらえ、ごつどは父母をいかし、また父母をしなせることもあるべし。天地万物なにもかも、ごつどのつくらざるものなし。子供のときより、ごつどのありがたきをしり、ごつどのこゝろにしたがふべきものなり[120]」。

さらに、同じ明治四年十一月にモーセの十戒のうち第一、五、六、八、十戒に該当する「おさだめのおきて」(律法)を子どもに書いて与えた[121]。これは紛れもない一種の宗教利用である。どうして福澤が未だ禁制のままのキリスト教の教えを子供に説いて聞かせたかについて、小泉仰は次のように説明している。「福沢によれば、宗教というのは、非文明の人間の心理状態の場合に有効であるから、子供のような未発達段階では、こうしたキリスト教の戒めは大変有効だと考えたからである[122]」。まさにそのとおりであろう。

明治初期、とりわけ『学問のすゝめ』と『文明論之概略』の筆と執った時、福澤は「一身独立」と「一国独立」の達成をもっぱら「智恵」に拠ろうと唱え続けていたが、彼は拙速に宗教を取り除こうと提言することはなかった。彼の考え方は、「宗旨のことは之を度外に置く可きのみ、学者の力を尽すも、政府の権を用るも、如何ともす可きものに非ず。唯自然の成行に任ず可きのみ[123]」ということであった。強くジョン・スチュアート・ミルの功利主義の影響を受けていた福澤にとって、文明進歩はあくまで急進ではなく漸進の過程であり、その過程において、社会に「無智不徳」の非文明の人間が存在さえすれば、宗教はそれなりの存在価値があるわけなのである。したがって、徹底的に宗教の効用を否定し、強制的に宗教を取り除くよりも、むしろ積極的に近代学問を勧めることによってしだいに民衆の「智恵」を向上させるほうが得策である。このような見方を取ると、福澤が明治九年に宗教について前述のような発言を持ち出すことも理解できるようになる。

明治九年、福澤は、宗教が下流民衆の道徳教化に有用であるという見方をはっきりと文章で言い出したにもかかわらず、けっして「富国強兵」、「国権保護」のために宗教を民衆の教化に積極的に利用しようとは唱えなかった。したがって、その当時の彼の宗教論は、せいぜい初期の主知的啓蒙路線の名残にすぎず、主知的啓蒙路線からの逸脱、あるいは後退とは言えないものであった。

(2) 本格的な宗教利用論

(a) キリスト教との対抗のため

福澤が「方今我邦至急の求は智恵に非ずして何ぞや[124]」、「一身を独立せしむるは、他ない、まず智識を開くなり」、「宗旨のことは之を度外に置く可き[125]」というような文に体現される主知的啓蒙路線から明白に逸脱し、本格的な宗教利用論者になったのは、『時事小言』が刊行された明治十四年（一八八一）のことであった。

明治十四年九月に刊行された『時事小言』で、福澤は、「天然の自由民権論は正道にして人為の国権論は権道なり」としたうえで、「我輩は権道に従ふものなり」と自らの立場を表明したのであったが、その第六編「国民の気力を養ふ事」において痛烈なキリスト教排撃を行なっている。「内既に安寧にして、又、外に競争するの資力に乏しからず。尚足らざるものあり。即ち国民、国の為にするの気力、是なり[126]」という彼は、「外教の蔓延を防ぐ事」を、「士族の気力を維持保護する事」とともに重視するのである。

「士族の気力を維持保護する事」という項目の中で、福澤は「今、我国に士族の気力を消滅するは、恰も国を豚にするものにて、国権維持の一事に付き、其影響の大なること論を俟たずして明らかなり[127]」と書き、士族の気力を弱める挙動を批判しながら、「士族の気力」を高く評価し、過去のみならず未来の日本の精神的指導を「士族」におおいに期待している。このことは、明治初期の広く人民一般、とりわけ「ミッズルカラッス」、すなわち中産階級に訴えた議論とまったく異なるといえるであろう。

なぜ福澤はキリスト教の「蔓延」を防がねばならないと考えたのであろうか。彼は、「外教の蔓延を防ぐ事」の項目において、次のように答えている。「耶蘇教の主義は、真に公平にして、世界を一家と視做し、国権の主義は真に不公平にして、故さらに自他の別を作為するものなれば、主義の異なるよりして自ら国権保護の気力を損せざるを得」ないからであった[128]。そして、「西洋の本国に於て既に国教の名義を得」るほどに普及しているキリスト教が日本で勢力を伸ばすようなことになれば、「我精神の一方は既に已に彼に従属して、恰も属国たるの情を免かれず。精神既に彼に属す、形体も亦これに従はざるを得」ない結果となる[129]。まさしく「一国独立」が危惧されたわけである。そこで福澤は、「我国の仏法は我固有のものなれは、之を無疵に保護して傍に外教を防ぎ、以て人民護国の気力を損ずることなきを勉む可し[130]」と主張した。しかし、明治初年以来の神道国教化政策のもたらした宗教界の混乱によって、「仏法は頗る害を被りて、神道は大に利したるに非ず、唯外教の侵入に便利を与えた[131]」にすぎないとみる彼は、こうした事態を打開するために、仏教と神道とが担当領域を明らかにし、それぞれの立場からキリスト教に対処せねばならないと、次のように論じた。「我輩は神仏の事に付き甚だ不案内なれども、識者の言を聞けば、神道は決して宗教に非ずと云へり。〔……〕既に宗教に非ざれば、故さらに葬送等の事に関して仏者を学ぶは、本色を失ふ者と云ふ可し。殊に神道は我日本固有の道にして、国権を重んずるは其一大主義たる可き筈なるに、近年、其運動〔廃仏毀釈〕の余波を以て、間接に国権を害するの媒介たりしが如きは、神道者に於ても必ず遺憾なる所ならん。故に我輩の切に企望する所は、今より更に神仏を区別して、日本の宗教は仏法なり、神道は宗教に非ずと、其分界を明にし、既に宗教に非ざれは死者葬送の事にも参る可きものに非ずとして、双方共に古来慣行の本分を尽し、以て外教の蔓延を防ぐの一事なり。但し其方法の如きは当局者の考案もあらん、政府も亦人の信心を束縛するこそ不条理ならんなれども、土地のこと、戸籍のこと、衛生のこと、統計のこと等、都て政治上に要用なる部分丈けは、宗旨に立入り、遠慮なく命令して可なり。洋学者の空論に迷はされて信教自由の主義を重んじ、之を重んずるの余りに、却て政権の達す可き所をも放却するは、卑怯なるものと云ふ可きのみ[132]」。

これまで「不徳」防止という漠然とした役割が担わされていた宗教に、ここで初めて具体的な課題が与えられた。すなわち、仏教は宗教として、神道は「宗教に非」ざる「日本固有の道」として、それぞれの領域で、天皇制国家の支配原理と相入れないキリスト教の勢力拡大を阻むことを通じて、「国権保護の気力」を養い、富国強兵を実現しようというのである。また、「一国独立」を危機に陥れかねないキリスト教の布教を防御する過程において、必要とされる時には、政府が「政教分離」・「信教自由」の原則を無視して、宗教に介入してもけっして構わない、と福澤は考えている。留意すべきは、このようにキリスト教に対する対抗策として日本の「唯一の仏法」を総動員しようとしたのは、断じて彼の仏教信仰からではない、ということである。これについては、福澤は、同年に書いた「宗教の説」において、「然るに近頃耶蘇教と云ふ者が西洋より渡来して所々に教堂を開き、追々信者が増加する様子なり。是れ取りも直さず坊主の領分を侵せるなり。〔……〕拙者が坊主ならば中々黙しては居らざるべし。また坊主の方では援兵がないと云ふでもあらうが、援兵は沢山ある。第一政府と学者が援兵となる。拙者も援兵の一人なり。併し信仰て援兵となるに非ず。信仰はせぬども援けねばならむ理あり(133)」と述べ、仏教者を励ましながらも、自らが仏教の信者ではないことを釈明している。

(b)　文明国に仲間入りするため

福澤のキリスト教の自由宣教に抱いた危惧感は、明治十七年（一八八四）になってからようやく緩むようになった。「清仏戦争」進行中の同年六月に書いた「宗教も亦西洋風に従はざるを得ず」において、福澤はそれまで論じてきた「我人民が耶蘇教を信ずるが為に、内外の区別を等閑に附し、或は護国の気力を傷くるならんなどの考」を「一時の過慮」と反省し、外国人の内地雑居が進みつつある現状を踏まえ、「我れより進て大に国を開くの利益」を自覚して、キリスト教の普及を積極的に是認する方向性を示し始めたのである(134)。その具体的な理由について、彼は次のように説いている。「世上一般の風尚は文明各国の色彩とも称す可きものにして、此間に在て独り異色を呈するは、故らに他の側目を促すものにして、如何なる狂暴国と雖ども尚為すを肯せざる所なり。故に身を経世の点に置て考ふれば、世界中に最も勢力ある欧米文明の風尚に従ひ、頼て以て其疎斥を免るゝは、勢に於て然る可きものにして、故らに媚を献ずるものと云ふ可らず。故に文明国間に独立するものと覚悟する以上は、文明の色相に蔽はれて其国を保護するの外なかる可し。単に此主義より観察すれば、人間交際上、最も有力なる宗旨の如きも、欧米に盛行するものをして我国に行はれしめ、我国をして耶蘇教国の仲間に入社せしめ、東西同一の色相を呈して共に文明の苦楽を与にするの策を定るは、今の経世上に一大要事ならんと信ずるなり(135)」。

すなわち、西洋文明国と対等的に交渉しうるために、日本は西洋の「文物、制度、習慣、風俗、宗教等」を導入しなければならない。さもなければ、日本は独立を確保しえないし、西洋列強の仲間にも入れない。したがって、福澤は「一身の私に於ては、甚だ宗教に淡泊なりと雖ども」、経世の立場に立って考えると、「人間社交上、最も有力なる宗教の如きも亦、西洋風に従はざるを得ず」と主張する(136)。

福澤は上述のようにキリスト教利用の主張を打ち出したのであったが、彼にとって、それはあくまで「一国独立」、すなわち富国強兵という目的を実現する手段にすぎない。他方、日本の伝統的な宗教と対立しているキリスト教に対してまったく警戒しないというわけはなかった。前論考の後に同年発表した「宗旨宣布の方便」において、彼は述べている。「第一に他宗を軽侮すること甚だしく、神仏などを視ること讐敵の如くし、其酷なるは神棚仏壇を毀ち、先祖の位碑をも水火に投じて、自から快と称する者なきに非」ざること、「其本職の教師なる者も、法を説くの間に往々他宗の妄誕を摘発して其真ならざるを」公言していることを憂慮して、「耶蘇の宣教師が実に日本国に其教を弘めんとならば、先づ日本国人の習慣流俗を知り、非教義に戻らざる限りは国人の慣るゝ所に従ひ、其好む所に任し、徐々に其心情を収めて、然る後に漸く弘教の目的を適す可きのみ(137)」。キリスト教を含む西洋の文明を受容し一日も早く「一国独立」の目標を実現しようと期していた福澤は、その後、功利主義的視点から宗教の宣教法、とくに真宗の宣教法に強く興味を示した。

明治十八年(一八八五)の「経世上に宗教の功徳を論じて併せて布教法の意見を述ぶ」の中で、福澤は次のように述べている。「我国に於ても千有余年前、宗教惑溺、野蛮の時代ならば、此筆法も亦通用す可しと云ふと雖も、民智次第に発達すれば、乗ず可きの惑溺は次第に除去して、宗教を布くの法も亦次第に淡泊ならざるを得ず。即ち真言天台に次ぐ浄土真宗を以てして、漸く簡易を致したるを見ても、其実を証するに足る可し。〔……〕不言不行の際に衆生の精神を収め、就中上流の人を導くこと緊要なる可し(138)」。

注目に値するのは、福澤が仏教の宣教法の進歩を称賛するとともに、上流階層に対する宣教問題を提起しているということである。以前、彼は主に「無智無学の田夫野嫗」などの下流民衆を宣教の対象としていたが、今、宗教を、智恵をもつ知識層にも適用するとまで考えている。これは明治初期に確立した啓蒙路線に対する軌道修正にほかならない。

真宗の宣教法への関心が次第に高まっていくに伴い、福澤は次第にキリスト教への関心を失ってしまい、明治三十年(一八九七)九月四日の「宗教は茶の如し」という論説になると、キリスト教は清潔ではあっても攻撃的すぎるという点で日本の国情に合わないという評価を再び下すようになっている(139)。こうした評価は、おそらく明治二十四年(一八九一)一月九日に起こった内村鑑三不敬事件が背景にあるのかもしれないが、福澤は内村事件には全然触れていない(140)。

(c) 階級対立の緩和のため

明治二十二年(一八八九)の「大日本帝国憲法」と翌年の「教育勅語」とによって、近代天皇制度は確立した。その後、その時々の状況に応じて、福澤は相変わらず積極的に宗教利用論を展開した。

たとえば、明治二十四年(一八九一)の「貧富論」の中で、福澤は富国強兵の推進者たるべき富者が支障なく「商売報国の大義」を尽くせるように、「宗教を奨励して人心を和するは、小民の軽挙を防ぐに最第一の要なり」、「多少の財を捐て丶寺院を保護し僧侶に衣食せしめ、以て小民の教化に怠ることなからしむ可し[141]」と述べ、宗教をもって、出来しつつあった資本主義社会の内在矛盾を緩和するという策を建言した。また、同じ年の「社閣保護と富籤興行」において、福澤は日本のブルジョワ的発展につれ、「往昔にありては互に相愛し相倚りて情誼の極めて濃」であった「雇主と職人との関係」および「地主と小作人との間柄」も、「今や漸く趣を変」え始めている[142]と指摘し、それに対する対策として、「富豪」が「慈善」事業に「大に散財」することを勧告しただけでなく、ほかならぬ政府に向かって、「維新以前の筆法」にならって、「仮令へ充分ならざるにもせよ、事情の許す限り」宗教の隆盛をはかるために、神社仏閣に「特典特許を与へ」ることを提案した[143]。

福澤にとって、寄生地主制を基盤とする当時の日本の資本主義的生産関係を維持するには、封建社会の時代以来民衆にとり唯一の教養であり思想であった宗教（主として仏教）を利用するのが、民衆の道徳教化の手段としてもっとも容易かつ有効であった。明治三十年（一八九七）の「宗教は経世の要具なり」という論文の中で、彼は、「是迄日本の社会は恰も家族の組織にして、例へば君臣主従の関係と云ひ、地主小作人の間柄と云ひ、単に一片の理窟のみを以て相接したるに非ずして、数理以外に自から一種の情誼を存して、以て衝突を防ぎたることなれ共、文明の進歩に随ひ、名利の競争次第に激烈と為ると共に、権利義務の議論愈よ喧しく、〔……〕世に同盟罷業などの騒ぎを生ずるも偶然に非ざるなり。而して今この理窟張たる民情を緩和し、骨に柔なる肉を生じ、肉に滑なる皮膚を着て、衝突を防ぐに有力なるものは、独り宗教あるのみ[144]」と述べている。

最初の工業過剰生産恐慌を迎え、近代的労働運動が開始される（労働組合期成会の結成によって）まさにこの年に、彼は、こうした労使双方の衝突を防ぐことを考え、それは宗教によらねばならないと強調したのであった。民衆が「権利義務」に目覚め、「理窟張る民情」が一般化することは、初期啓蒙の時代の福澤の念願であったはずなのに、ここで民衆は、「同盟罷業」が起こる現実を踏まえて、抑圧すべき対象に変わっているのである。彼は、寄生地主制を基底とする脆弱でそれゆえに跛行的に成長しつつあった日本の資本主義体制下での「同盟罷業」がその根底を脅かすものであるといち早く察知し、それを防ぐために宗教を持ち出した。その宗教で、彼は、「家族の組織」のような、あるいは、「君臣生徒の関係」のような、また「地主小作人の間柄」のような人間関係を打ち立てること、もっといえば、封建的なパターナリズムのモラルを資本家と労働者の間に打ち立てることを期待していたと言えるであろう。

生成しつつあった社会の矛盾に宗教で対処しようとする福澤は、宗教が最大限に機能しうるように、一八八〇年代以降、日本宗教界の保護・刷新のための多数の具体的提案を試みている。多くの論文の中で、彼は仏教における本山の「法王」をはじめとする多くの僧侶の腐敗・堕落を厳しく非難して、僧侶の品位を高めることを主張し、宗教界の改革と保護を呼びかけている。それは、「専門世襲制」を廃止したり、僧侶が「修業」に専念できるように「兵役」を免除したりして、仏教の腐敗と堕落を防いで宗教が自らの権威を高めることを期待し、また神社仏閣の経済的安定を保障するため、「国の費用」を補助したり、「山林原野」を寺社所有にしたり、寺社の敷地を無税にしたりという政治的特典を与えること、寺社に限って「富籤の興行」を認めること、僧侶の布教活動を保障するために「学校の建物を説法の用に貸」すことなどのさまざまな提案であった。

(d)　国権伸張のため

日清戦争に際して、福澤は述べた。「兵営所在の地を巡回して親しく兵士に面し、国家の為めに身を致すは宗教の本旨なる旨を懇々説」いた両本願寺の法主の布教を高く評価し、「本来本願寺の信徒は法主を仰ぐこと生仏の如く、本山の為めとあれば財産生命をも愛しまざる程の次第にして、今回出陣の兵士中には其信徒多きに居るよしなれば、法主自身の懇話はますます従軍者の決心を鞏固ならしめて、戦場の実地に非常の効能を現はすや決して疑ふ可らず。

単に両本願寺のみならず、其他の各宗も同様の次第にして、我輩が宗教を経世に必要なりとするは是等の効能あるが為めに外ならず(145)」。すなわち、宗教がこぞって国家に協力することを要求している。

また、戦後には、「東洋の形勢は日に切迫して、何時如何なる変を生ずるやも測る可らず。万一不孝にして再び干戈の動くを見るに至らば、何物に依頼して国を衛る可きか。矢張り夫の勇往無前、死を視る帰るが如き精神に依らざる可らざることなれは、益々此精神を養ふこそ護国の要務(146)」であるとして、靖国神社の臨時大祭以前に天皇親祭による「非常の祭典」を提唱し、これによって「死者は地下に天恩の難有を謝し奉り、遺族は光栄に感泣して父兄の戦死を喜び、一般国民は万一事あらば君国の為めに死せんことを冀ふ」ことになると論じた(147)。さらに、「移植地に宗教の必要は事実に明白なる所なれば、移住民が平生より尊信々仰したる神社仏閣を其地に分移して祭礼其他、一切本国同様に施行するは最も大切の事なる可し。人民の安心を維持し新開の地に常なる殺風景の人気を緩和して効能の大なるは、我輩の断じて疑はざる所なり」として植民地経営における宗教の有用性が主張され、帝国主義段階に入った近代天皇制国家に相応しい宗教利用論が、今や「国教」としての仏教と「祭祀」としての神道とを峻別することも忘れて、展開されるのであった。その後、彼は、「神官無用ならず」（明治二十九年〔一八九六〕）において、次のように神官に要望している。「神官たるものも自ら省みて斯る無益の挙動〔神葬と称する一種の式〕を止めにして、葬式に関することなどは一切思ひ止まり、自家の本分に相当して然かも国のために益する事に力を致さんこと我輩の希望する所なり。其本分に相当して国の為めに益するとは如何なる事なりやと言ふに、我日本は世界に比類稀れなる国柄にして、皇統の万世一系は申す迄もなく、古来海外に向て国力を奮ひたることはあれども、苟も外国より犯され外国に屈したることは只の一度も其例を知らず、金甌無欠、正に字義の如くにして他に誇るに足るのみか、之を説てますます内の人心を鼓舞するに足る可きものなり」。ここにいたると、福澤はもう国家神道にとって申し分のない協力者となっていた(149)。

福澤は、以上で見たように、明治十四年（一八八一）から、『学問のすゝめ』や、『文明論之概略』で説かれたような「窮理学」を中核とする「実学」をもって民衆を啓蒙しようという主知的啓蒙路線から明確に逸脱し、国権の保護、社会秩序の維持、愛国心の培養のために宗教を積極的に利用しようというある種の非合理主義へ傾いていった。宗教を「深く学問上より吟味すれば必ずしも動す可らざる根拠あるに非ず、或は人間一種の迷なるやも知る可らざ」[150]ると自覚した彼は、宗教がアヘンとして機能することが、「文明の本旨」に反すると理性的には認識しながら、現実の問題処理を非合理な宗教に頼らざるを得なかったわけである。また、彼自らは、まったくの無神論者でありながら、仏教や神道などの振興を声を大にして叫ぶという、きわめて醒めた意識で、宗教利用論を展開した。こうした福澤の態度は、のちに多くの人々によって非難されることとなった[151]。

明治十四年の政変後、福澤は「富国強兵」、「一国独立」の大本願を達成するために、積極的に宗教利用論を展開したけれども、科学への重視を一刻もゆるがせにすることはなかった。一八八〇年代に書いた「局外窺見」において、彼は「西洋近時の文明は悉皆智学の成跡にして物理の原則に出でざるものな」いにもかかわらず、「我国儒仏流の眼を以て之を見れば、此原則なるものは徳義の事にも非ず風流の談にも非ずして甚だ殺風景に思はれ」る状況を嘆き、「我文明の欠点は智学に在る」と説いていた[152]。非合理への傾斜が顕著になり始めても、彼はやはり「物理学」に重きを置いていたとしなければならない。また、明治三十一年（一八九八）から書き始めた『福翁自伝』の「教育の方針は数理と独立」という部分で、彼は「元来、私の教育主義は自然の原則に重き置て、数と理と、此二つのものを本にして、人間万事有形の経営は都てソレカラ割出して行きたい。又一方の道徳論に於ては、人生を万物中の至尊至霊のものなりと認め、自尊自重、苟も卑劣な事は出来ない、不品行な事は出来ない、〔……〕一身を高尚至極にし、所謂独立の点に安心するやうにしたい。〔……〕東洋の儒教主義と西洋の文明主義と比較して見るに、東洋になきものは、有形に於いて数理学と、無形に於いて独立心と、此二点である。〔……〕近く論ずれば、今の所謂立国の有らん限り、遠く思へば人類のあらん限り、人間万事、数理の外に逸することは叶はず、独立の外に依る所なしと云ふ可き此大切なる一義を、我日本国に於ては軽く視て居る。これでは差向き国を開て、西洋諸強国と肩を並べることは出来さうにもしない(153)」と述べ、立国の本が「数理学」と「独立心」に探し求めなければならないと主張した。

帝国主義段階に突入した天皇制近代国家にぴったりと寄り添い、国家神道に心を引かれても、福澤はやはり自然科学こそ近代文明を生み出す要素であるという観点を堅持し、明確に井上毅が明治十四年に敷いた権威主義的学問思想の路線に距離を置いて、「独立自尊」の立場を守り通したわけである。

福澤は幕末期に下級士族として洋学を修め、明治初年には「窮理学」を中核とする「実学」をもって儒学をはじめとする伝統的な学問を批判し、当時の人々に浸潤し、長らく染みついていた価値観や精神構造を根底から変革しようとした。明治十四年以降、自らの関心の重点が「富国」から「強兵」へ、一般民衆から旧「士族」へ移り変わり、啓蒙主義的理想主義から逸脱し、「科学帝国主義」、宗教利用論の唱道者となったにもかかわらず、基本的に自立した洋学知識人としての原則を守り抜いたと言える。ここで、明治十四年の政変が起こった一八八〇年代が、一般に帝国主義が世界的波及をみせた時代であったことが想起されねばならない。もし福澤の後半生に「啓蒙主義の凋落(154)」の傾向が指摘されなければならないとしても、「その傾向は福澤個人の問題というよりは、むしろ近代日本が置かれた国際的地位に大きく依存していたことも真実であった。日清戦争への深い加担も、この「時勢」のしからしめたできごとであった。そして、この前提のもとでこそ、福澤自身の思想的・政治的責任というべきものをも厳正に問い糺さねばならない(155)」のである。

注

（1）佐々木力『学問論』（東京大学出版会、一九九七年）、二三八頁。
（2）西村稔『福澤諭吉──国家理性と文明の道徳』（名古屋大学出版会、二〇〇六年）を参照。
（3）『文明論之概略』、『選集』第四巻、四七頁。
（4）同前、三九頁。
（5）同前、二四八頁。
（6）同前、二三頁。
（7）同前、二七頁。
（8）同前、六頁。
（9）同前、六一頁。
（10）同前、二九頁。
（11）同前、一五九頁。
（12）『学問のすゝめ』、『選集』第三巻、一五五頁。
（13）『西洋事情初編』、『選集』第一巻、一二九頁。
（14）同前、一三〇頁。
（15）同前、一三二頁。
（16）同前、一三一─一三三頁。
（17）『民情一新』、『選集』第四巻、二五九頁。
（18）『西洋事情初編』、『選集』第一巻、一〇〇頁。
（19）「浜口儀兵衛宛」、『選集』第一三巻、五四─五五頁。
（20）『民情一新』、『選集』第四巻、二五七─二五八頁。

(21)　同前、二五八頁。
(22)　同前、二八一頁。
(23)　同前、二五九頁。
(24)　同前、二五九―二六〇頁。
(25)　同前、二五九頁。
(26)　「文明進歩の速力は思議すべからず」、『全集』第九巻、二六四頁。
(27)　『民情一新』、『選集』第四巻、二七八頁。
(28)　『西洋事情初編』、『選集』第一巻、一一六頁。
(29)　「慶應義塾之記」、『選集』第三巻、一七頁。
(30)　「物理学之要用」、『選集』第三巻、二四三頁。
(31)　『福翁百余話』、『選集』第十一巻、二九二頁。
(32)　安西敏三『福沢諭吉と西欧思想』(名古屋大学出版会、一九九五年)、三八頁。
(33)　和田垣謙三ほか編『哲学字彙』(東京大学三学部印行、一八八一年)、六六頁。
(34)　「物理学之要用」、『選集』第三巻、二四三頁。
(35)　『福翁百余話』、『選集』第十一巻、二九二頁。
(36)　『時事小言』、『選集』第五巻、二八六頁。
(37)　「我輩は寧ろ古主義の主張者なり」、『全集』第十六巻、二八四頁。
(38)　日本における「窮理」から「物理」への呼称の変化については、三枝博音「「物理」の概念の歴史的彷徨について」、林達夫ほか編『三枝博音著作集』第十一巻(中央公論社、一九七三年)、三三―四〇頁、並びに矢島祐利「明治初期における物理学の状態」、『科学史研究』№９(一九四五年)、三六―五六頁を見よ。
(39)　「覚書」、『選集』第十二巻、二一頁。

(40)「物理学之要用」、『選集』第三巻、二四三頁。
(41)『福翁百話』、『選集』第十一巻、四八―四九頁。
(42)同前、二三七頁。
(43)同前、二四二頁。
(44)同前、二四二頁。
(45)同前、二四三頁。
(46)同前、二四三頁。
(47)同前、二四四頁。
(48)飯田賢一『技術史――人間と技術のふれあい』(日本放送出版協会、一九九〇年)、六二頁。
(49)同前、六四頁参照。
(50)遠山茂樹『福沢諭吉――思想と政治との関連』(東京大学出版会、一九七〇年)、一五八―一五九頁。
(51)「東京木挽町の電信中央局開業式祝宴の祝辞」、『全集』第十九巻、六六九頁。
(52)『文明論之概略』、『選集』第四巻、二四四頁。
(53)「内忍ぶ可し外忍ぶ可らず」、『全集』第十九巻、二二五頁。
(54)ひろたまさき『福沢諭吉研究』(東京大学出版会、一九七六年)、一六七頁。
(55)金城正篤「台湾事件(一八七一~七四年)についての一考察」、新里恵二編『沖縄文化論叢』第一巻・歴史編(平凡社、一九七二年)を参照。
(56)「征台和議の演説」、『全集』第十九巻、五四一頁。
(57)同前、五四二頁。
(58)『通俗国権論』、『選集』第七巻、五七頁。
(59)『時事小言』、『選集』第五巻、一六六頁。

(60) 同前、二六〇頁。
(61) 「脱亜論」、『選集』第七巻、二二四頁。
(62) 『時事小言』、『選集』第五巻、一六六頁。
(63) 同前、一七一頁。
(64) 同前、一七二頁。
(65) 同前、一七四頁。
(66) 『民情一新』、『選集』第四巻、二六〇頁。
(67) 「文明進歩の速力は思議すべからず」、『全集』第九巻、二六五頁。
(68) 『時事小言』、『選集』第五巻、一七三頁。
(69) 同前、一七四頁。
(70) 廣重徹『科学の社会史』(中央公論社、一九七三年)八〇—八一頁、を参照。
(71) 『時事小言』、『選集』第五巻、一七五頁。
(72) 同前、一七五頁。
(73) 「文明進歩の速力は思議すべからず」、『全集』第九巻、二六五—二六六頁。
(74) 『時事小言』、『選集』第五巻、一六六—一六七頁。
(75) 同前、一六八頁。
(76) 「物理学之要用」、『選集』第三巻、二四五頁。
(77) 菊池大麓「理学之説」、『科学と技術』日本近代思想大系第十四巻(岩波書店、一九八九年)所収、二二五頁。
(78) ルイス・パイエンソン、佐々木力訳「科学と帝国主義」『思想』第七七九号(一九八九年五月)、九—二八頁、さらに佐々木力『科学技術と現代政治』(筑摩書房、二〇〇〇年)、五八—六三頁を見よ。
(79) 飯田鼎『福沢諭吉——国民国家論の創始者』(中公新書、一九八四年)、一八七頁。

(80)『時事小言』、『選集』第五巻、二六〇頁。
(81)「日清の戦争は文野の戦争なり」、『全集』第十四巻、四九頁。
(82)平山洋『福澤諭吉』(ミネルヴァ書房、二〇〇八年)、三六二頁。
(83)『福翁自伝』、『選集』第十巻、二二二頁。
(84)同前、二二三頁。
(85)小泉仰「啓蒙思想家の宗教観」、比較思想研究会『明治思想家の宗教観』(大蔵出版、一九七五年)、五四―七〇頁を参照。
(86)『或云随筆』、『選集』第三巻、六頁。
(87)『文明論之概略』、『選集』第四巻、一六三―一六四頁。
(88)同前、一九二頁。
(89)同前、一八六頁。
(90)同前、一二七頁。
(91)『覚書』、『選集』第十二巻、一七頁。
(92)同前、一六頁。
(93)小泉仰「福沢諭吉と宗教」、『福沢諭吉年鑑』第二十一号(一九九四年)、二二六頁。
(94)『文明論之概略』、『選集』第四巻、一三〇頁。
(95)同前、一三一頁。
(96)同前、一三二頁。
(97)丸山眞男『「文明論之概略」を読む』下(岩波書店、一九八六年)、三一三―三一五頁。
(98)『文明論之概略』、『選集』第四巻、六一頁。
(99)同前、一三四頁。
(100)同前、三九頁。

(101)　同前、一三二頁。
(102)　同前、一八六頁。
(103)　同前、一八八頁。
(104)　同前、二二七頁。
(105)　同前、二二九頁。
(106)　同前、二三九頁。
(107)　「宗教の必用なるを論ず」、『全集』第十九巻、五八五頁。
(108)　同前、五八七頁。
(109)　同前、五八七頁。
(110)　『覚書』、『選集』第十二巻、一三頁。
(111)　この原稿は『福澤諭吉全集』では明治十四年（一八八一）頃のものと推測されているが、伊藤正雄の考証によると、「宗教の必用なるを論ず」とほぼ同じ時期のものということである。伊藤正雄『福沢諭吉論考』（吉川弘文館、一九六九年）、二〇一頁。
(112)　「宗教の説」、『全集』第二十巻、二三二頁。
(113)　『学問のすゝめ』、『選集』第三巻、一五三頁。
(114)　「国権可分の説」、『全集』第十九巻、五三一頁。
(115)　安川寿之輔『日本近代教育の思想構造』（新評論、一九七〇年）、三三八頁。
(116)　藤原正信「福沢諭吉の貧民論――その「愚民」観・宗教論との関連で」、『龍谷史壇』第一〇八号（一九九七年三月）、二七頁。
(117)　『文明論之概略』、『選集』第四巻、二一九頁。
(118)　同前、二五二頁。

(119) 同前、二五三―二五四頁。
(120) 「ひゞのをしへ」、『選集』第三巻、三六頁。
(121) 同前、四〇―四一頁。
(122) 小泉仰「福沢諭吉と宗教」、『福沢諭吉年鑑』(前掲)、二二八頁。
(123) 『文明論之概略』、『選集』第四巻、一三二頁。
(124) 同前、一二八頁。
(125) 同前、一三三頁。
(126) 『時事小言』、『選集』第五巻、二八五頁。
(127) 同前、三〇三頁。
(128) 同前、二九四頁。
(129) 同前、二九七頁。
(130) 同前、二九九頁。
(131) 同前、三〇一頁。
(132) 同前、三〇一―三〇二頁。
(133) 「宗教の説」、『全集』第十九巻、七一一頁。
(134) 「宗教も亦西洋風に従はざるを得ず」、『選集』第七巻、二一六頁。
(135) 同前、二一五頁。
(136) 同前、二二〇頁。
(137) 「宗旨宣布の方便」、『全集』第十巻、五三―五四頁。
(138) 「経世上に宗教の功徳を論じて併せて布教法の意見を述ぶ」、『全集』第十巻、三三〇―三三一頁。
(139) 「宗教は茶の如し」、『全集』第十六巻、九一―九三頁。

(140) 内村鑑三不敬事件については、亀井俊介『内村鑑三——明治精神の道標』(中央公論社、一九七七年)、太田雄三『内村鑑三——その世界主義と日本主義をめぐって』(研究社出版、一九七七年)などを参照。
(141)「貧富論」、『選集』第八巻、二一五—二一六頁。
(142)「社閣保護と富籤興行」、『全集』第十三巻、一二四—一二五頁。
(143) 同前、一二五—一二六頁。
(144)「宗教は経世の要具なり」、『全集』第十六巻、五九—六〇頁。
(145)「宗教の功能」、『全集』第十四巻、五八三—五八四頁。
(146)「戦死者の大祭典を挙行す可し」、『全集』第十五巻、三二一頁。
(147) 同前、三二二頁。
(148)「神官無用ならず」、『全集』第十五巻、四三三頁。
(149)「移民と宗教」、『全集』第十五巻、三六二頁。
(150)「宗教は経世の要具なり」、『全集』第十六巻、五八頁。
(151) 安川寿之輔『日本近代教育の思想構造』(前掲書)、三六〇—三六一頁を見よ。
(152)「局外窺見」、『全集』第八巻、二二七—二二九頁。
(153)『福翁自伝』、『選集』第十巻、二〇八—二〇九頁。
(154) ひろたまさき『福沢諭吉研究』(前掲書)、二三二頁などを見よ。
(155) 佐々木力『学問論』(前掲書)、二四二頁。

第四章　清朝末期中国における近代社会への思想変動

第一節　洋務運動と変法運動における西学受容の論理

1　アヘン戦争での敗北と洋務運動

(1) アヘン戦争の衝撃への反応

多くの歴史家は「近代中国」の開幕を一八四〇—四二年のアヘン戦争に求め、中国人歴史家の場合であれば、この戦争を「古代中国」と「近代中国」との分水嶺と見なす。こうした時期区分論は、ある種の歴史観を反映している。敷衍して言えば、西洋帝国主義の侵略が、封建段階にあった中国を「半封建・半植民地」状態に変えたと規定し、この状態こそが「近代中国」の本質であると考え、そのため、西洋帝国主義の中国侵略の起点であるアヘン戦争をもって「近代中国」の開幕と見なすのである。

しかしながら、「こうした遡及的な歴史規定と同時代人の意識の間には、明らかなズレが存在する」と指摘した学者が正当にもいる。(1) なぜなら、アヘン戦争当時の中国人には、自分たちが今や「古代中国」から「近代中国」への転換期に直面しているというような意識、ひいては、歴史に進歩や発展のような不可逆的変化が起こるという認識すら存在しなかったから、というのである。実際、当時の中国人にとっては、アヘン戦争ですら、今日のわれわれが想像するような重大かつ深刻な事件ではけっしてなかった。粗野で狂暴な「夷狄」に軍事的に敗北するということは中国史上しばしば起こったことであり、「夷狄」にとりあえず飴を与えて慰撫することも多くの先例があることであって、善きにつけ悪しきにつけ、格別衝撃を感じるようなことではなかったのである。

もちろん例外はあった。内外を通じて不安定化しつつあるなかで、「経世済民」という儒教の政治理念を実現するために積極的な改革を進めるべきであると考えた魏源（一七九四—一八五七）はアヘン戦争の直後に、西洋諸国に関する入手可能な情報を集大成して『海国図志』を著わし、かつ西洋製の大砲と軍艦の威力を率直に認めて、「夷の長技を師とし、以て夷を制する」（西洋の得意とするところの技術などを学び取って、西洋の中国侵略に抵抗する）という師夷説を唱えた。しかしながら、魏源の師夷説は、アヘン戦争の当時においては孤立した少数説であり、同時代人にほとんど影響を及ぼさなかった(2)。

中国に変革の動きが起こるのは、第二次アヘン戦争（一八五六—六〇年、アロー戦争ともいう）と太平天国農民蜂起（一八五一—六四）が起こって以後のことである。第二次アヘン戦争の原因は、一八五六年十月八日、広州の珠江に停泊していた英国国旗を掲げる香港の中国船アロー号の乗組員が密輸容疑で中国兵によって拉致され、英国国旗が引き下ろされた事件にある。当時、条約改訂の機会を狙っていた英国は、外交交渉決裂後、広州を砲撃し、清朝中国への開戦を決定した。そして、一八五七年十二月、英国はフランスと連合軍を結成して広州を占領し、翌年五月には天津に迫り、アメリカ、ロシアとともに条約改訂を清朝に強要した。結局、清朝政府は四国と個別に「天津条約」を結ぶこととなった。一八六〇年八月後、戦争はさらに拡大し、英仏連合軍が天津に上陸し、北京に侵入、円明園などを破壊・略奪した。同年十月末に清朝と英仏間に天津条約が批准され、新たに北京条約が調印された。こうして一八四〇年以来二十年の間に中国は二度にわたって外国勢力の侵略を受けた結果、半植民地への道を強いられていくが、第二次アヘン戦争はまさにその道程を決定づけたものといえよう。

第二次アヘン戦争のみならず、一八五〇年代、清朝は太平天国農民蜂起などの国内問題をも抱えていた。一八五三年三月、洪秀全が率いる「太平天国」軍は南京を占領し、南京を天京と改名して、首都に定め、農民政権を樹立した。

その反乱が一八五七年夏に全盛期に入った時、清朝経済と文化の中心であった武漢から鎮江までの長江下流地域を支配下に置いた。この大騒乱は一八六四年六月首領洪秀全が病死したため、漸く鎮められたが、推定死者の数は延べ三千万人に達した。十余年にわたったこの内乱は、アヘン戦争をはるかに上回る危機感を清朝支配層に与えずにはいなかった。

第二次アヘン戦争の敗北と「太平天国」の農民蜂起の打撃を受け、清朝政府は、ようやく技術面で西洋がはるかに中国を凌駕することを認め始めた。そして西洋の軍事技術を中核とする近代技術を導入することをとおして、外国の侵略に抵抗し国内の騒乱を鎮めようと決意した。一八六〇年代初めから興った西洋の軍事技術、機械製造業などを導入して中国の自強を図るこの改革運動は、のちに洋務運動、あるいは自強運動と呼ばれるようになった。

洋務運動の展開過程はだいたい三つの時期に分けることができる。その第一期（一八六〇—七一）には各地に兵工廠が設立され、銃砲や艦船の製造が行なわれた。李鴻章（一八二三—一九〇一）が一八六五年上海で設立した江南機器製造局、左宗棠（一八一二—八五）が一八六六年福州で設立した馬尾船政局などは大規模な造船所で、武器・弾薬も製造し、このほか金陵機器局（一八六五）、天津機器局（一八六七）などが設立された。第二期（一八七二—八五）には兵器・造船の関連諸企業が発達し、民間資本を調達した「官督商弁」の経営方式で、近代的な運輸・通信施設の設置、鉱業開発などが徐々に始められ、国民経済にかかわる企業活動が起こった。輪船招商局（一八七二、上海）、石炭採掘のための開平鉱務局（一八七八、天津）などがそれであり、一八七九年には大沽—天津間に電信が敷設され、一八八一年には唐山石炭輸送のために唐山鉄道が敷かれ、同年、天津・上海間に有線電信も敷設された。次いで第三期（一八八五—九四）には、李鴻章による北洋海軍の編成、張之洞（一八三七—一九〇九）による漢陽製鉄所建設の二大プロジェクトが推進された。このような企業活動は近代的な平和産業の発達も促した。一八七八年、左宗棠が蘭州に毛織物工場、一八八二年、李鴻章が綿織物工場を創設すると、張之洞も広州に製糸工場（一八八六）、織布局（一八八九）を設立し、一八九三年には武昌にも製糸・織布工場を起こした。盛宣懐（一八四四―一九一六）が上海に設立した紡績工場も操業を開始した。

洋務運動の規模はかなりのものであった。(3) しかし、洋務運動期の最大の課題は、内外戦争によって動揺した社会秩序の再建、および侵略戦争と大規模な内乱の再発防止にあったから、外国語の学習と外国技術の導入は許容されたが、運動がその範囲を越えようとする時、官僚たちの間から常に反対論が起こった。たとえば、総理衙門（一八六一年に設立された、中国史上最初の外務省に当たる機構）が一八六七年に天文算学館を設立し、機器製造の根底にある自然科学を科挙合格者に学習させようとした時には、官僚たちの間から轟々たる反対の声が起こり、総理衙門は苦況に立たされた。(4)「文明開化」、「富国強兵」をスローガンとして展開された明治日本の変革運動と比べ、洋務運動の進展は実に遅々としていた。(5)

(2) 鄭観応の「附会論」

洋務運動の時期、乾隆朝の富強の回復と社会秩序の再建を目指す人々にとって、もっとも必要なことは、緩みかけた社会のタガの締め直し――とくに官吏の規律引き締めと制度の正しい運用――であって、西洋の模倣ではなかった。西洋の強さの秘密である軍事技術と機械製造業などは導入する必要があるにしても、それ以上のこと――たとえば西洋に倣って政治制度を変更すること――は、富強どころか、混乱を招く可能性のほうが高い。それゆえ洋務運動に一定の制限を課すことは彼らにとってそれなりに合理的な選択であった。

だが、洋務運動を効果的に推進しようとすれば、運動の範囲は自ずから広がらざるをえない。ことに、当時「西学」と呼ばれた自然科学の導入は不可避であった。根強い反対論が存在する中で、洋務運動推進派は、「西学」の導入を正当化するために「西学中源」説、あるいは「附会論」を唱えた。(6)

「附会論」とは、西洋科学技術の源流は実は中国にあり、それが西洋に伝えられ、発展して「西学」になったのであって、「西学」の導入は西洋の模倣ではなく、中国自身のものの回復にすぎないという論理である。それは、一八八〇年代後半から盛んになった議論であった。その論を唱えた代表人物は鄭観応（一八四二―一九二二）、王仁俊などである。

鄭観応は中国清末の実業家、改良主義の思想家である。若いころ、上海に行き、英国商人の下で買弁として働いたが、光緒六年（一八八〇）、李鴻章の委嘱を受けて上海機器織布局総弁となり、さらに輪船招商局、上海電報局などの運営にあたった。こうした経験から、当時の洋務運動に同調しながらも、一方で民間の商業を重視し、議院を設けて民意を反映させることを主張した。『易言』、『盛世危言』の著にその思想は表現されている。当時の改良主義運動のうえで大きな思想的衝撃を与えた著書にあげられる。

一八九四年刊行の『盛世危言』の中で、鄭観応は、西洋の科学・技術について次のように述べているが、その主張の要点は中国の過去の時代にすでにその端緒が存在していたとするものである。「占星・望気の術は臾区に始まり、三角法は隷首に始まり、地図の学は髀蓋に始まり、算術は周礼に始まる。のみならず、渾天儀による測定は、璣衡に倣ったものであるから、測量術には〔中国にも〕由来がある。公輸子は木人を彫って御者とし、墨翟は木鳶を刻して飛び、武侯は木牛流馬を作ったのであるから、機器には〔中国にも〕由来がある。（『周礼』の）「秋官」の中の「象胥」は、鄭玄注では「訳官」としてあるから、通訳には〔中国にも〕由来がある。陽燧は太陽から火を取り、方諸は月から水を取る器具であるから、格物には〔中国にも〕由来がある。化学について言えば、古書に「煉金腐水」というのが載せてあり、〔……〕これは化学が中国から出ているということである。重学について言えば、古書に「均発均懸」について述べてあり、〔……〕これは、重学が中国から出ているということである。光学について言えば、古書に「臨鑒立影」と言っており、〔……〕これは光学が中国から出ているということである。気学について言えば、古

国から出ているということである。さらにいうことである。電学について言えば、『関尹子』に「石が石を撃てば光を生ずる。雷電は気によって生じ、またそれを作り出すこともできる」、『准南子』に「陰陽が相薄って雷となり、激揚して電となる」とあり、これは電学が中国から出ているということである[7]」。

さらに鄭観応は、『『大学』の「格致」の一篇が亡び、『周礼』の「冬官」の一冊が欠けて以来、古人の名物象数の学は流れ移って西洋に入り、その工芸の精なること、遂に遠く中国の及ばないところとなった[8]」として、西学は、本来充足した体系を成していた経書の、それも中国では失われた部分を継承したものだとした。

このような形で、西学も中国の古えの学の系譜を引くものであると強調することは、結果として、中学と西学を同根のものとして認定し、それらの間に同質性を認めることを意味する。そして、その同質性を前提としながら、「思うにわれわれはその根本の部分に務め、彼らはその末節の部分を追求し、われわれはその精なる部分を明らかにし、彼らはその粗なる部分を得た。われわれは事物の理を努め、彼らは万物の質を究めた。秦漢以降、中原は乱れ、文物が無くなってしまい、学者は、制作の根源を窺うことなくして、空文に循って性理を高談した。かくて、われわれは虚に堕し、彼らは実に懲することとなった[9]」と述べ、中学と西学の差異は、その研究対象が「本」か「末」か、あるいは秦漢以降の中国の堕落した形態に即して言えば「虚」か「実」か、すなわち、抽象的・理論的な事柄か、具体的・実用的な事柄かの違いに存するとした。

そして、彼は、一方で、「善く学ぶ者は、必ずまず本末を明らかにし、さらに所謂「大なる本末」を明らかにしなくてはならない。西学についてこれを言えば、格致制造等の学がその本であり、〔……〕語言文字はその末である。〔中学と西学を〕合してこれを言えば、中学がその本であり、西学がその末であり、中学を主とし、西学を輔とするのである[10]」として、中学と西学の間に、その研究対象の関係に並行した形で中学が「本」で西学が「末」だという優劣関係を設定し、中学の優位性を維持しながらも、他方で、中学は「本」であるにせよ、それのみでは十分ではないとする。彼は「これら〔中学と西学〕を合すれば、本末が兼ね備わるが、これを分ければ、バラバラな不十分なものとなる」[11]と言い、西学の導入は、中国の学に本末を兼ね備えさせ、それを完全な形態に復するものだとして正当化される。加えて、鄭観応は、「そもそも、他者に勝ろうとするならば、その成法を早く知ってはじめて変通することができ、そうしてはじめて敵に克つことができる。彼ら〔西洋人〕は、数十国の人材を集め、数百年の智力を窮め、億万兆の資材を投げうってようやく獲得したものでありながら、書物に刻してそれを他人に公にして、己に私せず、その学を広めて、その伝を秘匿しないのはなぜか。彼らは実はわが中国の古聖の緒余を窃んだのであって、これをさらにますます精密にして、それで中国に超しているのであり、たとえ自私自秘しようと思っても、それは天の許さないものがあるのだ」[12]と述べ、西洋との接触によって西学がもたらされたのは、天が中国に与えてくれた、ある種特権的なチャンスなのだとして、論点を補強したのであった。

以上の鄭観応の西学観の概要である。王仁俊は『格致古微』という本の中でそれに類似したる附会論を展開している[13]。彼の西学観を大まかにまとめれば、西洋の科学・技術は、本来中国の学と同根のものであって、両者の間にはなんら対立関係は無く、その差異は研究対象の違いであり、両者は互いに補完的関係にある、といったようになる。ここには、「文明開化」という標語が成立する余地はない。別な言い方をすれば、文明に必要な条件は中国に完備している――仮に現状において存在しなくても、過去には存在した――という前提のもとに、中国の近代化は開始されたのである。

2　日清戦争での敗北と変法運動

(1) 康有為の変法論理

こうした洋務運動期の知的雰囲気を一変させたのが、甲午中日戦争、日本流に言えば、日清戦争（一八九四―九五）における中国側の敗北であった。日清戦争での敗北は、アヘン戦争とは比較にならないほどの大きな衝撃を中国人に及ぼした。中国は、最後に残った朝貢国である朝鮮を失い、台湾を割譲し、膨大な賠償金を支払うことを余儀なくされた。さらに敗戦で露呈した中国の弱体ぶりにつけ込んだ列強は、中国各地域の鉄道布設権や鉱山開発権を自国が排他的に囲い込む勢力圏の設定に乗り出し、一八九七年冬から一八九八年夏にかけてのわずか半年の間に中国のほぼ全土が列強の勢力圏に分割されてしまう。いわゆる「瓜分」の危機であり、事態を放置すれば、近い将来に中国はアフリカのように植民地分割され、中国人はアフリカ人のように奴隷化されると、多くの中国人が強い危機感を抱いた。

こういった危機の中で、技術、器物の導入のみで中国の自強を果たそうという洋務運動は限界に直面した。日清戦争の勝敗を分けたものが、たんなる軍事力の優劣ではないことは明らかであったからである。亡国の危機に直面し、国家と民族の存続を最優先課題と見なす中国人の間に、日本の明治維新に倣った大規模な制度改革の断行が必要であるとの意識が急速に広がり、かつ運動として展開された。いわゆる変法運動であり、その先頭に立ったのが康有為（一八五八―一九二七）と彼の弟子梁啓超（一八七三―一九二九）であった。

康有為は、中国清末の学者、政治家である。広東省南海県の生まれで、門人から南海先生とよばれた。光緒十四年（一八八八）、順天郷試受験のため入京、時の皇帝に政治制度の改革を要求する上書を行なって政界に波紋を投じた。

二年後、広州に万木草堂を開いて、欧米の学問をも盛りこんだ新しい教育内容により人材の育成をはかった。一八九五年、彼は会試受験のため入京したが、日本に敗れた清朝政府が過酷な講和条件を受諾しようとしているのに憤激し、一二〇〇名の挙人の署名を集めて和議拒否の上書を行なった。これ以後、強学会など学会の名を借りた政治結社と雑誌出版により政治改革の必要を鼓吹した。一八九七年、第五上書を行ない、立憲君主制を国是とするよう求めたのが、光緒帝に認められ、翌年六月、「明らかに国是を定める」との上諭により「変法」が開始され、彼は光緒帝のブレーンとなって、「戊戌変法」、あるいは「百日維新」の改革プランをつぎつぎに立案した。しかし、その改革運動は、西太后ら保守派のクーデターによって挫折し、わずか三カ月で鎮圧された。その後、康有為は最初日本に亡命し、次いで世界各地を遊歴して、立憲君主政体の実現を期して保皇会の設立に努力した。辛亥革命のあと帰国すると、彼は孔教会を組織して、孔子祀典の運動を行ない、また宣統帝復辟運動にも加わったが、いずれも失敗し、一九二七年青島で病死した。(14)

康有為は日清戦争の敗北の経験から、西洋が科学と技術を創造し、用いてきたのはその社会的・政治的諸制度の効率性と密接に関連していたことを悟り、中国を亡国の危機から救う道は「洋務」ではなく「変法」である、すなわち数千年来の伝統的政治体制を改革しなければならない、と考えた。彼は「今数十年諸臣の言うところの変法とは、おおむね皆ほぼその一端を変じて未だ全体に及ばず。また、いわゆる変法は、制度・法律より先ず改定を為して、すなわちこれを変法と言う。今言うところの変法はこれ変事のみ、変法にあらざるなり(15)」と述べ、洋務運動を「皮毛の改革」と批判し、根本的な制度の改革を求めた。

康有為の変法思想は『日本変政考』に集中的に示されている。『日本変政考』は編年体の史書で、明治元年（一八六七）から明治二十三年（一八九〇）にかけて日本で起こった重要事項や明治政府の新しい政治制度とその施政方針が記録されると同時に、康の明治維新に対する評価と自らの政治改革の主張を加えたものである。その序文の中で、康は明治日本のかつての変革経験を紹介しながら、もし中国が変法を行ない、日本の変革経験を取り入れて鑑にすれば、たちどころに効果が現われると説いたうえで、中国は明治維新に倣えば、「三年にしてあらましが片づき、五年にして条理を備え、八年にして効果を挙げ、十年にして覇業は定むるなり」[16]と断言した。ここで、康が主張しようとしたのは、ほかならぬ日本の明治維新のように、西洋の近代政治制度を導入して、中国を君主専制から立憲君主制に移行させるという政治制度の変革であった。

康有為は、自分の変法の理論的根拠を整えるために、西洋の科学方法と合理主義をもって中国の経典と孔子の思想を新たに解釈し、それらの再評価を試みた。彼は、漢代以後の経典の多くは前漢末の学者劉歆の偽作であると断言し、『新学偽経考』全十四巻（一八九一）を著した。また、『孔子改制考』全二十一巻（一八九八）を編集し、孔子が古に託したのは改制のためであり、孔子は改制するために、古に依託しなければならなかったといい、孔子を変革者と見なし、政治制度はけっして一定不変のものでありえず、変革するのが孔子の教えの本来の在り方であると力説した[17]。

孔子の真意は改制にあることを力説した康有為は次のように論じた。孔子の道は六経にあり、六経は『春秋』に統一される。『春秋』には三伝があり、その中の『左伝』は、文と事とに詳しい歴史である。『穀梁伝』も春秋の孔子改制の義を明らかにせず、孔子の道を明確には伝えていない。『春秋』の真義を伝えるものは、素王（孔子）改制の義を明らかにした『公羊伝』のほかにない。また、公羊学の改制の義を西欧近代の学説と結合させることによって維新変革の理論を生み出そうとしたのであった。彼は、進化論的歴史観に基づいて、公羊学の「三世」を解説した。すなわち、拠乱世（君主専制時代）から升平世（君主立憲時代）へ、さらに升平世から太平世（民主共和時代）へと、歴史は進化し、歴史発展の最高形態は太平世、すなわち大同世界の実現にあると考えたのである[18]。言うまでもなく、康有為にとって、太平世、すなわち大同世界は、あくまで未来の理想社会である。現実においては、升平世、すなわち君主立憲時代の政治体制の実現を目指すべきなのである。

(2) 張之洞の「中体西用」論

中国の封建社会構造の精神的基盤は孔子の思想である。当時、いかなる政治改革も、孔子という看板を立てなければ、まず不可能であった。康有為は、自分のような一介の民間人の身分で、聖域と見なされている儒教を否定すれば、自分の変法の主張が必ずやそれで終わると考えた末に、自分の変法の根拠を儒学の中に求め、「変法」を儒学思想の内部で合理化しようとした。(19) このように孔子に仮託して君主立憲の変法主張を説こうとした康に対して、張之洞を始めとする保守派学者、官僚は根強く反発した。

張之洞は、一八三七年九月二日、父の任地である貴州省興義府で生まれた。本籍は、直隷（今の河北省）南皮である。五歳から論語、孟子、中庸、大学の四書を読破し、さらに春秋、易経、詩経などの経典を学んだ。十四歳までに師事した儒者は十二、三人に及んでおり、その中で最も影響を受けた師は、翰林院侍読の丁誦孫であった。(20) 十六歳で郷試に首席合格、二十六歳の時に三番の成績で進士に及第した。以後、官界のエリート・コースを歩んだ。光緒六年（一八八〇）、ロシアとの屈辱的条約に反対して強硬な外交路線を主張、一八八四年、清仏戦争に備えるため広東・広西を治める両広総督に任命されて以来、前後十八年間、湖広（湖北・湖南・広東）、両江（江蘇・安徽・江西）などの総督、あるいは総督代理を務めた。一九〇七年八月総理大臣にあたる軍機大臣に任命されたが、翌年十月四日北京で病をえて、七十三歳の生涯を閉じた。旧中国の知識人の中で、張のように、各段階の科挙試験に順調に合格し、また順風満帆、官途を邁進した人物は、きわめて少ない。

一八九五年両江総督代理を務めている張之洞は、康有為の説得で、とりあえず上海強学会の創設を支持したが、康有為の維新変革の理論的根拠となった孔子改制という学説には大いに反対した。(21) 彼は、康有為らの維新変法理念を論破するために、一八九八年に有名な『勧学篇』、すなわち、日本語にすれば『学問のすゝめ』を著した。この『勧学篇』の中で、張之洞は中体西用論に基づいて、「中学」の間隙を埋める補助として「西学」を積極的に導入すべきことを主張したが、道徳原理、政治原理は全面的に「中学」に依拠する、いわゆる「仁政」に則った支配体制を確立すべきことを強調した(22)。

『勧学篇』の構成は内篇と外篇とに分けられている。内篇は「中学」、外篇は「西学」を中心とするものである。「勧学篇序」によれば、張之洞は「内篇では本を務めて人心を正し、外篇では通に務めて風気を開く(23)」ことをもくろんでいる。

内篇の最初にある「同心」篇の中で、張は当時知識人の間で広く議論された「保国」「保教」「保種」というテーゼをとりあげて、次のように論じている。「私の聞くところによると、今日における時代の変化を救おうとする場合、その説くところには三つある。一つは国家を保つこと、一つは聖教を保つこと、一つは中華民族を保つことということである。そもそもこれら三つのことは、一貫したものなのである。保国・保教・保種はもとを同じくしたものであり、これを同心という。保種は保教を先にしなければならず、保教は保国を先にしなければならない。民族はどのようにすれば存続できるのか。智があれば存続できる。智とは教のことである。教はどのようにすれば、行なうことができるのか。力があれば行なうことができる。力とは兵のことである。だから国が強くなければ教は循らず、国が盛んでなければ民族は尊ばず、教を巡らしても道理がないのである(24)」。すなわち、「保国」「保教」「保種」は元が同じなのであるから、それぞれを分割して考えることはできず、むしろ一貫しているものとしてとらえなければならない。「保国」「保教」「保種」の関係については、それぞれが並列関係にあるのではなく、根本は同じでも、「保国」から「保教」へ、さらに「保種」へのように、着手すべき、あるいは論ずべき優先順位がある。張がそのように説明する理由は、国力が充実していて強くなければ、教えようとするところが国内に浸透せず、その結果民族を保つことができなくなってしまうからだとするのである。換言すれば、民族を保つことが三者の中での最終的な目標ということになり、第一に着手すべきことが「保国」、すなわち国力の強化をめざすことになるのである。

張之洞の考えでは、「保国」の目的の一つは、「聖教」が行なえることにある。彼によれば、「三綱は中国の神聖なるもので今日まで伝えられてきた素晴らしい教えである。これは礼政の本原であり、人と禽獣との絶対的な区別を示すものである」[25]。したがって、それを固く守らなければならない。上下を区別して民意を安定させる聖人の道と異なり、「民権の説は百害あって一利なし」、「もし民権の説がひとたび提唱されれば、愚民が必ず喜び、乱民が必ず立ちあがり、綱紀が行われず、大乱が四方に起る」[26]。張は従来の封建的支配体制と儒教の倫理観をぐらつかせる康有為らの変革主張には賛成しなかったわけである。

学問の姿勢について、張之洞は次のように説いている。「今日、学問をするものは、必ずまず経典に通じて、わが国の先聖先師たちが教えを立てた主旨を明らかにし、史書を考察して、わが国の歴代の治乱、天下の風俗を知り、子・集を渉猟して、わが国の学術文章に通じなければならない。その後、西学の中で、われわれの欠けたる所を補いうるものを選んで、これを吸収する。西政の中で、わが国の病弊を手当てしうるものを採り入れるようにすれば、それこそ益あって喜ばないのである」[27]。すなわち、中国人としては、まず自国の儒教を中核とする伝統的な学問を主体にしなければならない。それから、必要によって西学を勉強し始めよう、というのである。

張は、西学を西政と西芸に分類して、これらを合わせて学習すべきであると考えている。「政と芸を合わせて学ぶ。教育、地理、財政、税制、軍事、法律、産業、貿易は西政で、数学、製図、鉱業、医学、音声学、光学、化学、電気学は西芸である（西政の中で刑法、監獄、立法制度がもっとも優れている。西芸の医学は戦争に際して、もっとも役立つものである。軍事学を学ぶ時には、西芸を研究せざるをえない）。学識の豊かな年長者は、西政に適し、知恵鋭敏な年少者は西芸に向いている。〔……〕およそ時局を救い、国のために謀る方策について言えば、政は芸よりも、はるかに急務である。しかしながら、西政を講ずるものは、また西芸の効用についても、おおよそ考察しておくべきであって、そうしてこそ初めて西政の狙いを知ることができるのである」[28]。かつての洋務派の代表者張之洞は、今、西洋の科学と技術、すなわち西芸だけではなくて、西洋の政治、経済、教育制度、すなわち西政をも取り入れるべきであると唱えたのであるが、彼の考えにおいては、西芸と西政とはいずれも形而下の学であり、中国の伝統文化に及ばず、それらを求める時には、まず儒学の倫理道徳、すなわち三綱五常を本位として尊ばなければならない。張にとって、三綱五常の倫理道徳は中国の封建秩序を維持する鉄則であり、これを「本」、すなわち「体」として発揚しなければならない。突き詰めて言えば、張の変革理念は、中国の学問を「体」とし、西洋の学問を「用」とする「中体西用」論であった。

維新変革を行なうには、まず儒教の三綱五常の道徳観を粉砕せざるをえないと考えたのは、譚嗣同（一八六五―一八九八）である。康・梁より急進的思想を有した譚は、明末清初の大思想家王船山（夫之）の『船山遺書』を学び、王の「器先道後説」、すなわち「器」がなければ、「道」はない、という説を受け継ぎ、「器はすでに変わり、どうして道だけは変化しないのか」という命題を提起し、さらに「道は聖人だけが有するに非らず」、「もっとも中国だけが有するに非らず」と説き、張之洞の中体西用論と真正面から対決した。譚の代表的著書は『仁学』である。その中でもっとも強調されたのは、「以太」（ether、エーテル）[29]、すなわち気である。エーテルを「体」とし、仁を「用」とするのは、『仁学』の主旨である。エーテルはすべての事物の本源であるという理念によって、三綱五常の網羅を打ち破り、維新変革を求める。譚の「衝破網羅」の主張は次のとおりである。「網羅は無限の虚空いっぱいに重層している。まず、利欲の網羅を突破しなければならない。次は、考拠・詩歌・文章などの俗学の網羅を突破し、次は君権の網羅を突破し、次は人倫道徳の網羅を突破し、次は天の網羅を突破し、次は地球上のもろもろの教えの網羅を突破し、そして最後に仏法の網羅が突破されるであろう」[30]。ここで人倫道徳の網羅を突破すべきであると論じられていることは、張之洞の三綱五常の主張に真っ正面から打撃を与えたにちがいない。哲学の理念から見て、譚嗣同は「器」を「道」

の上に、「用」を「体」の上に置いている。これは、張之洞の「中体西用」論を逆転させる理念である。

一八九八年、譚嗣同は戊戌政変で刑死し、康有為、梁啓超は大逆不道の烙印を捺されて日本に亡命した。その後、張之洞を中心として行なわれたいわゆる新政は「中体西用」論によったものであり、それが当時の中国思想界に及ぼした影響はきわめて大きかった。

第二節　新文化運動の前触れ

1　厳復の啓蒙意識

(1)「西学」を学問の大本とすべき

中国において、物質面・制度面にとどまらず、思想文化面でも、すなわち形而下だけではなく、形而上でも西洋に倣わなければならないと明確に主張し始めた学者は、おそらく厳復（一八五四―一九二一）であろう。

厳復以前の中国知識人の中には西洋文化を敬い慕う者が少なくなかった。が、彼らのほとんどは西洋の言語を解することなく、また西洋の土を実際に踏んだこともなかった。ほんの一部の人、たとえば、郭嵩燾（一八一八―九一）、王韜（一八二八―九〇）、鄭観応などは、中年を過ぎた後、自ら西洋について考察する機会をもつことができたが、西洋学問、とくに科学の訓練を受けなかったため、彼らの西洋理解は皮相的段階にとどまるほかなかった。厳復より先に西洋に派遣された留学生もいるにはいたが、彼らは少年時代から中国を離れて、中国の伝統とその弊害をあまり実感したことがなかったため、西洋文化の衝撃もそれほど強くはなかった。それゆえ、彼らの中で最も優れていた容閎（一八二八—一九一二）さえも中国の伝統文化の批判と再建の方向を明確に指し示すことはなかった。結局、厳復こそが初めて中国の「西学」の第一人者になったというほかないのである。

幼少のころ厳復が学んだのは、もちろん儒学であった。十三歳（一八六七）になった後、彼は洋務派が創設した近代海軍の専門学校福州船政学堂に入学することになった。そこで学んだ学科は英仏教官による英語の講義で、「英文、算数、幾何、代数、解析幾何、三角法、微積分、物理、化学、地質、天文、航海」[31]などの最新の洋学であった。彼は十三歳から十七歳（一八七一）までの四年間の学習で、自然科学の基礎を身につけた。さらに、海軍留学生として英国で二年間の留学生活をも体験した。当時中国の駐英初代大使郭嵩燾は、留学生としての厳復の優れた知識力を「西洋科学に精通する」[32]と称賛した。以上の厳復の経歴からも分かるように、彼の知識構成は、近代自然科学がその基礎となっている。この自然科学を基礎とした彼の知識構成こそは、彼を、後に自然科学の目をもって社会を観察・分析することを可能にしたのであった。

厳復は一八七一年英国留学から帰朝して以降、日清戦争までの間に、中国の制度変革、文化再建について、公には一言すら発しなかった。しかし、日清戦争が勃発するや、天津の『直報』という新聞に朝野の心を震憾させる四つの論文、すなわち「論世変之亟」（「時勢の激変を論ず」、一八九五年二月四—五日）、「原強」（「富強の本源」、一八九五年三月四—九日）、「辟韓」（「韓愈を駁す」、一八九五年三月十三—十四日）、「救亡決論」（「救亡の決定的要素について」、一八九五年五月一—八日）を発表し、従来からの思いを一気に吐き出した。これらの論文の中で、厳復は滅亡に迫られた運命を中国民衆に示すと同時に、学問と国民の習俗の徹底的改造の必要性を提示した。

まず「時勢の激変を論ず」と題する最初の論文において、厳復は、今日、日本との戦いで中国が敗北したのは、

「その由来を追究してみると、けっして一朝一夕に起こったことではない[33]」と指摘し、目下の外患と内政の問題を超え、歴史的な眼光で中国社会の病状の深層に立ち入ろうとした。彼によれば、今日の敗北を招く遠因は、古代を崇め尊び、社会の競争を抑え、思想の統一を追い求めることにあり、突き詰めて言えば、聖人の教えが教条化されたところにある。聖人の方術は天下の人心を束縛する教条とされ、天下の智者・豪傑はことごとく科挙の制度下に抱え込まれ、「それによって民智は日ましに弱まり、民力は次第に衰微してしまった[34]」。中国の問題を内在的歴史的に洞察する厳復のこういった考え方は、たんに救国という意味の「救亡」に集中し、危機の根源をもっぱら外患や当面の政治に帰して、自国の歴史や風俗への反省をおろそかにした当時の知識人のそれとは、まったく異質のものであったと言える。西洋が強くなる原因はいかなる点にあるのかという問いに厳復は次のように答えている。「学術において虚偽を斥けて真理を尊び、刑法と政治において「私」を抑えて「公」を実現することにほかならない」（不外於学術則黜偽而崇真、於刑政則屈私以為公而已[35]）。ここで、「虚偽を斥けて真理を尊び」とは、すなわち科学の精神、「「私」を抑えて「公」を実現する」とは、ある種の民主の原則を意味していると解釈することができよう。厳復は、どうして「真理を尊び」という精神と「「公」を実現する」という原則が西洋では通るが中国では通らないのかという現実について省察して、「ほかでもなく自由と不自由との差異による[36]」と答えている。こうして彼は自由と人権の問題をも提起したのであった。

続いて発表した「富強の本源」という文章において、厳復は次のように論じている。日本は「わずか数隻の軍艦、区々たる数万人の軍隊」をもって中国と交戦したが、中国は再三失敗し、洋務派の誇る海軍もこの戦いによって壊滅させられた。「中国が今日にいたって、老朽不振になっているありさまは智者の判断を待たずとに明らかである[37]」。厳復にとって、戦場のことは敵方に勝機があることもあり味方に勝機があることもあり、敗戦自体は悲しむに足りない。「悲しむべきは民の智がすでに低下し、民の徳がすでに衰え、民の気力がすでに疲れ果てたことである」（所可悲者、民智之已下、民徳之已衰、与民気之已困耳)[38]。厳復の考えでは、「民智というものこそ富強の本源である」[39]。彼は、何をもって「民智」を開くか、と問うて、「西洋は格物致知を学問の大本としている」[40]と答えている。ここでの「格物致知」は「格致」の全称であり、今日の科学を意味している。当時はサイエンスの訳語としての「科学」は未だ中国では定着していなかったからである。かくして、十九世紀末に厳復がすでに科学を用いて国民を啓蒙する意識を有していたことが分かる。

さらに、「韓愈を駁す」という論文の中で、厳復は自分なりの自由民主観を展開している。彼によれば、秦以来の君になる者は、まさに国を盗む大賊である。これらの「大盗窃国者」は、孟子の言葉「民為重、社稷次之、君為軽」(民を貴しと為し、国家はこれに次ぎ、君を軽しと為す)に体現される古今の通義を転倒し、「民為本」という公共の国を己の物として盗んだ。そして、君主たちはその盗んだ権力を永遠に保つために、民を常に無知かつ無能にさせるという「愚民」の政治を行なってきた。君主たちは、学問の領域において、士大夫階級に知識を独占させ、綱常倫理を「上下尊卑」の教条として解釈させると同時に、政治の領域において、民の自由を束縛する法令を夥しく設定した。厳復は、「その十中八九はみな、民の才を破壊し、民の力を弱め、民の徳を悪くするものである」(其十八九皆所以壊民之才、散民之力、漓民之徳者也)[41]と喝破した。また、この論文の中で、厳復は「君臣の倫はやむをえない方術にすぎない。ただやむをえない方術であるので、それを道の本源とするわけにはいかない」[42]と指摘し、君臣の倫理を道の本源と見なす唐の儒学者韓愈が本末を顛倒したと強く批判している。

さらに、「救亡の決定的要素について」の中で、厳復は科挙の制度の害を次のように指摘している[43]。第一に、智恵を禁固することである。ことに明朝、清朝の八股的教育はただ古聖人の言葉を経典として覚え、それを暗誦し、それを剽窃して、自分の文章とするだけである。この仕方には聖人に対する歴史的理解もなければ、実証に基づいた創造もない。第二に、心がけを悪くすることである。出世のために、金持ちや有力者は盛んに試験の不正を行なった。秀才になる時からすでに恥を知らない気分を身につけるから、官職を得たのち、私利を図らないわけがない。第三に、役に立たない人物を養うことである。士は空虚の文字を本領とするが、体制は独り士を尊しとする。社会を支える農工商は卑しいと目され、国の財は徒らに「遊手」な階層を養っている。一言で言えば、八股文で士を採る科挙制度において、真理を求める学問の立つ道は閉ざされて、人間の知恵が窒息するばかりでなく、人間の品格も悪くなる。さらに国家もそれによってますます貧弱になってしまう。「四千年の文物、九万里の中原がこれほど酷い状態にいたったのは、その教育と学術がまちがったからである[44]」という慨嘆は、学問と知識人の問題に対する厳復の深刻な自覚を表わしている。この文章の中で、厳復が鋭く科挙の制度を批判するとともに、精一杯に提唱するのはほかならぬ「西学格致」、すなわち西洋近代科学なのである。

一八九六年、厳復は梁啓超に宛てた書簡の中で、天津の『直報』に掲載された一連の論文の基本的な指導思想を概括的にまとめている。すなわち、自らの考えている救国の方策とは、「格致を中心とした西学の原理に基づき、事物の本源を求め、富強の事業を開いていく。この大事業の初めは民の教育から。民の智、徳、体の向上がその根本となる。この三要素を本当に向上できれば、富強は自然な成り行きになる。三要素がますます劣化していくなら、たとえいかなる治世の才をもって、いかに努力治世したとしても、回天の望みはない。したがって、余の論とは、その一、強弱併呑は天下進化の免れない必然法則である。その二、中国の民の智、徳、体の質がすでに劣化している事実を認識すべきである。ゆえに、弱と弱とが遭遇すれば、勝負は分からないが、弱と強が隣接すれば前者が破れるのは明らかだ[45]」。それゆえ、「中国の今日の政が、旧いものを取り除くとすれば、それは民の智、徳、体に害するものを除去すべきであり、新しいものを打ち立てるとすれば、民の智、徳、体に有益なものを導入して広げていくべきである。これらの事業を経とし、格致によって獲得した「実理真知」を緯とすべきである[46]」。

厳復の「救国大計」のなかに少なくとも三つの重要なポイントがある。第一、富国強兵は必ず西学の原理に従うこと。第二、民衆の智、徳、体を高めることを長期的な、根本的な目標とすべきこと。第三、教育を通して、漸進的に目標に達成するということである。

厳復はまた、民衆の智、徳、体のレベルと自由を享受する程度とは正比例をなすと考えた。「自由は体〔本質〕、民主は用〔手段〕」と彼は論じ、民の自由と民主の権利を非常に重視している。彼は、民がいわゆる「明君」、「聖君」に希望を寄託してはいけないと強調している。なぜなら、権利が君主に握られると、徳政を施すこともできるが暴政も可能となる。主権は民が自らの手に握ってこそ自由を享有できる。そして、真の「自由の民」になり、はじめて「民権」と言え、真の民に有利な制度を打ち立てることができるのである。(47) そして彼は、民の思想や言論は、法の留保の中にあるべきではないと主張する。統治者が民の思想、言論まで関与するようになるとすれば、「その統治はすでに専制になり果て、国民の自由などもう問題外であろう(48)」。

以上のような厳復の言論は、現実の政治に強い刺激を与えた。それによって、彼は保守派の学者、ないし官僚から激しい批判を受けた。たとえば、「韓愈を駁す」（辟韓）が、梁啓超が主宰した『時務報』に転載されてから二ヵ月後、張之洞は屠仁守に「「辟韓」を弁ずる書」を書かせ、反論を試みた。当時、厳復の言論は当局に「洪水、猛獣」と見なされ、厳復の身も「危なかった」と伝記や年譜には記されている。(49)

(2)「西学」の喧伝と移植

日清戦争後から一八九八年までの間に、変法派康有為、梁啓超などは熱心に各地で維新運動を推進したが、厳復は何らの政治的な行動をもとらず、教育と世論喚起という二大事業に没頭していた。一八九六年、厳復は張元済を助けて北京に「通芸学堂」を設けた。「通芸」という名前は彼が名づけたものである。この学堂は新学の提唱、維新人材の養成を目的とした。厳復は自らこの学堂の学生に「西学の源流と趣旨、中西政教の大本」を講演し、それまで中国人の知らなかった精密かつ博大な西洋学問を語り、聴講者の心を強く打った(50)。この学堂は私立の学校であったが、戊戌政変後、京師大学堂(北京大学の前身)に合併された。また、一八九七年十一月厳復は友人とともに天津において『国聞報』を創刊した。最初は厳復を始めとする人々の個人出資によって経営されたが、厳しい政治状況に置かれ、翌年の三月から経営を日本人に託した。『国聞報』は英国の『タイムズ』をモデルにした日刊紙で、日報の外に『国聞彙編』という旬刊誌をも発刊した。創刊の主旨は「通を求める」ことにある。すなわち、一は、「通上下之情」(上下の情を通じること)、二は、「通中外之故」(中外の事情を通じること)である。『国聞報』は当時の中国の北方におけるもっとも重要な新聞となった。だが、この新聞は維新運動の失敗のため、翌年の九月にやむなく廃刊することになってしまった(51)。

厳復が生涯を賭けた最大の事業は、西洋文化の移植であった。彼は一八九八年から一九〇九年にかけて、精力的に西洋思想家の名著を翻訳した。これらの名著は、『天演論』(T. H. Huxley, *Evolution and Ethics* の翻訳、一八九八年)、『原富』(A. Smith, *An Inquiry into the Nature and Causes of the Wealth of Nation* の翻訳、一九〇一—〇二年)、『群学肄言』(H. Spencer, *The Study of Sociology* の翻訳、一九〇三年)、『群己権界論』(J. S. Mill, *On Liberty* の翻訳、一九〇三年)、『社会通詮』(E. Jenks, *A History of Politics* の翻訳、一九〇四年)、『孟徳斯鳩法意』(Montesquieu, *De l'esprit des lois* の翻訳、一九〇四—〇九年)、『穆勒名学』(J. S. Mill, *A System of Logic* 前半の翻訳、一九〇五年)、『名学浅説』(W. S. Jevons, *Primer of Logic* の翻訳、一九〇九年)である。周知のように、厳復はこれらの訳書にさまざまな工夫をめぐらし、しかも中国の古典から豊かな比喩を引証して、註釈を施し、評言を加えた。中国人読者をおおいに裨益したことは言うまでもない。

厳復の訳著の中で、『天演論』は進化論という西洋思想を系統的に近代中国に紹介した最初の訳書として影響がもっとも大きかった。それは中国古来の歴史循環観から進化観への世界観的大転換を中国にもたらしたものと見なされている。同時代の変法派や革命派は言うまでもなく、のちの世代、たとえば陳独秀、魯迅、胡適、李大釗、毛沢東などもその影響を受けた。今日、中国では、厳復の名が議論にのぼるとき、多くの場合、彼は「進化論者」として登場する。もちろん、彼を「進化論者」と見なすのはまったく正当なものであるが、同時に彼にとって進化論とは、何よりもまず科学の最高の成果として意識されていたという点も重要である。彼は、自ら「人間が世に出て以来、未だこれほど素晴らしいものはない[52]」と絶賛したハーバート・スペンサーの『綜合哲学』(厳復の訳では『天人会通論』)について次のように述べている。「スペンサーは、ダーウィンと同時代の人で、彼もまた「天演」〔進化〕を基礎として『天人会通論』を著し、天・地・人・物質・心理・動植物に関する事象を一つの原理の下に包括し、その説はきわめて精密かつ豊饒である。その第一の書〔『第一原理』〕は綱要を論じ、格致を集大成して、天演というものの意味を明らかにする。第二の書〔『生物学原理』〕は、天演によって生物学を論じる。第三の書〔『心理学原理』〕は天演によって精神を論じる。第四の書〔『社会学原理』〕は、天演によって社会を論じる。最後の第五の書〔『倫理学原理』〕は、道徳の本源を考察し、政治・宗教の原理を明らかにし、最後に、種を保ち、進化させるための「公例」〔法則〕を示す[53]」。

『第一原理』について述べられた個所からも明らかなように、厳復の理解では、進化論とは、科学を集大成して確立された、いわば「科学の最高の成果」であった。そして、彼は、その言論活動の初期より一貫して、ことあるごとに、科学的知識の正確さを強調し、西洋と中国の強弱の差は、科学の有無にこそその根本原因があり、科学の普及こそが救国のための急務だと主張していたことを考え合わせてみれば、彼が、進化論を、中国に紹介するに足る理論と見なした理由も、それが彼にとっての「科学」の最高の成果であった点にこそ存したと考えてよいであろう。したがって、高柳信夫が指摘したとおり、「論理的に言えば、厳復にとっては、進化論そのものよりも、「科学」の方が、より根本的なものであったとも言えよう[54]」。

厳復は総計八冊の西洋著作を翻訳した。その中に、論理学にかかわる訳著が二つある。一つは、ジョン・スチュアート・ミルの『論理学体系』（前半だけ）の翻訳であり、もう一つは、ウィリアム・スタンレー・ジェヴォンズの『論理学』の翻訳である。厳復によれば、論理学は、「すべての法律中の法律で、すべての学問中の学問である(55)」。彼の考えにおいて、「富強の根源は科学にあるが、科学の基本は方法にある(56)」。

厳復によれば、西洋の「機械工業の発展はニュートンに遡ることができ、交通機関の発達はワットとつながり、電気の便利はファラデーからであり、民生の寿命の延長はウィリアム・ハーヴェイの功業による。だが、この二百年間に学問の目覚しい発展ができたのは、フランシス・ベイコンが非合理的認識方法を一掃したからなのだ(57)」。ここで厳復が強調しているのは、具体的な学科ではなく、帰納法に基づく経験主義の認識論であると言っていい。

ベイコン以来の英国の実証主義的認識論の影響を強く受けた厳復は、とくに帰納法を重視する。彼が理解した帰納法は次のようなものである。「物理、動植物学などは主に帰納法に基づいた科学である。その方法は、まず実験と観察であり、すなわち、必ず自分の五官によって直接観察し、他人に頼らない。その講義は、必ず実物の機械を使い、学生に自ら観察と実験をさせる。しかも、実験しにいく段階ごとに必ず謹厳、精密で、事実に従う(58)」。実験、裏づけ、帰納などの認識手法を重視する西洋と異なり、中国の伝統的学問の認識方法は、ただ考証と貫通との二段階が強調される。しかし、「この二段階のみの認識法に導かれる結論、原理は往々に誤りが多い(59)」。これに対して、科学実験を重んじる実証的科学は、「厳密周到な実験を重ねて行なえば行なうほどその得られた結論は確実になる。これこそ肝要である(60)」と厳復は考える。彼は、「古人の表わした例が後人によってその破綻を発見される場合は、実験と裏づけが欠けていたからである。だが、この二、三百年来、科学によって示された諸例証は、ほとんどは確実であり、その理由は近代人の発想は古人のそれより高明だからではなく、その説が繰り返し厳密な実験によって証明されたものであるからだ(61)」と指摘している。実験と裏づけが重要視されるので、近代科学の認識論の中では、「文字のない本」「大自然そのものという本」を読むことがたいへん重視される。けっして書物に記されている既存の結論を簡単に信じない。

もし、ただ既存の概念に固執し、古人を迷信するならば、古人の偏見をそのまま引き継ぐ書を受容してしまう可能性があるだけでなく、そのうえ前人の環境と境遇による認識の過ちにより、われわれまでが錯誤に陥れられる可能性もあり、これは近代科学者のもっとも禁忌すべきことである。「中学と西学との違いがここにある」と、厳復は繰り返し述べている(62)。

近代自然科学教育を受けた厳復は、帰納法を重視しているが、演繹法を軽視するわけではない。彼は、「学問は演繹の段階にいたると、既知の概念と原理を用いて、未知未明の対象について推理することができ、これは民智の最も高い段階(63)」と見なす。すなわち、帰納法から演繹法に上昇してくれば、すでに事物の基本法則が見つかっている段階になり、法則や原理を根拠として未知や未来を予測することができるようになる。このレベルに達すれば、民智はもう最高の水準に到達する。これこそは民智を発展させる目標なのである。

厳復が自然科学を唱道するもっとも切迫した目的は、何よりもまず社会や人間の意識の変革を目指すためである。したがって、彼は、近代科学の最高の次元が社会学（厳復の訳語では「群学」）であると考えている。「学問のことは群学をもって要帰と為す(64)」。彼のいう「群学」とは、「科学の律令を用いて民衆の変化の端緒を考察し、それによって既往を明らかにして未来を予測するもの」である(65)。彼によれば、「群学」は、他の自然諸科学に基づいて形成される学問であるから、他の自然諸科学の原理が分からなければ、科学的な思考方法を身につけることは不可能であり、社会学の真髄を認識することができない。したがって、「群学に精通しようとすれば、まず他の自然諸科学を習わなければならない(66)」。しかし、たとえ論理学、数学、物理学、化学をすでによく研究したとしても、個別に対して、また近くにあるものに対しては明証的だが、全体に対し、そして将来に対しては暗いとすれば、それもまた社会の変革に対応できる学問にはならない。したがって、「天、地、人の三学を統合して修めるのでなければ、ことがらの理の悠久と変化を理解することができない(67)」。ゆえに人々が、自然科学だけではなく、近代科学の最高の次元としての社会学をも研究しなければならない。厳復はこのような考えの上に立って、ハーバート・スペンサーの『社会学研究』、ジョーン・スチュアード・ミルの『自由論』、シャルル・ド・モンテスキューの『法の精神』などを翻訳したのであった。

先述のように、厳復は『天演論』以来、多くの西洋名著を翻訳した。しかし、彼は、終始桐城派の文章と文体を信奉して、一般には理解しづらい美雅の古文にこだわって翻訳を行なった。彼の考えにおいて、そのような翻訳こそ、「古典に親しんでいる人」、すなわち、中国社会のリーダーたるべき知識人にも読まれ、それまで行なわれてきた実用のための翻訳と一線を画すことができる。これに対して、厳復の文章の師である当代の桐城派の著名人呉汝綸は、『天演論』のために書いた序文において、彼の努力を褒めると同時に、唐なかば以来の文体の衰退によって、清末の士大夫は時文、公文しか知らず、厳復のような古典的雅文は容易に理解されないことを憂慮した。(68) 実際、古典的教養が乏しくなった二十世紀初頭の中国青年にとって、厳復の影響は梁啓超のそれより小さかった。(69) 厳復自身も自分が十分に理解されたとは思わなかった。晩年、彼が知己に「浩嘆」をし、老涙の流れるほどの悲しみを表わしたのも、まさしくこのことを物語っている。(70)

これまで述べてきたことから理解されるであろうように、十九世紀末に、厳復はすでに科学の精神、民主の原則などを打ち出し、「西学」をもって「民智を開く」ことが中国の急務であると指摘していた。だが、彼は、直接民衆に向かうのではなく、終始エリートの知識人を対象にして思想の啓蒙を行なうにとどまった。そして、晩年になって、とくに辛亥革命以降、早期の「西学」主張から一歩後退し、「尊孔読経」(孔子を尊敬し経典を読む)を主張し始め、ひいてはルソーの社会契約論にも批判の矛先を向け始めたのであった。(71) それゆえ、厳復は中国の啓蒙思想家を啓蒙した思想家であると言ってよいが、終始一貫して中国の啓蒙運動を展開した思想家とは必ずしもいえない。

2　梁啓超の新民説

(1) 救国と「吾民の維新」

胡適は、「厳先生の文字はあまりにも古雅であるから、若者の中で彼の影響は梁啓超の影響ほど大きくなかった」(72)と評したことがある。これは適切な指摘であろう。エリートの意識を変えることこそが文章執筆の目的であり、かつ、西洋の真理を述べるためには、中国の真理を述べるのに用いるのと同様な古雅な文体こそがふさわしかったと考えた厳復は、桐城派と呼ばれる古雅な文体で自らの思想を表現した。それに対して、いかなる文体で表現しようと、真理は真理であり、真理がより多くの民衆に伝えられ、彼らの知と徳を向上させることこそが重要であると考えた梁啓超は、「新民体」と呼ばれる、のちの言文一致運動の先駆ともいうべき、当時としてはもっとも平易な文体を作り出し、自らの思想を表現した。そのこともあって、厳復の思想の影響を大きく受けた梁啓超は、中国啓蒙思想史において厳復よりも重要な役割を演じたと見なされうる。

梁啓超は清末から民国初年にかけて活躍した思想家、政治家である。多数の論説を発表したジャーナリストでもあり、歴史研究を始め学術分野でも数多くの業績を残した学者でもある。一八七三年、広東省新会県に生まれた梁啓超は、わずか十七歳で郷試に合格して挙人となったが、翌一八九〇年春の会試に失敗した。その秋、同郷の康有為の門に入り、従来の漢学（古文学）とは異なった今文学を学び、あわせて欧米の近代思想や仏教学にも接したことが、彼の思想に決定的な影響を与えた。それ以後、康有為の変法維新運動の有力な協力者となり、一八九六年に、上海で創刊された『時務報』の主筆となった。一八九七年、湖南時務学堂が設立されると総教習として招かれ、学生に民権思想を鼓吹したため、保守派から攻撃追放された。一八九八年六月、光緒帝の政治改革戊戌変法が開始されると、京師大学堂訳書局事務を担当させられ、康有為を助けて新政推進に尽くした。一八九八年九月、変法が西太后ら守旧派のクーデターにより崩壊した際、梁は北京の日本公使館に逃げ込み、公使館の庇護を受け、日本海軍の軍艦に乗って密かに日本に向け脱出し、政変の一ヵ月後に東京に到着した。それから一九一二年の帰国まで、主として日本を舞台に改革運動を展開することになる(73)。

在日期間、梁がもっとも力を注いだのは言論活動であり、日本到着からわずか二ヵ月後の一八九八年十二月二十三日には、早くも横浜で旬刊雑誌『清議報』を創刊している。『清議報』は、一九〇一年十二月二十一日発行の第百冊をもって『新民叢報』に発展解消し、一九〇二年二月八日に創刊された『新民叢報』は、一九〇七年十一月発行の第九六号をもって停刊した。『清議報』と『新民叢報』が刊行された期間は合算すると約九年間に及ぶが、『清議報』にしても『新民叢報』にしても梁がほぼ一手に切り回したもので、この時期に彼が執筆した文章の量は夥しい。しかもそれは、たんに量的に多いというだけでなく、内容的にも多彩であった。たとえば、『新民叢報』の主要な項目立ては、「論説」、「学説」、「学術」、「政治」、「生計」(経済)、「時局」、「歴史」、「地理」、「教育」、「法律」、「宗教」、「兵事」、「小説」、「国聞短評」、「中国近事」、「海外彙報」などからなっていたが、これらの記事を梁はほとんど一人で書いたと言われている(74)。

梁啓超の多彩な言論活動の理論的基軸となったのは、社会進化論であった。彼は、中国を取り巻く国際環境を、諸国民(もしくは諸民族)の間に展開される、「優勝劣敗」の原理に支配された生存競争の場と見なして、中国がその生存競争で生き残るために必要な改革案を、政治、経済、教育、軍事等の多様な領域で展開した。その改革案が帰着するところは、民衆の意識変革であった。梁の言葉で言えば、「吾国の維新を実現しようとするならば、まず吾民の維新を実現すべきである」。

梁によれば、「国なるものは民を積みて成る、国の民有るは猶お身の四肢五臓筋脈血輪有るが如し[75]」。ここでの「民を積みて成る」国家は、もちろん近代の国民国家を指す。梁の進化史観では、「近世国家を形成する原動力」となった「民族主義」が「進化」、「競争」を経て、今や「民族帝国主義」になった。その代表であるイギリス、ドイツ、ロシア、アメリカ、日本の帝国主義を詳細に分析したうえで、梁は、それら「民族帝国主義」が一英雄に率いられたかつての帝国ではなく、人口膨張に脅かされた民族の生存の欲求と競争による文明の進歩によって導き出されたものであると理解した[76]。欧米日本はすでに国民による国家を建設し終えて、そのエネルギーの外溢する「民族帝国主義」段階にあるが、中国は未だ民族主義による国民形成以前の「部民」段階にある。したがって、中国は、「民族帝国主義」の侵略による滅亡の危機を切り抜けるには、「民を新にする」ことによって「われわれの民族主義を実行」し、独立自治の「完備した政府」を組織せねばならず、そのためには、「もとより有する所」を研磨して新たにし、あわせて「元には無き所」を取り入れて新たにするしかない[77]。

梁によれば、近代国家の国民たる要素としての、民知おおいに啓け、かつ民徳・民力をも備えた新民さえ創出されれば、何も恐れるに足りない。彼は、『新民叢報』に載せた「新民説」において、次のように述べている。「もし新民があれば、新制度・新政府・新国家がないことを憂うる必要はない。そうしないと、今日、法律を変え、明日、人を変えても、東では塗り、西では拭くようなもので、東施が西施のひそみに倣うことと異ならず、学習効果はほとんどない。私はそのようなやり方で効き目があることを信じない。わが国は数十年前から変法を論じ続けてきたが、効き目がなかったのは、いったいなぜなのか。それは、新民の創出に留意していなかったからなのである[78]」。

すなわち、新制度や新政府または新国家の創設をさておいても、何はともあれまずは国民を啓蒙して新民となすことから始めなければならない、というのである。

(2)「新民」の育成

ところが、「国なるものは民を積みて成る」と信じて疑わず、だからこそ国家を構成する国民一人一人の啓蒙から中国の改革に着手しようとした梁啓超は、いかにして民衆を啓蒙するというのか。一九〇〇年、梁は康有為の「民智を開くことを主張すべきではあるが、民権を興すことを主張すべきではない」という論点に対して、次のように反論した。「民権を興さないで、民智を開くことができようか。〔……〕中国は教学の領域においては一人の師の言説を守り、わずかの異見を出す勇気もない。政治の領域においては一人の君主の統治に服従して、少しの異言を出す勇気もない。これは愚昧と軟弱を招く最大の持病である(79)」。梁によれば、「新民」を育成しようと思うならば、まず専制統治と儒教倫理を打倒しなければならないのである。

また、梁は、一九〇〇年の『清議報』第百号を記念する文章の中で、次のように述べている。「およそ新しい国民を育成しようとするならば、その国古来の誤った理想を一掃し、考え方を変えねばならない。この目的を達するには、つねに他社会の事物や理論を輸入して調和させることが必要である。それはちょうど、南北両極の寒流が赤道の暖流と混ざって新海流となり、万年雪をいただく高山の冷気が地上の熱気に触れて新気流となるのに似ている。それゆえ、知識の交換は実に人生第一の要件であり、報館の天職は世界各国の新思想を選んで同胞に供することにある(80)」。

結局、新民を育成するためには、一方で、中国の誤った古来の学説、考え方を変えなければならない。他方で、他国の先進文明、新しい知識・理論を盛り込めなければならない。留意すべきなのは、梁にとって、外国の思想を不可変の完成された理論として受け容れるのではなく、あくまで中国固有の思想との「調和」や「交換」の対象として見なしているということである。もちろん、それらの外国思想に新しい意義や価値を認めたからこそ、梁は精力的にそれを「紹介」の対象としたのであった。

梁が外国の新学説を紹介する意図は、主に民衆の精神を伝統の桎梏から解放することにあったと言えよう。彼は当時の中国を、「古人の言論、行跡について批判の辞を口にしないのみならず、懐疑の念すらもとうともしない[81]」精神状況と見ていた。たとえば、超歴史的、絶対的な権威をもつ経書によって現実社会を解釈してゆこうとする経学的思考法などが、ここでの批判の対象であったと考えられる。

一方、西洋でも中世から受け継がれたキリスト教の世界観・価値観が人々を束縛するものとして存在したが、「欧州の今日あるのは、すべて教皇のくびきを脱したことによる[82]」と述べているように、精神がそうした束縛からすでに解放された、と梁は見た。そして、それに代わるものが、超絶的価値から自由になり、一個の独立した人間として思索し、発見する精神であった。梁はそのような精神を、「われに耳目あり、わが物はわれ究む。われに心思あり。わが理はわれ窮む[83]」という言葉で、高らかに謳いあげたのであった。

「文明が進歩する要因はさまざまであろうが、思想の自由が、その総因である[84]」と主張した「保教非所以尊孔論」（一九〇二年）は、とりわけ精神の自由を強調した論文であった。それは、この論文が思想の自由なる営為を束縛するとして、康有為の主張する孔子教の国教化に反対するために書かれたためであった。その中には次のような言葉が見える。「かの宗教なる者は、社会進化第二期の文明とは相容れることはない。科学の力が日々盛んになれば迷信の力は衰退し、自由の境界が日々拡大すれば神権の境界は縮小するのである[85]」。

梁はここで、思想の発展の障害となる宗教や迷信に対抗するものとして、「自由」とともに「科学」をあげている。たしかに、科学的知見は人々を歴史的偏見から解放するものであるし、反対に、自由な精神が存在しなければ科学の探究も成果を収めることはできないであろう。その意味において、ものごとを創造する「科学的精神」と、伝統の束縛から脱け出た「自由で独立した精神」とは、梁の啓蒙の理念として表裏一体のものであった。

付け加えて言うなら、梁は伝統による束縛について厳しく批判するが、それは伝統文化の否定を意味するものではなかった。「清の学者は実事求是を学問の目的とし、科学的精神に富んでおり、また分業の組織も援用した[86]」と述べているように、彼はむしろ、中国の伝統の中に啓蒙の理念、とくに「科学」を見いだそうともしていたのである。思想の自由を束縛するのは伝統だけではなく、西洋文化である可能性もあった。自由・独立の精神を啓蒙の理念とする梁が、「第一に、中国旧学の奴隷となることなく、第二に、西人新学の奴隷にもなることない[87]」立場を自ら保持するためには、新しい視点からの中国文化に対する再評価の作業がぜひとも必要であったのである。

しかるに、「新民説」の宣揚が始まってまもなくして、梁啓超の師、康有為は、「中国では立憲は実行できるが革命は実行できないことを論ずる」文章を世に出した。この文章は直ちに改革か革命かをめぐる論争を誘発した。一九〇三年には梁までもが、アメリカから日本に戻るとすぐに排満革命に反対する陣営に参加してしまう。こういった状況をみて、孫文は、「革命と保皇の二者はまったく違う道であり、黒を白の如く混同してはいけない[88]」と諫めている。それから、改革と革命、立憲と共和に関する論争が、重大な理論的問題になってゆくことになる。その後、科学、自由、民権などといったことはもう話題にならなくなり、変法運動が失敗した直後に出現した「新民運動」は姿をくらましてしまう。

これまで述べてきたことから明らかなように、中国において西洋思想に依拠した啓蒙活動は必ずしも五四期に始まったわけではなく、それから、のちに陳独秀が唱道することになる「民主」と「科学」の重要性もが厳復と梁啓超によって認識されていた。とはいえ、初めて明確に「民主」と「科学」という旗幟を高く掲げ、史上かつてない深さと広さで国民に伝播しようと図った思想家は陳独秀であった。そして彼が推し進めた「民主」と「科学」による啓蒙運動は、国のためだけではなく、人民のために唱道されたものであった。この点はとくに肝に銘じておかなければならない。

そこで、いよいよ中国でもっとも根元的な科学啓蒙運動として規定される新文化運動の旗手陳独秀の思想の内実に切り込むこととしよう。

注

（1）佐藤慎一「総説　近代中国の思索者たち」、佐藤慎一編『近代中国の思索者たち』（大修館書店、一九九八年）、五頁。
（2）茂木敏夫「魏源」、『近代中国の思索者たち』（前掲書）、三〇—三八頁を参照。
（3）杜石然「洋務運動と中国近代の科学技術」、吉田忠・李廷挙編『日中文化交流史叢書』⑧『科学技術』（大修館書店、一九九八年）、三一一—三三七頁を参照。
（4）熊月之『西学東漸与晩清社会』（上海人民出版社、一九九四年）、三〇四頁。
（5）馬家駿、湯重南『日中近代化の比較』（六興出版、一九八八年）、一三三—一六一頁。
（6）「附会論」については、小野川秀美『清末政治思想研究』（みすず書房、一九六九年）、熊月之『西学東漸与晩清社会』（前掲書）を参照。
（7）鄭観応『盛世危言』、夏東元主編『鄭観応集』上（上海人民出版社、一九八二年）、二七四—二七五頁。
（8）同前、二四二頁。
（9）同前、二四二—二四三頁。
（10）同前、二七六頁。
（11）同前、二四三頁。
（12）同前、二四七—二四八頁。
（13）熊月之『西学東漸与晩清社会』（前掲書）、七一八頁。
（14）呉天任『康有為先生年譜』上・下（台北・芸文印書館、一九九四年）などを参照。
（15）康有為『康南海自編年譜』（中華書局、一九九二年）、五一頁。

(16) 康有為『日本変政考』第一冊（紫禁城出版社、一九九八年）、二頁。
(17) 坂出祥伸『中国近代の思想と科学』（同朋舎出版、一九八三年）、二〇五―二六一頁。
(18) 同前、二三〇―二六一頁。
(19) 康有為『孔子改制考』、『康有為全集』第三巻（上海古籍出版社、一九九二年）、三一四頁。
(20) 胡鈞『清張文襄公之洞年譜』（台北・商務印書館、一九七八年）道光二十八年（一八四八）の条を参照されたい。
(21) 康有為『康南海自編年譜』（前掲書）、三〇頁。
(22) 張之洞の『勧学篇』については、伊原澤周『日本と中国における西洋文化摂取論』（汲古書店、一九九九年）第一章、第二章や、薛化元『晩清「中体西用」思想論（一八六一―一九〇〇）』（台北：弘文館出版社、一九八七年）第三章を参照されたい。
(23) 『張文襄公全集』（中国書店、一九九〇年）、五四四頁。
(24) 同前、五四六頁。
(25) 同前、五四四頁。
(26) 同前、二三―二四頁。
(27) 同前、二七頁。
(28) 同前、九―一〇頁。
(29) 譚嗣同の「以太」については、坂出祥伸『中国近代の思想と科学』（前掲書）、二六二―二七四頁を参照。
(30) 『譚嗣同全集』下（中華書局、一九八一年）、二八九―二九一頁。
(31) 王蘧常編『厳幾道年譜』、『民国叢書』第三編七十七冊（上海書店出版社、一九九一年）、四頁。
(32) 『郭嵩燾日記』第三巻（湖南人民出版社、一九八一年）、五一五頁。
(33) 「論世変之亟」、王栻主編『厳復集』第一冊（中華書局、一九八六年）、一頁。
(34) 同前、二頁。

(35) 同前、二頁。
(36) 同前、三頁。
(37) 「原強」、『厳復集』第一冊（前掲書）、七頁。
(38) 同前、九頁。
(39) 「原強修訂稿」、『厳復集』第一冊（前掲書）、二八頁。
(40) 同前、二九頁。
(41) 「辟韓」、『厳復集』第一冊（前掲書）、三六頁。
(42) 同前、三四頁。
(43) 「救亡決論」、『厳復集』第一冊（前掲書）、四一—四二頁。
(44) 同前、五三頁。
(45) 「与梁啓超書」、『厳復集』第三冊（前掲書）、五一四頁。
(46) 同前、五一四頁。
(47) 「『法意』按語」、『厳復集』第四冊（前掲書）、九七二頁。
(48) 同前、九七三頁。
(49) 王蘧常『厳幾道先生復年譜』（台北・商務印書館、一九八一年）、三〇頁。
(50) 王栻『厳復伝』（上海人民出版社、一九五七年）、五〇—五二頁。
(51) 同前、五二—五五頁。
(52) 「原強」、『厳復集』第一冊（前掲書）、七頁。
(53) 『天演論』上、『厳復集』第五冊（前掲書）、一三二五頁。
(54) 高柳信夫「厳復思想における「科学」の位置」、『中国哲学研究』第六巻（一九九三年三月）、九八頁。
(55) 「『穆勒名学』按語」、『厳復集』第四冊（前掲書）、一〇二八頁。

(56) 王中江『厳復与福沢諭吉——中日啓蒙思想比較』（中国河南大学出版社、一九九一年）、一八二頁。また、李沢厚は論考「論厳復」の中で、「厳復は富強の根源は科学技術にあるとし、科学技術の基本は方法、すなわちベーコンの提唱した哲学的経験論と帰納法にあるとした」と指摘している。李沢厚『中国近代思想史論』（人民出版社、一九七八年）、二七〇頁。
(57) 「原強修訂稿」、『厳復集』第一冊（前掲）、二九頁。
(58) 「論今日教育応以物理科学為当務之急」、『厳復集』第二冊（前掲書）、二八二頁。
(59) 同前、二八二頁。
(60) 「西学門径功用」、『厳復集』第一冊（前掲書）、九三頁。
(61) 「『穆勒名学』按語」、『厳復集』第四冊（前掲書）、一〇五三頁。
(62) 「西学門径功用」、『厳復集』第一冊（前掲書）、九三頁。
(63) 同前、九四頁。
(64) 「原強」、『厳復集』第一冊（前掲書）、一八頁。
(65) 「訳『群学肄言』自序」、『厳復集』第一冊（前掲書）、一二三頁。
(66) 「原強」、『厳復集』第一冊（前掲書）、六頁。
(67) 同前、七頁。
(68) 王栻主編『厳復集』第五冊（前掲書）、一三一八—一三一九頁。
(69) 佐藤一樹「厳復と梁啓超——その啓蒙観の比較」、『二松学舎大学論集』第三十四号（一九九一年三月）、二一五—二三九頁を参照。
(70) 王蘧常『厳幾道先生復年譜』（前掲書）、一一二頁。
(71) 王栻『厳復伝』（前掲書）、八七—一〇一頁。また區建英『東アジア知識人の西洋文明理解——福沢諭吉と厳復を中心に』（東京大学大学院総合文化研究科博士論文、一九九三年）、五六—六四頁をも参照されたい。
(72) 胡適『四十自述』、『胡適自伝』（黄山書社、一九八六年）、四七頁。

(73) 王勛敏・申一辛『梁啓超』(団結出版社、一九九八年)、一一一五七頁を参照。
(74) 佐藤慎一「梁啓超と社会進化論」、『法学(東北大学法学会)』第五十九巻第六号(一九九六年一月)、一〇九〇頁。
(75) 梁啓超『新民説』、『飲氷室専集』第三冊(中華書局、一九七八年)、一頁。
(76) 同前、四頁。
(77) 同前、四—五頁。
(78) 同前、二頁。
(79) 梁啓超「致康有為書」、『梁啓超選集』(上海人民出版社、一九八四年)、一三八頁。
(80) 梁啓超「清議報一百冊祝辞並論報館之責任及本館之経歴」、『飲氷室文集』巻六・第二冊(中華書局、一九七八年)、五〇—五一頁。
(81) 『新民説』、『飲氷室専集』第三冊(前掲書)、四七頁。
(82) 丁文江『梁啓超年譜長編』(上海人民出版社、一九八三年)、二七七頁。
(83) 『新民説』、『飲氷室専集』第三冊(前掲書)、四八頁。
(84) 「保教非所以尊孔論」、『飲氷室文集』巻九・第二冊(前掲書)、五五頁。
(85) 同前、五三頁。
(86) 「論中国学術思想変遷之大勢」、『飲氷室文集』巻七・第二冊(前掲書)、八七頁。
(87) 「近世文明初祖二大家之学説」、『飲氷室文集』巻十三・第三冊(前掲書)、一二頁。
(88) 孫文「敬告同郷書」、『孫中山全集』第一巻(中華書局、一九八一年)、二三二頁。

第五章　陳独秀における「民主」と「科学」

第一節　科学啓蒙理念の形成

1　「立国」から「立人」へ

陳独秀（字は仲甫）は、一八七九年十月九日、安徽省懐寧県（今日の安慶市域内）の下層知識人の家に生まれた。父親は彼の生誕一年数ヵ月で死亡しており、兄弟は兄一人、姉二人であった。陳独秀の幼年時代は、普通の読書人の家庭の子どもと別に変わったことはなかったようである。彼は科挙を目標に、儒学の経書の勉学に励んだ。母親の強い希望に応えて、一八九六年に県試に首席で合格して秀才となったが、一八九七年に南京で行なわれた江南の郷試に参加したのちに、彼は志を変えて康有為、梁啓超らの変法派を憧憬するところとなり、杭州に行き、新式の学校「求是書院」（今日の浙江大学の前身）に入学して、フランス語と造船学を学ぶことになった。しかし、「求是書院」で清朝反対の言論をなしたため、間もなく追放の憂き目にあった。その後、身を落ち着けるところをしばしば変えて、一九〇一年になって、ようやく日本に留学に赴くこととなった。(1)

陳独秀は日本到着後、まず東京専門学校（今日の早稲田大学の前身）で半年間日本語を学んだ。それから、いったんは帰国したが、一九〇二年秋に入ると、また日本に渡ることにした。二度目の来日後、籍を東京高等師範学校に移した。そして、その年に張継、馮自由らと一緒に「青年会」という留日学生組織を創設した。この「青年会」は「民族主義をもって宗旨と為し、破壊主義を目的と為す」という明確な革命の目標を掲げた、留日学生の間におけるもっとも初期の愛国革命団体であり、のちにはそこから多くの革命的人材を輩出することになる団体である。(2) そこで若き陳がかつて経験したこともないような精神的薫陶を受けたことは容易に想像できる。

一九〇三年に日本から帰国した直後の二年間、友人である章士釗（一八八一―一九七三）が創刊した『蘇報』、『国民日日報』、および、のちに自らが創刊した『安徽俗話報』に、陳はかなりの数の著作を書いている(3)。これらの著作は、陳が辛亥革命以前にすでに国民を啓蒙し、思想・文化面から中国改造の必要性を意識し始めていたことをはっきりと示している。たとえば、一九〇四年、陳は日増しに深刻化する亡国の危機に直面し、悲憤の念で胸を一杯にして、「中国を瓜分する」、「亡国篇」、「悪い習俗篇」などの論文を書き、中国がどのような危機状態に陥っているのか、なぜそうなってしまったのか、どうやって危機を乗り切るのか、などについて考察している。陳から見れば、中国の亡国の危機は、国民の愛国心のなさと理性的精神の欠如によっている。しかし、陳は、中国人が生まれつき愚昧で愛国の情をもたないとは考えない。一九〇三年の「安徽愛国会における演説」によれば、中国人の現在の嘆かれるべき状態は、提唱・激励する人がおらず、その心が私的範囲に遮られている結果にすぎない(4)。こういった発言からみると、この時点で、陳が救国の動機から出発し、すでに啓蒙の意識に目覚め始めていたことは明らかである。未だに明確でないのは、どのような路線で国民の精神を啓蒙するかについてであった(5)。

一九〇五年になると、中国では排満興漢の思想と運動が非常に活発になった(6)。陳独秀がこのような社会風潮の影響を受けないわけはない。一九〇五年二月、陳は、蕪湖にある安徽公学の教師であったが、岳飛（一一〇三―四二）の「精忠報国」の精神に基づいて反清政府の秘密軍事組織「岳王会」を作っている。それから、一九〇七年にやむをえず安徽を離れ、日本に亡命するまで、組織者として「岳王会」の活動に没頭することになる(7)。この時期に書かれた文章はやっと再刊され出したばかりで、その当時の思想状況はよくは分からないが、彼の活動から推察するに、国を滅亡の危機から救うために、国民に新知識・新思想を宣伝し、その精神を啓蒙しようとする姿勢を堅持したことだけは確かであろう。こうして陳は一九〇七年日本に渡ったが、一九〇九年に兄が中国の東北で死去したため、東北を経て故郷に帰っている。そして、この年の末頃、杭州に行き、杭州陸軍小学校の歴史地理の教師になっている。[8] 一九〇七年の渡日から一九一一年の武昌革命蜂起までは、救国のための実践運動よりはむしろ学問のほうに専念していたと思われる。[9] が、この学問への沈潜は無駄ではなかった。新文化運動で動員された思想の基礎は、おおよそこの時期に蓄積されたものと考えられるからである。

一九一一年の辛亥革命はみごとに満清皇帝の支配を覆し、新しい共和国を打ち立てることに成功した。革命後、陳独秀は喜びの気持ちと希望を胸に郷里の安徽へ戻った。一九一二年六月には、「岳王会」時代の盟友であり、当時安徽省の都督に就いていた柏文蔚（一八七六―一九四七）によって都督府顧問と安徽高等学校教務長に任命されている。[10] ところが、陳が新体制に賭けた希望はまもなく水泡に帰すことになる。一九一三年三月、袁世凱（一八五九―一九一六）が、人をそそのかして、国民党の指導者宋教仁（一八八二―一九一三）を暗殺し、その後、孫文系の革命派都督柏文蔚などを免職する命令を下すにいたった。それに不満を抱いた陳独秀は、憤然として職務を辞して安徽を立ち去ることになる。同年七月、陳は反袁「第二革命」の軍隊に従って安徽へ引き返したが、残念ながら「第二革命」もまた成功しなかった。陳はやむなく、一九一三年冬、上海に逃れている。翌年東京にいる友人章士釗に招かれて日本に渡り、『甲寅雑誌』の編集者と同人を結成することになる。[11]

袁世凱は、武力で「第二革命」を鎮圧したあと、「第二革命」に加担したという理由で議会内多数派の国民党議員の議員資格剝奪を強行し、国民党解散令をも出すにいたった。一九一四年五月、臨時約法に代えて、ついに全権力を大統領に集中する新憲法を制定。さらに思想統治を強化するために儒教の国教化を図り始めた。[12] このようにして辛亥革命を通して建設された民国には共和国の看板しか残らなくなり、専制統治は旧態依然となってしまった。無残な現実を目にして、革命参加者と知識人は惨めな気分を抱いて革命失敗の原因を改めて考察し始めることとなった。[13] 陳もこの時代の流れに巻き込まれずにはいなかった。

所期の革命目標を達成しなかった理由を問い質して、陳独秀は一九一四年の『甲寅雑誌』に「愛国心と自覚心」と題する有名な文章を発表する。そこで彼は次のように書いている。「そもそも一国の人民の智力が共和制の建設に堪えられなければ、おそらく立憲君主制にも適わないであろう。〔……〕国民が建国の力をもたない場合、共和を無理やり真似ても、あるいは帝政を回復させても、救国の大計には見えるかもしれないが、実は何も見えない盲人に松明を与えるように、無益であるばかりでなく、かえって困難を増すだけである[14]」。

ここで陳独秀は目を国民の素質に向けている。彼の意見では、辛亥革命が失敗したのは、革命の目標が君主制打倒だけに集中し、封建思想に強く影響されている国民を覚醒させることがなかったからである。すなわち、「真の国家」を作りたいなら、政府を改造するより、国民の覚醒を促すということに力点が置かれるべきなのである。

この時期、陳独秀は「立国」は「立人」(個々人の独立)から手をつけなければならないと悟るばかりではなく、国家と国民のかかわりについて、国家を構成する公民個体の権利をより重視し始めている。陳は「愛国心と自覚心」において、「国家は、国民の権利を保障し、国民の幸福を図るものである。そうでなければ、国家は存在しても光栄とするに値せず、滅亡しても哀れむに値しない[15]」と述べて、国家は国民のために存在するのであって、国家そのものは究極目的ではないというルソー的国家観を展開している。陳にとって、もし国家が国民の権利を保障できず、個人の幸福を増進できないとすれば、そんな国家が滅んでも、なんら憂うに足りない。国民が、国家の本来の目的を見失い、愛するに値しない国家を愛するならば、彼らは「愚者でなければ、すなわち狂者」である(同上)。こういった議論からみると、陳が反対しているのは、自分たちの政府とその形態、すなわち「ステイト」に対する盲目的な愛と無条件の献身とであって、彼は民族共同体としての「ネイション」への愛と献身には反対していないことが分かる[16]。

要するに、辛亥革命後の陳独秀は、個人の独立意識の覚醒を呼びかけた。それは国家の生存にとっても、個人の幸福にとっても不可欠なのである。言い換えれば、国家のためにも、国民自身のためにも、何よりもまず国民の精神を啓蒙し、その素質を高めなければならない。このようにして、陳によれば、「立人」は出発点になるし、かつ目的地にもなる。人の精神の啓蒙は「立国」のためでもあれば、「立人」のためでもあるのである。

先に述べたことから分かるように、辛亥革命前、陳独秀はすでに国民の精神を啓蒙し、思想・文化面から中国社会を改造することの必要性を感じていたが、その当時の陳の念頭にあった啓蒙はあくまで救国の必要性に従属し、かつ奉仕する地位にとどまっており、救国こそ急務であり目的であり、個人意識の覚醒は手段にすぎなかったと考えられる。辛亥革命の挫折という苦い歴史的体験をしたあと、陳の認識は明らかに飛躍した。ところが今や彼にとって、個人意識の覚醒は「立国」の手段のみならず、国民自身にとっても意義あるものなのである。こうして、陳が唱道する啓蒙理念は、すでにヨーロッパにおけるそれのように、きわめて包括的な特徴をもつようになっているわけである(17)。

ところが、一九一四年まで、陳独秀は「民主」に一定程度の理解を示しているものの、「科学」については依然として明確な考えを抱いてはいない。「科学」という新兵器を手にしなければ、旧文化を批判し個人意識の覚醒を唱道することの効力はそれほど大きくならないばかりでなく、新文化建設の目標、人間自身の近代化の方向も明確には見えてこないのだが、この自覚が陳には未だないのである。

2　「民主」と「科学」というスローガンの提起

陳独秀が西洋近代啓蒙主義思想家の十全な意味での教え子にして、「五四運動期の総司令官(18)」に成長を遂げるのは、一九一五年九月、『新青年(19)』(第一巻の各号は『青年雑誌』と称した)が創刊され、「民主」と「科学」というスローガンを同時に提起して以降のことだと言うことができる。今やこの雑誌で、陳がいかなる論調を打ち出したのかについて検討することにする。

『新青年』創刊号の「王庸工に答える」において、陳独秀は「本誌を発行する意図は、主に青年の思想を改造し、青年の修養を助け導くことにある。時の政治を批判することは、その趣旨ではない[20]」と宣言している。陳によれば、その理由は、「もし国民が思想の面で根本的な覚醒にいたっていないなら、執政者を非難する立場にない[21]」からである。ここで陳は、それまで試みてきた社会的・政治的改革よりも、国民の精神変革を優先しなければならないという確信を再確認しているわけである。

国民の精神変革がどのように推し進められるべきであるかについて、陳は創刊号の巻頭論文「敬《つつし》んで青年に告ぐ」において、「自主的であれ奴隷的であるな、進歩的であれ保守的であるな、進取的であれ隠世的であるな、国際的であれ鎖国的であるな、実利的であれ虚飾的であるな、科学的であれ空想的であるな」と述べ、西洋をモデルとして進もうと呼びかけている。この文章の最後の節で、陳は次のように自分の呼びかけを集約している。「近代欧州が他民族に優越している理由は、科学の勃興にあり、その功績はけっして人権説に劣るものではなく、この両者は車の両輪のごとし。〔……〕国民にして蒙昧時代を脱却しようと望み、未開の民であることを恥じるならば、決起し急追して、科学と人権とをあわせて重んじなければならない[22]」。陳によれば、国民の精神的蒙昧を治癒し、国民の覚醒を促す速効薬には二種類があることになる。一つは科学と呼ばれる。もう一つは人権という。同様の認識は、あとに繰り返して説かれることになる。たとえば、一九一七年の「時局についての雑感」で、陳は「政治における共和と、学術における科学は、近代文明の二つの大きな宝である[23]」と述べて、「共和」と「科学」を近代文明の真髄と見なしている。

さらに一九一九年の「『新青年』の罪状に対する答弁書」で陳は宣言している。「西洋人が「徳〔徳莫克拉西（デモクラシー）の略称〕先生」と「賽〔賽因斯（サイエンス）の略称〕先生」を擁護するために、あれほど多く仕事をし、あれほど多く血を流したあと、「徳先生」と「賽先生」二人は、ようやく彼らを暗い所から助け出して、明るい世界へと導いた。今われわれは、はっきりとこの二人の先生だけが、中国の政治・道徳・学問・思想上のすべての暗黒を早く癒せるものと考える。これら二人の先生を擁護するためには、一切の政治的圧迫、社会的攻撃と嘲りはもとより、断頭・流血をも辞するものではない」[24]。陳は、「民主」と「科学」を、暗黒の中国をバラ色の中国に変える魔法の杖のように理解しているのである。場合によって「人権」、「共和」、「民主」といった語彙が使い分けられているとはいえ、これらの用語の意味は実質的に大差なく、彼は、これらの言葉を援用して、ともに独立、自主、自由、平等などを包含する西洋近代民主主義思想を喧伝しているのだと言ってよい。

要するに、『新青年』が発刊された時点で、陳の認識はすでに、社会変革への出発点が個人の精神変革であり、個人の精神変革への出発点が「民主」と「科学」の提唱であるというところにまでいたっているのである。こうして一九一五年には、なぜ国民の精神は啓蒙されるべきであるのか、いかに国民の精神を啓蒙するかという二つの問題は、彼にとってすでに解決ずみであったと言ってよい。別言すれば、『新青年』の登場は、彼の啓蒙理念が明確な形をとっている標識と見なされうるわけである。

陳独秀がこうして、新文化運動期に、社会的・政治的改革がしっかりした思想と文化的基盤を抜きにしては達成しにくいことを理解しただけではなく、「民主」と「科学」が西洋近代文明の真髄であり、それこそ中国社会のさまざまな精神的病を治療する特効薬であることを認識しえたことは、中国近代思想史上、画期的な意義をもつできごとであった。

第二節　進化論をもって「デモクラシー」を提唱する

1　儒教倫理と「デモクラシー」との拮抗

人権は西洋近世啓蒙運動の主要な旗印であり、啓蒙思想家は「天賦人権」思想を神権と封建王権に反対する武器として用いた。だが、このような人権思想は、中国の封建思想体系とはまっこうから対立するものであった。十九世紀に自由・平等・博愛を主張する天賦人権論が中国に伝えられたあと、中国の思想界は大きな衝撃を受けたにもかかわらず、救国の任務が切迫していたので、知識人は終始、人権と国権との葛藤に悩むことになった。亡国の危機に直面して、彼らは、個人と国家、人間の自由・平等の権利と民族の生存権とが往々にして対立関係に陥ることを認めざるをえなかった。その理由は、国権を保持しようとする場合、人権がやむをえず制限され、ひいては犠牲にされ、国民が政治に参加する民権もが規制されざるをえず、反対に、人権の主張によって、民族独立・国家復興への力は弱体化するであろうからである。辛亥革命が一定の挫折を経験してから、改革派と革命派の主役はいずれも、現実の中国にとって民権より国権のほうがより重要であると見なしていた。たとえば、「民智未開」、すなわち人民の知識が十分に開かれていないことを理由に共和革命に反対した厳復は、「ルソーの『民約論』が流行して以来、社会がそれによって与えられた影響は小さくなく、その原理を実現するために流血・犠牲もが惜しまれていないが、実際に治国の役には立っていない」(25)と述べて、天賦人権論を譴責した。そして梁啓超も、「今日は、民権主義の不足を埋め合わせるため、より国権主義を重視して頼りにすべきである」(26)と唱えていた。孫文もが、「今日は、満族の政権は退き、中華民国は成立したので、民族・民権両主義はいずれも達成された。未だ着手していないのは民生主義のみである」[27]と説き、「民生主義」がいかに実現されるべきかについて、ドイツのビスマルクに倣った「国家社会主義」を唱えていたのである。[28]

袁世凱はこのような世論を利用し、「国家の威信を打ち立てる」ことや、「国権の統一を図る」ことを名目に、国民に「国家を本位として、一人一家を本位としない」[29]ことを求め、最後に専制的政権を樹立した。陳独秀が西洋の天賦人権論に従って、民権は国権の基礎であり、人間の独立と自主の人格および自由と平等の意識の形成は民主政治の基盤であるという啓蒙主義的思想を明確に打ち出したのは、このような逆流に抗してのことであった。

こうして、陳独秀は『新青年』創刊号の巻頭論文で、独立・自主・自由・平等・人権などの民主思想を国民に示すことになった。そこで彼は次のように論じている。「等しく一個の人間として各人が自主の権利をもつ以上、なんぴとも他人を奴隷とする権利は断じて持たないし、自ら奴隷として生きる義務も断じてない。〔……〕近世の欧州の歴史は「解放の歴史」であると言われている。君主権の打倒は政治の解放を求めたものである。教皇権の否定は宗教の解放を求めたものである。財産均分説の勃興は経済の解放を求めたものである。婦人参政運動は女性の男権からの解放を求めたものである。解放とは、奴隷の束縛を脱することによって、その自主・自由の人格をまっとうすることである。〔……〕独立・自主の人格を自認する以上、一切の行為、一切の権利、一切の信仰は、ただ各自固有の良知良能に従うのみであって、断じて他人に盲従・隷属するいわれはない[30]」。

中国の伝統思想にはなかった高らかな人権思想の宣揚と言わねばならない。そして、三カ月後の「東西民族における根本思想の相違」という文章で、陳は以上とほぼ同じ趣旨の議論を披瀝している。「西洋民族は昔から今まで、完全に個人主義の民族である。〔……〕あらゆる倫理・道徳・政治・法律・社会の向かうところ、国家の追求するものは、個人の自由の権利と幸福を擁護することだけである。思想言論の自由は個性の発展を図るためである。法律の前ではみなが平等である。個人の自由の権利は憲章に載せられ、国家の法律がそれを剝奪することはできず、これがいわゆる人権というものである。成人になったあと、奴隷でなければ、みな人権を有し、差別がない。これこそ個人主義の真髄である。〔……〕国家利益・社会利益は一見して個人主義に抵触するようであるが、実際には個人の利益を強化することを基本としている[31]」。

これまでの歴史が雄弁に、個人を本位としてきた西洋国家の基盤が弱められることなく逆に強められることを明示している以上、国家ないし社会は当然、国権の保護を口実に人権を侵害してはならない。それゆえ中国人も、西洋人のように、独立・自主・自由・平等などの精神を確立しなければならない。そうでないと中国人は真の人間とはなりえず、中国は真の国家とはなりえない。それでは、どうして中国人は独立と自主の人格、自由と平等の意識を容易には形成しえないのであろうか？　陳は、それは儒教倫理のせいであると考える。陳は前述の「東西民族における根本思想の相違」において、次のように説いている。「東洋民族は、遊牧社会から進んで宗族制社会[32]になったが、今にいたるも変わりなく、酋長政治から進んで封建政治になったが、今にいたるも変わらない。宗族制社会は家族を本位とするから、個人には権利がなく家中のものは家長の命を聴く[33]」。このような社会では、人々が重視するのは階層秩序であり、教えられるのは孝と忠である。

陳によれば、忠と孝についての美談は少なくないが、次の四つの悪い結果を産んでいる。第一に、個人の独立自尊の観念が損なわれている。第二に、個人の思考の自由が妨げられている。第三に、法律上の平等の権利が奪われている。第四に、依頼心が醸成され、個人の創造力が阻害されている。そういった論拠から、陳は、「東洋民族の社会にあるさまざまな卑劣・不法・残酷・衰微などの現象は、みなこの四者に起因する」、と結論づけている[34]。

一カ月後、陳は再びこの論旨を次のように展開している。「国は人が集まってこそ成るものである。個人の人格が高ければ、この国家の国柄も高い。個人の権利が強固であれば、この国家の権利も強固である。しかし、わが国で昔から伝わってきた道徳政治は、まったくこれに反している。儒者の三綱説はすべての道徳政治の本源になる」[35]。君が臣の綱、父が子の綱、夫が妻の綱になると、民、子、妻は君、父、夫の付属品になり、みな独立性を失ってしまう。したがって、陳は「これから生まれて金科玉条とされている道徳上の術語――忠・孝・節――は、みなわが身をつねって人の痛さを知る主人の道徳ではなく、わが身を人に委ねる奴隷の道徳である」[36]と叱正している。

陳によれば、宗族制社会に大成された三綱説を中核とするこのような儒教倫理観が徹底的に打ち壊されることがなければ、西洋社会に繁栄の活力をもたらす独立・自主・自由・平等・人権などの意識は中国社会に根を下ろすわけがない。人々に期待されている民主共和の政治制度が打ち立てられるわけもない。それというのも、「共和立憲制度は、独立・平等・自由を原則としており、三綱と五倫説に基づく階級制とは絶対に相容れないものである。両者の中で、一方を存続させようとすれば、他方は廃棄されなければならない。もし政治では専制を否定しようとしながら、家庭・社会で従来の特権を守り続けようとすると、法律上の権力の平等原則と経済上の生産の独立原則は必然的に乱れる。両方を並行して実施する余地があるはずはけっしてない」[37]（「吾人の最後の覚悟」、一九一六年）からである。

したがって、「西洋式の新国家を建設し、西洋式の新社会を組織して、現今社会に適する生存の仕方を求めようとするならば、基本的問題として、まず西洋式の社会・国家の基礎、いわゆる平等・人権の新信条を輸入しなければならない。この新社会・新国家・新信条と絶対に相容れない孔教〔儒教〕に対しては、徹底した覚醒、勇猛な決心をもたなければならないのである」[38]（「憲法と孔教」、一九一六年）。このようにして、陳は、儒教倫理からの覚醒こそが最重要課題と位置づけて、儒教倫理に総攻撃をかけるべく決意するのである。

儒教倫理に総攻撃を起こす時、無視してならないのは批判の武器ということである。文化的伝統と社会的惰性の影響で、当時、多くの知識人は儒教の三綱と五倫説を深く信じて疑わなかった。それゆえ、強力な理論的武器を用いて三綱と五倫説に手厳しい攻撃を加えなければならない。そうでなければ、人々に儒教倫理観を放棄させ、民主・自由の人権説を受け入れさせるのは難しい。陳はそれでは儒教倫理を批判するにあたって、いったいどんな思想的武器を選んで使用したのであろうか。その答えは進化論であった。

2　進化論の理解と援用

ちょうど西洋における進化論の歴史がダーウィンの『種の起源』（初版、一八五九年）に先行する歴史をもつのと同じように、中国における進化論の歴史も厳復の『天演論』に先立つ前史をもつ。[39]しかしながら、十九世紀後半、中国の知識人が自らの置かれた歴史環境の意味を模索し、中国の採るべき対応策を検討する過程で案出した形態の進化論的思考にせよ、キリスト教宣教師が中国知識人と協力して自然科学書を翻訳する過程で中国に伝えた進化論に関する知識にせよ、断片的であるにすぎなかった。したがって、それが中国社会に与えた影響はきわめて小さかったと言って大過ない。中国の一般知識人が本格的な進化論の知識に触れ始めたのは、先述のごとく、トーマス・ヘンリー・ハックスリー（Thomas Henry Huxley, 一八二五―一八九五）の『進化と倫理』（*Evolution and Ethics*, 一八九四）が厳復によって翻訳され、一八九八年に『天演論』の題で公刊されてからのことである。ところが厳復の進化論の受容の仕方は特異で、人間世界の独自な性格は人倫的努力にあると説くハックスリーとは反対に、まったくそれを競争的世界観として解釈するものであった。[40]このような「進化論」の影響下で、中国知識人の大多数は、生物学上の進化論が教える「自然淘汰」「生存競争」「適者生存」の法則を、人類社会・宇宙をも含む全世界の普遍法則として受けとってゆくこととなった。換言すれば、ほとんどの中国知識人が厳復の『天演論』を通じて受容した最初の進化論は社会進化論なのであった。陳が受け入れた進化論も例外ではなく、ある種の社会進化論と解釈できるものであった。

『新青年』創刊号の「フランスと近代文明」で、陳は「近代文明の特徴として、古い教義を変革し、人心・社会を一新するのに十二分に足りるのは、三つのことしかない。すなわち、人権説と、生物進化論と、社会主義である[41]」と述べ、進化論を、古いものを変革し人心を奮い立たせる重要な学説の一つと見なしている。

また、陳は同じく創刊号に掲載された「敬みて青年に告ぐ」で次のように社会進化論への信仰をあからさまに表明している。「新と旧は代謝する、陳腐老朽なるものはすべて刻々自然淘汰の道を歩んで、新鮮活発なるものに空間的地位と時間的生命を譲る。人体がこの新陳代謝の道に従えば健康であり、陳腐老朽の細胞が充満すれば人は死ぬ。社会が新陳代謝の道に従えば隆盛し、陳腐老朽の分子が充満すれば社会が滅びる[42]」。「進まざれば退く、とは中国の諺である。宇宙の根本法則からいえば、森羅万象は一日として進歩の道程を歩まぬことがなく、断じて現状を保守する道理はない。〔……〕人事の進化からいえば、尊古不変の民族は日々衰亡に向かい、日新上昇の民族は興隆してやむことがない[43]」。

すなわち、新陳代謝・進化発展は宇宙を支配する根本法則であり、この法則は生物有機体と同様、社会有機体にもあてはまる。そして、この法則は洋の東西を問わず、一様に現われる。それゆえ、どんな民族でも、世界の大勢とともに進まなければ、結局、必ずや生存競争に適応できなくなり、自然淘汰されてしまうというのである。ただし、陳は、新陳代謝のメカニズム、あるいは進化発展の過程ではなぜ最適者、新しいものだけが生き残れるのかについては触れていない。彼にとって、それは自明のことであり、わざわざ証明する必要はないと考えられていたのかもしれない。宇宙に存在するあらゆるものの変化には進化の法則が貫かれている以上、あらゆる個人、あらゆる民族は、古いしきたりに固執して改めないわけはなく、古いものを捨てて新しく脱皮さえすれば、断じて進歩しないわけがない。中国に関して言えば、中国が生存を図りたいのなら、迷うことなく文化の再建、社会の変革を行なわなければならず、中国が奮起して国家の富強を図り、古いものを取り除き、新しいものを打ち立てるのなら、復興の望みがないわけではない。

陳が「敬んで青年に告ぐ」において、「むしろ過去の国粋の消滅は忍んでも、現代および将来の民族がこの世界の生存に適せずして衰滅に帰するには忍びない[44]」と宣言し、至る所で精神の変革と体制の革新を盛んに主張しているのは、以上の社会進化論的確信に基づいてのことである。彼の抱いている啓蒙・変革への願望を支える柱の一つは、当時まさにまぎれもなく「科学」と見なされていた社会進化論の論理なのである。

社会進化論を確信していた陳独秀は、儒教倫理と封建的専制政治に反対するにあたって、進化論という新しい先鋭な武器の威力を存分に発揮させることになる。「孔子の道と現代生活」において、陳は次のように進化論の論理に基づいて、西洋の個人独立主義に基づく倫理観が儒教の倫理体系に取って代わる必然性を論じている。「文明の進化した社会では、教説の興廃は絶えずその社会の生活状態とともに変遷するものである[45]」。「現代生活は、経済をその命脈としている。経済学における経済活動の大原則は個人独立主義であり、その影響は倫理学にまで浸透している。かくて現代倫理学上の個人の人格独立は、経済学上の個人の財産権の独立と互いに証明しあって、ようやく動かすことができない説になり、社会の風紀と物質文明もそれに伴い進歩してきた[46]」。

それでは儒教の道徳規範はどうであろうか？　陳は次のように説いている。「孔子は封建時代に生まれたから、その提唱する道徳は封建時代の道徳である。その教示する礼儀あるいは生活状態は、封建時代の礼儀、生活状態である。その主張する政治は、封建時代の政治である。封建時代の道徳・礼儀・生活・政治が注意を注いだところは、少数の君主や貴族の権利と名誉の範囲を超えるものではなく、多数の国民の幸福とは無縁であった[47]」。このような道徳は、「数千年前の宗法時代、封建時代においてさえでも、ただ公卿・士大夫の人倫日用に行なわれただけであって、庶民には行なわれなかったし、いわんや数千年後の今日の共和時代・国家時代にどうして行なわれえようか[48]」。しかし陳は儒教倫理の歴史的価値を全面的に否定するわけではない。彼は一九一九年五月四日の『毎週評論』に公表した「孔教研究」の中で、孔子の教えについて説明している。「われわれは孔教に反対するが、孔子個人に反対するわけではなく、彼が古代社会においてそれなりの価値をもっていたことは否定しない。彼は現代の人心を支配できず、現代の潮流に適応できないのである」[49]。

陳によれば、孔子の道は、孔子が生きていた封建時代にはそれなりに価値があったが、社会が変わったので、もう現代社会に適さないものになり、引き続いて現代社会を支配し続けてゆくことになったら、必ずや社会の進歩を妨げる。彼はさらに「吾人の最後の覚悟」において、自由民主政治が必然に専制独裁政治に取って代わることを論じる際、社会進化論の論理を取り入れている。「古今、各国の政体は同じではなく、治乱の状況も異なるが、混乱を鎮めて治世にもどす国で古いものを取り除き新しいものを打ち立てないものはない。専制政治より自由政治に向かい、個人政治より国民政治に向かい、官僚政治より自治政治に向かう、これが、いわゆる立憲の潮流であり、いわゆる世界体系の軌道である。わが国は、国門を閉ざして自分を守ることができないのであれば、絶対にこの道筋を越え、この潮流に逆らうのは道理ではない。進化の法則は適者生存であり、まわりの情勢の需要に応じて、適当な環境を自ら作り出せないものは滅亡を免れるわけにはいかない」[50]。

このように陳が受容した進化論の論理はごく単純なものであった。だが、それは自然法則であり、「科学的」であるという看板を掲げていたので、儒教倫理と専制政治を批判する武器として使われた時には、大きな殺傷力をもつものとなった。なぜなら、当時の知識人の中で「科学」と見なされていた進化論に反対する人はわずかしかおらず、厳復、康有為を始めとする人々すら、進化公理などと公言していたからである[51]。陳は、彼らも承認する進化論の論理を利用して、彼らの儒教擁護の論理に攻撃をしかけて、優位を狙ったわけである。しかし、「たんに新しいものと古いものをみるだけでなしに、それらがなぜ新しいか、それらがなぜ古いか、新しいものと古いものはどのように対立し、からみあっているかを分析してゆく」べきであったが、陳はそうしなかった[52]。こうして、彼は、西洋社会と中国社会内部のメカニズムに不案内なまま、その思想文化・社会体制の変革という問題と取り組み始めた。これは五四運動以前の時期の彼の社会進化論的歴史観の限界であった。

第三節　「サイエンス」をもって宗教と迷信を批判する

1　伝統的宗教の批判

陳独秀は五四運動以前、実証主義哲学者コントの人類社会体制の進化に関する三段階論を基本的に受け入れていた。彼は、コントの学説を特徴づけて書いている。「コントは人類進化を三つの時代に分けている。第一に、宗教・迷信の時代と言う。第二に、形而上学・空想の時代と言う。第三に、科学・実証の時代と言う」(53)(「近代西洋教育」、一九一七年)。彼から見れば、「欧米の文化は、十八世紀から次第に第二時代より第三時代に進んでおり、あらゆる政治・道徳・教育・文学には、いずれも科学・実証の精神が含まれている」(54)。ところが、欧米と異なり、「わが国は、学術思想が未だ宗教・空想時代にとどまっている。それゆえ、欧米で科学的に証明された常識に面しても、往々にして見て見ぬふりをして口から出まかせを言う。これは国民の根本的な大きな持病であり、軍閥の跋扈よりもはるかにひどい」と、陳は一九一八年の「湯爾和に答える」において指摘している(55)。陳はこのように、中国国民の「科学・実証」精神の欠如という問題を国民的持病と認識するようになって、「倫理的覚悟」と「政治的覚悟」の啓蒙という課題のほかに、国民の科学精神の涵養という課題をも抱え込むことになるのである。

陳はまた、一九一八年の「ケトラー碑」において、今後の世界が進むべき道についてこう書いている。「現在世界には二つの道がある。一つは、共和的・科学的・無神論的なものに向かう光明の道である。もう一つは、専制的・迷信的・神権的なものに向かう暗黒の道である」[56]。彼にとって、共和すなわち民主は科学・無神論と固く結びついており、民主建設に志す者は同時に、必ず科学・無神論を提唱しなければいけない。言い換えれば、民主啓蒙と科学啓蒙は互いに連携し合っており、たがいにとっていずれも欠かせない。

このような考え方を理解するのはそれほど難しいことではない。「科学」は、自然を対象とするすでに出来上がった合理的な知識体系というだけではなく、ある種の合理的な思考様式、確実性を求める態度、すなわち「科学」の精神でもある。後者の意味での「科学」、すなわち合理的な思考様式や実証的態度などをも含意する「科学」は、社会的問題に対処する民主的態度と固く結びついている。なぜなら、民主社会の批判的・合理的な構築は、「科学」によって本質的な批判的精神を欠いては不可能だからである。そして、民主社会の構築が独立・自由・平等などの価値を重視する人の創出を前提としており、このような人の創出のためには、科学的で批判的な精神は不可欠だからである。このような「科学」の精神の登場は、歴史的には西洋近代社会においてというよりは、古代ギリシャのデモクラシー政体の発生とともに起こった。論証を伴った公理論数学の形成は古代ギリシャの民主政体の確立過程と相即的に初めてなされたことがそのよい証拠である[57]。デモクラシーと徹底的議論のエートスは相互に関連し合い、既成の権威やドグマへの安住を容易に認めることはない。ここに「民主」と「科学」の密接な内的結合の必然性が認められる。このように、「民主」と「科学」は分離不可能な二つの概念となり、「民主」を唱える時、「科学」の精神を提唱し、「科学」の精神の結晶である科学的知識を唱道し、「科学」の精神と合わない宗教・迷信に反対するのは当然のことになる。まさしくこのような考えの筋道に沿って、陳は新文化運動期に、同時に「民主」と「科学」の双方の旗印を高く掲げ、「民主」を提唱して、儒教倫理を批判しながら、「科学」を唱えて、迷信、さらに宗教に反対したのであった。

それでは、陳はどのようにして「科学」を唱え、迷信・宗教に反対したというのか。今度は、宗教問題を中心に検討してみよう。

陳は一九一六年の「憲法と孔教」において述べている。「自然界の知識を増進することは今日の社会に有益で民を覚醒させるための正道である。一切の宗教は政治・教化のためにならない偶像に等しい[58]」。陳によれば、「科学」と宗教はまっこうから対立するのであり、宗教信仰を廃止しなければ科学的精神を樹立することはできず、「賽先生を擁護したいと思うならば、旧芸術・旧宗教に反対しなければならない[59]」（「『新青年』の罪状に対する答弁書」、一九一九年）。このような認識に基づいて、陳は全力を傾けて、宗教を迷信として猛烈に攻撃する。

陳にとって、宗教の本質は主として「霊魂の救済[60]」にあり、人の世を離れてからの問題に答えることにある。「私が思うに、宗教の根本作用は、死後に重んぜられ、人生の騒がしい精神を寄託させるところにある。もし教義で人生の行為を規定したら、それは世間での考えの領域に入る教えに属し、倫理道徳と肩を並べることになり、宗教の宗教たるまさに根本において、その独立した存在の価値を失うことになる。世俗には宗教に類似した説があるが、実は一神教と多神教の二種類のみが宗教と称しえるのであって、けだし宗教と鬼神は切り離すことができないであろう[61]」（「兪頌華に答える」、一九一七年）。陳は、宗教の本質が主として「霊魂の救済」にあり、死後に重んぜられると認めているにもかかわらず、霊魂を実体的に存在するものとは認めず、ルードルフ・オイケンやウィリアム・ジェイムズなどと同じように、意識の連続として考えている。

陳は、一九一八年の「人生の真の意義」において、人類も自然界にある普通の物質の一つにすぎないという科学者の考え方を次のように補強している。「科学者の説によると、人間は死後霊魂がなく、生存の中で起こるすべての苦楽・善悪が物質界の自然法則に支配されているとされる。この説は覆し難しい。ところが、われわれ個人は必ず死ぬにしても全民族は簡単に死ぬことなく、さらに全人類は死滅することはないであろう。全民族・全人類が造り上げる文明の事業はこの世界の歴史に記載され、後世の人々に伝えられる。それは、私たちの死後に連続する記憶と知覚ではないであろうか」[62]。

こうした観点から、陳は、「この身が無常のように見えるから、世の中のすべてを無常と断ずる」[63]ことに反対し、「現実主義」的人生観を唱えている。「現実主義」的人生観はいかなるものであるかについては、一九一五年の「今日の教育方針」で次のように解説している。「世界の中の個人は、人身を形作る細胞と同じように、新陳代謝・死生相続の法則に従わなければならない。ただ物質が子孫に遺伝し、精神が歴史に残るにすぎない。個体的生命は連続しないにもかかわらず、全体的生命は断絶しないのである」[64]。それゆえわれわれは、人生に飽き飽きすべきではないし、かつ死を恐れるべきでもない。「われわれの現実の生存は、人類の永久の生命の貴ぶべき隙間であり、恒久的ではないが、一時的でもない、いわんや幻でも空でもない」[65]。したがって、われわれは現実の世界を直視しなければならない。しかも、「現実を大事にしてこそ初めて、人知〔原文は人治〕は盛んになり、迷信は退治される」[66]。

類似の考えは、先ほど引用した「人生の真の意義」と一九二〇年の「自殺論」にも見える。それゆえ、郭穎頤が陳の人生信条について下した次の結論には理由がないわけではない。「陳独秀の人生信条の中に一つの注意すべき所がある。すなわち、彼は最後に一種の大雑把な唯物論的観点を信じて、現実を運動している物質と見なしているのである」[67]。陳は唯物論的人生観を保っていたがゆえに、新文化運動において、無神論の立場に立ち、すべての宗教を迷信と見なし、「科学」を武器とし、宗教に猛烈な攻撃をしかけることになる。こうした姿勢は、理神論から唯物論に転じたディドロをはじめとするフランス啓蒙思想家たちと共通すると言えるであろう。

陳は一九一八年に「科学と神聖」と題された小編で、次のように神の存在を問い質している。「宇宙には物質があり、その活動があるほかに、それを主宰する神霊があると多くの人が信じている。これは宗教が成立しえ、かつ衰えないゆえんである」[68]。しかるに、天文学者・地質学者・生物学者の研究によると、諸星の運動や、地球の形成・発展や動物の進化は、すべて科学法則で説明できるという。「この森羅万象を本当に主宰する神霊があれば、その成立、あるいは破壊は欲しいままにされているはずであるが、どうして今日まで、科学の法則を逃れるものは一つもないのか。有神論者は私に語ってはくれないだろうか(69)」。

宇宙のすべての物質の運動はそれ自身に固有の自然法則に従っており、常に主宰する神の制御を受けているのではない以上、神の存在説には疑惑を抱かざるをえない。人々が存在が証明されていない神を信じるとすれば、その信仰は迷信と異ならず、信じられる神は偶像にすぎない。「それは皆、破壊されるべきである(70)」(「偶像破壊論」、一九一八年)と、陳は容赦なく断言している。

陳が宗教の不合理性に対して行なった批判はそれほど厳密なものではなかったが、新文化運動期に彼が宗教を生かしてはおけない敵としている姿勢はきわめて鮮明である。彼にとって、「宗教は、どんなに高尚な文化生活とつながるにしても、どんなに大きな社会的価値があるにしても、その根本精神は、他者に付き従おうとする信仰なのであり、神の意志をもって最高命令とするものなのである(71)」(「愈頌華に答える」、一九一七年)。人類将来の信仰は「必ず科学を正道とする。すべての宗教はみな廃棄すべきものである(72)」(「再び孔教問題を論ずる」、一九一七年)。これらの文章を見ると、陳の宗教嫌悪が科学的理性信仰と切っても切れない関係にあることは明確である。

陳によれば、「科学」の現時点での成果は宗教に取って代わるには不十分であるが、そのことはけっして将来も「科学」が宗教に取って代わることができないことを意味するものではない。彼は、「科学」が新しい知の領域を開拓し、神にしか理解できないとされた宇宙と社会の秘密を明らかにする力をもっていることを疑わない。このような確信から、「科学」をもって宗教に代えると主張するのは、当然の論理的帰結であろう。一九一七年に世に問うた「再び孔教問題を論ずる」において、陳は上述の考えを次のように敷衍している。「蓋し宇宙の法則には二つある。一つは、自然法則と言われる。もう一つは人為的な法則である。自然法則は、普遍的・永久的・必然的なものであり、科学はそれに属する。人為的な法則は部分的、一時的、当然的なものであり、宗教や道徳や法律などがそれに属する。

〔……〕人類将来の進化は、今日芽生え始めている科学に従い、日一日と発展し、すべての人為的な法則を正し、それに自然法則と同じ効力をもたせ、しかる後、宇宙と人生を照合させるべきである。このことが、われわれの最大かつ最終の目的ではないだろうか。宇宙と人生の秘密は科学で解釈しえず、疑問を解き憂慮を取り除くことは宗教にだけ依頼すべきであると思う人がいるかもしれないが、私が思うに、科学の進歩には前途が開らけているのであり、われわれは今日の科学の様相をもって、科学が畢竟疑いを取り除くことができないなどと言ってはいけない。逆に、宗教が人を解脱させることができたら、人はまず自分を騙さなければならなくなり、こうしてこそ初めて人は自分を解脱させることができることになる。だが、これは本当の解脱ではないと私は思う。本当に疑いを取り除くことができるのは科学しかない。それゆえ、私は科学をもって宗教に代え、われわれの真実の信仰を確立しようと主張する[73]。

しかしながら、陳は「科学」をもって宗教に代えるという以上の観点を長く保持し続けることはできなかった。第一次世界大戦後、中国で興った大戦を反省する思潮の影響で、陳の宗教、とくにキリスト教についての考え方が大きく変わることになるのである。一九二〇年二月に発表した「キリスト教と中国人」において、陳は「中国社会の無感覚については、〔……〕文化の源に情感が乏しいのが少なくともその主な原因の一つである[74]」と書き、公然と「イエスのような崇高かつ偉大な人格と激しく熱い情感をわれわれの血に染み込ませて、われわれを冷たく暗く汚れている洞窟から助け出すべきである[75]」と宣言する。けれども、陳のこういったキリスト教に対する一定程度の評価は、ほかの多くの社会改革の提言の試行錯誤的模索の一環として行なわれたことを忘れるべきではない。たとえば、彼は、同時期、武者小路実篤（一八八五—一九七六）の「新しき村」運動や、ジョン・デューイ（John Dewey, 一八五九—一九五二）の草の根的な「ギルド社会主義」の提案にも関心を示しているのである[76]。陳のキリスト教に対する理解も、さまざまな人道的社会主義検討の一環であったと思われる。一九二〇年に入ると彼は結局、マルクス主義の強固な支持者になり、以上のような一定程度宗教に理解を示す態度をも改めてゆくことになる。しかも、彼はこのマルクス主義の陣営から後退することは、その後なかったのである。

2　蒙昧主義批判の武器としての「サイエンス」

陳独秀は新文化運動期に終始「科学」の旗を高く掲げた。しかしながら、その時期の彼のいう「科学」とはいったいいかなるものだったのであろうか。このことをもっと精細に解明してみよう。

まず第一に、陳にとって、「科学」は実証と帰納の方法によって確実性が確保される理性の産物にほかならない。『新青年』創刊号の「敬みて青年に告ぐ」で、陳は次のように「科学」を定義している。「科学とは何か。吾人の事物に関する概念が、客観的現象を総合し、主観の理性に照らして矛盾していないもののことである。空想とは何か。客観的現象を超脱したうえに、主観の理性をも放棄して根拠もなく造り上げたもの、仮定だけで実証がなく、人間のすでに獲得した英知によってその理由を明かにし、その法則を説明することの不可能なるものである(77)」。ここで陳は、「科学」を客観的な事実に基づいて、主観の理性に訴える産物と見なしている。言い換えれば、彼にとって、科学は恣意的な空想の対立物であり、事実に基づかない知識、あるいは実証がない知識は「科学」ではない。

少しあとで陳は、さらに空想と対照させながら「科学」を論じている。「非常識の思考、無根拠の信仰を完全に斥けようとすれば、ただ科学によるほかはない。もとより科学によって真理を説明し、一事一事に実証を求めるのは、空想・武断によるのと比べて、その歩みはまことに鈍い。だがその一歩一歩はすべて大地を踏みしめている。突飛な幻想がついに一歩も進みえないのとはちがうのだ(78)」。ここで、「科学」は実証によって確実性が確保される理性の産物と見なされている。

陳によれば、確実性が確保された知識は、自然に関する知識にしても、社会に関する知識にしても、みな「科学」

と言える。それでは、知識の確実性はどのようにして確保されるのであろうか。陳の答えは科学的方法の厳守である。一九二〇年の「新文化運動とは何か」という文章で、彼は次のように説いている。「科学には広義と狭義の二つの意味がある。狭義の科学とは自然科学を指しており、広義の科学とは社会科学をも指している。社会科学は、自然科学の研究方法を社会的事柄すべてに利用するものである。たとえば、倫理学、歴史学、法学、経済学などがそうである。およそ自然科学の方法によって研究・説明されるすべての学問はともかく科学と言える。これは、科学のもっとも大きい効用である。〔……〕われわれ中国人はこれまで自然科学以外の学問も科学の洗礼を受けなければならないということが分からなかった。〔……〕これまで中国の学問が科学の洗礼を受ける必要があることが分からなかった。われわれは以前の誤りを正すべきであり、自然科学を提唱しなければならないばかりではなく、すべての学問（中国固有の学問も含まれる）を研究・説明する際、科学的方法を固く守らなければならない。こうしてこそ、天地ともに暗くなるほど喧々囂々たる妄想、でたらめから免れることができるのである[79]」。

それでは、陳のいう科学的方法とはいかなるものなのであろうか。一九一八年の「聖言と学術」という短文で、彼は述べている。「今日、学術を興し、真理を明らかにしようと思うならば、聖人の教えの代わりに、帰納論理の術と科学的実証の方法を盛んにさせなければならない[80]」。この文から、陳にとっての科学的方法は主に帰納・実証の方法を指すことが分かる。このことは、彼が強くコントの実証主義の影響を受けていたことの現われである。二十世紀初頭、中国の知識人の中で実証主義に傾倒したのはけっして陳一人ではない。知識人たちは「哲学体系の合理性を証明することはもちろん、人生観の探索さえも、帰納法の名で行なわれていた[81]」のである。

「科学」の本質が帰納・実証の方法によって確実性を確保する理性の産物ととらえられると、今度は、聖人の経典で学問の是非を裁断する伝統的な思考様式の変革が求められ、そして理性的精神でドグマの呪縛から抜け出ることが呼びかけられる。こうして陳は、学問をなすにあたって、聖人を崇めるな、古代を崇めるな、国家を崇めるなという三つのスローガンを持ち出す(82)(「学術と国粋」、一九一八年)。しかも、「偶像破壊論」と題する論文を書いて、声高に次のように訴えている。ここでの陳の偶像破壊主義者としての姿には面目躍如たるものがある。「破壊せよ。偶像を破壊せよ。嘘偽りの偶像を破壊せよ。われわれの信仰は、真実・合理に基づくべきである。宗教・政治・道徳において昔から伝わってきた虚栄と、人をばかにする不合理的な信仰はいずれも偶像であり、破壊すべきである。これらの嘘偽りの偶像を破壊しなければ、宇宙の実在的真理とわれわれの心の徹底的信仰はいつまでも合一できない(83)」。

第二に、陳にとって、「科学」は、中国の従来の思想・学問と異なり、物質と精神の両面、とりわけ精神面で有用性をもつ知的産物である。彼は、自国の従来の思想・学説が空虚かつ非実用的なものであると考える。「今日の社会の制度、人間の思想は、ことごとく周・漢の両代に由来し——周の礼法は空虚な形式主義を尊び、漢代は諸子百家を斥けて、儒教と道教のみを尊重した——名教の教示するところ、人心の向かうところ、一つとして社会の現実生活と背馳せぬものはない。もし抜本的刷新を図らないなら、国力は甦るすべはなく、社会は永久に平安の日を迎えることがないであろう。神々に祈って洪水や干害を免れようとしたり、『孝経』を誦して黄巾〔後漢末の農民反乱の首領〕を斥けようとすることなど、人はよほど幼児か白痴でないかぎり、みなそのばかばかしさを見抜くであろう。実用に無縁なものは、たとえ黄金珠玉であろうと、米・布・堆肥に劣るものである。個人あるいは社会の実際生活になんの利益もないものは、すべて空虚な形式主義であり、人を惑わすものである(84)」(「敬んで青年に告ぐ」、一九一五年)。この言明は、第二章で縷々紹介した福澤諭吉による明治初期の格調高い啓蒙主義的文章を想起させる。

陳によれば、西洋に生まれた「科学」こそが、儒教と道教を中核とする中国の従来の思想・学問と異なり、実際生活に役立つものであり、かつ空虚な形式主義への武器となるものである。したがって、彼はしばしば近代科学がヨーロッパにもたらした恩恵を謳歌している。たとえば、彼は言っている。「最近ドイツの科学はおおいに盛んになり、物質文明がその極に達して、制度と人心もこれによって再変している(85)」(「敬んで青年に告ぐ」、一九一五年)。「十九世紀末、科学はおおいに盛んになり、宇宙と人生の真相が日に日に明らかになっており、いわゆる裸の時代、仮面が剝がされる時代がヨーロッパで喧伝され、昔から伝えられてきた古い道徳、古い思想、古い制度などは、すべて破壊されている」[86]（一九一五年）。これらの論述から、陳が、「科学」は物質の世界を改造できるのみならず、精神の世界をも改造できると信じている。すなわち、彼にとって、「科学」の有用性とは二重の意味をもち、物質面での有用性のみならず、精神面での有用性をも意味するのである。

陳は「敬みて青年に告ぐ」で、「科学」の日常生活における有用性を説いている。「農民は科学を知らないために、種子選別、害虫駆除の技術をもたない。工業従業員は科学を知らないために、資源は利用されないままに打ち捨てられ、戦闘や災害時の必需品はすべて外国に依存する。商人は科学を知らないために、目先の利益を貪るだけで、将来の勝算を考えない」[87]。が、彼の著作の中で、このように「科学」を実用に役立つ知識、とくに技術と見なし、「科学」の物質面の有用性を説いた個所はそれほど多くない。逆に、彼が「科学」を新しい思想・倫理・人間の精神の在り方として強調している、すなわち「科学」の精神面での有用性を説いている個所がはるかに多い。このことは、とりわけ宗教と迷信を批判する時、顕著である。つまり、陳は「科学」の物質面での有用性よりも、むしろ「科学」の精神面での有用性を重視していたと考えられるわけである。この点で、ベンジャミン・シュウォルツ（Benjamin I. Schwartz, 一九一六―一九九九）の次の所見は洞察力あるものである。「科学の役割についての陳独秀の考えは、とりわけロシアのニヒリストのものを想起させる。彼らのように、彼は科学に一つの武器、伝統社会を溶解させる腐食剤を見た。彼はもちろん、科学の自然を征服する能動的な役割を認めたが、しかし、とくにそれを「迷信」に反対する武器として重視したのである」[88]。

新文化運動期に陳が「科学」を唱道する際に強調したのは、まさにその精神面での有用性であった。ここにこそ彼の独創性があった。西洋近代科学はすでに洋務運動期に大量に導入され、一九〇五年科挙制度が廃止されたあとは、小中学校にまで浸透するにいたっていた。しかし、十九世紀後半、中国では「科学」は主に自然についての知識と技術の方法と理解されており、人々が関心を寄せたのは「科学」の物質面での有用性にすぎなかった。十九世紀末から二十世紀初頭にかけて、進化論が一種の哲学思想、一種の思考様式として知識人の中で流行し始めたが、「科学」の精神面での有用性に対する一般の人の認識はあくまで皮相的であった。新文化運動期にいたって、陳の喧伝によって初めて知識人は「科学」の批判的機能をより全面的に認識するようになったわけである[89]。

新文化運動の時期に、陳が一般民衆に向けて、真っ先に「科学」の精神面での有用性を唱えた意義は、いくら高く評価してもしすぎない。まさしく「科学」の批判の武器としての機能が十全に理解され、中国近代の大きな文化思想運動の流れとなったのは彼によってだったのである。

注

(1) 王光遠『陳独秀年譜』(重慶出版社、一九八七年)、一―五頁。

(2) 同前、六―七頁、唐宝林『陳独秀年譜』(上海人民出版社、一九八八年)、二〇頁以下。

(3) 陳独秀の早期活動については未詳のところが多いが、とりあえず次の諸論考を参照されたい。松本英紀「新文化運動における陳独秀の儒教批判」、『立命館文学』第二九九号(一九七〇年)、三九八―四〇九頁；中屋敷宏「「五四」新文化運動と陳独秀――中国近代文学の思想的基盤についての考察」、『文経論叢』第十五号(一九八〇年)、二〇一―二〇九頁；横山宏章『陳独秀』(朝日選書、一九八三年)、一三―一七頁；Lee Feigon, *Chen Duxiu: Founder of the Chinese Communist Party* (Princeton University Press, 1983), pp. 23-95.

(4) 「安徽愛国会演説」、『著作選編』第一巻、一一頁。

(5) 辛亥革命前の陳独秀の思想的経緯、およびその背景については、次の論文を参照。有田和夫「陳独秀の思想的出発――康党から乱党へ」」、『東洋大学・中国哲学文学科紀要』第三号（一九九五年）、一—一三頁；陳万雄「辛亥革命時期の反伝統思想——併せて五四新文化運動の源流について」、『史学研究』第一四六号（一九七九年）、四六—六〇頁；Charlotte Furth, "May Fourth in History," in Benjamin I. Schwartz, ed., *Reflections on the May Fourth Movement: A Symposium* (Harvard University Press, 1970), pp. 59–62.

（6）章開源「「排満」と民族運動」、胡縄他著、安藤彦太郎編訳『辛亥革命——中国近代化の道程』（早稲田大学出版部、一九八六年）、四—一六二頁を参照。

（7）詳しくは前掲注（3）にあげた論著を見よ。

（8）「与蘇曼書」、『著作選編』第一巻、一一一頁を参照。

（9）松本英紀「新文化運動における陳独秀の儒教批判」（前掲）、四〇七—四〇八頁；中屋敷宏「「五四」新文化運動と陳独秀」（前掲）、二〇七頁。

（10）これまで論者の多くは当時の安徽省都督柏文蔚の追憶を拠り所として、陳独秀が秘書長に任じられた説を採っているが、呉根樑の考証によれば、陳独秀の職務は秘書長ではなく、都督府顧問であるという。呉根樑「辛亥革命前後的陳独秀」、『近代史研究』（一九八一年第三期）、三〇六—三〇七頁。

（11）同前、三〇八頁。横山宏章『陳独秀』（前掲書）、八二—八四頁。

（12）中村義「辛亥革命」、中嶋嶺雄『中国現代史』（有斐閣、一九八一年）、五四—五五頁。

（13）任元彪「新文化運動的科学啓蒙」、董光璧主編『中国近現代科学技術史』（湖南教育出版社、一九九七年）、四五一—四五六頁。

（14）「愛国心与自覚心」、『著作選編』第一巻、一四九頁。

（15）同前、一五〇頁。

（16）Lin Yu-Sheng, *The Crisis of Chinese Consciousness* (University of Wisconsin Press, 1979)；林毓生著『中国の思想的危機——陳独秀、胡適、魯迅』丸山松幸・陳正醍訳（研文出版、一九八九年）、八〇頁。

(17) 陳独秀が推進した新文化運動とヨーロッパのルネサンス・啓蒙運動との異同については、張宝明『啓蒙与革命――「五四」急進派的両難』(学林出版社、一九九八年)第三章第一節を参照せよ。
(18) 毛沢東「「七大」工作方針」(一九四五年四月二十一日)、『人民日報』一九八一年七月十六日掲載。
(19) 『新青年』の刊行事情と内容については、野村浩一『近代中国の思想世界――『新青年』の群像』(岩波書店、一九九〇年)、並びに横山宏章『陳独秀』、第三章などを見よ。
(20) 「答王庸工」、『著作選編』第一巻、一六七頁。
(21) 同前。
(22) 「敬告青年」、『著作選編』第一巻、一六二頁。
(23) 「時局雑感」、『著作選編』第一巻、三五二頁。
(24) 「『新青年』罪案之答弁書」、『著作選編』第二巻、一一頁。
(25) 王栻主編『厳復集』第二冊、三三三頁。
(26) 梁啓超「憲法之三大精神」、『飲氷室文集』巻二十九・第六冊(中華書局、一九七八年)、一〇〇頁。
(27) 孫文「在南京同盟会会員餞別会的演説」、『孫中山全集』第二巻(中華書局、一九八一年)、三一九頁。
(28) 同前、三二三頁。
(29) 栄孟源・章伯鋒主編『近代稗海』第三輯(四川人民出版社、一九八五年)、五六頁。
(30) 「敬告青年」、『著作選編』第一巻、一五九頁。
(31) 「東西民族根本思想之差異」、『著作選編』第一巻、一九四頁。
(32) 中国の家族制社会の特質については、蜂屋邦夫『中国思想とは何だろうか』(河出書房新社、一九九六年)、九―一六頁を参照。
(33) 「東西民族根本思想之差異」、『著作選編』第一巻、一九四頁。
(34) 同前、一九四頁。

(35)「一九一六年」、『著作選編』第一巻、一九九頁。
(36)同前、一九九頁。
(37)「吾人最後之覚悟」、『著作選編』第一巻、二〇四頁。
(38)「憲法与孔教」、『著作選編』第一巻、二五二頁。
(39)中国における厳復以前の進化論受容史については次の論文を参照。佐藤慎一「『天演論』以前の進化論——清末知識人の歴史意識をめぐって」、『思想』第七九二号（一九九〇年六月）、二四一—二五四頁、八耳俊文「中国における宣教師による科学啓蒙活動と進化論」、鈴木善次『進化論受容の比較科学史的研究』（科学研究費補助金による総合研究A報告書、一九九三年）、五一—六〇頁。
(40)Benjamin I. Schwartz, *In Search of Wealth and Power* (Harvard University Press, 1964)；平野健一郎訳『中国の近代化と知識人』（東京大学出版会、一九七八年）、九五—一一〇頁。
(41)「法蘭西人与近世文明」、『著作選編』第一巻、一六四頁。
(42)「敬告青年」、『著作選編』第一巻、一五八頁。
(43)同前、一五九—一六〇頁。
(44)同前、一六〇頁。
(45)「孔子之道与現代生活」、『著作選編』第一巻、二六五頁。
(46)同前、二六六頁。
(47)同前、二六八頁。
(48)同前。
(49)「孔教研究」、『著作選編』第二巻、九二頁。
(50)「吾人最後之覚悟」、『著作選編』第一巻、二〇三頁。
(51)佐藤慎一「進化と文明——近代中国における東西文明比較の問題について」、『東洋文化』第七十五号（一九九五年）、一二三―一六五頁を参照。

(52) 新島淳良「五・四時代の陳独秀の思想」、『思想』第三八〇号（一九五六年二月）、一四八頁。

(53) 「近代西洋教育」、『著作選編』第一巻、三五九頁。

(54) 同前。

(55) 「答湯爾和（学術思想）」、『著作選編』第一巻、四一三頁。

(56) 「克林德碑」、『著作選編』第一巻、四四七頁。

(57) この点については、佐々木力『科学論入門』（岩波新書、一九九六年）、四二―五〇頁、および同『数学史入門』（ちくま学芸文庫、二〇〇五）、三五―五一頁を参照。さらに詳細な議論については、佐々木力「ユークリッド公理論数学と懐疑主義――サボー説の改訂」、『思想』第一〇一〇号（二〇〇八年六月）、一〇〇―一四九頁、同『数学史』（岩波書店、二〇一〇年）第二章を見よ。

(58) 「憲法与孔教」、『著作選編』第一巻、二四八頁。

(59) 「『新青年』罪案之答弁書」、『著作選編』第二巻、一〇頁。

(60) 「駁康有為致総統総理書」、『著作選編』第一巻、二三八頁。

(61) 「答兪頌華（宗教与孔子）」、『著作選編』第一巻、三〇八頁。

(62) 「人生真義」、『著作選編』第一巻、三八五頁。

(63) 「今日之教育方針」、『著作選編』第一巻、一七二頁。

(64) 同前。

(65) 同前。

(66) 同前。

(67) D. W. Y. Kwok, *Scientism in Chinese Thought, 1900-1950* (Yale University Press, 1965)；郭穎頤著『中国現代思想中的唯科学主義 1900-1950』雷頤訳（江蘇人民出版社、一九八九年）、五六頁。

(68)「科学与神聖」、『著作選編』第一巻、四二〇頁。
(69)同前、四二一頁。
(70)「偶像破壊論」、『著作選編』第一巻、四二三頁。
(71)「答兪頌華（宗教与孔子）」、『著作選編』第一巻、三〇九頁。
(72)「再論孔教問題」、『著作選編』第一巻、二七八頁。
(73)同前。
(74)「基督教与中国人」、『著作選編』第二巻、一七八頁。
(75)同前、一七七頁。
(76)L. Feigon, *ibid.* (n. 3), pp. 140–146.
(77)「敬告青年」、『著作選編』第一巻、一六二頁。
(78)同前、一六三頁。
(79)「新文化運動是什麼」、『著作選編』第二巻、二一七頁。
(80)「聖言与学術」、『著作選編』第一巻、四二七頁。
(81)金観濤・劉青峰「新文化運動与常識理性的変遷」、『二十一世紀』第五十二号（香港、一九九九年四月）、四八頁。
(82)「学術与国粋」、『著作選編』第一巻、四〇七頁。
(83)「偶像破壊論」、『著作選編』第一巻、四二三頁。
(84)「敬告青年」、『著作選編』第一巻、一六二頁。
(85)「敬告青年」、『著作選編』第一巻、一六一―一六二頁。
(86)「現代欧州文芸史譚」、『著作選編』第一巻、一八二頁。
(87)「敬告青年」、『著作選編』第一巻、一六二―一六三頁。
(88)Benjamin I. Schwartz, *Chinese Communism and the Rise of Mao* (Harvard University Press, 1951), p. 9.

(89)　任定成『在科学与社会之間』(武漢出版社、一九九七年)、三―二二頁。

第六章　「科学と人生観論争」と陳独秀

第一節　論争の背景と経緯

1　論争勃発の背景

本章では、前章で検討した陳独秀の思想発展の背景のもとで、学問思想史上きわめて重要な「科学と人生観論争」と呼ばれる学問論論争において果たした陳の役割の分析を試みる。

「科学と人生観論争」とは、東西文化論争の延長として一九二〇年代の中国において展開された一大学術論争であって、「科学と玄学論争」とも「科学と形而上学の争い」とも呼ばれている。この論争は「近代中国における最初の本格的な学術論争」(1)と位置づけられてもいる。ここで、陳独秀のこの論争へのかかわりについて予め註記しておけば、新文化運動期の彼と異なり、この論争の当事者としての彼はマルクス主義者、それゆえ唯物史観の信奉者としての立場から、発言したということである。陳のマルクス主義者としての自己形成については、次章の前半部が解説することとする。

この論争のきっかけは、一九二三年二月十四日、清華大学の学生呉文藻（一九〇一―八五）の要請で、哲学者の張君勱が渡米予定の清華大学の学生たちに「人生観」と題する講演を行ない、「科学がいかに発達しても、人生観の問題は科学をもってしては解決できず、その解決のために頼りとなしえるのは人間自身のみである」(2)との趣意を述べたのに対し、地質学者の丁文江が、同年四月『努力週報』に「玄学と科学――張君勱的「人生観」を評す」を発表し、「およそ心理的内容、真の概念的推論は一つとして科学の対象でないものはない」(3)と述べ、長文をもって切々と張に反論したことであった。その後、各地の学者は次から次へとこの「科学と玄学」をめぐる論争に加わることになった。論争は一九二三年十一月から十二月、論争に加わった人々の文章が、論集『科学と人生観』にまとめられ、陳独秀と胡適が亜東図書館の館主の江孟郡の求めに応じ、それぞれ序文を書いたのを機に新たな論争、すなわち唯物論者陳独秀の自由主義者胡適等に対する論争が開始されることとなった。今日、一般に一九二四年八月マルクス主義者瞿秋白が「実験主義と革命の哲学」を発表したことが終結のしるしとされるが(4)、三十年代まで論争が続いた、という指摘もある(5)。

この論争の背景をみるに、胡適は「『科学と人生観』序」において、科学に対して梁啓超〔文中では梁任公先生とある〕が行なった「破産宣告」について次のように記している。「ここ三十年来、国内でほぼ無上の尊厳をもっている名詞がある。賢愚、守旧維新を問わず、みな、あえて明からさまに軽んじ、侮ることのない名詞、それは「科学」である。そのように国中あげて崇信される価値の有無は別として、少なくとも変法維新を講じて以来、新人物と自任している人には、明からさまに「科学」を誹る者はいなかったと言えよう。しかし、民国八、九年〔一九一九—二〇〕に梁任公先生が『欧遊心影録』を発表するにいたり、「科学」は中国において初めて明文をもって公式に「破産」の宣告を受けた(6)」。

胡適によれば、「科学と人生観論争」の勃発は、梁啓超が『欧游心影録』において科学の破産を宣言したことと深くかかわっていた。

梁啓超は、科学技術文明を享受していたヨーロッパでの大戦の惨禍を見て、科学技術文明の「破産」に思いいたったのであった。それはたんに、戦車や化学兵器などの利用を嘆くだけではなく、科学に内在する思想的問題点を考察するものであった。『欧游心影録』において、梁は次のように指摘している。「近代人は科学を発達させて工業革命を行ない、これに伴って外面的生活は急激に変化し、内面的生活も動揺したことを見抜くのは難しくない。〔……〕科学者の新しい心理学によると、人間の心霊というものは物質的運動現象の一つにすぎない。〔……〕このような唯物論派の哲学者は科学の庇護を頼みにし、その下に「純物質的・純機械的人生観」を打ち立てて、内面的生活、外面的生活の総てを物質運動の「必然的法則」に帰属させたのである。〔……〕それのみならず、彼らは心理と精神を一種の物と見なし、実験心理学により、人間の精神は物質にすぎず、例外なく「必然的法則」の支配を受けると強弁している。ここに人間の自由意志は否定されざるをえない。自由意志が無いのであれば、どうして善悪の責任があろうか。〔……〕現今の思想界に於ける最大の危機はまさにこの一点にある(7)」。

ここで、梁は、科学は生活を変えただけでなく、人間の内面を動揺させたのだという。つまり、科学者は精神を物質と見なす機械論的人生観を打ち立てたというのである。梁によれば、それは欧州大戦をもたらした根本的な原因である。彼はこのように説いた。「宗教と旧哲学はすでに科学に打ち破られて旗職は乱れ、「ミスター・サイエンス」が代わりにふるい立ち、その実験的方法をもって宇宙の大原理を明らかにしようとしている。その大原理はさておき、小原理をみる、それは日進月歩であり、今日の真理は、明日は誤謬となる。新しい権威はまだ樹立されていないが、古い権威はもう恢復不可能になった。それゆえ、全社会の人心は懐疑・沈悶・危惧に陥り、羅針盤を失なった船が洋上で風霧に迷ったときのように進路が分からない。このようであるから、楽利主義や強権主義が幅をきかすのであり、死後にはもはや天国は無いとするのであるから、ただ数十年の生涯を思う存分愉快にすごせばよいのであり、善悪についても責任はないのであるから、手段を尽くして自らの個人的欲望を追求して何の不都合があろうか。ところが、享受できる物質は欲望の高騰に比例して増加することはなく、両者の均衡を保つ方途はない。どのようにしたらよいのか。結局、各自は力を尽くして自由競争を行なうほかない。突き詰めて言えば、それは弱肉強食である。近年の軍閥や財閥はそのような状況のうちに出てきたのであり、今次の欧州大戦はその応報である(8)」。

梁の考えによれば、宗教と旧哲学はすでに科学によって打ち破られている。そのため、人々は善悪の基準を失い、ひたすら個人的欲望の追求を行なうことになる。しかし科学によってひたすら欲望を満たしていくことが幸福にはつながらない。物質は欲望を十分満たすほど増大していないので、競争が生じる。第一次世界大戦はその結果だというのである。

また、梁は、科学は人生の意味や人間の価値を生み出さない、として次のように論じている。「何千何万の人が次々にこの世に現われて数十年の生涯を過ごす目的は何であろうか、その唯一無二の目的は「腹いっぱい食べるためパンを奪い取る」〔飽食〕ということにあるであろうか。そうでないとすると、宇宙の物質運動の大車輪が動力を失ない、人自らが燃料を供給しなければならなくなると取り越し苦労をすることかもしれない。そうであるならば、人生にどんな意味があろうか。人間にどんな価値があろうか。科学全盛時代にあたり、主要な思潮は科学に傾き、科学万能を謳歌する者は、科学が成功を収めて黄金世界が近々現出するものと期待し、今や功業は成って、ここ百年の物質的進歩は過去三千年の進歩の数倍である。しかし、われわれ人間は幸福になれなかっただけでなく、反対に多くの災難を招いている。これはあたかも沙漠で道に迷った旅人が遠くに大きな黒い影を見て喜び、それに向かい力をふり絞って前進し、いくらも行かないうちにその黒い影が消え、悲痛な失望を味わうようなものである。その黒い影は誰であろうか。それは「ミスター・サイエンス」である。欧州人は「科学万能」の夢を見たが、今は「科学の破産」を公言している(9)」。

このような科学が人生の意味を失わせるといった論調は人を惑わしやすい、と胡適は考えた。「『科学と人生観』序」において、胡適は次のように論じている。「梁先生はこの文章で科学者の人生観が流す毒について情感に強く訴えるような指摘をしている。彼はあの「純物質的・純機械的人生観」が欧州の全社会を「懐疑・沈悶・危惧の中に陥れ」、「弱肉強食」の社会に変えた。「今次の大戦はその応報である」と訴えている。彼は科学者の人生観が「腹いっぱい食べるためパンを奪い取る」〔飽食〕社会を現出し、人生を少しの意味もないものにし、人間を少しの価値もないものにし、人間に幸福をもたらすのではなく、「逆に多くの災難をもたらし」、人間を「限りなく悲痛な失望に陥れた」と訴えている。梁先生の言いたいのは欧州で喧伝され始まった「科学の破産」の話であったが、言い出したのは科学者の人生観の罪状というものであった。梁先生は科学的人生観に対する玄学家の侮蔑的発言をとりあげたばかりか、さらに「科学破産」の悪言を付加したのである。梁先生はのちにこの文に自ら二行の註記を加えて、「読者が誤解してはいけないのは、それによって科学を見下げるということである。私自身はけっして「科学の破産」を承認する者ではなく、「科学万能」を承認しないにすぎないのである」と述べている。しかし、風説というものは野火と同じく放つのは容易であるが、収めるのは困難である。『欧遊心影録』が発表されてから、中国における科学の尊厳は以前とは比べものにならない〔ほどの下落ぶりである〕。国外に出たことのない老先生方は得意になって「欧州の科学は破産した。梁任公がそう言っている」と吹聴している。梁先生の話と近頃の同善社・悟善社の風行とに直接の関係があるのか否か言うことはできない。しかし、梁先生の言葉が国内の反科学勢力の威風を少なからず助長したことは確かである。梁先生の声望、梁先生のあの「筆鋒に常に情感を帯びた」健筆により、読者は容易に彼の言説の影響を受けたのである。まして、国中の張君勱先生のような人たちがアンリ・ベルグソン〔Henri Bergson, 一八五九―一九四一〕、ルードルフ・C・オイケン〔Rudolf Christoph Eucken, 一八四六―一九二六〕、エドワード・ジョンズ・ウルヴィック〔Edward Johns Urwick, 一八六七―一九四五〕などの旗印を掲げて次々に現われて、梁先生の起こした波瀾を大きくしたのはなおさらのことである(10)」。

胡適は、上記のような反科学的風潮の出現こそ、「科学と人生観論争」を巻き起こした近因であると認めている。彼はこうも説いている。「欧州では科学はすでに深く根を降ろしていて、玄学鬼が攻撃してきても心配はない。反動的哲学者が科学の滋味に飽き、科学に対する不満をもらす話をしても、富貴な人が魚肉に飽きて漬物・豆腐の風味を好むのと同じく、まったく危険はなく、燦然と光を放っている科学は少しばかりの玄学鬼の活動によって押さえられるものではない。しかしながら、中国ではこれと異なり、現在、未だに科学の恩恵を享受するにいたっていないのであるから、科学のもたらす災難を云々するのは論外である。目を開いてよく見ると至る所に乩壇・道院があり、神仙・方術・鬼神の画像がある。それに加え、交通も実業も未発達である。そのようなわれわれにはたして科学を排斥する資格があるであろうか。人生観についていえば、われわれには「做官発財」、「靠天吃飯」、「求神問卜」という人生観、「安士全書」、「太上感応篇」の人生観しかないのであり、中国人の人生観は未だに科学と対面の挨拶をしていない！　まさに科学の提唱が不十分なこと、科学教育が未発達なこと、科学勢力が国内に瀰漫している黒煙瘴気を除去できないことなどにつき苦慮している時に、図らずも著名な学者が「欧州の科学破産」を公言し、欧州文化破壊の罪名を科学に着せ、科学を貶しめ、科学者の人生観による罪状を具《つぶさ》に挙げ、科学が人生観に影響を与えることを拒否している。科学を信奉する者は、そのような状況を目にして、憂慮しないはずがあるのであろうか！　声をあげて科学を弁護しないでおられるであろうか(11)」。

論争の当事者でもあった胡適の上述の見方によれば、近代中国における最初の本格的な学術論争と言われる「科学と人生観論争」の勃発は第一次世界大戦と深く連携していた。

第一次世界大戦（一九一四―一八）が勃発した時は、まさしく中国社会が近代民主制度に向かって邁進し、新文化運動が展開された時期である。したがって、中国の知識人は非常に気をもんで戦争の進展を見守っていた。ところが、第一次世界大戦の戦後処理をめぐるパリ講和会議は、陳独秀をはじめとする知識人たちがもつ「公理は強権に勝つ」という理想を徹底的に打ち砕いてしまった。その後、西洋諸国の「民主」に対する不信感が知識人の中で生み出された。このことについては、次章で論じられるであろう。

同じころ、西洋諸国の「科学」に対する不信感もまた芽生えつつあった。そのきっかけとなったのは、第一次世界大戦の惨禍であった。世界大戦の前代未聞の惨禍は、「科学に基づく技術」によって製造された毒ガスや戦車や潜水艦や飛行機などの近代兵器が戦争に用いられたからである。一部の知識人は「科学に基づく技術」の野放図な発展に警告を発し、科学の発達のコントロールを失ったかにみえる西洋文明全体に対する不信感をあらわにした。その口火を切ったのは梁啓超であった。のちに「科学と人生観論争」の主将となる張君勱、丁文江などと一緒にヨーロッパを訪問した彼は、戦禍の跡を視察したあと、一九二〇年に『欧游心影録』を著し、科学万能主義の限界を宣言した。それから、陳独秀の指導のもとで西洋の民主と科学を旗印に展開された新文化運動に反対した一部の知識人は、主に民主に基づく西洋精神文明、および、科学に基づく西洋物質文明を疑問視し、伝統中国文化の再評価を要求するようになった。

中国伝統思想、あるいは西洋の反科学思想を援用して科学と人生観の分離を主張する玄学者たちのふるまいは、当然新文化運動の担い手たちの重大な注意を引き起こした。結局、従来の民主と科学の理念を堅持し続けてきた胡適も、より高度な民主思想と新しい科学理論を身につけた陳独秀も、玄学者たちの挑戦に対して、戦闘体勢に入らざるをえなかった。この意味で、「科学と人生観論争」は新文化運動の延長とみて大過ない。ただ新文化運動期の攻め手は今、守り手に変わったわけである。

それでは、論争はどのように展開されていったのか。「科学と人生観論争」に関する日本語の紹介はほとんどなく、また近年の「サイエンス・ウォーズ」の議論とも類比的なので、ここで少々この問題に触れてみたい。

2 論争の展開過程

(1) 張と丁の最初の二回戦

「科学と人生観論争」の展開過程の区分方法はさまざまである。それを三段階に分けて説明した学者もいるし、[12] 四段階に分けて論議した研究者もいる。[13] 以下、朱耀垠のように論争を四つの段階に分けて考察を進めていくことにする。

一九二三年二月、張君勱が北京の清華大学で「人生観」と題して行なった講演は、五四新文化運動以降の知識界で流行していた科学万能主義を批判し、人生や社会の問題を理解するには科学とは別の方法が必要であり、科学は人生観の問題が解決できないと論じたものであった。

講演内容は『清華週報』第二七二期に掲載された。胡適はそれを読み、不快感を覚えた。そして、ある日宴会で張君勱と会った時、「私はあなたに宣戦を布告するつもりだ」と漏らしたらしい。[14] その後、胡適は病気療養のため杭洲に行くことになった。[15] そこで彼は張君勱の論点を批判する文章を書くことを地質学者の丁文江に依頼したのであった。

四月十二日から、丁文江は「玄学と科学——張君勱の「人生観」を評す」という批判論文を『努力週報』第四十八、四十九号に連載した。そこで、丁は、科学の方法は普遍的で万能であり、人生の問題も生物学、人類学、心理学、社会学の発達によってすべて解明できるものであると反論し、科学を人生観に応用することを説いた。

この丁文江の批判に対して、張君勱は、上、中、下三篇からなる長文の「再び人生観と科学を論じ、丁在君に答える」[16] を著して、五月六日—十四日の北京『晨報副刊』に載せた。その文章の構成は次のとおりであった。

（上篇）第一、物質科学と精神科学の分類
第二、科学発達の歴史および自然法則の性質
第三、物質科学と精神科学の異同
第四、人生観
（中篇）第一、君子の踏襲
第二、科学的知識論
第三、科学以外の知識（科学の限界）
第四、玄学はヨーロッパでは「職にありつく場所がない」のか？
（下篇）第一、科学教育と玄学教育とに対する私の態度
第二、物質文明に対する私の態度
第三、心性の学と考証の学とに対する私の態度
第四、個人的批判への回答

この論文の中で、張はドイツの心理学者・哲学者のヴィルヘルム・ヴント（Wilhelm Max Wundt, 一八三二—一九二〇）の方法に従って、科学を「精密科学」（Exakte Wissenschaft）と「精神科学」（Geiste Wissenschaft）に分けた。張の定義によれば、前者は物質を対象とした数学・物理学・化学・生物学などの科学であり、後者は心理学・歴史学・社会学など、人間を含む生物一般を対象とした科学である。張の定義や用例からみて、精密科学は現在の自然科学、精神科学は社会科学および人文科学に相当する。

張は、精密科学と精神科学とでは対象が異なるがゆえに、その方法も異なると考えた。彼によれば、精密科学は物

質を対象とするため、必ず因果律が存在し、なおかつ、それについての法則が存在する。すなわち、「およそ物質に関するものは必ず法則を求めることができ、法則があれば自ずから科学となりうる」[17]のである。張は、「精神科学は、厳密な科学の定義によれば、科学とはいえない」[18]と主張した。なぜなら、彼は、精神科学の対象が「生きている」以上、一義的・普遍的な法則を見いだすことは不可能であると考えていたからだ。だが、彼は精神科学における法則の存在を否定していない。彼によれば、精神科学にも法則はあるが、その法則は、物質を対象とする精密科学、すなわち自然科学の法則とは異なり、ある種の不安定さをもつものであった。精神科学はこのような不安定な法則をもつため、精密科学とは別の方法論を必要とする。このようにして、張は精神科学に属する人生観と精密科学とを区別して、科学は人生観を支配しえないと再度確認したのであった。

張君勱の反駁に対して、丁文江は一九二三年五月三十日の『努力周報』に「玄学と科学――張君勱に答える」を発表し、再び張と交戦した。丁によれば、張が科学万能を否定するのは、彼の科学理解がまちがっていると同時に、玄学崇拝の病気にかかっているからである。丁は「物質科学〔自然科学〕と精神科学〔社会科学および人文科学〕に根本的な区別はない。なぜなら、それらが研究する材料は同じように現象であり、研究の方法は同じように帰納であるからだ」[19]と説いている。すなわち、丁は「科学の方法」は、自然科学・社会科学を問わず、あらゆる学問に適用できると考えた。彼の見るところでは、「科学の方法」とはすべての知識を獲得でき、あらゆる問題に対処しうる万能の方法論にほかならなかったのである。

以上の簡単な紹介から分かるように、張君勱は科学という言葉を、自然科学を指して使っていたのに対して、丁文江は「科学」を、自然科学のみならず、社会科学と人文科学をも含むという広い意味合いで使っていた。丁文江は科学的方法の普遍性を強調していたが、張君勱は科学法則の有限性を説いたのであった。

(2) 多くの知識人の参戦

張君勱と丁文江という二人の間の論争は、たちまち知識人の世界を玄学派と科学派とに二分する公開論争へと発展し、玄学派は主に『時事新報』で、科学派は主に『努力週報』で、それぞれ論陣を張った。

論争開始直後の一九二三年五月五日、梁啓超は上海『時事新報』の学芸欄『学灯』に「玄学と科学論争に関する「戦時国際公法」」を発表し、局外中立の態度で論争双方に論点を集中して、なるべく枝葉の問題を避けるようにと提案した。[20] 孫伏園（一八九四―一九六六）は一九二三年五月二十五日の『学灯』に掲載された「玄学と科学論争に関する雑談」の中で、張君勱の「科学」が丁文江のそれと違うことに気がつき、論争双方がともに「科学」、「玄学」、「人生観」などの定義を規定していないことに不満を示した。[21] この孫伏園の論文のあとに、編集者張東蓀（一八八〇―一九七三）は短い解説を付け加え、双方の基本概念がはっきりしていないという孫の批判を支持した。[22]

論争になんらかの意味で参加した者は多数であった。林宰平（一八七九―一九六〇）、張東蓀、王平陵（一八九八―一九六四）、屠孝石（一八九三―一九三二）、瞿菊農（一九〇〇―七六）らが張君勱を支持して、玄学派と見なされた。丁文江を支持して科学派を成した者には、胡適、任鴻雋（叔永）（一八八六―一九六一）、章演存（一八七七―一九五一）、朱経農（一八七七―一九五一）、唐鉞（一八九一―一九八七）、陸志偉（一八九四―一九七〇）、王星拱（一八八九―一九五〇）、および呉稚暉（一八六五―一九五三）らがいた。

国民党の元老である呉稚暉は科学派を支持していたが、科学万能を主張するだけの丁文江に不満を漏らした。呉稚暉によれば、張君勱の主旨は以下のようにまとめることができる。「科学こそ物質文明を成遂した。物質文明こそかつてない大戦を促して実現させ、世界と民衆に災いをもたらしたものである。彼〔張君勱〕の人生観はそのような物質文明を要らないとするものである」。[23] しかし、丁文江は張君勱のこのような本来の意図を分かっていなかったため、ただ科学的方法などの学問上の問題のみを論じている、という点が呉稚暉には不満な点だったのである。呉稚暉は「彼〔張君勱〕の人生観のまちがいは、彼の宇宙観から生まれた」[24]と説いている。

呉稚暉は「一つの新しい信仰の宇宙観と人生観」という長編論文で「漆黒の宇宙観」と「人欲の横流する人生観」とを提示した。その中で、呉は、宇宙の根源を、言葉では形容しがたい混沌とした一つの漆黒の怪物であると説き、人生を、手や脳を用いる一種の動物が、宇宙大劇場の第億兆億万七千幕目に出演しているとして説いた[25]。すなわち、人や動物や石など万物の間には本質的な違いはなく、程度の違いがあるだけであるとする宇宙観と、人生とは食事をして子どもを産んで友人を招くことにすぎない、とする人生観であった。呉は、ここから社会ダーウィニズムに近い説を導き出した。彼にとって、人類が進化するもっとも有力な手だてとは科学にほかならなかった。

国民党の中でも「科学救国」を強調する特別熱心な科学主義者である呉稚暉が、「科学」を標榜しながら、壮大な宇宙観と人生観とを描出してみせたことは、独自の人生観の提示に失敗した玄学派の勢いを挫くものであったと同時に、「戴季陶、胡漢民、蒋介石ら国民党指導者たちを科学崇拝へと導くものでもあった[26]」と評されている。

論争の第二段階で、梁啓超、範寿康(一八九五―一九八三)、銭穆(一八九五―一九九〇)らが文章を著して、科学が人生観に役割を果たせるかという問題において折衷的立場をとった。そして、呉頌皐がウィリアム・ジェイムズ(William James, 一八四二―一九一〇)の『哲学問題』(*Some Problems in Philosophy*)を部分的に翻訳・発表した[27]。張君勱と丁文江も再び論文を書いて、さらに自らの観点を釈明した。

(3) 二つの論文集の出版

一九二三年十一月、上海亜東図書館の主人汪孟鄒は、論争で発表された主な論文二十九篇を集めて、論文集『科学と人生観』(亜東図書館、一九二三年)を公刊した。同年十二月、上海泰東図書局の主人郭夢良も論争文章三十篇を集めて、論文集『人生観の論戦』を出版した。内容から見れば、前者は科学派の、後者は玄学派の立場から編まれており、前者には陳独秀と胡適の、後者には張君勱の序文が付されている。

胡適の『『科学と人生観』序』によると、科学と人生観論争の最中、胡適は杭洲で病気療養中であったが、汪孟鄒からの依頼に応じて上海に帰った。『科学と人生観』序』を書くにあたり、参戦論文二十九篇、字数およそ二十五万字に目を通して、この論争に重大な欠陥があることに気づいた。その欠陥とは呉稚暉の「一つの新しい信仰の宇宙観と人生観」を除き、みな科学的人生観についての具体的な論究が欠落していることであった。そこで胡適は呉稚暉の人生観・宇宙観を修正・補充したうえで、彼独自の「科学的人生観」ないし「自然主義的人生観」を提示した。その新人生観の輪郭は次の十項からなるものである(28)。

①天文学と物理学の知識により、人々に宇宙が無窮に広いことを知らしめる。
②地質学および古生物学の知識により、人々に時間が無窮に長いことを知らしめる。
③あらゆる科学により、人々に宇宙および万物の運行変遷は皆自然であり、如何なる超自然の主宰者あるいは造物主によるものではないことを知らしめる。
④生物的・科学的知識により、人々に生物界の生存競争の浪費と惨酷とを知らしめ、生命を尊ぶ道徳をもった主宰者の存在を認める仮説が成立しないことを明らかにする。
⑤生物学、生理学、心理学の知識により、人々に人は動物の一種にすぎず、人と動物は程度の差があるだけで、種として別のものではないことを知らしめる。
⑥生物科学および人類学、人種学、社会学の知識により、人々に生物および人類の社会の進化の歴史と進化の原因を知らしめる。

⑦生物科学、心理学により、人々にあらゆる心理現象にはすべて原因があることを知らしめる。
⑧生物学および社会学の知識により、人々に道徳、礼教が変遷するものであり、変遷の原因はすべて科学的方法を用いて究明できることを知らしめる。
⑨新しい物理・化学の知識により、人々に物質は死的・静的ではなく活的・動的であることを知らしめる。
⑩生物学および社会学の知識により、人々に個人（小我）は死滅するが、人類（大我）は不死であり、不朽であることを知らしめる。「全人類と万世のために生きること」こそが真の信心であり、最高の宗教である。個人のために死後の「天国」「浄土」を説く宗教は利己的な宗教である。

胡適は、無限の空間と時間という宇宙観を提示して、万物の運動を自然なものと見なす唯物論に近い立場をとり、既成の宗教を否定した。また、適者生存原理を人間社会や道徳にまで適用し、最終的には、人類という種のために生きるという人生観を「最高の宗教」と称して提示している。

胡適ら科学派は、呉稚暉の観点を基調として新たに提示した「科学的人生観」によって、科学で人生観が説明可能であるとする命題に、一応の根拠らしきものを示したのである。たとえそれがいかに幼稚な理論であったとしても、胡適らの試みは、「西欧の科学主義」と「東洋の人文主義」との統一を図るそれなりに貴重な一歩であったと言わねばならない。

胡適のかつての盟友にして論敵であった陳独秀は自らの「『科学と人生観』序」において、真正面から玄学派の張君勱、および玄学派に傾いた折衷派の梁啓超らと対決したのみならず、丁文江、胡適にも強い不満を漏らした。陳によると、張君勱や梁啓超を糾弾する科学派の陣営は勝利したように見えたが、「実は彼らは敵の大本営を破ったのではなく、たんなる敵の分隊を打破しただけだった」(29)。なぜなら、「彼らは敵の大本営を打破しうる武器があることを信じず、それを使わなかった」[30]からである。そこで、科学派の論者は、敵側の「なぜ科学は人生観を支配できるのか」という質問に、説明できる根拠をあげられなかった。こうして科学派は論戦の中で勝利したとは言えない、むしろ、敗北したと言ってよい。陳はこのような不満を漏らしたのであった。

陳独秀がここで言う武器とは、彼が一九二〇年以降体得したマルクス主義の唯物史観であった。「唯物史観はせいぜい大部分の問題しか解釈できない」とする胡適に対して、彼は「百尺竿頭にあって今一歩進む」ようにと呼びかけた[31]。

また、陳独秀は、張君勱の人生観も、丁文江の人生観も、「いずれも彼らがいる客観的な環境に基づいたものであり、けっして無前提に主観の意思によったものではない。これは社会科学で説明できる現象であり、けっして形而上学の玄学で説明できるものではない[32]」と指摘したうえで、唯物史観の立場に立って、玄学派、折衷派、および科学派の誤った観点を別々に批判した。議論は、とくに、張君勱が清華大学講演の中で提出した人生観の九項目が科学で解決できるかどうかをめぐってなされた。陳によれば、張君勱の人生観の九項目はいずれも史的唯物論によって説明できるものであった。陳の議論については、後論でまとめてもっと詳細に検討することとする。

『科学と人生観』より一カ月遅れた『人生観の論戦』の序文において、張君勱は陳独秀に反撃を行なった。張は、マルクス主義は「科学的」だと言われているが、事実に基づいた科学的法則をもっていないと批判したうえで、自分の講演内容に対する陳の批判、すなわち、人生観の九項目が科学で解決できるとする説に反駁し、個人の心理や社会生活に関する事柄は「科学的法則」では予測不可能であり、物理学のような科学の対象にはなりえないと論じた[33]。ここでも張は、科学の法則は物質だけに限られ、精神には及ばないこと、各分野の学問は形而上学で統一されるべきこと、人類活動の根源をなす自由意志の問題は形而上学でしか理解できないこと、を繰り返して論じた。

先述したことから分かるように、胡適、陳独秀、張君勱の序文は、自然現象と社会現象との根本的区別はどこにあるかという問題を含め、科学で人生観の問題を解決できるかをめぐって議論を展開したものであった。

(4) 三篇の長い「序」のあとの論争

胡適、陳独秀、張君勱の三篇の長い序文に対し、それぞれ反論が行なわれた。まず、胡適が陳独秀の序文を批判し、さらに陳独秀が胡適の批判に答えた。また、梁啓超が陳独秀の序文を批判し、陳独秀が「張君勱と梁任公に答える」(一九二四年五月二十五日)で張と梁の批判に答えた。そして、瞿秋白が張君勱と胡適を批判した。

まず、胡適による陳独秀批判をとりあげてみよう。胡適は「陳独秀先生に答える」(一九二三年十一月二十九日)の中で、陳の『科学と人生観』序」を批判した。胡はまず、陳が歴史観と人生観を同一視した点に対して非難した。胡にとって、歴史観はたんなる歴史に対する解説であり、人生観の一部分にすぎないものであったからである。胡から見れば、人生観は自然(宇宙)観をも含む。

胡はさらに、陳が経済的要因をもって歴史を解釈しようとしたことを非難した。「歴史学において経済史観を重要な道具として利用することは歓迎するが、それと同時に思想知識などの客観的原因で社会が変動し歴史を解釈し人生観を支配することができることを認めねばならない。だから私個人は、現在でも、「唯物(経済)史観はせいぜい大部分の問題しか解釈できない」と言わざるをえない。陳独秀は私に「百尺竿頭にあってさらに一歩進んで」欲しいと期待したが、惜しいことに、私はこの一歩を踏み出せないでいる(34)」。

一九二三年十二月九日、陳独秀は胡適の批判に答える文章を発表した。陳は、今回の論争の肝心な部分は、科学で一切の人生観を支配できるか(すなわち科学があらゆることに適用できるか)という問題にあることを指摘したうえで、胡適が歴史的唯物論を直視しないと、非科学的人生観を駆逐する正しい道をえられない、また、科学的人生観の権威を拡大することができず、最終的には科学で一切の人生観をどのように支配するか、を説明できなくなると説いている(35)。

陳は、唯物史観は思想や知識の力を認めないのではない、社会における各要因の中で経済的基礎の決定作用を強調するのである。一方、胡適のほうは、各種の社会的要因の作用を均等視した。陳は、自分と胡の違いは歴史的一元論と多元論の違いであると指摘した(36)。また、陳は、「適之は科学を崇拝するが、心と物にどう均等に対処するのか(37)」と論難した。

今度は、梁啓超が、一九二四年「非「唯」」という論文を著して、陳独秀の唯物史観を非難した。梁は「去年、人生観の論争の中で、陳独秀はきわめて大胆な態度をもって機械論的人生観を露骨に提出した。この点において彼はもっとも徹底的であろう。丁在君（文江）、胡適は比べられないほどだ(38)」と述べている。さらに、梁は「唯物史観は機械論的人生観を引き起こしやすく、最後に人間の意志を否定する結果となる」と推断した。彼は「機械論的人生観の持ち主が分からなければならないのは、機械がすべて他動的であり、自ら動かないということである。もし人間が本当に機械であれば、何の意味も価値も存在しなくなる。だから、私はこのような学派の説には反対せざるをえない(39)」。

一九二四年五月二十五日、陳独秀は「張君勱および梁啓超に答える」を発表し、張の「『人生観の論戦』序」における批判および梁の「非「唯」」の中での非難に反対意見を示した。陳は主に攻撃の矛先を張君勱の自由意志論に向けた。陳はこう説いた。「個人の意志の自由は社会現象の因果法則および心理現象の因果法則に左右されるものであり、因果を左右するものではない(40)」。梁啓超に対して、陳は、梁が唯物史観と近代自然科学（機械論）的唯物論との差異を誤解していると答えた。

瞿秋白は、一九二三年十二月の『新青年』に「自由世界と必然世界」と題する論文を発表し、科学と人生観論争に対する見解を初めて体系的に提示した。一九二四年八月一日、さらに『新青年』に「実験主義と革命の哲学——胡適の反駁」を発表し、プラグマティズムの真理観を批判した。瞿秋白は、科学と人生観論争の要点を「社会現象の法則を認めるかどうか」ということと、「意志の自由を認めるかどうか」ということに限定し、その他の多岐にわたる論点は枝葉末節にすぎないとして捨象した。彼は、まず個人の動機（意志）がいかに重要であろうとも、歴史を推進する最終的な力としては「民族」や「階級」などの集団のもつ動機に及ばないとしたうえで、あらゆる動機（意志）はそれ自体では自由なものではなく、社会の発展法則の必然性を理解する程度に応じて自由なものとなりうる（目的が達成しやすくなる）と論じた。(41)

瞿は、自らの必然論が社会的決定論であることを認めつつも、「因果の必然」を認識することによって自由が獲得できるとする点で、たんなる宿命論とは区別している。(42)すなわち、人が「自然の奴隷」から「自然の王」へと進化するには、自然法則を知る必要がある。社会についての彼の決定論とは、「生産力→生産関係→社会的政治的制度→社会心理（時代の人生観）→社会思想（社会思想家の理想）の順に規定―被規定関係をもつものであった。この決定論の立場を明示したうえで、科学と人生観論争の問題について、次の結論を下している。感情を超科学的なものと考える人生観派の見解は誤りであり、感情も科学的に解釈可能である。社会発展の最終的動力は経済であり、経済法則の展開に従って、各々の時代の民衆の人生観は変革の必要に迫られ、「偉人」という適切な個性が歴史的道具として生み出される。この偉人が運用する必然の法則が民衆の現実の運動となる時、「必然世界」は「自由世界」へと飛躍することができる。こう瞿は考えたのであった。これは、あとで見る陳の観点と近い考えであった。

第二節　論争時の陳独秀の科学観

1 「玄学派」と「折衷派」への批判

一年半以上にわたった「科学と人生観論争」の参加者は、その思想傾向から四派に分けられると考えられる。「玄学派」、「科学派」、「折衷派」、そして、唯物史観の基本原則から「玄学派」、「科学派」、「折衷派」を批判する「唯物史観派」である。「唯物史観派」の代表は陳独秀や瞿秋白であった。この論争中、陳独秀はどのような見解をもっていたのだろうか？　また、彼はどのように「玄学派」、「科学派」、「折衷派」の批判を行なったのだろうか？　以下、こういった問題を中心にして、この時期の陳の科学認識について多少包括的に考察してみたい。

陳独秀によれば、数学、物理学、化学などの科学が人生観と何の関係があるかという問題は、以前、議論する必要がなかった。しかし、あとになって、状況が変わった。科学的観察、分類、説明などの方法が生きている生物、さらにもっとも活発に動いている人類社会に応用されるようになってから、科学は自然科学と社会科学との二種類に分化した。「社会科学の中で、もっとも中心的なのは経済学、社会学、歴史学、心理学、哲学（ここでは実証主義的および唯物史観的人生哲学を指し、実体論、宇宙論の玄学、すなわち形而上学的哲学を指すものではない）である。これらの社会科学は、言うまでもなく、それらの自然科学と同じく幼稚な段階にあるにもかかわらず、否定しがたい多くの成績をあげた。幼稚な段階にある理由を認めないなら、そんな愚かなことはない。自然科学がすでに自然界の多くの現象を説明できたことは否定できないことであり、社会科学がすでに人類社会のたくさんの現象を説明できたことも否定できないことである(43)」。すなわち、科学の方法を用いて築かれた社会科学は、自然科学の研究対象と違うが、畢竟、科学である。「実証主義的および唯物史観的人生哲学」を含む社会科学によって、ある程度人間と社会の現象を説明できるのは、もはや否認できない事実である。

「玄学派」を代表する張君勱によれば、人生観の中心にあるものはあくまでも「私」であり、「私」に向かい合う「私でないもの」の種類によって、人生観の問題が「私」と親族との関係（大家族主義と小家族主義）、「私」と異性との関係（男尊女卑と男女平等、自由婚姻と専制的婚姻）、「私」と財産との関係（私有制経済と公有制経済）などの九項目に分類できる。張によれば、科学は客観的、論理的、分析的、因果法則的、類比的であるが、人生観は主観的、直観的、総合的、自由意志的、個別的であるから、人生観の問題は科学がいかに発達しても解決できるものではない。

張君勱の列挙した九項の人生観について、陳はひとつひとつ分析を行なっている。陳が見るところ、張は人生観を主観的、直観的、総合的、自由意志的なものと考え、客観的、論理的、分析的、科学が取り扱う因果的なものではないとしているが、これは人類の歴史的発展状況と符合しない。陳はこう述べている。「第一に、大家族主義と小家族主義は、たんに農業制宗族社会が工業制軍国社会に進化する中で現われる自然現象なのである。第二に、男女の尊卑と婚姻制度についても同様なことが言える。農業制宗族社会の父親と夫は、娘や妻を生産道具や財産と見なしていた。工業社会になると、家庭内の手仕事では不十分となり、従業員を雇うようになる。すると家族が生産道具であることは不要になり、そこで女権拡張運動が自然に盛んになる(44)」。張君勱が提出した九項の人生観を分析したあと、陳は次のように結論づけている。「以上の九項のさまざまな人生観は、いずれもそれぞれ異なった客観的因果性に支配されている。ゆえに、社会科学はひとつひとつに分析的、論理的説明を加えることができる。客観的原因がなく、個人の主観的、直観的、自由意志によってわけもなく発生するものなどはまったく見いだせない(45)」。

張君勱はこう考えている。「科学は因果律が支配するものを扱うが、人生観は自由意志に従うものだ。物質現象の第一法則は結果には必ず原因があるということだ。〔……〕もし純粋な心理現象ならばそうとは限らない。人生観に関してはとくにそうだと言える。孔子はどうして休みをとらず、墨突はどうして貴州を得ず、イエスはどうして十字架上で死に、釈迦はどうして苦しい修業をしたのか。およそすべてこれらは良心から自動的に現われたことなのだ(46)」。

また、こうも述べている。人生観は「けっして科学で取り扱えることではなく、「絶対的な自由」なのである[47]」。彼はさらに、社会現象と心理現象にも考えを進め、人生観と同様に、それらは「科学では取り扱えない」と論じた。社会と人生観の変化の原因は物質的なことでも客観的なことでもなく、「人類の自由意志なのである」と述べている。また彼は「生の衝動」が社会と人生観進化の「原動力」だと考えた[48]。

このような社会現象と心理現象は「科学では取り扱えない」ものであり、「人類の自由意志」が社会と人生観の変化が発生する原因であるという張君勱の視点に対し、陳独秀は次のように強調する。「社会現象にもまた因果律が支配する。〔……〕社会科学もまた科学になるのである[49]」。同時に、社会現象と人生観の変化・異同の「最初の原因はすべて物質的」であり、人類の「自由意志」ではない。このことについて、陳は次にように論じている。「社会現象の変遷の動因と、それに対する大多数の個人の態度、すなわち社会心理の原因はすべて物質的であり、因果律の支配するものである。このため、社会科学者は物質的、因果的説明を行なうことが可能である。〔……〕各項の問題に対する態度は個人によって違いがある。ある個人の態度が時間が経つにつれて変遷した場合は、それは明らかな社会心理の変化の結果であったり、表面には現われないが社会の実質的変化の結果であったりするのである。また、同時期に各個人の態度が異なる場合もある。その場合は、社会の新旧の変遷にはっきり変わっている部分と継続している部分があり、個人によって異なった歴史や異なった環境を経るので、個人ごとに異なった態度、すなわち異なった人生観をもつことになるのである。こういった個人の態度、すなわち人生観の変遷と異同は、表面的にはまったく個人の自由意志が働いた結果のように見える。一定の範囲内で個人の意志の活動によるということは事実である。しかし絶対的に自由であるわけではない。個人の意志は社会現象の因果律や心理現象の因果律の支配を受けるのであって、因果律を支配するわけではない[50]」。

さらに陳独秀は張君勱の「思想は事実の母である」という主張を唯物論の観点から批判した。彼は次のように指摘している。「さまざまな新しい思想は、いずれもそれが発生する背景となる事実をもち、けっして原因なしに生まれることはない。まず、第一に物質世界における事実があり、第二に思想家がいるという事実があり、さらに第三に思想的対象となる事実があり、その後に思想が生まれうるのである。思想は明らかにこのような事実の子孫である。原因と結果を逆にして思想が事実の母であると言えるだろうか？」(51)

陳独秀は玄学派の張君勱を批判しただけではなく、思想が張と近い折衷派の梁啓超と範寿康をも攻撃した。梁啓超はこう述べた。「人生の問題の大部分は科学的方法で解決できる。しかし、科学では解決できない部分が少しはあり、実はそれが最重要問題なのである」(52)。また、次のようにも主張した。「人生は、理知的な事柄については絶対に科学的方法で解決できるだろう。しかし情感が関連する部分は絶対に科学を超えた事柄なのである」(53)。

このような、情感は科学では扱えないとの梁啓超の議論に対して、陳はこう批判している。「理知的な事柄は、もちろん物質世界と離れていない。では情感的な事柄は物質世界と無関係なのだろうか？」親孝行な子が自らの肉を裂き、もって父母を養うとか、乃木希典が主君の死によって自害するとかいうような挙動は、「社会科学者から見れば、憂か不憂か、合理か不合理か、価値があるかないか、不可解か神秘かの問題ではない、むしろ封建時代の農業制宗族社会においてあるべきとされる人生観にすぎない。この種の人生観は封建時代の農業制宗族社会の道徳であり、すべて社会的圧力によって鋳造されたものなのである」(54)。陳はここで、唯物論的観点、物質的・経済的要因に依拠して、情感と人生観の再解釈を試みているのである。

陳は、科学では人生のすべての問題を解決することはできないという折衷派の範寿康の主張にも同意しなかった。範寿康は次のように人生観を先天的な部分と後天的な部分に分けようとした。「先天的な部分は主観的・直観的に得られるのであって、けっして科学が干渉することはできない。後天的な部分は、必ず科学的方法によって探究するべきであって、けっしてみだりに主観的に決めるべきではない」(55)。

先天的な部分とは、各人が自ら善と思う行為を行なう良心的命令を指す。ここで鍵となるのは、やはり人生観形成のなかで主観的意志をどう評価するかである。陳は言う。「どのような良心をもち、どのような直観をもち、どのような自由意志をもつかは、すべて各時代各民族それぞれの社会的圧力によって鋳造される」(『科学と人生観』序)。彼はさまざまな国家や民族はさまざまな社会環境、制度、経済状況をもっており、それらが人の良心や直観や自由意志を決定するのである、と説明した(56)。

陳が、玄学派と折衷派からもっとも根本的に分かれるのは、物心一元論をとるか二元論をとるかという点にあった。玄学派は、人の意志は精神的作用に内在的に形成されるものとし、社会的、歴史的、客観的要素との緊密な関係を軽視した。人生観形成における社会的成分を見なかったのである。陳は「人は社会関係の総和である」という観点から人の意識を説明し、人生観は根本的に人と外部世界との交わりのなかで産出され、個人の社会的実践の中で歴史的に形成されるものであると考えた。

2　「科学派」への批判

「科学と人生観論争」において「科学派」の代表として登場したのは丁文江であった。彼は、張君勱による、人生観は科学で取り扱えないという主張や、科学の法則は物質に限定され、精神には適用できないという主張に反対の立場をとった。同時に、科学を「物質科学」と「精神科学」に分ける見方にも反対した。そして、完全にエルンスト・マッハ(Ernst Mach, 一八三八―一九一六)の思想の観点から科学の内容、目的、方法、法則、物質を解釈したのであった。彼はこう述べている。「科学の材料は人間の心理的内容であり、正しい概念による推論さえすれば、それらは研究することができ、また研究を求めるものである。科学の目的は個人の主観的視点を捨て〔……〕人が共通に認識する真理を求めることである。科学的方法とは、事実の真偽を弁別し、真の事実を詳細に分類し、それらの関係を突きとめ、最も簡単明瞭な概括を行なうことである。したがって、科学の万能性、普遍性、一貫性はその材料にあるのではなく、その方法に存在するのである[57]」。また、丁文江はこう論じている。「一個人が知る事実は、本来、その本人の五官による感覚である[58]」。ここで彼が主張しているのは、「科学的方法」、すなわち五官による感覚を分類し、そのなかに秩序を求めることにより、物質と精神の関係が認識論的に解決されるということである。彼は次のように主張する。エルンスト・マッハの「感覚主義」、ジョン・デューイの「行動派心理学」、バートランド・ラッセル（Bertrand Russell, 一八七二—一九七〇）の「新確実性論」などは、「どれも異なってはいるが、いずれも科学的だと言えるというのは、彼らはいずれも科学的結果を用い、科学的方法で知識論的な解決を図っているからである[59]」。彼は、科学的法則とは人間が作るものであり、したがって随時変更可能なものであると考えていた。そして、物質は客観的実在性を具有せず、「感官的感触」であるとした。さらには、「私」は感覚の「複合体」であり、物と「私」の間には定まった境界は存在しないと論じた[60]。

丁文江は上述のように科学や法則、物質に関するマッハ主義的見解を用いて張君勱に反論を唱えた。そのため、彼はこう論じている。「われわれが物質としてとらえているものは、本来、心理的な感覚である。知覚から概念が構成され、その概念から推論されているわけである。科学で研究されるのがこのような概念と推論にほかならないとすれば、精神科学と物質科学の間にどのような区別があるだろうか？　また、純粋に心理上の現象は科学的方法の支配を受けないと言えるだろうか？[61]」。そして、丁はこうも述べている。「もしほんとうに人生観が科学的方法の適用外だとすれば、科学は一切使われないというのだろうか」（同上）。

丁は、判断保留の唯心論、すなわち不可知論の立場をとると自認した。彼は、五官の感覚が物体を認識する唯一の方法だと考えていた。われわれが頼ることのできるのは五官の感覚だけである。感覚の背後には何もない。物体の本質が何であるかは知ることができないのであり、「論ずるべきではない」とした。そして、この判断を保留した唯心論こそ「玄学派の最大の敵」(同上)だと述べている。彼はまたそのような判断保留こそ「積極的であって、消極的ではない。奮闘的であって傍観的ではない」と言葉を強めた。

丁はまた、「ヨーロッパ文化の破産の責任」は「純潔で高尚な科学」にあるのではなく、「玄学者(哲学者)、教育家、政治家」にあるとの見方を示し、ヨーロッパは科学を利用して工業を発達させた結果、文化破産を招来したという張君勱の主張に反対した(同上)。

結局、丁文江は「科学」の旗をふり、科学は人生観を論ずることができると唱えたのであった。しかし、彼のいう科学の観点とは、実際は、実証主義であった。そこで陳独秀は「科学はいかにして人生観を扱うことができるか」を説明できていない、と批判し、丁の思想の根底は張君勱と同じ道を歩むものだとした。陳はまず、丁は「判断を保留した唯心論と自称しているが、それはハックスリーやスペンサーの錯誤を踏襲したものであり、世界に不可知の部分があることを承認し、それを問いたければ、科学者を立ち止まらせ、玄学派に説明させようとするものだ[62]」と批判した。この批判はまさに科学派の問題点の所在、すなわち世界の未知なる部分を科学でいかに解釈するかという問題を指し示すものであった。このような不可知論は玄学派によってたつ地盤を与えるものであった。これに対し、陳は徹底的な唯物論的立場から応えた。「実際、未発見の物質については判断を保留することができる。しかし、物質を超えたものや、物質を支配する心や霊、神のような独立した存在が無いことには疑いがない[63]」。

第二に陳は、丁文江はヨーロッパ文化破産の責任を玄学者(哲学者)、教育家、政治家に帰しているが、それは玄学派が科学と文明に責任を帰しているのと同様に事実と異なっている、と指摘した。陳は、欧州大戦は英国、ドイツ両大国の資本家集団が世界市場を争奪した結果であり、物質的、経済的原因によって発生したのだと主張した。さらに、もし玄学者(哲学者)、教育家、政治家などがこのような空前の大戦を創出することができるなら、張君勱が言うように、自由意志による人生観は力があることを承認しよう、と皮肉たっぷりに述べている(64)。

ここで陳が丁文江の不可知論や、玄学者（哲学者）、教育家、政治家の意志でヨーロッパの大戦と文化破産が発生したという唯心論を批判するのに用いている武器は明らかに唯物論である。彼は、科学派の根本的な錯誤は玄学派と同様で、客観的・物質的原因を社会と人類の歴史的発展の根拠とする観点を徹底的に堅持しないところにあると考えていたわけである。

『『科学と人生観』序文』の中で、玄学派の張君勱、折衷派の梁啓超と範寿康、科学派の丁文江を逐一批判したあと、陳は、矛先を、科学的人生観を提示したものの、「唯物史観がせいぜい大部分の人生観の問題しか解決できない」と認めた胡適に転じた。その序文の末尾で、陳は次のように説いた。「われわれは客観的・物質的原因によってのみ社会が変動し、歴史が解釈でき、人生観が支配されることを信じる。これこそ「唯物論的歴史観」である。われわれは丁在君先生（丁文江）と胡適之先生に問おう。「唯物論的歴史観」を完全の真理として信じるか、それとも唯物論以外の張君勱などが主張する、科学を超える唯心論の存在を信じるか(65)」。

この陳の攻撃に対して、胡適は「陳独秀先生に答える」という一文を書き、反撃を試みた。その主な論点は次のとおりである(66)。(1)陳が述べているのは歴史観だが、われわれが討論しているのは人生観である。歴史観は人生観の一部にすぎない。(2)唯物論的人生観は物質概念を用いて宇宙の万物と心理現象を解釈しようとするものである。唯物論的歴史観は「客観的・物質的原因」を用いて歴史を説明しようとするものである。陳は「心とは物の表現のひとつである」と言う。そのため客観的・物質的原因は一切の「心」的原因（知識、思想、言論、教育など）を包括することになる。そうすると、「客観的・物質的原因」はたんに「客観的原因」へと変成してしまう。したがって、陳は徹底した唯物論者ではないのである。胡適は歴史を変動させる原因は経済的要因だけではなく、思想、言論、知識、教育などの要因もあると考えていた。これらの「客観的原因」によっても「社会は変動し、歴史を解釈でき、人生観が支配される」のである。

すなわち、胡適はやはり唯物史観が人生観のかなりの問題を解釈できるという従来の観点を保持し続けたのである。陳独秀と胡適の根本的な相違点は、明らかに、物質一元論か物心二元論かどうかという点であった。陳を代表者とする唯物史観派は、科学の尊厳を守るため、丁文江と胡適を代表とする科学派と一致するところもあったのだが、自然現象、社会現象、心理現象の動因を解釈する問題においては、科学派・玄学派両派とも同意せず、唯物論的一元論を堅持したのであった。

陳独秀は、人生観についてではなく歴史観について述べているという胡適からの批判に次のように答えている。自分は唯物史観の理論に基づいて人生観の理論について論じた。それは胡適がプラグマティズムに依拠して人生観について論ずるのと同じである、と。「「唯物論的歴史観」はわれわれの根本思想である。歴史観とはいうが、その実、歴史に限らず、人生観や社会観に応用できるものだ[67]」。この唯物史観における物質的原因とは、物質が根本的な原因をなすということである。人類社会は経済（すなわち生産方法）を根幹とし、そこに含まれない心的現象も物から発生する。唯物史観では、思想、文化、宗教、道徳、教育などの心的現象の存在も重視するが、それらは経済的な基礎の上の建築物であり、基礎的な本体ではないことを認めている。陳は、多くの史実によって社会経済的変動だけが、思想や教育などの変動を生むことが論証されていると論じた。彼の見るところ、胡適は経済や制度などは同等の作用をもつという多元論をとっており、それが彼らの相違点となったのであった。

歴史の変動に関して多元論をとる胡適に対して、陳は次のように回答した。「社会の物質的条件が可能な範囲内なら、唯物史観論者も人的努力や天才の活動を否認しない。われわれは月まで届く線路を作れるというような妄想はもたないが、新疆まで線路を作れるという想像をもつことを妨げない。〔……〕人的努力や天才の活動は、社会の進歩にとって必須だが、その効力は社会的物質的条件により可能な範囲内でのみ有効なのである。思想や知識、言論、教育は社会の進歩にとって当然重要な道具だが、経済と同等な大きさでそれらによって社会が変動したり、歴史を解釈したり、人生観が支配されたりするということはないのだ」(68)。陳は、胡適などの科学派は物心二元論を主張し、物質一元論から離れ、玄学派と同じ道の上を滑ろうとしている、と指摘している。この時、陳は、科学や社会規範、社会意識などの関係の説明をあまりに単純に行なってはいるものの、科学と社会が関係していることを鋭く見抜いていたわけである。科学は社会に対して巨大な影響をもつが、社会から科学への影響はさらに大きく、人生観の問題を根本的に説明するには、社会変動の一般的・客観的「科学」法則を探究することが必要だと論じた。ここで陳が述べている「科学」とは、科学派のいう科学とは異なり、主に社会科学を指しており、その核心部分は歴史的唯物論なのであった。

いずれにせよ、陳独秀は、歴史的唯物論の観点から、「科学と人生観論争」にかかわった。その立場は未だに十分に彫琢されているとはいえず、省みて、いささかその唯物史観的なある種の「ブラックボックス」に一切を詰め込んでしまった憾みなしとしない。けれども、首尾一貫したその唯物論的一元論の姿勢には思想家として陳独秀のある種の気骨が読み取れることも疑いないように思われる。

3 論争の帰結

(1) 科学とは?

二十世紀初頭の中国ではプラグマティズムが非常に流行した。プラグマティズムの信奉者は、科学は実用的な知識と方法でしかなく、客観的事実と一致するかどうかは問題にしなかった。陳独秀はこのような科学理解を明確に否定している。彼は、科学の責務は自然と社会の客観的法則を発見することにあり、主観的な憶測ではないとした。すなわち、陳は科学の本質の問題において唯物論の客観的原則を堅持したのである。『科学と人生観』の序」の中で、陳は次のように述べている。「われわれは科学〔自然科学と社会科学〕を信じる。なぜなら、科学者の最大の目的は、人間の意志の作用を排除し、どんな現象も客観的に捉えることによって推論できるようになり、しかも、その因果関係を究めることができるようになるからである[69]」。

陳は、科学の方法に基づく思想こそ科学思想であり、科学の方法に基づかないものは詩人の想像か愚人の妄想である、と主張した。また、哲学は各専門科学の成果を集めればできるというものではない。しかし、哲学も、科学の方法によって研究し、説明せねば、一種の怪物になると述べた[70]。これは、陳がすでに科学方法の普遍性を認識していたことを示している。科学的方法の普遍性によってこそ、自然科学と社会科学（哲学を含む）が統一され、非科学と区別されるのである。

そして、陳は各科学の方法の特殊性をも強調している。陳は、「因果律が一切の科学の共通原則であるが、各科学の方法論は異なる。社会科学は自然科学とは異なるし、自然科学の中でも、数学と化学、動植物学もそれぞれ違う[71]」（一九二四年五月）と述べている。このことは、人生や社会を研究するために自然科学の方法を簡単に適用することに批判的であることを示している。

人生観論争以前、陳は科学と非科学について区別を行なったことがある。「敬みて青年に告ぐ」（一九一五年九月十五日）の中で、彼は、科学は詩人の想像や愚人の妄想とは違い、前者は客観現象の総合であり、後者はでたらめで実証性のないものであるとした。さらに、彼は「新文化運動は何か?」（一九二〇年四月一日）の中で、科学について広義と狭義の定義を行なっている。それによると、狭義の科学は自然科学であり、広義の科学は自然科学の方法を一切の学問に取り入れたものである。彼は、自然科学の方法で研究されたものであれば、たとえば、社会学、倫理学、歴史学、法律学、経済学なども、すべて科学に含めたのであった。[72] さらに、陳は、「マルクスの二大精神」（一九二二年五月五日）の中で、近代科学の方法は帰納法を重視し、古代人が演繹法を偏重したのとは異なると指摘している。彼によれば、マルクスは自然科学の実証的帰納法を社会研究にも拡張しようと企図した時、自分の学説を証明するために、社会にあるたくさんの事例を集めた。したがって、その学説は、科学的（非空想的）社会学と規定できるのである。[73]

一九二三年の「科学と人生観論争」の中で、陳は自然科学と社会科学とを区別した。彼は、社会科学の中で最も重要なのは経済学、社会学、歴史学、心理学、哲学であると指摘し、哲学は主に実証主義的、および唯物史観的人生哲学を指し、玄学ではないことを説いた。陳から見れば、玄学は玄学者たちの「でたらめ」でしかなかったのである。

ここで注意しなければならないのは、陳は科学と非科学、自然科学と社会科学を区別したのであるが、人文科学と社会科学との区別をしていないという点である。彼は唯物史観的人生哲学を社会科学に入れ、玄学的宇宙論の玄学を排斥した。これが、陳のこの時期の思想が実証主義の影響を受けていたことを表わしている。彼は、人文学術（たとえば、玄学）の存在価値をほとんど否定し、彼のいう哲学（たとえば、唯物史観的人生観）と社会科学との区別をしていない。それで人文科学（人生哲学）と社会科学との差異が見失われることになったわけである。

(2) 西洋の物質文明と科学技術

陳独秀は、欧州文明の危機の根源は科学技術そのものなのではないと考えていた。その理由は、次のように述べられている。「一つの爆弾で人を殺すことができ、また山を爆破し道を開くこともできる。鉄道で戦争のために兵士を送ることができるが、また食料を運び、飢餓を救うこともできる。ゆえに科学および物質文明自身には罪がない。略奪や惨殺の発生の根源は社会経済制度がよくないことだ。言い換えれば、財産制度が、個人私有、非社会公有であることがその理由であり、科学および物質文明自身の罪ではない。われわれはあえていう。科学および物質文明は、

〔……〕財産公有の社会において厚生の源泉である」[74]。

陳は、インドの詩人ラヴィーンドラナート・タゴール（Rabindranath Tagore, 一八六一―一九四一）が杭州、上海で行なった演説を批判し、タゴールが科学および物質文明自身の価値を誤解していると述べている。タゴールは杭州において、科学は物質的に便利だが、精神的には人に便利と愉快を与えられない、かえって人類にたがいの惨殺という危機をもたらしたと主張した。それに対して陳は、現代人の無限の苦悩は科学と物質文明自身に関係なく、①弱小民族の物質文明が発達していないため、民族間の侵略が起こったのであり、②少数の人間が物質文明の恩恵を独占したため、階級間の略奪が発生したのである、と論難した。「タゴールは、科学および物質文明が人類の互いの惨殺の危機をもたらしたというが、彼は、人類における個人間の争奪惨殺の原因が、私有財産制度のもとで社会が各個人の物質的生存を保証できないために各個人が自身の生存と子孫のために争わねばならないことであることを分かっていない。また、階級間の争奪惨殺が特殊階級の独占によるものであり、圧迫された階級が立ち上がって抵抗せねばならないことを分かっていない。さらに、民族間の争奪惨殺は、支配階級が国内で平民を略奪するばかりでなく、国外の物質文明が未発達の弱小民族を略奪しなければ彼ら自身の独占権を維持できなくなるからであることを分かっていない。この三種の争奪惨殺はすべて経済制度の不良に原因がある。科学および物質文明自身の罪ではないのである」[75]。陳は、争奪惨殺をなくす道は、全世界において普遍的に科学と物質文明が発達し、また全社会において普遍的に物質文明の恩恵を受けることにあるとした。これが人生において真の科学と物質文明のあるべき位置である、と論じたのであった[76]。

(3) 中国文化と科学的精神

陳独秀は、中国文化には科学精神もなく精神文明もないと見ていた。陳は次のように書いている。「われわれは精神生活を否定するものではない。精神生活は物質生活から離れては存在できないと言っているのである。精神生活は物質生活には換えられないというのである。われわれは欧州文化を盲信するものではない、われわれは東洋文化が人類文化の中で欧州文化より幼稚であると言うのである。われわれ四億人の中で少なくとも二億人は正当な手段で衣食住という物質生活を手に入れることができない。精神生活を堂々談じることができるものか！ われわれ四億人の中で少なくとも三億人の人が文字を読めない。東洋文化を堂々と談じることができるものか！」[77]（一九二四年二月一日）。

陳のこのような見解は、科学派の人物の観点と類似するところがあるが、違うところもあった。それは、彼が唯物史観の立場に立って中国文化のこのような欠陥の根本的な原因を分析したことである。彼は次のように述べている。「人類の文化には全体性があり、時間的に進化の速さと遅さがあるが、空間的地域の異同（多数の人が論じる中国、インド、欧州文化の違いの大半が民族性の異同であり、文化の異同ではない）はない。東洋の現在の農業の文化、家庭手作業の文化、宗教封建的文化、崇拝物教、多神教的文化、およびこれらの文化により発生した思想、道徳、教育、礼俗、文字不解放の文化は、以前西洋においてもあったものであり、東洋に特有のものではなかった。これらの進化的ではない骨董を特別で優位な文化として自慢しようと思うことこそ、井戸の中の蛙のようではないか！ このように精神生活、東洋文化を提唱することこそ、呉稚暉先生のいうように「国を滅ぼし民に災いをもたらす滅亡の談」ではないか！ 私は張君勱に面識はないが、勉強が好きで深く考える人であろう。梁任公はわれわれの先学であり、章行厳はわれわれが二十何年付き合ってきた古い友人である。また、梁漱溟が人間関係を重視する品格には敬服すべきである。ただし、彼らが提唱した、国を滅ぼし民に災いをもたらす滅亡の談には、われわれはおおいに反対の声を上げねばならない。彼らは曹錕や呉佩孚よりさらに憎たらしいのである。なぜなら彼らがもたらした害が曹や呉より大きいからである」[78]（一九二四年二月一日）。

陳からみれば、東洋文化はすでに西洋文化に敗れた。ゆえにその農業、手工業の上に成り立った政治法律や思想道徳がみな揺れ始めた。東洋文化の中に科学を探すことは糞便の中で香水を探すことと同じであり、東洋文化を神聖化することはすなわち糞のなかで毒薬を探すことと同じだというのであった(79)。

五四運動期において陳は「民主」と「科学」の二つの旗を掲げたが、それらは五四運動の前またはその後においても特別の重大な歴史的意義をもつものであった。五四運動以前、この二つの旗を高く掲げたのは、封建的旧文化思想を徹底的に破壊し、民主制を固めるためであった。辛亥革命で成立した中華民国では、思想文化上の革命がなかったからである。「共和国体を固める」ためには徹底的な思想文化の革命がなければならない、と陳は考えた。「この腐敗した旧思想が国中に溢れている。共和国体を固める意志があれば、徹底的にこのような反共和の倫理学など旧思想を完全に駆逐せねばならない。でなければ、共和政治が実行できないばかりでなく、この共和の看板がかけられなくなる(80)」(一九一七年五月)。

新文化運動が始まると、陳がこの「民主」と「科学」の大旗を掲げたことは、当時において封建専制と封建思想文化を駆逐する面においても、人々の民主意識を促す面においても、共和国体を固めるためにも、迷信を排除し思想を解放する面においても、重要な役割を果たした。五四運動以後、陳は「民主」と「科学」について新しい解釈を加えた。それが中国の新民主主義運動を展開し、帝国主義の侵略に反対し、科学と社会生産力を発展させるために積極的な意義があったことは言うまでもないことである。

陳の一方の思想的旗幟である「科学」についての所見は以上のとおりであった。他方の「民主」についての思想的発展はどうであったろうか？　それは、たしかに洞察力をかいま見せたとはいえ、ほとんどアマチュア的見解しか提示しえなかった「科学」について以上のように、陳の名前を不朽なものとしている。次章では、その「民主」についての所見を分析することとしよう。

注

(1) 原正人「張君勱の「科学の方法」――「科学と人生観」論争を通じて」、『現代中国』第七十五号(二〇〇一年十月)、一七九頁。
(2) 張君勱「人生観」、張君勱・丁文江ほか『科学与人生観』(山東人民出版社、一九九七年)、三八頁。
(3) 丁文江「玄学与科学――評張君勱的「人生観」」、『科学与人生観』(前掲書)、五〇頁。
(4) 朱耀垠『科学与人生観論戦及其回声』(上海科学技術出版社、一九九九年)、一一二頁。
(5) 周策縦著、周子平訳『五四運動――現代中国的思想革命』(江蘇人民出版社、一九九六年)、四六〇頁。
(6) 胡適「『科学与人生観』序」、『科学与人生観』(前掲書)、一〇頁。
(7) 梁啓超『欧遊心影録』、『梁任公近著』第一輯上巻(上海書店、一九九六年)、一九―二〇頁。
(8) 同前、二二頁。
(9) 同前、二三頁。
(10) 胡適「『科学与人生観』序」、『科学与人生観』(前掲書)、一二頁。
(11) 同前、一二―一三頁。
(12) 斉藤哲郎「知の両岸――中国の「科学と人生観」論争を中心に」、『中国――社会と文化』第八号(一九九三年)、一三三―一五五頁。また、斉藤哲郎『中国革命と知識人』(研文出版、一九九八年)第四章「科学と人生観」をも参照されたい。
(13) 朱耀垠『科学与人生観論戦及其回声』(前掲書)、一一二―一一八頁。
(14) 同前、一一二頁。
(15) 胡適「孫行者与張君勱」、『科学与人生観』(前掲書)、一二五頁。
(16) 張君勱「再論人生観与科学並答丁在君」、『科学与人生観』(前掲書)、六一―一二〇頁。
(17) 同前、七一頁。

(18) 同前、六五頁。
(19) 丁文江「玄学与科学――答張君勱」、『科学与人生観』(前掲書)、一九九頁。
(20) 梁啓超「関於玄学科学論戦之〝戦時国際公法〟」、『科学与人生観』(前掲書)、一二一―一二二頁。
(21) 孫伏園「玄学科学論戦雑話」、『科学与人生観』(前掲書)、一三二―一三四頁。
(22) 同前、一三五―一三六頁。
(23) 呉稚暉「箴洋八股化之理学」、『科学与人生観』(前掲書)、三〇五頁。
(24) 同前、三〇六頁。
(25) 呉稚暉「一個新信仰的宇宙観及人生観」、『科学与人生観』(前掲書)、三三二―四二九頁。
(26) 原正人「張君勱の「科学の方法」――「科学と人生観」論争を通じて」(前掲書)、一四二頁。
(27) 頌皋「玄学上之問題」、『科学与人生観』(前掲書)、二九八―三〇一頁。
(28) 胡適「『科学与人生観』序」、『科学与人生観』(前掲書)、二三―二四頁。
(29) 『科学与人生観』序」、『著作選編』第三巻、一四一頁。
(30) 同前、一四一頁。
(31) 同前、一四一頁。
(32) 同前、一四二―一四三頁。
(33) 張君勱「『人生観之論戦』序」、黄克剣、呉小龍編『張君勱集』(群言出版社、一九九三年)、六六―六七頁。
(34) 胡適「答陳独秀先生」、『科学与人生観』(前掲書)、二七頁。
(35) 「答適之」、『著作選編』第三巻、一六六―一六七頁。
(36) 同前、一六八―一六九頁。
(37) 同前、一六九頁。
(38) 蔣俊ほか編『梁啓超哲学思想文選』(北京大学出版社、一九八四年)、四六〇頁。

(39) 同前、四六一頁。
(40) 「答張君勱及梁任公」、『著作選編』第三巻、二八〇頁。
(41) 瞿秋白「自由世界与必然世界」、『瞿秋白文集 政治理論編』二(人民出版社、一九八八年)、二九四—三〇九頁。
(42) 同前、二九七—二九八頁。
(43) 「『科学与人生観』序」、『著作選編』第三巻、一四一—一四二頁。
(44) 同前、一四三頁。
(45) 同前、一四四頁。
(46) 張君勱「人生観」、『科学与人生観』(前掲書)、三七頁。
(47) 張君勱「再論人生観与科学並答丁在君」、『科学与人生観』(前掲書)、七九—八四頁。
(48) 張君勱「『人生観之論争』序」、『思想與社会』(上海商務印書館、一九四二年)、五四—五七頁。
(49) 「答張君勱及梁任公」、『著作選編』第三巻、二七八頁。
(50) 同前、二七九—二八〇頁。
(51) 同前、二八一頁。
(52) 梁啓超「人生観与科学」、『科学与人生観』(前掲書)、一三九頁。
(53) 同前、一四二頁。
(54) 「『科学与人生観』序」、『著作選編』第三巻、一四四頁。
(55) 範寿康「評所謂「科学与玄学之争」」、『科学与人生観』(前掲書)、三三一頁。
(56) 「『科学与人生観』序」、『著作選編』第三巻、一四五頁。
(57) 丁文江「玄学与科学——評張君勱的「人生観」」、『科学与人生観』(前掲書)、五三頁。
(58) 同前、四六頁。
(59) 丁文江「玄学与科学——答張君勱」、二〇一頁。

(60) 同前、二〇〇頁。
(61) 丁文江「玄学与科学――評張君勱的「人生観」」、『科学与人生観』（前掲書）、四六頁。
(62) 『科学与人生観』序」、『著作選編』第三巻、一四五頁
(63) 同前、一四五頁。
(64) 同前、一四五―一四六頁。
(65) 同前、一四六頁。
(66) 胡適「答陳独秀先生」、『科学与人生観』（前掲書）、二六―二八頁。
(67) 「答適之」、『著作選編』第三巻、一六七頁。
(68) 同前、一六九頁。
(69) 『科学与人生観』序」、『著作選編』第三巻、一四二頁。
(70) 「新文化運動是什麼」、『著作選編』第二巻、二一七―二一八頁。
(71) 「答張君勱及梁任公」、『著作選編』第三巻、二七六頁。
(72) 「新文化運動是什麼」、『著作選編』第二巻、二一七頁。
(73) 「馬克思的両大精神」、『著作選編』第二巻、四五三頁。
(74) 「評太戈爾在杭州、上海的演説」、『著作選編』第三巻、二五九頁。
(75) 同前、二五九頁。
(76) 同前、二五八頁。
(77) 「精神生活東方文化」、『著作選編』第三巻、一九八頁。
(78) 同前、一九八―一九九頁。
(79) 「国学」、『著作選編』第三巻、一九九―二〇〇頁。
(80) 「旧思想与国体問題」、『著作選編』第一巻、三三五頁。

第七章　陳独秀における民主思想の深化と発展

第一節　マルクス主義者への道

1　ブルジョワ的「公理」への懐疑

陳独秀の名前を今日の中国で不朽にしているのは、「科学」の思想家としてよりもむしろ「民主」の思想家としてである。しかし、彼は、中国の「徳先生」（デモクラシー先生）にとどまらず、東アジア総体の「徳先生」でもあり、そして将来も、そうであるのではなかろうか、との思いを禁じえない。「賽先生」（サイエンス先生）の在り方を根底から支える「徳先生」の有り様についての陳の思想はその後どうなったのであろうか？

辛亥革命の失敗に鑑み、事を急いで失敗を招くことの愚を繰り返さないために、陳独秀は『新青年』を創刊して、「民主」と「科学」を旗印に、中国の封建的価値観、儒教思想を完膚なきまで粉砕し、目覚めた個人の創出に努めることを決意した。陳の科学観については、先の二章でいささかの検討を加えた。本章では、民主思想の新文化運動期以降の深化と発展を論ずることとする。

ところで、陳が早期の『新青年』で青年たちに要求したのは、性急な政治革命ではなかった。それに先行する意識革命であり、「民主」と「科学」に象徴される西洋近代思想に武装された次代の革命を担う主体の創出であった。その頃の彼の考えでは、個人のラディカルな意識革命なくして真の政治革命はありえないのであった。

そこで陳は『新青年』の創刊号で、本誌を発行する意図は、「主に青年の思想を改造し、青年の修養を助け導くことにある。時の政治を批判することは、その趣旨ではない」(1)と明確に宣言した。そして胡適に対し、二十年以内に政治について触れることはないと約束した。

ところが、一九一七年七月一日『新青年』第三巻第五号において、陳は「本誌の主旨は、たしかに時勢を批評することにあらず、また、青年の修養も政治を論じることにないとはいえ、国家の命運と生存にかかわる大政についてなにも言わないわけがあるのか(2)」と書き、青年たちは政治の問題に口出しすべきではないという主張に反対の意見を示した。

陳によれば、中国の政治がまったく暗黒状態であるのは、一般の国民が高尚を求め、政治に興味をもつのを潔しとしないからである。そのために、彼は「今後も相変わらず国民の生活が政治に関与せず、また全力を挙げて政治の問題に取り組まないならば、教育や実業などの振興はありえない。そうして、〔中国は〕ますます弱まり、ついに消え失せるほかないだろう(3)」と警告を発している。

その後、国際情勢と国内政局が日増しに緊迫化するにつれ、中国の知識人の関心の重点はしだいに思想啓蒙から政治に復帰していった。陳もついに政治を語らないとの約束を破り、一九一八年十二月、北京で李大釗とともに『毎週評論』という時事週刊誌を創刊した。この『毎週評論』は五四運動の前夜に生まれ、一九一九年八月にその嵐の中で軍閥政府に停刊させられたが、「軍閥と日本帝国主義に反対する政治扇動を堅持し、反封建的な思想を広めようとし、社会主義思想を初歩的に紹介し、さらにロシア、ドイツ、ハンガリーなどの社会主義革命と植民地民族革命運動を報道し、各方面にわたって五四運動の重要な準備作用をなした(4)」雑誌であった。

『毎週評論』の発刊の辞の中で、陳は「われわれが『毎週評論』を発刊する狙いは、ほかならぬ「公理を主張し、強権に反対する」というところにある。われわれが望んでいるのは、これから強権が公理に勝つことはないということである(5)」と述べ、『毎週評論』は公理を主張し、強権に反対する時事評論誌だと宣言している。なぜ「公理を主張し、強権に反対する」ということを雑誌の主旨とするかということについて、陳は次のように指摘している。「ドイツは学問が優れ、兵力が強大なのを頼みにして、もっぱら各国の平等と自由を侵害していたが、今回、おおいに打ち負けてしまった。これに対して、連合国はわずかの公理しか分からないが、かえって打ち勝った。これは、まさに「公理は強権に勝つ」という出来事である。このように公理が強権に勝った結果、世界各国の人々が理解するようになったのは、国内においても国際関係においても、強権は信用に値するものではなく、絶対に公理を守らなければいけないということだ」[6]。すなわち、陳にとって第一次世界大戦とは、自らの力の強さに頼って他人の平等・自由を侵した強権のドイツと、平等・自由という公理を掲げて決起した連合国が戦い、そして後者が勝利した過程であった。つまり、公理が強権に勝ったのであって、それは西洋的民主主義の勝利であった。その西洋的民主主義は近代思想の神髄として彼によってずっと信じられてきたものである。

陳によれば、「公理は強権に勝つ」という民主主義の精神は戦後の処理にも貫徹されなければならないものであり、その民主主義の精神は政治原則としてアメリカのウッドロウ・ウィルソン（Woodrow Wilson, 一八五六—一九二四）大統領が提案した「平和十四カ条綱領」に集約されている。陳にとってのウィルソン提案の神髄は、ほかならぬ「第一、各国が強権によって他国の平等と自由を侵害することを許さない」、「第二、各国政府が強権によって人民の平等と自由を侵害することを許さない」ということである。このような民主主義的政治原則を提出したウィルソンに陳は非常に感心し、彼を「世界でもっとも良い人物」とまで持ち上げた[7]。

「公理は強権に勝つ」という理念に基づいて、戦後の処理が必ずや中国に美しい未来をもたらすと無邪気に信じた陳は、パリ講和（ヴェルサイユ）会議開催前、自分で主宰する『毎週評論』と『新青年』において、多くの中国の政治変革、社会改造、文化再建および前途に関する評論、あるいは構想を発表した。たとえば、「今日の中国の政治問題」、「社会制裁」、「『東方雑誌』記者への質問」、「ケトラー碑」、「ヨーロッパ戦争後の東洋民族の覚悟と要求」、「軍閥打倒」、「国防軍問題」、「軍民分治」、「武治と文治」、「国内平和に関するわが意見」などである。これらの論文、とりわけ、一九一八年十二月二十八日の『毎週評論』第二号に掲載された「ヨーロッパ戦争後の東洋民族の覚悟と要求」の中から、陳が欧米のいわゆる民主国家およびパリ講和会議に敬虔な希望を託したことがはっきりと読みとれる。

ところが、第一次世界大戦の戦後処理をめぐるパリ講和会議は、陳の期待を徹底的に打ち砕いてしまった。この講和会議は一九一九年一月から六月にかけて、パリ郊外のヴェルサイユで開かれた。会議中、中国の全権代表は山東鉄道、膠州湾租借地その他のドイツの権益を中国に返還すること、日本の二十一カ条要求は中国が対独参戦した結果消滅したことを強く主張したが、日本はさまざまな理由を申し立てて、山東半島の旧ドイツ権益が日本へ譲渡されるべきことを主張した。アメリカは日本の主張に不満であったが、それより日本が講和条約に調印しなくなることを恐れた。イギリスとフランスは、一九一七年に中国参戦の問題が起こった時、講和会議では日本の要求を支持すると約束してしまっていた。さらに、講和会議の運営は、日本・イギリス・アメリカ・フランス・イタリアの五大国会議ですべてが決定される仕組みであり、このことも中国に不利であった。こういった事情で、中国の主張は認められないものとなった。

一九一九年五月に入って、山東半島の権益が日本に委ねられることに決定したという報道が中国に伝えられると、講和会議に大きな期待を寄せていた人々は驚いた。五月四日、北京の学生が真っ先に決起し、デモのあと、親日派高官曹汝霖邸を焼き打ちした。運動は各都市、各階層に広がり、授業拒否の学生、救国十人団に結集した市民が商品ボイコットを始め、反日運動を展開した。

その影響を受け、パリ講和会議の中国代表は日本の要求を認めず、ヴェルサイユ条約への調印を拒否することに決定した。パリ講和会議で露呈した現実では、ウィルソン十四カ条の理想と違って、民主主義・民族自決といった公理を排斥し、それに代わって植民地の再分割を求める強権的エゴが跋扈したのであった。ウィルソン十四カ条の精神は大国の経済的政治的欲望の前に完全に崩れ去ったと言っても過言ではない。第一次世界大戦の勝利は公理の強権に対する勝利であり、講和会議でも公理を原則に戦後処理が行なわれるだろうと楽観していた陳は、無残な国際政治の現実を目にして大きな衝撃を受けた。

西洋近代思想のもっと理想的な部分、民主主義の精神が、こうして現実世界において崩れ去った結果、陳の西洋民主主義思想の無批判的な理想化はやっと終止符を打った。一九一九年五月四日の論説「二つの講和会議〔パリ講和会議と上海の南北会議〕は両方とも無用」で、彼は「パリの和平会議ではどの国も自国の権利を重視した。どんな公理、どんな永久平和、どんなウィルソン十四カ条も、なにもかも一文の値打のない空語となった。私から見れば、この二つの盗品の山分け会議は世界の永久平和と、人類の真の幸福とは遠く隔たっており、全世界の人民はみな立ち上がって、直接的に解決しなければならない(8)」と欧米諸国に失望を表明した。わずか半年前にウィルソン大統領を「世界でもっとも良い人物」と高く評価し、その民主主義の精神に多大の期待を寄せていた陳からパリ講和会議後の陳との間には大きな違いが生ずることとなったのである。

このようにして、陳はそれまでの考え方を変え始めた。その変化は、単純に公理に依存するという主張から、力によって公理を擁護するという主張への移行に集約される。彼は、一九一九年五月十八日の「山東問題について敬しく各方面に告げる」の冒頭において、「ああ！　現在は未だ強盗の世界だ！　まだ公理が強権に対抗できる時代ではない(9)」と叫んだのだった。これは公理および欧米のいわゆる民主主義社会に託した陳の夢が破れ去ってしまったことへの慨嘆であった。そして、この論文の中で、陳は「「対外拡張主義」は、むろん中国人が今でも実行しえない思想である。しかも、このような公理に合わない思想にわれわれは賛同しない。しかるに、「民族自衛主義」に、われわれは絶対に賛成する。民族自衛のためならば、暗黒非道の戦争を起こしても、われわれも反対はしない(10)」と書き、内外の強権と対抗するためには暴力の使用も辞さないという立場を鮮明に打ち出したのであった。これは、「デモクラシー」と「サイエンス」に象徴される西洋近代思想による個人の意識変革を第一としていた陳にとって、大きな変化であった。

一九一九年五月二十六日、陳は「山東問題と国民の自覚」を発表し、新しい出発を表明した。「今回の欧州和平会議は、ただ強権のみを講じて、公理を講じなかった。英仏伊日の各国は強権を用いて、彼らのロンドン密約を擁護し、無理やり中国の青島を日本に譲り、彼らの利益と交換した。〔……〕このような教訓を味わったあと、われわれは公理はそれだけでは効力を発揮することができず、強い力の擁護が必要であることを自覚しなければならない(11)」。

陳はかくして次の結論に到達した。「われわれは強い力を用いて公理を放棄せよとは主張しないが、強い力を用いて公理を擁護するようにと主張せざるをえない。また強い力を用いて人を抑圧するようにとは主張できないが、強い力を用いて抑圧に抵抗するようにと主張せざるをえない(12)」。

パリ講和会議によって公理への信頼がゆらいだ陳は、公理への無条件信頼から、強い力による公理の擁護という立場へ変わっていった。さらに彼は次の結論に到達した。少数の独裁政権に国家の将来をまかせず、少数の権力者がしたい放題なことをするという弊害を防ぐために、「平民」が力をもって有効に政府を監督しなければならない。陳の言葉では、「多数の平民――学界、商会、農民団体、労働者団体――が強い力を用いて、民主政治の精神を発揮し、少数の政府当局とすべての国会議員を平身低頭させ、多数の平民の命令を聴取させる(13)」ということであった。陳から見れば、「君主国も、民主国も、みな人民の信仰、集会、言論出版という三大自由権をしっかり守ることはできない。立憲政治というものは、ごく少数の政治屋先生たちが政権を奪い取る武器にすぎない(14)」のである。これは陳に暴力革命と階級闘争の思想が芽生えてきたことを示すものであり、彼の関心が社会の多数を占める「平民」の権利の保障へ向き始めたことを意味している。

これまで述べたことから分かるように、第一次大戦後の世界体制の再編成の中で、公理が強権に破れていく姿をつぶさにみた陳がパリ講和会議から学んだ主な教訓は二つであった。一つは、今の時代はまだ公理が強権に対抗できる時代ではなく、「公理は強権に勝つ」という理想は、強い力を頼りにしてこそ、初めて実現できるということであった。もう一つは、民主主義は階級性をもっており一定の範囲内でしか通用しないということであった。このように国外と国内の強権に対抗するためにはたんに西洋民主主義思想を提唱するだけでは不十分であり、強い力の行使が必要であることを陳が認識した時、西洋的「民主」の提唱から一歩進み、真の民主社会の建設を模索し始めたことにはなんの不思議もない。

2　ロシア革命の評価

パリ講和会議後、陳は、たしかに西洋的「民主」がブルジョワジー内部の民主にすぎず、それは平民の民主と弱国の民主を保障しないということを認識したのであったが、ブルジョワ民主主義に対する懐疑、動揺、不満は、彼がプロレタリア民主主義を信じ始めることを意味するものではなかった。一つの信仰から他の信仰への転換は、誰にとっても容易なことではないが、陳にとっても例外ではなかった。実際は、彼がブルジョワ民主主義への懐疑からマルクス主義を受容するまでは、長い模索期が必要であったのである。この時期に、陳の思想に大きな刺激を与えたのは、なかんずく、アメリカのプラグマティストであるジョン・デューイが一九一九年六月十五日北京で行なった「アメリカにおける民治の発展」と題する講演であった(15)。

五四運動の最中、陳は「北京市民宣言」を配布して、一九一九年六月十一日逮捕され、八十三日間の監獄生活を送ったのち釈放されたが、その後、北京大学を辞して九月に上海に赴くことになった。同年十二月の『新青年』第七巻第一号に彼は「民治実行の基礎」という有名な論文を発表した。これは彼がマルクス主義を受容する前に公表した重要な論文である。

「民治実行の基礎」において、陳は、デューイのいう「民治」(デモクラシーの当時の訳語)主義は政治、民権、社会、生計の四方面を含むとまとめた。そして「社会生活の向上はわれわれの目的であり、政治、道徳、経済の進歩は、ただこの目的を達成するための各種の工具にすぎない。政治は重要な工具であるが、結局は目的とは言えない」、「社会経済の問題を解決しなければ、政治上の大問題は一つも解決することができない。社会経済はまったく政治の基礎だ」と言い、政治よりも社会経済が根本問題であるとした(16)。

陳はデューイの社会経済(すなわち、生計)面の民治主義についての説明を受け入れたが、デューイの政治面の「民治主義」に関する解釈は不徹底だと指摘した。陳にとって、政治面の「民治主義」は次のようなものでなければならなかった。すなわち、「人民により直接憲法を制定し、憲法により権限を規定し、代議制を用いて憲法の規定に従って民意を執行する。言い換えれば、統治者と被統治者の階級関係を打破し、人民自身が治者でもあり、また同時に被治者でもあるようにする(17)」ことである。

陳によれば、政治面の民主主義は、英国とアメリカでかなり発達しているが、社会経済面の民主主義は、どんな国でもうまく遂行されていない。したがって、民主主義を実行しようとする場合、英国とアメリカの政治面の民主主義を手本としなければならないと同時に、経済面の民主主義の推進を忘れてはいけない。すなわち、政治と経済との両方面で工夫していかなければならない。陳によれば、民主主義を実行するもっともよい手段は「地方自治」と「同業組合」であり、われわれが必要とするのは、「下から創造し発展してきた、人民が自ら動かす真の民治」であって、他人に動かされる「官僚式の偽の民治ではない(18)」のである。

要するに、デューイの講演筆記を読んだのち、陳は民主主義の本質についての理解をいっそう深めたのであった。ひいては、社会民主と経済民主の概念さえも確立した。このようにして、陳は、ロシア革命の把握をとおして、マルクス主義のプロレタリア民主観を受け入れる準備を完了させたのであった。

中国におけるマルクス主義の受容を語る時、「十月革命の一発の砲声が轟いて、われわれにマルクス・レーニン主義が送り届けられた」という毛沢東の名文句（「人民民主独裁を論ず」）を引きあいに出すまでもなく、ロシア革命がその出発点となったことは、誰の眼にも疑いのないところであろう。そのロシア革命にもっとも早く反応し、その本質を的確にとらえたのは李大釗であった。李大釗は一九一八年十月の『新青年』第五巻第五号の中で十月革命の意義を高く評価し、これを「ボリシェヴィズムの勝利」、「社会主義の勝利」、「民主主義の勝利」と呼んだが、その場合「民主主義」とは次のような文脈の中に置かれていた。「今回の対戦は二つの結果をもたらした。一つは政治的であり、もう一つは社会的である。政治的結果として、「大…主義」は失敗し、民主主義が勝利した。〔……〕民主主義の勝利はすなわち庶民の勝利である。社会的結果、資本主義は敗北し、労働主義が勝利した。〔……〕労働主義もまた、庶民の勝利である(19)」。

すなわち、李大釗のいう「民主主義」は、「庶民の」民主主義、労働人民の民主主義なのであった。彼のこのような十月革命の評価は、彼の世界大戦観によって裏づけられている。「もともと今度の戦争の真の原因は、資本主義の発展である。一国家の境界内ではその生産力を容れることができなくなったために、資本家の政府は大戦によって国家の境界を打ち破り、自分の国家を中心として一大世界帝国を建設し、単一階級経済組織を造りあげて自国内の資本家階級のために利益を図ろうと考えたのである。ロシア、ドイツなどの国の労働者社会は真っ先に彼らの野心を見破り、大戦の最中であることをもかまわず社会革命を起こし、この資本家政府の戦争をやめさせようとしたのである。連合国の労働者社会もみな平和を要求しており、しだいに彼らの異国の同胞と同一行動をとろうという傾向を示している(20)」。

李大釗に比べて、陳独秀の十月革命への対応はかなり遅かった。それは、陳が「進歩と頽廃」という発想の枠内でロシア二月革命を解釈しようとしたことと深く関連していると思われる。

ロシア二月革命の直後、陳は一九一七年四月刊行の『新青年』第三巻第二号に「ロシア革命とわが国民の自覚」という論文を発表した。そこで、彼は次のように書いて、ロシア二月革命を称えた。「ロシア革命はロシアの皇族に対して革命したのではなくて、世界の君主主義・侵略主義に対して革命したのである。私はその成功を祝う。〔ロシア革命は〕君主主義・侵略主義を代表するドイツと単独講和をするとは考えない。なぜなら革命政府は親独派たる旧政府の反対者であり、民主主義・人道主義の空気で充満しているからである。私は世界の民主国家がともに立って、これを助けてドイツと戦い、かつ、あらゆる無道の君主主義・侵略主義の国家と戦うだろうと考える」[21]。

ここには陳の第一次世界大戦に対する評価も披瀝されているが、ロシア二月革命の評価はその上に立っている。すなわち、第一次世界大戦は帝国主義国家間の戦争ではなく、君主主義・侵略主義ドイツに対する世界の民主主義・人道主義の戦いであり、したがって親独的な政権の崩壊は民主主義・人道主義の勝利なのである。

こうしたロシア二月革命や第一次世界大戦についての単純化された評価は、事実によって打ち砕かれることとなった。陳が唱えてきた民主主義、人道主義を打ち立てたはずのアレクサンドル・ケレンスキイ（Alexander Kerensky, 一八八一―一九七〇）政権は、二月革命後に引き続いて勃発したロシア十月革命で打倒されてしまった。侵略主義のドイツと戦うはずの新ロシアはブレスト・リトフスクで単独講和を結び、なんとドイツとの戦闘を終わらせてしまった。未だ階級的視点をもちあわせていなかった陳には、ロシア革命がツァー体制打倒の二月革命から社会主義革命としての十月革命へ転化していったことをよく理解できなかったし、ブレスト・リトフスク条約の意義も理解できなかった。陳にとって民主主義概念は一つしかなかった。だから、ブルジョワ民主主義からプロレタリア民主主義へというレーニンやトロツキイの理論はよくは飲み込めなかったのである。

従来の考えを変化させないかぎり、ロシア十月革命を理解するわけにはいかない。理解できないものに口をつぐむのはあたりまえのことである。それゆえ、一九一九年以前、陳はロシア十月革命について一言も発せず、沈黙を守ることとなった。

一九一九年二月になって、陳はついに真正面から十月革命をとりあげる評論を発表した。四月二十日の『毎週評論』掲載の「二十世紀ロシアの革命」の中で、彼は、十八世紀末のフランス革命が政治革命であったのに対し、二十世紀のロシア革命は社会革命であるという認識に立ち、ともに人類社会の変動と進化の鍵を握る革命であると評価した。(22) さらに、一九一九年十二月の「過激派と世界平和」において、ロシア十月革命への非難に対しては、ボリシェヴィキに反対している人々こそ軍国主義を守り、個人的、階級的、国家的な利己思想を捨て切れておらず、ボリシェヴィキに反対する者のほうが世界平和を攪乱させている、と「過激派」と呼ばれたボリシェヴィキに同情を寄せた。(23) しかし、こうした十月革命への陳の評価は、すでにマルクス主義の立場に立ってロシア革命の世界史的意義を読みとった李大釗の評価に比べ、あまりに消極的すぎると評してもよいものであった。

陳に欧米のブルジョワ民主主義から離脱させ、「ロシア十月革命の道」を選択させたもっとも重要な推進力はカラハン宣言の発表だと思われる。

一九一九年七月二十五日に発した第一次カラハン宣言の中で、十月革命によって樹立されたレーニンの政権は、「外国領土の一切の掠奪の拒否、外国民族の一切の強制的併合の拒否、一切の賠償の拒否」を明らかにし、「日本・中国、およびかつての同盟国との間に締結された秘密条約の無効を宣言」した。この宣言は約九カ月後の一九二〇年三月二十六日になって中国政府に届いた。三月末から四月初めにかけて各新聞はつぎつぎと宣言を掲載した。長い間不平等条約のもとに苦しみ、五四運動を経て反帝国主義の意識に目覚めた中国の人々にとって、まさに感動的な宣言であった。(24) この宣言の発表は、それまでの欧米諸国の中国に対する無道と鮮明な対比をなした。「民主」・「平等」・「公理」を唱えるパリ講和会議が中国に押しつけたのが主権の喪失であったのに対して、マルクス主義の旗を高く掲げた十月革命が中国に贈ったのは、第一次カラハン宣言であった。この対比を目にして、中国、ないし人類社会はどこに向かって行くべきか、陳にとって、もはやさらに論証する必要のない問題となった。その答えは、ロシア十月革命の道を歩むことにほかにならなかったのである。

3　プロレタリア民主主義思想の形成

陳がマルクス主義的用語を使い、プロレタリア民主主義の宣伝を行なうようになったのは、おおよそ一九一九年末以降のことと考えられる。

一九一九年十二月一日刊行の『新青年』第七巻第一号に掲載された「北京の労働界に告げる」という論文の中で、陳は「十八世紀以来の「デモクラシー」は、新興有産商工階級が自分たちの共同の利害のため、支配階級である君主貴族に権利を求める旗印であった。現在、すでに憲法は作られ、共和政体はしだいに普及し、君主貴族も逃亡するか、あるいは大きく譲歩した。有産商工階級はかつて求めていた権利を取得し、自分の目的を実現した。彼らは君主貴族に取って代わって特権的地位に立っている。二十世紀の「デモクラシー」は、支配下の新興無産労働階級が自身の共同の利害のため、征服階級である有産商工界に権利を求める旗印になる(25)」と書き、民主主義をプロレタリア階級がブルジョワジーと闘争して勝ち取るべき旗印と見なしている。

また、同号に掲載された「『新青年』の宣言」において、陳は「世界の軍国主義と金権主義は今まで無窮の罪悪をなしてきており、今や捨て去るべきた」と高らかに宣言し、少数の幸福ではなく、社会全体の幸福を追求すべきであると指摘したあと、「われわれが主張するのは民衆運動と社会改造であり、過去および現在の各派の政党とは絶対に関係を断つ」、「われわれは、真の民主政治は政権を人民全体に分配し、制限があるとしても職業の有無を基準として、財産の有無を基準としないものだと信じている(26)」と述べている。ここから、陳がすでにブルジョワ民主主義を謳歌する啓蒙主義者から、民衆運動・社会改造に従事する社会主義者の方向に一歩踏み出したことが分かる。

一九二〇年四月の「新文化運動とは何か」で、陳は「われわれは旧文化だけでなく、新文化にも不満を抱くべきだ。東洋文化だけでなく、西洋文化にも不満を抱くべきだ。不満を抱いてこそ創造の余地が生じる」と述べたうえで、「新文化運動は産業に影響を及ぼし、労働者に自分の地位を自覚させ、資本家に労働者を同様の人間と見るようにさせ、機械、牛馬、奴隷として見ないようにさせるべきだ」[27]と主張し、新文化運動の対象を青年から労働者に拡大すべきことを強調した。

労働者の自覚に関しては、一九二〇年五月一日の「労働者の自覚」において、陳は、労働者の自覚を二段階に分けて、第一段の自覚は、労働時間の短縮、賃上げ、衛生改良、保険、教育等待遇の改善を要求することであり、第二段の自覚は、「労働者自身が立ち上がって、政治、軍事、産業を管理すること」、すなわち、国家の管理権を要求することであると指摘した。この第二歩の自覚は、陳の社会革命、プロレタリア独裁に関する初歩的構想と言えるであろう。

一九二〇年春、李大釗の紹介を介して、陳独秀は上海でコミンテルン代表であるグリゴリー・ヴォイチンスキー(Grigori Naumovich Voitinsky, 一八九三—一九五六)と接触することになった。その後、陳は急速にマルクス主義者に転身し、李大釗とともに中国共産党創立を準備し始めることになる。『新青年』も第八巻第一号(一九二〇年九月)から中国共産党臨時中央の機関誌となり、いっそうマルクス主義の宣伝に力が入れられることとなった。この『新青年』第八巻第一号に陳は「政治を語る」という有名な論文を発表した。そこで彼は「世界各国の中で最も不平等でかつもっとも辛いことは、ほかならぬ少数の遊惰的かつ消費的ブルジョワジーが国家・政治・法律などの機関を利用して、多数の困苦する生産的な労働者階級を資本の勢力のもとに押さえつけ、彼らを牛馬・機械に及ばないほど働かせるということである。このような不平等と苦痛を取り除きたい場合、抑圧されている生産的な労働者階級が自ら新しい力を形成し、国家の地位に立ち、政治・法律などの機関を利用して、抑圧的なブルジョワジーを完全に征服してこそ、初めて財産私有、賃労働などの制度を廃止し、かつての不平等な経済状況を取り除くことができる[28]」と述べ、プロレタリア階級が力によって国家の主導権を奪い取る必要性を訴えている。

また、陳はこの論文の中で、ドイツ社会民主党をはじめとする社会主義修正派を批判している。「彼らのマルクスの階級闘争説に対する反対は非常に激しい。また、彼らは労働者独裁に反対し、デモクラシーをもって労働者階級の特権に反対している。ところが、彼らはマルクスが言ったこと――労働者はブルジョワジーと闘う時、情勢に迫られて、やむをえず自分で一つの階級を結成し、しかも革命の手段を用いて統治階級の地位を占め、その権力をもって古い生産方式を破壊する一方で、階級対立の原因および一切の階級自身も同時に解消されるべきである。それによって、労働階級自身の権勢も除去されなければならないこと（『共産党宣言』第二章末を参照せよ）――を忘れてしまった。〔……〕彼らの目には、ただ労働者階級の特権はデモクラシーに合わないということだけが映っているのであるが、デモクラシーの仮面を被っているブルジョワジーの特権はどのようなものであるのかが映っていない。彼らは毎日ブルジョワジーの特権と独裁の足元でひざまずいて、功績や人徳をむやみに褒めたたえており、プロレタリア独裁を聞くと、すぐデモクラシーを持ち出してそれと抵抗する。デモクラシーはブルジョワジーの護身符になってしまっている。私はあえて言う。もし階級闘争を経なければ、労働者階級が統治階級の地位を占める時期を経なければ、デモクラシーは、必ず永遠にブルジョワジーの占有物のままであろう。すなわち、ブルジョワジーが永遠に政権を保持して労働者階級を抑圧するための利器となるのである[29]」。

一九二〇年九月までに、陳はすでに躊躇なく、ブルジョワ民主主義者から、階級闘争、プロレタリア独裁の正当性を唱えるマルクス主義者に転身していたと言えるわけである。

注意すべきは、陳はマルクスの階級闘争、プロレタリア独裁学説を受け入れたが、けっしてデモクラシーの普遍的価値そのものを否定していない、ということである。一九二〇年十月に書いた「国慶記念の価値」において、彼は次のように説いている。「われわれが共和制の価値に対する批判は、共和制を一文の値うちもないものと見なす反革命の帝政派および無政府主義政党と異なり、また共和制が必ず多数に幸福をもたらすと妄信している一部の空想的政論者とも違う。われわれは、共和政治が人類進化の歴史上かなりの価値をもつことを十分に認めるが、それしか認めない。フランス大革命前のヨーロッパ、ロシア大革命前のアジアで、封建主義を打ち倒したことは、それの功績であると言わざるをえない(30)」。

すなわち、陳にとって、封建制度より、共和制、あるいは民主主義はもちろん一種の歴史的進歩であり、少なくとも自由と幸福を享受する人間の比が資本主義社会で拡大された。ところが、資本主義社会はブルジョワジーにしか自由と幸福をもたらしえない。そのような社会の中で、多数を占めるプロレタリア階級は本当に自由と幸福を享受しえない。それは、プロレタリア階級の経済的地位のしからしめるところである。このことは、陳が同じ「国慶記念の価値」の中で書いた次の文章からはっきり読みとれる。「封建主義が倒れた後、資本主義がそれに取って代わって盛んに起こったが、封建主義時代はきわめて少数の人間にしか幸福をもたらさなかったのに対して、資本主義時代はやや多くの人間に幸福をもたらしたにすぎず、多数の人々は相変わらず少数の人間の支配下に置かれており、自由と幸福を享受しえないでいる。〔……〕全国の教育や、世論や、選挙などは、すべて少数のブルジョワの手に握られており、表面上、共和政治であるが、実質上、金権政治であるので、共和制社会の自由と幸福を多数の人々は享受しえない。実際の多数の幸福を主張するのは、社会主義政治のほかにない。共和政治が少数ブルジョワジーの手に握られていれば、いかなる国でもそれだけで多数の幸福をもたらすことができると考えるのは、まるで妄想である(31)」。この文章から、陳が反対しているのは、民主そのものではなく、少数者の民主、すなわちブルジョワジーしか享受しえない民主制度であることとである。

陳は「国慶記念の価値」という論考を一九二〇年十一月一日の『新青年』第八巻第三号に公表している。翌月一日刊行の『新青年』第八巻第四号に、陳はさらに「民主党と共産党」を発表し、再び民主の階級性という問題をとりあげている。そこで彼は次のように論じている。「民主とは何か。それは、かつてブルジョワジーがそれをもって封建制度を打ち倒す武器であったが、現在になってそれをもって世人を欺いて政権を握る詭計である。以前の政治革命の時代に、それの封建主義を打ち倒した功績をわれわれは当然否定してはいけない。封建主義が倒れていない国家では、今日になっても絶対にそれに反対しない。しかし、もし、民主政治こそ全民意にかない、真の平等・自由であるとみだりに考えるならば、それは大きなまちがいである。資本と労働との両階級は消滅する前には、その両階級の感情や利害はまったく同様ではない。だから、全民意をどこにも見つけることはできない。全国民を資本家、あるいは労働者に成してこそ、初めて真の全民意というものが存在しうるようになる。さもなければ、いかなる国でも、階級の意思、ないし党派の意思しかなく、全民意は絶対ありえない。民主主義はブルジョワジーの意思しか代表しえず、封建の党派の意思を代表することができないし、労働階級の意思を代表することもできない。彼らは、しばしば全民意をもって社会主義に反対し、社会主義は民主的ではないため、だめだと言っている。それらはみな世人を欺いて政権を握ろうとする詭計である(32)」。

ここで、陳は明確にデモクラシー観に階級の観点を加えるようになっている。彼にとって、欧米のいわゆる大多数の人民の自由、平等といわゆる民主政治は、どれも少数ブルジョワジーの支配を覆い隠すための一種の民主主義的形式にすぎず、プロレタリア民主主義こそ形式的民主ではなく実質的民主の内容をもつのであるから、より高度な民主主義なのであった。こういった観点から見ると、一九二〇年末、陳はすでに完全に、近代民主主義を唱える啓蒙主義者からプロレタリア民主主義を宣揚するマルクス主義者となっていることが分かる。彼が中国共産党を創立したのは、まさしくこの時期のことであった(33)。

第二節　「根元的民主主義」の彼方へ

1　プロレタリア独裁とプロレタリア民主主義の狭間で

(1) 中国共産党の最高指導者として

一九二一年七月、中国共産党は第一次全国代表大会を上海で開催し、陳独秀を最高指導者に選出した――陳がこの大会に出席していなかったにもかかわらず。当初、中国共産党がめざしたのは労働運動を中核とする直接的な社会主義革命であった。中国共産党の最初の綱領には「プロレタリアートの革命的軍隊をもって資本家階級を打倒し」、「プロレタリアートの独裁」を実現することが掲げられ、主要な任務として労働組合の組織がまず決議された。

しかし、このような革命論は、一九二二年一月にモスクワで開催された極東諸民族大会において批判され、中国共産党の革命論は最初の転換を経験することになった。すなわち、この大会で、コミンテルン（共産主義インターナショナル、もしくは第三インターナショナル）の指導者は、その第二回世界大会の「民族・植民地問題についてのテーゼ」に基づいて、「民族革命運動」と「プロレタリア運動」との同盟を強調した。そして、中国の労働者大衆と共産党がまずなすべきは「外国の支配から中国を解放し〔……〕督軍を打倒し、単一の連邦制民主共和国をうち立て」ることであり、「中国は直接的ソヴェト化を伴う、さし迫った共産主義革命に直面してはいない」と主張したのであった。この民族革命運動との同盟、帝国主義と軍閥の打倒、民主共和国の樹立などのコミンテルンの戦略論は中国代表団の帰国によって伝えられ、中国共産党にその直接的な社会主義革命論を放棄させることになった[34]。いわゆる「二段階革命論」への転換にほかならない。

陳もこの極東諸民族大会に参加したあと、それまでの社会主義革命論から脱却する議論を始めるようになる。一九二二年五月に発表された「労働運動従事者に告げる」では、「労働者が自らの階級として革命的政府を建設する充分な力量がない以前には、別の階級の封建的政府に反対する革命党派に援助を与えるべきである。なぜなら、この種の革命党派を援助して成功すれば、労働者は少なくとも集合・結社・出版・ストの自由を得ることができ、このいくつかの自由は、労働運動の重要な基礎だからである」として、「革命党派」との共同行動を提起した[35]。

一九二二年七月、中国共産党第二回全国代表大会が開催され、陳は党の最高指導者に再選され、以後一九二七年まで最高責任者として中国共産党を指導することとなった。第二回全国代表大会において、「中国の政治経済の現状、中国のプロレタリアートの現状にあっては、われわれは民主主義革命はもとよりブルジョワジーの利益であるが、プロレタリアートにも有益であると考える。したがって、わが共産党は全国の革新党派と連合し、民主連合戦線を組織し、封建軍閥を排除し、帝国主義の圧迫を打倒し、真の民主政治の独立国家を建設することを任務とせねばならない」とする「「民主連合戦線」に関する決議」が採択されたが[36]、コミンテルンから中国に派遣されていた代表の指示で、共産党は国民党などの党外勢力との代表会議開催などによる民主連合戦線の形ではなくて、共産党の国民党加入戦術で国民党と協力することになった。この考えが第一次国共合作を実現させたのだった。

結局、共産党は、国民革命（ブルジョワジーとプロレタリアートが連合して帝国主義の侵略と封建軍閥の攪乱を除去する革命）の時期に運動の主導権を失い、一九二七年四月、ついに蔣介石のクーデターによって巨大の損失をこうむって国民党と分裂せざるを得なくなった[37]。同年七月十五日、陳独秀は書簡で中共中央に総書記を自ら辞することを通告した。

(2) スターリン専制体制の批判者として

陳独秀は、その後、しばらくの雌伏の時期を経て、国民革命の失敗の原因がコミンテルンのスターリン・ブハーリン指導部にあることを認識し、トロツキイ派に接近を図ることになった。モスクワで、レーニン死後のソ連政治の現実を掌握していた中国人留学生の影響であったと考えられている(38)。

国民革命失敗後まもなく、陳はソ連の指導を信頼できるのかと疑い始めていた。モスクワのスターリン指導部から の失敗の原因を検討するようにとの要請をきっぱりと拒絶して、彼は問うた。「中国人の問題をよく分かっているのは中国人なのか、それとも外国人なのか。なぜ中国で検討できずにモスクワに行って検討しなければならないのか」。陳には、ミハイル・ボロディン（Mikhail Markovich Borodin, 一八八四―一九五一）等の面々が上からの命令を奉じて、あれこれ誤った方針を採用し、中国革命を袋小路に導いてしまったことがはっきり分かっていた。コミンテルンが決めた方針ならば、なぜコミンテルンが責任を負わないのか、失敗したとなると逆に責任を中国の党になすりつけるのはなぜなのか？　こうした事実から陳はモスクワの行動に疑問を感ぜずにはいられなかったし、トロツキイの思想を基本的に受け入れてからは、ソ連の指導にあからさまに不満を示した(39)。たとえば一九二九年十月十日に「中共中央に宛てた書簡」の中で、彼は「中国共産党などは重大な日和見主義の過ちを犯した。その主な原因はコミンテルンの中国革命に関する根本政策が誤っていたということにある。すなわち、少数派の「階級連盟」によって多数派の「プロレタリアが独立して指導した革命」に取って代わるというのは誤っていた(40)」と述べ、スターリン・ブハーリンによって統率されたコミンテルンの中国革命の政策が誤っていたと明確に指摘したのであった(41)。

ソ連国内においては、一九二九年以降、スターリンが国内で反対派を敗北に追いやると同時に社会主義的民主主義をも滅ぼし、直接個人独裁の道へと進んだ。一連のスターリンの権力下で生じた方向転換は、今日「上からの革命」

と呼ばれている。ソ連の農業集団化によって富農が消滅に追いやられたのち、道理から言えば、国内では労働者・農民が共同で平和的に建設する時代が始まり、社会の各領域では敵対的な矛盾がなくなるはずであった。ところが、この時期、スターリンは逆に珍奇な理論を打ち出し、社会主義が勝利すればするほど階級闘争はより先鋭になると言い出した。一方で、世界に向かってソ連社会主義はすでに樹立されたと鳴り物入りで宣伝し、他方で、異なった政見をもつ一切の反対派を公然と大々的に弾圧した。

ソ連の社会的・政治的専制を目にして、陳のソ連の見方は次第に変わっていった。一九三三年にヒトラー（Adolf Hitler, 一八八九—一九四五）が政権を掌握したのに、コミンテルンはほとんど何の現実的抵抗を示すことはなかった。一九三四年にいたって、陳はソ連に対してまったく失望したと言っていい。それまで、彼はスターリンのソ連をプロレタリア国家であるといちおうは認め、ただ、その政権が官僚階層によって独占されているだけであり、官僚層の統治を取り除きさえすれば、元の革命的なソ連に復帰できるだろうと考えていた。だが、陳は一九三四年五月の書簡の中で次のように書いている。「スターリンの個人独裁がプロレタリアートとその前衛による独裁に取って代わりつつある。いわゆる労働者国家とソヴェト政権はただ名目上存在しているにすぎない(42)」。この論断は、ソ連国家がすでに変質したことをはっきり指弾したものであった。彼は続けて言う。「スターリンの政治体制の改良が未だ可能というのは幻想である(43)」。そして「十月革命精神のソ連を再建せよ」を「ソ連を防衛せよ」のスローガンに取って代えることを提起している。当時、陳は南京の国民党監獄に囚われていたのであったが、キーロフ事件への加担の嫌疑で、ソ連で反対派と無数の無辜の大衆に対する残酷な弾圧がなされたことを聞き、濮徳治〔濮徳志（一九〇五—九七）、陳のいとこの子でトロツキスト活動家〕などに次のように書いた。「ソ連のプロレタリア独裁制は民主主義を蔑視し、人民に対して、また党内に対してさえ独裁を押しつけ、マルクスやレーニンの思想に背いている(44)」。

その後、陳は大量の文章を綴って、スターリンが人民の意思を無視して、法制度を勝手放題に踏みにじっているその粗暴な行動に憤慨し糾弾した。

一九三九年秋、ヒトラーのポーランド侵攻によって第二次世界大戦が勃発するや、陳はソ連の国家体制についてよりいっそう先鋭な形で分析し、ソ連国家の独裁政治はドイツ、イタリアのファシズム政治とまったく同じであると非難した。彼は一九四〇年九月の「西流宛の書簡」（西流とは前述の濮徳志の筆名）の中でこう述べている。「第一にモスクワ、第二にベルリン、第三にローマ、この三つの反動の砦は現代世界を新たな中世に変えてしまったのです[45]」。彼はスターリンの政治体制がヒトラーのナチスの手本になっているとしながら、あわせて「ナチスはプロイセンとボリシェヴィキの混合物である」とまで述べて、スターリンの個人独裁のもとでの犯罪行為を容赦なく指弾し、ソ連が社会主義国家であることの性格を徹底的に否定した。

ソ連に対する失望と批判によって、陳はソ連体制の本質について疑問を抱き始めた。彼は「西流宛の書簡」の中においで、このように述べている。「スターリンのいっさいの罪悪は、プロレタリア独裁の論理的発展と言えます。スターリンのいっさいの罪悪、あのような罪悪が、ソ連の十月革命以来の秘密政治警察権力、党外での政党禁止、党内での分派禁止、思想・出版・ストライキ・選挙の自由の剝奪、この一連の大がかりな反民主主義的独裁体制なしに発生したと考えられるでしょうか。〔……〕十月革命後のソヴェト・ロシアでは、独裁体制がスターリンを生み出したのは明々白々ですし、スターリンがいたから独裁体制が生じたのではありません[46]」。

すなわち、ソ連で行なわれていたスターリン流の少数の人間による秘密警察政治は、けっしてスターリン個人が愚鈍で凶暴なせいではなく、むしろ体制の問題であり、プロレタリア独裁体制の論理的発展に起因しており、ボリシェヴィキ十月革命以後のソ連における独裁体制が、スターリンを生み出したのであり、スターリンが独裁体制を生んだのではない。そのため、ソ連のような独裁体制を生み出す構造的な制度問題や体制問題に対する認識を改めないままでは、スターリンがいなくなったとしても、そのあとには、無数の第二、第三のスターリンが続けて出てくるとしている。

このように陳は独裁体制の発生原因を体制の構造的矛盾に求め、このような問題を解決しえる代案として、民主主義思想の普遍性という認識にたどり着いた。彼によれば、「民主主義は古代ギリシャ、ローマから今日、明日、明後日にいたるまで、あらゆる時代において抑圧された大衆が少数の特権階層に反抗する旗印であり、たんに特殊なある時代の歴史現象というものではけっしてない。〔……〕もし民主主義がたんにブルジョワジーの統治形式にすぎず、プロレタリアートには独裁あるのみで民主主義を実行すべきでないというのなら、スターリンの行なったすべての罪悪はどれも当然ということになる。〔……〕プロレタリア民主主義とブルジョワ民主主義は異なるというなら、それはプロレタリアだろうとブルジョワだろうと民主主義の基本内容（裁判所以外に逮捕や殺人の権利はないこと、政府に反対する政党が公然と存在する権利、思想・出版の自由、ストライキや選挙を自由に行なう権利など）は異ならないということをまったく理解していない(47)」。陳の考えにおいて、それぞれの時代で民主主義の形態と内容は同じではなく、ブルジョワジーの民主主義はプロレタリアートの民主主義と比較すると狭量だが、中世の制度と比べれば高度に発展した進歩的なものである。人類の歴史は、すなわち民主主義発展の歴史である。また、ブルジョワ民主主義にせよ、プロレタリア民主主義にせよ、言論、出版、思想、宗教など人間の基本的人権と自由を保障することが、もっとも重要な要素なのであった。

陳によれば、「不幸にも、十月革命以来、軽率に民主制とブルジョワ統治をいっしょくたに転覆し、民主制を独裁に取り換えてしまった(48)」。そしてプロレタリア民主主義の意義を謳いあげる。「プロレタリアートが権力を獲得したあとで、国有工業、軍隊、警察、裁判所、ソヴェト選挙法を掌握しうるようになった。それらの利器があれば、少数の反革命による反抗を鎮圧するのに十分であり、独裁を持ち出して民主に取って換える必要はない(49)」。

ところが、レーニンのソヴェト革命は、資産階級政権を打倒し、無産階級革命を行なったものの、真剣に民主制を採用しておらず、秘密政治警察は廃止されず、反対党の存在は許容されなかった。さらに、言論、出版、ストライキ、選挙の自由も保障されなかった。結局、スターリンは逆に専一、独裁制を奉じて、社会主義の模範とし、もともと歴代の奴隷主や封建帝王の統治手段であった個人崇拝を宣揚した。「無知なボリシェヴィキ党員の一団は、独裁制をさらに天上にまで担ぎあげ、民主主義を犬の糞にも及ばないほどにののしった(50)」のである。

さらに陳は、ソヴェト・ロシアが議会制度と民主主義の関係を混同したことをも指摘して、こうも書いている。「民主主義の内容にはもちろん議会制度が含まれるが、議会制度は民主主義の全内容と等しいわけではない。長年にわたって多数の人々が民主主義と議会制度を同じものと思い込み、議会制度の排斥と同時に民主主義をも排斥してきた。これがまさにソヴィエト・ロシアが堕落した最大の原因である(51)」。彼の考えにおいては、いかなる制度でも民主主義の内実をもたなければ、それは依然として一種の形式的民主にすぎず、真の民主なのではない。

一九四〇年十一月に書いた「私の根本的意見」において、陳は次のように説いている。「民主主義は、人類に政治組織が発生してから、それが消滅するまで、各時代（ギリシャ、ローマ、近代から未来にいたる）において、多数者階級の人民が少数者特権階級の特権に反抗する際の旗幟である。「プロレタリア民主主義」というのは中身のない言葉ではなく、その具体的な内容は、ブルジョワ民主主義同様、すべての公民に集会・結社・言論・出版・ストライキの自由を要求するものである。とりわけ重要なのは、反対党派の自由で、これがなければ、議会やソヴェトには何の価値もない(52)」。

この引用から分かるように、陳のスターリン時代のプロレタリア独裁の考えへの批判は、けっしてプロレタリア独裁とプロレタリア民主主義の統合的概念を一般的に否定することを意味するものではない。彼が批判しているのは、「「プロレタリア独裁」の外皮を利用して、党の独裁、ないし指導者の独裁の内実を行なう現象にすぎない。すなわち、彼が反対するのはプロレタリア独裁ではなく個人独裁である(53)」。したがって、陳が晩年になって「マルキシズムを清算し」[54]、五四運動期のブルジョワ民主主義の立場に後退してしまったとする論断は粗忽であり、性急であり、十分な根拠がない。謬論と言ってさしつかえない。ソ連がソヴェト体制の仮面のもとで何らの民主主義的内実ももっていない事実を陳が暴き出した狙いは、プロレタリア民主主義の真の価値を擁護し、最終的には、「全人民民主主義」を実現することにほかならないのであった。

2　国際社会主義の旗を堅持して

(1) 反帝国主義的姿勢の保持

陳は国内問題でプロレタリア民主を唱え続ける一方で、国際問題で終始堅持したのは、反帝国主義の姿勢であった。まず第一次世界大戦に対してそうであったが、第二次世界大戦に対しても同じ姿勢をとり続けた。

一九二四年八月の「欧戦十周年記念の感想」において、陳は次のように反帝国主義戦争の理由を述べた。「ある人はこう思っている。帝国主義の国際大戦争は多くの罪悪をなしたとはいえ、ロシアとドイツとの二つの専制皇帝が打倒されるという結果になった。それは、人類社会の進化にとって、必ずしも意味がないものではない。もし世界大戦が再度勃発したら、さらにいつくかの強者が消滅するかもしれない、と。これはまさしく御都合主義的謬論である。このような謬論は、軍閥間の戦争によって自然に軍閥そのものが消滅するという期待と異ならず、妄想である。帝政、特権階級の支配を覆そうとするならば、横の国内階級戦争を実行すべきであり、縦の国際戦争に賛成すべきではない。なぜならば、国際戦争は、資本特権階級が労働平民を利用して他の国の資本特権階級と戦う戦争だからである。言い換えれば、各資本帝国主義の特権階級が愛国主義の名目で、自国の労働平民を騙し、彼らに盲目に機関銃をもって他の国の労働平民に発砲させる、ということである。結局、戦勝国にしろ、戦敗国にしろ、みな同じで、労働平民だけが死傷・失業して、救済さえもできない。戦勝国の資本特権階級は多少損傷を受けたとしても回復しがたくはないわけで、しかも、彼らは労働平民の血で回復することができる。国内戦争は、労働平民対資本特権階級の戦争であり、労働平民は意識的に機関銃をもって特権階級に向かって発砲するものである。したがって、その結果は、少なくとも労働平民のみの損失ではない」[55]。この引用文から判明するのは、陳がプロレタリア独裁の論理によって国内戦争に反対はしないが、プロレタリアの国際連帯意識に従って帝国主義戦争に強く反対している事実である。

しかし、必ずしもすべての国際戦争、たとえば、中国の抗日戦争は帝国主義間の戦争ではない。このような戦争にどのように対処すべきなのか。

一九三七年七月七日、盧溝橋事件が起こり、その後の長期中日戦争の引き金となった。当時、陳は、南京監獄で受刑者としての生活を送っていた。西安事件後、国民党と共産党間の抗日連合戦線が形成され、政治犯の釈放という両党間の合意によって、一九三七年八月二十三日に、彼は約五年ぶりに釈放されることになった。出獄後の彼は、民族存続の危機を目にして、一九三七年十月十六日、『宇宙風』という雑誌において、次のように自分の抗日戦争についての見方を表明している。「今回の抗日戦争の対象は日本帝国主義にすぎない。しかし、その内容と歴史的発展の前途には、今後一切、帝国主義の侵略を斥け、完全な国家独立と統一を完成させるということがある。それゆえ、今回の抗日戦争は二つの帝国主義間の植民地を争う戦争ではなく、被抑圧民族が帝国主義と反抗する戦争なのである」[56]。

ここで、陳は明確に抗日戦争を被抑圧民族対帝国主義の戦争と理解した。抗日戦争は被抑圧民族が帝国主義侵略に反抗する戦争であるから、「誰が、どの党が指導しようと関係なく、必ず一致団結して今回の抗日戦線に協力しなければならない」[57]と彼は主張したのであった。つまり、彼は、抗日戦線を、帝国主義を斥け、国家の独立と統一を完成させる契機と見なそうとした。このためには、あらゆる勢力と党派が一致団結して抗日戦争に協力しなければならないのである。

当時、国家的にもっとも危急な問題であった抗日戦線に対する陳の対応姿勢は、党派や階級を離れ、ひたすら民族的利益と救国を優先するということに端を発する。したがって、彼は、すでに国民党や共産党といった党派的次元を超え、抗日救国戦線を形成することに最大の関心を置いた。党派問題について、陳は次のように語っている。「民族存亡の危機にある今日、全国の朝野の区分なく、各党各派は、民族利益が党派利益よりも優位であると考えれば、躊躇なく、抗戦の勝敗を決する根本政策とは無関係な論争は避け、全力を民族解放戦争に注ぐべきである。国共両党は民族危機を克服するために数年間の内戦を停止し、軍事的に抗日合作をしているが、これは断じて非難しえることではない(58)」。

一部には、第一次国共合作の失敗を教訓として、階級的な問題をもって、国共の再度の合作に反対したり、党派的利益に執着したりしている者もいた。以前は盟友であった上海に拠点を置くトロツキスト多数派がそうであった。しかし、陳は党派利益と階級的価値よりも、民族の生存と発展を優先して、民族危機を克服するのに全力を尽くすことを主張したのである。

陳によれば、二つの帝国主義が植民地を奪いとるために戦争を起こす場合、両国の社会主義者はともに自国の侵略戦争に反対すべきである。というのは、そのような戦争は人民を多く犠牲にするが、進歩の意味はもっていないからである。ところが、植民地、半植民地が帝国主義の侵略に反抗する戦争の中で、被侵略国の人民が立ち上がって、自分を略奪する強盗を打倒するのは、人類の進歩を促進する戦争である。そのために侵略国の社会主義者は断固として自国の政府に反対すべきであり、また被侵略国の社会主義者は自国の政府を援助すべきである。このような論理にしたがって、陳は「全中国の人民は、売国奴でない限り、みな力を出して抗日戦争を援助しなければならない(59)」と主張したのであった。

ちなみに、トロツキイは、中日戦争の勃発に際して、「もし世界に正義の戦争というものがあるとするならば、それは抑圧に対する中国人民の戦争である」（強調は原文）として支持したことが判明している[60]。陳に一番近い立場の人物は、トロツキイ自身にほかならなかったであろう。

中日戦争の初期、中国は日本の侵略に対し、一方的に敗退を重ねており、国共合作で一時国内の戦列が整備されたものの、国共関係は日を追うごとに緊張の度合いを深めていった。また、ヨーロッパでは、ドイツとイタリアのファシスト体制が全ヨーロッパを揺るがし、第二次世界大戦が勃発して、世界はそれまで類例のない全体主義の脅威下に置かれた。

(2)「生涯にわたる反対派」として

陳は一九三九年七月、抗日戦争の本部があった重慶郊外の、荒涼とした山村江津に移り住み、その生涯の最後の三年をすごした。この時期、それまでの自らの政治的変遷の方向についての最後の政治的立場を、民主と専制問題、世界大戦と革命問題などに整理し、近しい友人へ手紙を送ったり、言論機関に表明したりした。

まず、第二次世界大戦を引き起こしたドイツのヒトラーによるファシスト体制について、民主体制を脅かすもっとも深刻な人類の敵と見なし、阻止するため真っ先に闘争するよう主張した。ドイツやイタリアのファシスト体制に反対するもっとも重要な理由として、人間の自由を抹殺することをあげた。自由というのは、人間だけの独特な大脳の発達により、他の動物と区別し、万物の霊長として特徴づけてくれる、もっとも重要な要素であり、必ず守らねばならないと主張し、次のように述べた。「ファシスト統制は、人間の思想の自由を停止させるものであり、全ドイツ国民を、ヒトラーの言葉でなければ話せないようにし、全イタリア人を、ムッソリーニ（Benito Mussolini, 一八八三―一九四五）の言葉でなければ話せないようにさせて、全国民をヒトラーとムッソリーニの鞭で動くような無知な牛馬にしようと企んでいる。人間が思想の自由を失うならば、大脳は自然に退化し、そのうち役に立たない器官となって、自然に退化消滅する。人類は思想を自由にしてきたため、サルから人間に変化したのである」[61]。すなわち、思想の自由を停止し、万物の霊長である人間をサルに退化させるファシスト専制は、結局、人類世界を動物の世界に荒廃化させるので、これは真っ先に食い止めねばならないということである。

陳は、第二次世界大戦を、イギリス、アメリカ、フランスなど民主主義国側と、ドイツ、イタリア、日本のファシスト側に分け、ソ連のスターリン体制を、民主主義に反対するファシズム国家とほとんど同一視してはばからなかった。そして、人類の歴史の前進のために、何よりもファシスト体制の打倒を主張した[62]。彼の考えにおいて、ファシスト体制は、西洋中世の、神権が支配した暗黒時代の教会国家よりもさらに人類にとって有害であり、反帝闘争や他のどのような闘争よりも先に打倒されなければならない。そのファシスト国家をまず滅亡させてこそ、抑圧された民族を解放でき、次に、民主主義を実現できるのである[63]。

陳のソ連論は、スターリンの大テロルを耳にし、激昂した時期にほとんどが私信の形で書かれたもので、熟慮の末の所論とは言えないかもしれない。一貫してソ連を「労働者国家」として規定し続け、スターリンの専制指導部にもかかわらず、資本主義的帝国主義から防衛すべきだとしたトロツキイの立場とはたしかにこの点では異なっていた。しかし、陳のプロレタリア民主主義を守護する観点からのスターリン批判には傾聴すべき論点があり、彼が生涯かけて唱道し続けた民主主義論の深化、発展した議論として真剣に受けとめ、未来への教訓としなければならないだろう。今日のソ連崩壊後の状況において、このことはなおさら真実であろう。

陳は、「政治上の民主主義と経済上の社会主義は、相互補完的なものであり、相対立するものではない」[64]と考えた。したがって、彼は、英国やフランス、アメリカを、完全な民主主義体制とは考えなかった。これらの国家も、ドイツ、イタリア、日本のファシスト国家と、世界の覇権を握るために争っている、別の帝国主義集団として認識していたのである。そのため、どちらの側が大戦で勝利しても帝国主義的覇権争いは続くと考えた。しかし、アメリカやフランス、英国などは、政治的に対立する野党や、労働組合などの存在を認めているので、ファシスト国家よりはずっとよい意味の民主国家ということになる。

陳は、一九四二年五月二十七日に死去するまで、第二次世界大戦の展望と、展開された国際情勢についての自らの見解を著した三編の論文を書いた。「戦後における世界大勢の輪廓」において、彼は第二次世界大戦の結果を三つの方向で予測している。第一は、英、米の連合国と、独、伊、日の同盟国が、戦争の勝負を放棄し、講和を結ぶというもの、第二は、英、米が勝利するというもの、第三は、ドイツと日本が勝利するというものである。一つ目は、可能性がきわめて低いとして論外とし、二つ目、三つ目の場合をさまざまな面から検討した。英、米が勝利すれば、独、伊、日の運命は尽きるが、戦後の処理過程で再び英国とアメリカが対決局面を形成して、また別の大戦で勢力競争を始めるので、資本主義的帝国体制は続くと見た。また万が一ヒトラーが勝利すれば英国の運命は尽きるが、結局はドイツとアメリカの対決を導き、世界は二分され、次の戦争で決着がつけられる予想した。[65]

陳は、世界大戦の結末がどんな方向で決せられようと、資本主義的帝国主義は続くのであって、「資本主義的帝国主義世界の中での後進国家や弱小民族による民族運動や民族解放闘争は、本来一種の幻想」であるとし、また、弱小民族や落伍国家は、圧倒的な力の差の下で脅威にさらされており、民族闘争は制限されざるをえないとした。[66]とはいえ、弱小民族でも、民族解放闘争のための有効な方法を講じれば、帝国主義の支配を克服できるとした。有効な方法とは、政治を民主化することと、民族工業を発展させ、民族の力を養い、指導国の国内の革命に呼応し得る闘争を準備しておくことであり、それによって、自らの民族の真の解放と進歩を達成することができるとしたのである。併せて、国外闘争と関連して、今回の大戦は単純な一つの民族問題ではなく、全人類の民主自由の問題であるので、民族主義ではなく民主主義のためという姿勢で闘争しなければならないと主張した。[67]

臨終の直前、世界情勢の未来について著した「再び世界大勢を論ず」という論説の中で陳は、もし今回の戦争でヒトラーが勝利すれば英国の運命は尽き、アメリカでもフランクリン・ルーズヴェルト（Franklin Delano Roosevelt, 一八八二—一九四五）に代わって「アメリカのヒトラー」が登場し、この時には、民衆対ナチスの争いではなく、二つのファシスト集団間の争いになると警告した。このような状況になれば、民主自由世界は数百年の間回復されえず、ファシスト体制は長い間続くと予想した。歴史上の各時期ごとに、民主制に発展する前には必ずある暗黒時期を経るのであり、今後到来する未来世界の民主制に先立つ暗黒時期に、ヒトラーのようなファシストが世にのさばることを憂慮した。したがって、ファシスト専制を経ずに、ブルジョア民主制から、プロレタリア民主制、ないし全人民民主制へと進歩することができるように、今回の戦争で英国とアメリカが勝利するように援助することを強調している。(68)

このような陳の民主主義に対する信念は、一九一〇年代の新文化運動の頃に胚胎されて以来、実に一貫している。むしろ、マルクス主義の「プロレタリア独裁」概念を受け入れたからといって、民主主義概念が放棄されたわけではない。むしろ、ブルジョワ民主主義からプロレタリア民主主義へと深化し発展したのであった。新文化運動時期から主張してきた彼の民主主義思想は、時代と状況の変化にもかかわらず、常に価値判断の中心に据えられていたと考えられるのである。そのような意味で、抗日戦争時期の民族的課題と第二次世界大戦時期の反ファシスト課題および反スターリン主義独裁の課題は、すべて新文化運動時期の思想の延長として把握しうると言ってよい。同時に、その生涯は、清末エリート秀才から反清朝改革派へ、またブルジョワ民主派に反対してプロレタリア民主の陣営に移行し、さらには、スターリン官僚専制体制にも反逆してトロツキイ派の陣営に馳せ参じ、最後には、トロツキスト多数派からも疎んじられ、一致抗日の大義につくというように、「生涯にわたる反対派」としての波乱に満ちた生涯であった。

佐々木力はその著『21世紀のマルクス主義』(69)の中で、陳独秀を「根元的民主主義の永久革命者」として規定し、その民主主義思想の首尾一貫性を称えている。二十世紀前半の中国人思想家陳独秀の思想は、佐々木の書物の標題が示唆しているように、二十一世紀にこそ生きるのだ、と言ってよいのかもしれない。

注

(1)「答王庸工」、『著作選編』第一巻、一六七頁。
(2)「答顧克剛(政治思想)」、『著作選編』第一巻、三六四頁。
(3) 同前。
(4) 中共中央馬克思、恩格斯、列寧、斯大林著作編輯局研究室編『五四時期期刊介紹』第一集(人民出版社、一九五八年)、四二頁。
(5)『『毎週評論』発刊詞」、『著作選編』第一巻、四五三頁。
(6) 同前。
(7) 同前。
(8)「両個和会都無用」、『著作選編』第二巻、九〇―九一頁。
(9)「為山東問題敬告各方面」、『著作選編』第二巻、九八頁。
(10) 同前。
(11)「山東問題与国民覚悟」、『著作選編』第二巻、一〇六頁。
(12) 同前、一〇七頁。
(13) 同前。
(14)「立憲政治与政党」、『著作選編』第二巻、一一一頁。
(15) デューイは一九一九年四月三十日に中国に到着し、通訳胡適とともに中国各地に回って講演を行なった。その講演筆記は『新青年』(第七巻第一号以下)にも発表された。

(16)「実行民治的基礎」、『著作選編』第二巻、一一九頁。
(17)同前。
(18)同前、一二一―一二二頁。
(19)「庶民的勝利」、『李大釗全集』第三巻（河北教育出版社、二〇〇〇年）、一〇〇―一〇二頁。
(20)同前、一〇一頁。
(21)「俄羅斯革命与我国民之覚悟」、『著作選編』第一巻、三二三頁。
(22)「二十世紀俄羅斯的革命」、『著作選編』第二巻、八〇頁。
(23)「過激派與世界和平」、『著作選編』第二巻、一三三頁。
(24)中嶋嶺雄編『中国現代史』（有斐閣、一九八一年）、八〇―九〇頁。
(25)「告北京労働界」、『著作選編』第二巻、一三九頁。
(26)「『新青年』宣言」、『著作選編』第二巻、一三〇―一三一頁。
(27)「新文化運動是什麼」、『著作選編』第二巻、二二一頁。
(28)「談政治」、『著作選編』第二巻、二五二頁。
(29)同前、二五六頁。
(30)「国慶記念底価値」、『著作選編』第二巻、二七七頁。
(31)同前、二七七―二七八頁。
(32)「民主党與共産党」、『著作選編』第二巻、三一二―三一三頁。
(33)朱文華『終身的反対派――陳独秀評伝』（青島出版社、一九九七年）、一五五―一五六頁。中国共産党創党をめぐる事情については、石川禎浩『中国共産党成立史』（岩波書店、二〇〇一年）を参照。
(34)江田憲治「陳独秀と「二回革命論」の形成」、『東方学報』第六十二冊（一九九〇年三月）、五四四―五四五頁。
(35)「告做労働運動的人」、『著作選編』第二巻、四五一頁。

(36)　中央檔案館編『中国共産党第二次至第六次全国代表大会文献彙編』（人民出版社、一九八一年）、七頁。
(37)　第一次国共合作の終焉までの経緯については、石川禎浩「国共合作の崩壊とソ連・コミンテルン」、『五十周年記念論集』（神戸大学文学部、二〇〇〇年）、三七七―四〇〇頁を参照。
(38)　佐々木力「復権する陳独秀の後期思想」、『思想』第九三九号（二〇〇二年七月）、九八―一一五頁。
(39)　陳鏡林著、芳野不器雄訳「陳独秀のソ連観」、『トロツキー研究』第三十八号（二〇〇二年十二月）、一六二頁。
(40)　「致中共中央的信」、『著作選編』第四巻、四〇一―四〇二頁。
(41)　コミンテルンの過失については、一九二九年十二月の「我們的政治意見書」において詳しく指摘され、展開されている。『著作選編』第四巻、四三〇―四五四頁。
(42)　「給托派国際書記局的信」、『著作選編』第五巻、一一七頁。
(43)　同前、一一八頁。
(44)　唐宝林・林茂生『陳独秀年譜』（上海人民出版社、一九八八年）、四六九頁。
(45)　「給西流的信」、『著作選編』第五巻、三五五頁。
(46)　同前、三五四頁。
(47)　同前、三五三―三五四頁。
(48)　同前、三五四頁。
(49)　同前、三五四―三五五頁。
(50)　同前、三五五頁。
(51)　同前、三五三頁。
(52)　「我的根本意見」、『著作選編』第五巻、三五九頁。
(53)　陳玉崎著、芳野不器雄訳「陳独秀の晩年の民主主義思想」、『トロツキー研究』第三十八号（二〇〇二年十二月）、一三九頁。

(54) 申一爕「陳独秀の一貫した民主主義観——陳独秀は晩年にマルクス主義を清算したか」、『中国21』第九号（二〇〇〇年五月）、一五一—一七〇頁。
(55) 「欧戦十周年記念之感想」、『著作選編』第三巻、三四〇—三四一頁。
(56) 「従第一双十到第廿六双十」、『著作選編』第五巻、一七四頁。
(57) 同前。
(58) 「抗戦中的党派問題」、『著作選編』第五巻、二三一頁。
(59) 「抗日戦争之意義」、『著作選編』第五巻、一七九頁。
(60) トロツキー「中国と日本」（一九三七年七月三十日付）、初瀬侃訳『トロツキー著作集　一九三七〜三八下』六（柘植書房、一九七四年）、一四頁。里昂・托洛茨基著「中国与日本」、王凡西訳『中国革命問題』（中国現代文化学会陳独秀研究会翻印、二〇〇一年）、二九九頁。
(61) 「我們為什麼反対法西斯」、『著作選編』第五巻、二九二頁。
(62) 「給連根的書」、『著作選編』第五巻、三五〇—三五一頁。
(63) 「被圧迫民族之前途」、『著作選編』第五巻、三九六—三九七頁。
(64) 「我的根本意見」、『著作選編』第五巻、三五九頁。
(65) 「戦後世界大勢之輪廓」、『著作選編』第五巻、三八一—三八二頁。
(66) 同前、三八五頁。
(67) 同前、三八六頁。
(68) 「再論世界大勢」、『著作選編』第五巻、三九〇—三九四頁。
(69) 佐々木力『21世紀のマルクス主義』（ちくま学芸文庫、二〇〇六年）、一一四、一七七、二一六、三〇二—三〇三頁。

結　論　東アジアの未来の「民主」と「科学」

本論では、近代東アジアにおける科学啓蒙思想の展開を、日本の福澤諭吉から中国の陳独秀へと論じ、東アジアが封建世界から近代世界に移行する際に、その地域の啓蒙思想家たちがどのような思想的課題をもち、どのようにそれらに取り組んだのかについての思想と行動の軌跡を跡づけた。

まず、なぜ主に福澤諭吉と陳独秀に焦点をあてたかについて改めて説明しておこう。

近代における日本と中国の啓蒙思想家を比較するのであれば、同時代の思想家をとりあげるべきだという考えもありうるかもしれない。たしかに、福澤が一九〇一年に没したのに対し、陳独秀が一九四二年没と、二人はほぼ四十年違う時代を生き、二人を取り巻く歴史的環境は当然異なる。ことに国際政治環境は帝国主義全盛期から、世界大戦の時代へと大きな変化を見せた。

しかし、明治維新が一八六八年、辛亥革命が一九一一年に起こったことが示すように、日本と中国の体制変動には、おおよそ四十年の違いがあることに注意しなければならない。明治維新期に福澤は三十三歳、辛亥革命期に陳独秀は三十二歳と封建国家から近代国家への決定的移行期に、彼らはほぼ同年齢であったのである。二人は同年齢期に大きな政治体制の変革を体験したことになる。こういった政治体制の大いなる変革期に臨んで、思想家個人がいかに思考したかを考察することは現在のわれわれにとっては大きな意義がある。近代国家建設期において啓蒙思想家がいかに思想を展開したかを考えるうえで、福澤諭吉と陳独秀をともにとりあげることには至極妥当な理由があるのである。

また、近代東アジアにおける科学啓蒙思想の展開を論ずるなら、まずは日本の中での展開を取り扱い、それから中国の中での展開を見て、そのあとに相互を比較すべきだという意見もありうるかもしれない。たしかに、相互がまったく独立しているのなら、それら個々の国の一国内での思想の継承・発展を考察するのが妥当かもしれない。しかし、それでは東アジア近代総体が抱えた問題を捕らえ損ねてしまう憾みなしとしないだろう。福澤は年少期に儒学を学び、幕末期の訪米欧体験によって近代西洋文明受容の重要性に目覚め、その旗手として活躍し、さらに晩年になって日清戦争における日本の勝利の報に接して感涙にむせんだ。その事実が示しているように、福澤の思想は日本という一国のコンテクストでは完結しない。この点にこそ、西村稔の近年の労作『福澤諭吉――国家理性と文明の道徳』の弱点があると言える。すなわち、西村は日本に限定された「国家理性」という準拠枠に関して福澤思想を論じたがゆえに、丸山眞男のような「福澤惚れ」を自認した思想家ですら認容した朝鮮や中国への蔑視意識を軽視してしまったと思われる。福澤諭吉も陳独秀もともに東アジア総体のコンテクストの中で考察すべきであると著者は考えるがゆえに、本書では、あえて東アジア最初の本格的な近代啓蒙思想家の福澤に主要な光を投じ、そのあとに彼の思想を中国で補完すべき陳に焦点をあてることにし、そうして、現代の東アジアの科学啓蒙思想の問題を全体として考察しようと試みたわけである。端的に言って、日本と中国それぞれの歴史は自己完結せず、両者は密接不可分に結合している。とくに、福澤が保守化＝「現実主義化」していった一八八〇年代以降は帝国主義の時代であるがゆえに、近代日本を表とすれば、裏の朝鮮や中国の世界を一緒に議論の射程に収めなければ、議論は一面的とならざるをえないだろう。

＊

それでは、第一章の内容をここでふり返ってみよう。そこでは、福澤の科学啓蒙理念の思想的前提の基本骨格を分析した。福澤にとって第一に重要だったのは、国家の独立であった。彼の啓蒙思想は対外的危機を背景とし、いかにして西洋列強に対抗するかという課題をめぐって展開された。そのため、西洋列強に対抗しうる近代国家を形成することが終始主要な目標の一つとされ、彼の「国家理性」思想の根底にはナショナリズムが通奏低音として流れていたといえる。この点が西洋の啓蒙思想と異なる点である。この福澤のナショナリズムだけをとりあげて批判する論者は多い。たしかにその批判にはあたっている部分がある。しかし、それは福澤が生きた国際環境を軽視する議論でもある。また、批判的精神を備えた近代啓蒙思想家としての福澤の卓越した思想の内実を軽視する議論でもある。

福澤の啓蒙思想の特徴は、まず、国家の独立のためには個人の独立が必要だとする点にあった。ここが、単純で偏狭なナショナリズムとは違う点である。国家の独立のためには、強力な国家体制、富国強兵が必要だと言うのではなく、個人の精神的独立の必要性を福澤は訴えた。そして、個人の独立のためには自由が必要であることを主張した。福澤についての従来の研究では、この自由と独立の区別を正確に行なってこなかった。自由と独立を同一視する論者すらいた。だが、自由と独立との差異が重要であることをわれわれは見た。

福澤にとって、自由とはあくまで権利カテゴリーの概念であった。そして、独立とは、実際の状態、現実を表わす概念であった。自由の権利だけでは独立は達成できないのである。それでは、自由を独立につなげるには何が必要か。それが新しい学問なのである。自由は学問を媒介として独立につながる。自由と独立という概念を明確に区別することによって、なぜ福澤が学問を重視したのかが明確になるのである。

第二章では、個人の独立に必要な学問とは何かということについての福澤の議論を分析した。福澤は儒学を中心とするそれまでの江戸期の学問イデオロギーに激しい攻撃を加えた。それはほかの誰よりも激烈な攻撃であった。それはなぜなのか？

今日、丸山眞男や平石直昭らの研究により、江戸期の儒学の中で、荻生徂徠から伊藤仁斎にいたる系譜の中に、近代合理主義思考が生まれてきたという重要な指摘もなされている。だが、儒学の高い素養があった福澤は、それでも儒学では個人の独立を達成するに不十分であると考え、西洋から受容した新しい学問を学ぶ必要性を訴えた。その重要なポイントは、実用につながる確実性という学問規準である。

西洋近代科学の根底に見られるような、実用につながる確実性、それが儒学にはなかった。丸山が指摘したように、儒学にも実学的要素はあった。また古典解釈における文献学的確実性もあった。しかし、生活を豊かにする実用につながる確実性という学問的規準は儒学には存在しなかった。ところが、福澤は西洋近代科学技術の中に確実性に基づいた実用性を見てとったのである。

福澤が新しい学問として考えたのは、そのような確実性に基づいた実用性を実現する学問だった。その核心が窮理学であり、窮理学を中心とする実学であった。福澤は、確実性という学問規準を備えていれば、自然科学でなくても、経済学でも新しい学問としての有効性を発揮しうると考えていた。そして、近代日本の新しい学問モデルとして、「数理学」を中軸とする西欧近代科学を唱道したのであった。

福澤の実学思想については、丸山眞男の優れた研究がある。丸山は、伝統的な学問から完全に切断された福澤像を描いた。しかし、丸山は福澤を理想化しすぎた。丸山に刺激を受けた源了圓は、儒学を形作る構成要素は倫理学だけではないことを明らかにした。伝統的儒学の中には経世思想があり、それは明らかに実学的なのである。福澤は西欧近代科学を受容するだけでなく、儒学の伝統的実用性をも受け継いだのである。ここに思想史を論ずる際の難しさがあろう。

第三章では、福澤の啓蒙思想の転回について論じた。福澤は明治十年代に漸進的なある種の転向をする。それは人権論者から国権論者への転向という単純なものではない。強力な国家体制を整備しなくてはならないという考えは当初から福澤のものであった。転換前後で変わったのは、強力な国家体制を実現するための手段についての考えである。

転換前の福澤は、国の独立のためには民の精神の独立が重要だと考えていた。しかし、転換後の福澤は、経済力、軍事力という直接的力こそ国の独立のための手段として最重要であると考えるようになったのである。

福澤はなぜ転換したのか？　一つの理由は、精神の独立がいっこうに進まないことに半ば失望したためである。福澤はさかんに啓蒙活動を行なったが、日本国民は福澤が思うようには学問しようとせず、国民経済も思うように発展しなかった。そこで福澤は国民の内発的精神を育てる教育よりも、対外政策に大きなものをいう経済と軍事を重視するようになった。

しかし、福澤は思想と教育の重要性を忘れたわけではなかった。当面は経済の拡大が必要だと考えたが、その中でも交通、通信手段の確立を重視した。それらは人々の交流に役立つものであり、精神活動の活発化につながるものであった。精神の独立についても依然として注意を払った。そのための中心的手段として慶應義塾という自らの教育機関の発展を考えていた。

福澤の思想の変貌は、より根底的には、一八八〇年代の国際政治環境の変容がもたらしたものでもあった。欧米資本主義列強が、こぞって市場と資源を求めて、本格的かつ暴力的に非西洋世界へと打って出たのはこの時期であった。フランスのヴェトナムへの侵攻はまさにこの時代に起こった事件であった（いわゆる「清仏戦争」）。福澤はこの帝国主義的時代精神への批判者ではなく、他の同時代の日本人の大部分と同様、同調者になった。

かくして、転換後の福澤は、アジアへの侵略を明確に言葉にするようになった。近代科学技術で武装した近代日本は、後進的な朝鮮や中国を支配下に治めてもさしつかえないと発言するようになった。これは福澤における「科学帝国主義」の発現ととらえることができるだろう。『時事小言』などの著作から判断するに、福澤には、たとえ欧米列強と対立するためであれ、明らかにアジアへの侵略の意図が芽生えていた。欧米列強が中国を手中に収めでもしたら、日本の独立も危うくなる。そのためには日本が中国を支配下に置くべきだというのである。そして、満州族が漢民族の支配に成功しているように、日本も漢民族を支配可能だろうという見込みをもった。この見込みは、ある意味で、一九三〇年代の日本の外交思想に受け継がれたと見ることができる。

また、転換後の福澤は宗教も重用した。それは宗教が国家をまとめるのに役立つと考えたからである。これは、以前、批判的精神を称揚していた福澤が物質面を重視する思想に変容したことに付随する新しい思想の要素であった。宗教の支持は、明らかに根源的な啓蒙思想をもって精神の独立を目指す前期福澤とは異なった側面であった。

国家の独立のためには個人の精神的独立が必要だとした、近代日本の批判的思想家の代表者であった福澤は啓蒙主義の本義から転換して死んだ。これは、日本の不幸であり、東アジア全体の不幸でもある。

それでは、近代西洋文明を基軸として見た場合、「後進的」中国はどうだったであろうか？

第四章では、福澤と同時代の中国思想をとりあげ、陳独秀にいたる過程を論じた。福澤から陳独秀への過渡期を、このことをもって跡づけようとしたのである。

清朝末期中国の啓蒙思想家としては、厳復と梁啓超が重要である。厳復と梁啓超はともに啓蒙の自覚をもっていた。彼らは福澤と同様に、まず国家の独立が重要であると考えていたのだが、洋務運動、変法運動のような体制変革だけでは中国は変わらないという意識をもっていた。彼らは何よりも精神の変革、精神の独立が重要だと考えたのである。この点で、彼らは福澤の精神革命と類似の問題意識をもっていたと言えるわけである。

近代中国に大きな影響を与えた西洋の思想が二つある。ひとつは社会進化論であり、もうひとつはマルクス主義である。社会進化論は、マルクス主義導入以前、中国にもっとも大きな影響を与えた思想であった。厳復という思想家は中国に社会進化論を紹介したのだが、それは中国への体系的近代西洋思想の初めての導入であった。その結果、中国では社会進化論ブームが巻き起こった。しかし、厳復の思想の核心が広く理解されたわけではなかった。彼の文体は桐城派と言われる格調の高い難解なもので、一般人にとっては読解困難であった。そのため、読者対象は知識人に限られた。したがって、厳復は、いわば、後世の啓蒙思想家のための啓蒙を行なったと言えるのである。

一方、厳復以上に啓蒙の自覚を宿した梁啓超は日本滞在時に福澤から明らかな思想的影響を受けた。梁啓超も、他の東アジアにおける啓蒙思想家の特徴を同じくもち、まず国家の独立を目標とし、その手段として個人の精神の独立を提唱した。彼の用いた「保国」と「新民」という言葉に、その啓蒙への意識が如実に表われている。梁啓超は厳復と異なり、対象を知識人に限らず、一般人も視野に入れていた。そして一般人にも分かりやすいジャーナリスティックな文体を開発し、新しい精神をもった国民、すなわち「新民」の育成を心がけたのであった。

厳復、梁啓超らの影響を受けた陳独秀は、やはり個人の精神の改革を主眼にした。第五章では、その陳独秀の前期思想をとりあげた。

陳独秀はまず「立国」と「立人」を唱えた。まさしく、これらは、福澤のいう、国家の独立と個人の独立ということにほかならない。陳独秀は、西洋、日本、そして梁啓超の思想を受容し、自己の啓蒙思想を築き上げた。梁啓超が主に日本に滞在して言論活動を行なったのに対し、陳独秀は中国にいて現実の啓蒙運動を行なった点が特筆される。『新青年』を創刊し、新文化運動の中核的機関としたことから始まり、彼の行動力は二十世紀前半の中国において最大級であった。

陳独秀の特徴は、その行動力だけにあるのではない。彼は啓蒙の真髄を見極めた点できわめて優れた思想家であった。まず、厳復や梁啓超は未だに旧思想と離れることはできなかった。そして啓蒙のための枢要な要素を思想的に明確にできず、雑多な西洋思想を飲み込み、それを不十分に咀嚼して吐き出していった。病気に対処するのに、いわば、適切な薬を決められず、あれもこれも処方する医師の如くであったのである。

ところが、陳独秀は蒙昧を癒す啓蒙という薬の真髄を捕らえた。その真髄とは、「科学」と「民主」であった。五四運動以前、彼にとって科学とは自然科学であり、その中でも最重要の科学とは、進化論であった。とりわけこの進化論という自然科学を社会全体に適用することを考えた。そして「民主」において、政治体制の変革を念頭に置いた。陳独秀は、四十年前の福澤と同じ考えにいたったのである。こうして、新文化運動期において陳独秀は進化論をもって「デモクラシー」を提唱し、「サイエンス」をもって宗教と迷信を批判した。

彼の科学観は、マルクス主義受容によって大きく変わった。それは唯物史観に基づいた科学観への変容であった。一九二〇年代初頭、中国で「科学と人生観論争」が闘わされた。第六章では、この論争の中での陳独秀の役割を位置づけ、彼の科学観を再考した。この論争の中で、陳独秀は広義の科学の旗を守り続けた。彼は、合理主義的精神を捨てようとしている「玄学派」、すなわち伝統的形而上学の立場とも、近代西洋実証主義的科学派とも違う、マルクス主義科学論の旗を掲げた。その論点は、現在の科学技術の社会構成主義にも一脈通じ、科学や技術の社会的基底を見定めようとするものだった。福澤が「技術決定論」の論客だったのに対し、陳独秀の科学論は、科学思想の存在拘束性に留意した歴史的唯物論の立場に立ったもので、一段優れたものであったと評価できる。しかし残念ながら、一九二〇年代初頭から中葉にかけて、彼は中国共産党の最高指導者としての活動に忙殺されており、思想的考察を深めることはなかった。また、それは啓蒙家、革命家としての彼の掌にあまる思想的営みでもあった。

陳独秀が近代日本の福澤と明らかに違う点は、第七章で論じたように、彼がマルクス主義を受容し、そして死ぬまで転向せず、「科学」と「民主」を重視し、反帝国主義の旗幟を貫徹した点であった。

陳独秀がマルクス主義を受容したのには、第一次世界大戦の経験が大きく作用した。第一次世界大戦は、中国の知識人にとっては、「公理」と「強権」との戦いとして認識された。ところが、戦後のパリ講和会議において、新生共和国中国の期待は裏切られ、彼らは西洋の民主主義に不信を抱くようになった。そこで輝いて見えたのが新生国家ソヴェト連邦であった。ソ連はマルクス主義を実現しようとして、世界政治の最前線へ踊り出ているようにとらえられたのである。かくして受容されたマルクス主義の教義によれば、欧米の資本家階級に問題があるのであった。まさしく彼らこそが戦争と帝国主義の元凶なのであった。そのような歴史的経緯で、陳独秀は、それまでの「立国」に代わって、「階級」という概念を手に入れたのであった。

マルクス主義を受容した陳独秀は、プロレタリア民主主義を実現することを目指した。他のマルクス主義者がそうであったように、その階級的民主主義が実現されるためにはプロレタリア独裁が必要とされる、と陳独秀は考えた。ソ連においては、そのプロレタリア独裁は共産党一党の独裁となり、さらに指導者の独裁と変貌したが、陳独秀はあくまで、マルクスとともに、そして晩年の盟友トロツキイとともに、プロレタリア民主主義の姿勢を堅持した。

本書では、以上のように東アジアにおける啓蒙思想の発展を日本では福澤諭吉、中国では陳独秀を中心にとりあげて論じた。二人とも、国家の独立と個人の精神的独立を掲げた。しかし、福澤が啓蒙主義の本義から外れ、変貌してしまったかに見えるのに対し、陳独秀は最後まで転向せず、「民主」と「科学」というスローガンのもとに、伝統思想批判の思想を貫徹した。反封建主義と反帝国主義の闘争を終生貫き、陳独秀は「根元的な民主主義」を堅持して、「民主」と「科学」の大義のもとに没したのである。

繰り返すが、「進んだ」福澤の学問思想は日本一国内を土俵として論じては中途半端にならざるをえない。「遅れた」中国をも射程に入れて初めて十全に歴史の中に位置づけることができるのである。福澤の思想を端的に補完し、その不十分性を甚《いた》く認識させてくれるのが、誰あろう、陳独秀の思想なのである。

＊

北京大学の清朝風の西門脇には、「愛国」、「進歩」、「民主」、「科学」の四大スローガンが掲げられている。それらのスローガンは、ポストモダン思想が流行して以降の現代日本では古びてしまったかのように映るかもしれない。実は、それらの思想スローガンは、陳独秀が同大学文科学長時代に先頭で率いた新文化運動時代に成立したものである。陳独秀は、その後、それらのうち「民主」と「科学」の内容の改変を怠らなかった。新文化運動期に「民主」はブルジョワ民主主義であったが、マルクス主義に転じてからは、プロレタリア民主主義となった。新文化運動期の「科学」の内容は、西洋近代科学であったが、マルクス主義者になってからは、主要に、唯物論的歴史観に基づく社会科学をも含意するようになった。

陳独秀は、「民主」を武器にして、封建中国の思想と果敢に闘い、資本主義的なブルジョワ中国と闘い、しまいには、スターリン主義とも闘った。そして、かつての盟友であったトロツキイ派の偏狭な分子たちと闘いさえした。その一貫性をもって、彼は現在「根元的民主主義の永久革命者」と呼ばれている。彼はまた、「科学」を武器にして、伝統中国の学問思想と闘い、そして西洋近代科学技術の社会的基底の解明にも志した。なるほど、この側面での陳独秀の貢献を買いかぶることはできないかもしれない。だが、彼の歴史的唯物論の観点からする科学思想のとらえ直しは魅力ある思想的プログラムとしての光彩を放ち続けていることも否定できない。

陳は最晩年の一九四〇年九月に、西流宛書簡の中で、次のように書いた――「科学・近代民主制・社会主義は、人類を制する天才的三大発明であり、いたって貴重とすべきである」(1)。この言葉は、陳独秀が生涯を賭けた三大理念が何であったのかを簡明に示している。二十一世紀初頭、「科学」と「民主」のみならず、「社会主義」もが再定義を要請している。これが、世界、とりわけ東アジアの未来の思想的課題にほかならない。

現代ドイツの思想家ユルゲン・ハーバマース（Jürgen Habermas, 一九二九―）は、「近代」（モデルネ）という時代思想総体を「未完のプロジェクト」(2)であるとした。啓蒙主義、とりわけ東アジアにおける啓蒙主義のプロジェクトはどうであろうか？　その思想的プロジェクトをスタートさせた点で、日本の福澤諭吉はたしかに偉大であった。だが、それが未完であることを如実に実感させてくれる点で、中国の陳独秀の思想は現在でも生きて光芒を放っている。彼が掲げたスローガンの一方の「民主」が未だに十全には実現できていないままに生き続けているのと同様、他方の「科学」もが新たな歴史的意味づけを求め続けている。

福澤と陳が生きた十九世紀後半から二十世紀前半は、東アジアの知識人と民衆にとってたいへんな苦難の激動の時代であった。彼らの科学観は、あるいは、黎明期にありがちのある種のナイーヴさをとどめていたかもしれない。しかし、それは時代の若やぎゆえの未熟さなのであって、老成よりはある種優れた素朴さであった。少なくとも、老いさらばえた思想の衰退の兆候なのではない。

この二年ほど、中国における陳独秀の思想に対する評価には目覚ましいものがある。たとえば、安徽省の省都合肥にある中国科学技術大学に「陳独秀研究中心」（Chen Duxiu Research Institute）が開所し、陳独秀生誕地である安徽省南部の懐寧県に「独秀公園」ができ、「懐寧県陳独秀史料館」も創設をみた。さらに、陵墓所在地の安慶市北部には広大な「独秀園」が整備され、本格的な研究拠点として「陳独秀紀念館」も開館した。独秀園には陳独秀立像のほか、「民主」と「科学」の石刻も設置されている。地元の人々は、南京には「中山陵」（孫中山＝孫文の墓陵）があるように、安慶には「独秀園」があると誇っているという。このことは、現代中国の「実事求是」の精神に従って、「民主」と「科学」の価値が高く評価されていることの現われであろう。いずれにせよ、陳独秀思想は、中国近代史の一大里程標であっただけではなく、未来の中国で生きるであろう。

二十一世紀初頭、東アジアは思想史研究においても新時代を迎えようとしている。ひょっとすると、中国を中核とするこの地域は、アヘン戦争以降の苦難の近代を払拭する前進ないし飛躍を見せるかもしれない。その際、大幅にヴァージョンアップされた「科学」と「民主」が大きな役割を果たすに相違ない。われわれは福澤諭吉や陳独秀が切り開いた東アジアの科学思想と民主思想の黎明の時代を手がかりに前進するほかない。本書はその手がかりをしっかりと固めるための堅実な歴史学的手順による準備作業なのである。今後ますます一体化の方向に向かうべき日中両国の比較思想史という未開の分野を開拓しようとする学問の奔流に本書が一定程度棹さしたことが認められるなら、幸甚というべきだろう。とはいえ、日本なり、中国なりの一方に光を見、他方に陰を見るような観点は不毛であろう。一九一九年の五四運動時に、運動の主唱者であった北京大学の陳独秀に民主的連帯の挨拶を送った東京大学の教授がいた――大正デモクラシーの旗手であった吉野作造であった(3)。吉野は、デモクラシーの思想を介すれば、日中の民衆は国境を越えて連帯しうるとした。ここに二十一世紀のわれわれが学ぶべき教訓があると著者は思う。日中両国を合わせ鏡のように歴史的に一体化してとらえる観点は本書の発する重要なメッセージである。

とまれ、科学啓蒙思想は、とりわけ東アジアにおいて、未だその歴史的役割を終えてはいないと言うことができる。

注

（1）「給西流的信」、『著作選編』第五巻、三五四頁。

（2）J・ハーバーマス著、三島憲一編訳『近代――未完のプロジェクト』（岩波現代文庫、二〇〇〇年）を参照。

（3）佐々木力「吉野作造と陳独秀」、『みすず』第四九三号（二〇〇二年四月）、一三―二五頁。近年、吉野の中国観を高く評価する労作、尾崎護『吉野作造と中国』（中央公論新社、二〇〇八年）が出版されている。

参考文献

本書を執筆に際して参考にした主要なものを掲げる。日本語文献は著者名の五十音順に、中国語文献は著者の姓の最初文字の画数によって、英語文献は著者の姓のアルファベット順に配列した。

一　原　典

1　日本語

『井上毅伝・史料編』（国学院大学図書館刊、一九六六年）
『岩倉具視関係文書』（東京大学出版会、一九六八年復刻版）
『高野長英全集』（同刊行会、一九三〇年）
『照山白石先生遺稿』（同編纂会、一九三〇年）
『中江兆民全集』全十八冊（岩波書店、一九八三―八六年）
『西周全集』全四巻、大久保利謙編（宗高書房、復刻版一九六〇―八一年）
『福澤諭吉書簡集』全九巻（岩波書店、二〇〇一―〇三年）
『福沢諭吉選集』全十二巻（岩波書店、一九八〇―八一年）
『福澤諭吉全集』全二十一巻（岩波書店、一九五八―六三年）
『文明源流叢書』（図書刊行会、一九一四年）

2　中国語

『中国共産党第二次至第六次全国代表大会文献彙編』（人民出版社、一九八一年）
『中国近代思想史参考資料選編』（北京三聯書店、一九五七年）
『孫中山全集』（中華書局、一九八一年）
『陳独秀著作選編』全六巻（上海人民出版社、二〇〇九年）
『郭嵩燾日記』（湖南人民出版社、一九八一年）
『張文襄公全集』（中国書店、一九九〇年）
『張君勱集』（群言出版社、一九九三年）
『康有為全集』（上海古籍出版社、一九九二年）
『康南海自編年譜』（中華書局、一九九二年）
『梁啓超選集』（上海人民出版社、一九八四年）
『飲氷室文集』（中華書局、一九七八年）
『飲氷室専集』（中華書局、一九七八年）
『鄭観応集』（上海人民出版社、一九八二年）
『厳復集』（中華書局、一九八六年）
『瞿秋白文集』（人民出版社、一九八八年）
『譚嗣同全集』（中華書局、一九八一年）

二　研究著書

1　日本語

会田倉吉『福澤諭吉』（吉川弘文館、一九七四年）
麻生義輝『近世日本哲学史』（近藤書店、一九四二年）
安西敏三『福澤諭吉と西欧思想』（名古屋大学出版会、一九九五年）
安藤隆穂『フランス啓蒙思想の展開』（名古屋大学出版会、一九八九年）
飯田鼎『福沢諭吉――国民国家論の創始者』（中央公論社、一九八四年）
飯田賢一『技術史――人間と技術のふれあい』（日本放送出版協会、一九九〇年）
石川禎浩『中国共産党成立史』（岩波書店、二〇〇一年）
石河幹明『福澤諭吉伝』全四巻（岩波書店、一九三二四年）
石田雄『近代日本の政治文化と言語象徴』（東京大学出版会、一九八三年）
井田輝敏『近代日本の思想構造』（木鐸社、一九七六年）
井田輝敏『近代日本の思想像――啓蒙主義から超国家主義まで』（法律文化社、一九九一年）
市川安司『程伊川哲学の研究』（東京大学出版会、一九六四年）
伊藤正雄『『学問のすゝめ』講読』（風間書房、一九六八年）
伊藤正雄『福沢諭吉論考』（吉川弘文館、一九六九年）
伊藤正雄編『資料集成　明治人の観た福澤諭吉』（慶應通信、一九七〇年）
伊原澤周『日本と中国における西洋文化摂取論』（汲古書店、一九九九年）
今永清二『福沢諭吉の思想形成』（勁草書房、一九七九年）
今道友信『自然哲学序説』（講談社、一九九三年）
岩生成一『近世の洋学と海外交渉』（巖南堂書店、一九七九年）
植手通有『日本近代思想の形成』（岩波書店、一九七四年）
内山秀夫『一五〇年目の福沢諭吉――虚像から実像へ』（有斐閣、一九八五年）

エンゲルハルト（ディートリヒ・フォン）著、岩波哲男ほか訳『啓蒙主義から実証主義に至るまでの自然科学の歴史意識』（理想社、二〇〇三年）
王家驊『日本の近代化と儒学』（農山漁村文化協会、一九九八年）
區建英『東アジア知識人の西洋文明理解――福沢諭吉と厳復を中心に』（東京大学大学院総合文化研究科博士論文、一九九三年）
大久保利謙『明治の思想と文化』（吉川弘文館、一九八八年）
緒方富雄『緒方洪庵伝』（岩波書店、一九四二年）
大隈重信『開国五十年史』（原書房、一九七〇年）
太田雄三『内村鑑三――その世界主義と日本主義をめぐって』（研究社出版、一九七七年）
岡崎勝世『キリスト教的世界史から科学的世界史へ――ドイツ啓蒙主義歴史学研究』（勁草書房、二〇〇〇年）
尾崎護『吉野作造と中国』（中央公論新社、二〇〇八年）
小野川秀美『清末政治思想研究』（みすず書房、一九六九年）
カッシーラー（E・）著、中野好之訳『啓蒙主義の哲学』（紀伊國屋書店、一九六二年）
加藤周一ほか編『日本近代思想大系』（岩波書店、一九八九年）
加藤尚武・松山壽一編『科学技術のゆくえ』（ミネルヴァ書房、一九九九年）
鹿野政直『福沢諭吉――西欧化日本の出発』（平凡社、一九七九年）
亀井俊介『内村鑑三――明治精神の道標』（中央公論社、一九七七年）
河合隼雄、佐藤文隆編『日本人の科学』（岩波書店、一九九六年）
河野健二『福沢諭吉――生きつづける思想家』（講談社、一九六七年）
カント著、篠田英雄訳『啓蒙とは何か』（岩波書店、一九七四年）
衣笠安喜『近世儒教思想史の研究』（法政大学出版局、一九七六年）
クーン著、佐々木力訳『構造以来の道』（みすず書房、二〇〇八年）

胡縄ほか著、安藤彦太郎編訳『辛亥革命――中国近代化の道程』（早稲田大学出版部、一九八六年）
小泉信三『福澤諭吉』（岩波新書、一九九四年）
小森陽一ほか『編成されるナショナリズム』（岩波書店、二〇〇二年）
子安宣邦『福沢諭吉『文明論之概略』精読』（岩波書店、二〇〇五年）
コリングウッド（R・G・）著、平林康之ほか訳『自然の観念』（みすず書房、一九七四年）
三枝博音編『日本科学古典全書』（朝日新聞社、一九四二年）
斉藤哲郎『中国革命と知識人』（研文出版、一九九八年）
坂出祥伸『康有為――ユートピアの開花』（集英社、一九八五年）
坂出祥伸『中国近代の思想と科学』（同朋舎出版、一九八三年）
佐々木力『科学革命の歴史構造』全二巻（講談社学術文庫、一九九五年）
佐々木力『科学論入門』（岩波新書、一九九六年）
佐々木力『学問論――ポストモダニズムに抗して』（東京大学出版会、一九九七年）
佐々木力『科学技術と現代政治』（筑摩書房、二〇〇〇年）
佐々木力『21世紀のマルクス主義』（ちくま学芸文庫、二〇〇六年）
佐々木力『数学史』（岩波書店、二〇一〇年）
佐藤慎一編『近代中国の思索者たち』（大修館書店、一九九八年）
佐藤能丸『福沢諭吉・大隈重信』（芙蓉書房出版、二〇〇五年）
ジャンセン（マリウス・B・）編、細谷千博編訳『日本における近代化の問題』（岩波書店、一九六八年）
シュウォルツ（ベンジャミン・I・）著、平野健一郎訳『中国の近代化と知識人』（東京大学出版会、一九七八年）
鈴木正、卞崇道編著『近代日本の哲学者』（北樹出版、一九九〇年）
スティーヴン（L・）著、中野好之訳『18世紀イギリス思想史』上（筑摩書房、一九六九年）

高田誠二『久米邦武』(ミネルヴァ書房、二〇〇七年)
高橋弘通『福沢諭吉の思想と現代』(海鳥社、一九九七年)
武田清子『人間観の相剋』(弘文堂新社、一九六七年)
多田好問『岩倉公実記』(原書房、一九六八年)
溪内謙『現代史を学ぶ』(岩波書店、一九九五年)
千種義人『福沢諭吉の社会思想――その現代的意義』(同文舘出版、一九九三年)
千種義人『福沢諭吉の経済思想――その現代的意義』(同文舘出版、一九九四年)
張建国『福沢諭吉と儒学を結ぶもの』(日本僑報社、一九九八年)
辻哲夫『日本の科学思想』(中央公論社、一九七三年)
土田健次郎編『近世儒学研究の方法と課題』(汲古書院、二〇〇六年)
遠山茂樹『福澤諭吉――思想と政治との関連』(東京大学出版会、一九九八年)
富田正文『考証福澤諭吉』(岩波書店、一九九二年)
豊田利幸『福沢諭吉と自然科学』(慶應義塾大学、一九七〇年)
永井道雄『福澤諭吉』(中央公論社、一九七〇年)
長尾伸一『ニュートン主義とスコットランド啓蒙――不完全機械の喩』(名古屋大学出版会、二〇〇一年)
永田広志『日本唯物論史』(法政大学出版局、一九六九年)
中村菊男『日本近代化と福澤諭吉――日本憲政史上における福澤諭吉』(改造社、一九四九年)
中村菊男『近代日本と福澤諭吉』(泉文堂、一九五三年)
中村敏子『福沢諭吉文明と社会構想』(創文社、二〇〇〇年)
西順蔵編『原典中国近代思想史』全六冊(岩波書店、一九七七年)
西川俊作『福沢諭吉の横顔』(慶應義塾大学出版会、一九九八年)

西村稔『福澤諭吉――国家理性と文明の道徳』（名古屋大学出版会、二〇〇六年）
野村浩一『近代中国の思想世界――『新青年』の群像』（岩波書店、一九九〇年）
ハーバーマス（J・）著、三島憲一編訳『近代――未完のプロジェクト』（岩波現代文庫、二〇〇〇年）
芳賀徹『明治維新と日本人』（講談社、一九八〇年）
狭間直樹編『梁啓超――西洋近代思想受容と明治日本』（みすず書房、一九九九年）
林達夫他編『三枝博音著作集』（中央公論社、一九七三年）
原田正己『康有為の思想運動と民衆』（刀水書房、一九八三年）
坂野潤治『明治デモクラシー』（岩波新書、二〇〇五年）
比較思想研究会『明治思想家の宗教観』（大蔵出版、一九七五年）
平川祐弘『進歩がまだ希望であった頃――フランクリンと福沢諭吉』（新潮社、一九八四年）
平川祐弘『天ハ自ラ助クル者ヲ助ク――中村正直と『西国立志編』』（名古屋大学出版会、二〇〇六年）
平山洋『福沢諭吉の真実』（文藝春秋、二〇〇四年）
平山洋『福澤諭吉』（ミネルヴァ書房、二〇〇八年）
廣重徹『科学の社会史』（中央公論社、一九七三年）
フーブラー（トーマス&ドロシー・）著、鈴木博訳『儒教』（青土社、一九九四年）
ひろたまさき『福沢諭吉』（朝日新聞社、一九七六年）
ひろたまさき『福澤諭吉研究』（東京大学出版会、一九七六年）
福田歓一『近代政治原理成立史序説』（岩波書店、一九七一年）
藤沢令夫ほか『技術とは』（岩波書店、一九九〇年）
古川安『科学の社会史――ルネサンスから20世紀まで』（南窓社、一九八九年）
ベーコン著、服部英次郎ほか訳『学問の進歩』（岩波書店、一九七四年）

ベルツ（トク）編、菅沼龍太郎訳『ベルツの日記』（岩波書店、一九五二年）
ホーフ（ウルリヒ・イム）著、成瀬治訳『啓蒙のヨーロッパ』（平凡社、一九九八年）
馬家駿・湯重南『日中近代化の比較』（六興出版、一九八八年）
牧野吉五郎『明治期啓蒙教育の研究――福沢諭吉における日本近代国家の形成と教育』（御茶の水書房、一九六八年）
松永昌三『福沢諭吉と中江兆民』（中公新書、一五六九年）
丸山眞男『丸山眞男集』全十六巻・別巻一（岩波書店、一九九五―九七年）
源了圓『近世初期実学思想の研究』（創文社、一九八〇年）
源了圓『実学思想の系譜』（講談社学術文庫、一九八六年）
源了圓・玉懸博之『国家と宗教』（思文閣出版、一九九二年）
峰島旭雄『近代日本の思想と仏教』（東京書籍、一九八二年）
宮川透『明治維新と日本の啓蒙主義』（青木書店、一九七一年）
安岡昭男『日本近代史』（芸林書房、一九八五年）
安川寿之輔『日本近代教育の思想構造』（新評論、一九七〇年）
安川寿之輔『福澤諭吉のアジア認識――日本近代史像をとらえ返す』（高文研、二〇〇一年）
山口一夫『福沢諭吉の西航巡歴』（福沢諭吉協会、一九八〇年）
山田洸『近代日本道徳思想史研究』（未来社、一九七二年）
横松宗『福沢諭吉――中津からの出発』（朝日新聞社、一九九一年）
横山宏章『陳独秀』（朝日選書、一九八三年）
横山宏章『陳独秀の時代――「個性の解放」をめざして』（慶應義塾大学出版会、二〇〇九年）
吉田忠・李廷挙編『日中文化交流史叢書⑧　科学技術』（大修館書店、一九九八年）
林毓生著、丸山松幸ほか訳『中国の思想的危機――陳独秀・胡適・魯迅』（研文出版、一九八九年）

渡辺俊一『井上毅と福沢諭吉』(日本図書センター、二〇〇四年)

2 中国語

丁文江『梁啓超年譜長編』(上海人民出版社、一九八三年)
丁守和主編『中国近代啓蒙思潮』(社会科学文献出版社、一九九九年)
王中江『厳復与福澤諭吉——中日啓蒙思想比較』(河南大学出版社、一九九一年)
王光遠『陳独秀年譜』(重慶出版社、一九八七年)
王克非『中日近代対西方政治哲学思想的攝取——厳復与日本啓蒙学者』(社会科学出版社、一九九六年)
王学勤『陳独秀与中国共産党』(東南大学出版社、一九九一年)
王栻『厳復伝』(上海人民出版社、一九七五年)
王勛敏・申一辛『梁啓超伝』(団結出版社、一九九八年)
王蘧常『厳幾道先生復年譜』(台北・台湾商務印書館、一九八一年)
包遵信『批判與啓蒙』(台北・聯經出版事業公司、一九八九年)
任定成『在科学与社会之間』(武漢出版社、一九九七年)
全国第七届陳独秀学術研討会『紀念陳独秀逝世60周年論文集』(同会議籌備処編印、二〇〇二年)
朱文華『終身的反対派——陳独秀評伝』(青島出版社、一九九七年)
朱耀垠『科学與人生観論戦及其回声』(上海科学技術出版社、一九九九年)
何幹之『近代中国啓蒙運動史』(生活書店、一九四七年)
余英時ほか『五四新論——既非文藝復興、亦非啓蒙運動』(台北:聯經出版、一九九九年)
呉天任『康有為先生年譜』(台北・藝文印書館、一九九四年)
宋徳華『嶺南維新思想述論——以康有為、梁啓超為中心』(中華書局、二〇〇二年)

李日章ほか『現代中国思想家』（台北・巨人出版社、一九七八年）
李孝悌『清末的下層社會啓蒙運動――一九〇一―一九一一』（台北・中央研究院近代史研究所、一九九二年）
李沢厚『中国近代思想史論』（人民出版社、一九七八年）
邱若宏『伝播与启蒙――中国近代科学思潮研究』（湖南人民出版社、二〇〇四年）
林保淳『厳復――中国近代思想啓蒙者』（台北・幼獅文化事業、一九八八年）
周策縦著、周子平訳『五四運動――現代中国的思想革命』（江蘇人民出版社、一九九六年）
洪峻峰『思想启蒙与文化――五四思想史』（人民出版社、二〇〇六年）
胡鈞『清張文襄公之洞年譜』（台北・台湾商務印書館、一九七八年）
胡適『胡適自伝』（黄山書社、一九八六年）
栄孟源・章伯鋒主編『近代稗海』（四川人民出版社、一九八五年）
徐大同主編『西方政治思想史』（天津人民出版社、一九八五年）
唐宝林・林茂生『陳独秀年譜』（上海人民出版社、一九八八年）
唐宝林主編『陳独秀研究文集』（香港新苗出版社、一九九九年）
郝斌・欧陽哲生主編『五四運動与二十世紀的中国』（社会科学文献出版社、二〇〇一年）
張君勱ほか『科学与人生観』（山東人民出版社、一九九七年）
張宝明『啓蒙与革命――「五四」急進派的両難』（学林出版社、一九九八年）
郭成棠『陳独秀與中国共産主義運動』（台北・聯経出版、一九九二年）
郭湛波『近五十年中国思想史』（山東人民出版社、一九九七年）
郭穎頤著、雷頤訳『中国現代思想中的唯科学主義一九〇〇―一九五〇』（江蘇人民出版社、一九九五年）
陳木辛編『陳独秀印象』（学林出版社、一九九七年）
陳東曉『陳独秀評論』（北平東亜書局、一九三三年）

梁台根『中国近現代思想史上的道徳主義與智識主義――以梁啓超思想型塑為線索』(台北・台湾学生書局、二〇〇七年)
黄明同・呉熙釗『康有為早期遺稿述評』(中山大学出版社、一九八八年)
董光璧主編『中国近現代科学技術史』(湖南教育出版社、一九九七年)
舒衡哲著、劉京建訳『中国啓蒙運動――知識份子與五四遺産』(台北・桂冠図書、二〇〇〇年)
馮友蘭『中国近代思想史論集』(上海人民出版社、一九五八年)
鄭学稼『陳独秀伝』(台北・時報文化出版、一九八九年)
熊月之『西学東漸与晩清社会』(上海人民出版社、一九九四年)
薛化元『晩清「中体西用」思想論(一八六一―一九〇〇)』(台北・弘文館出版社、一九八七年)
顧昕『中国啓蒙的図景――五四反思與当代中国的意識形態之争』(香港・牛津大学出版社、一九九二年)

3　英　語

Benton (Gregor), *China's Urban Revolutionaries — Explorations in the History of Chinese Trotskyism* (Humanities Press, 1996).
Jansen (Marius B.) (ed.), *Changing Japanese Attitudes Towards Modernization* (Princeton University Press, 1965).
Kwok (D. W. Y.), *Scientism in Chinese Thought, 1900–1950* (Yale University Press, 1965).
Lee Feigon, *Chen Duxiu: Founder of the Chinese Communist Party* (Princeton University Press, 1983).
Lin Yu-Sheng, *The Crisis of Chinese Consciousness* (University of Wisconsin Press, 1979).
Schwartz (Benjamin I.), *Chinese Communism and the Rise of Mao* (Harvard University Press, 1951).
Schwartz (Benjamin I.), *In Search of Wealth and Power: Yen Fu and the West* (Harvard University Press, 1964).
Schwartz (Benjamin I.), ed., *Reflections on the May Fourth Movement: A Symposium* (Harvard University Press, 1970).
Smith (Crosbie) and Wise (M. Norton), *Energy and Empire: A Biographical Study of Lord Kelvin* (Cambridge, 1989).
Thomson (William) and Tait (Peter Guthrie), *Treatise on Natural Philosophy* (Oxford, 1867); New Edition (2 vols., Cam-

bridge, 1879-83).
Quackenbos (G. P.), *Natural Philosophy* (New York, 1873).

三　主要論文

1　日本語

有田和夫「陳独秀の思想的出発――康党から乱党へ」、『東洋大学中国哲学文学科紀要』第三号（一九九五年三月）
石川禎浩「国共合作の崩壊とソ連・コミンテルン」、『五十周年記念論集』（神戸大学文学部、二〇〇〇年）
江田憲治「陳独秀と「二回革命論」の形成」、『東方学報』第六十二分冊（一九九〇年三月）年六月）
江田憲治「陳独秀の「最後の見解」をめぐって」、『社会システム研究』第十号（二〇〇七年二月）
汪婉「「西学受容と儒学批判」に見る日中近代思想の相違――福沢諭吉と康有為をめぐって」、『共立女子大学総合文化研究所年報』第六号（二〇〇〇年三月）
區建英「現代中国における福沢理解」、『近代日本研究』第七巻（慶應義塾福沢諭吉研究センター、一九九一年）
大嶋仁「啓蒙の光と陰――福沢諭吉の場合」、『比較文学研究』第七十三号（一九九九年二月）
小此木啓「福沢諭吉と独立自尊」、『三田評論』第一〇〇一号（一九九八年四月）
衣笠安喜　「日本の近代化と儒教」、『季刊・日本思想史』第四十一号（一九九三年）
小泉仰「福沢諭吉と宗教」、『福沢諭吉年鑑』第二十一号（一九九四年）
小泉仰「福沢諭吉思想における両義性――学問と宗教」、『比較思想研究』第二十四号（一九九八年三月）
高増杰「社会契約論的「自由」と進化論的「自由」――福沢諭吉と厳復の「自由」についての比較」、『アジア文化研究』第二十号（一九九四年三月）
小久保明浩「中津における福沢諭吉の修学とその世界」、『福沢諭吉年鑑』第九号（一九八二年）
小松原伴「梁啓超における「自由」と「国家」――加藤弘之との比較において」、『学習院大学文学部研究年報』第四十四号（一九

九七年）
子安宣邦「儒教にとっての近代」、『季刊・日本思想史』第四十一号（一九九三年）
斉藤哲郎「知の両岸――中国の「学と人生観」論争の中心に」、『中国――社会と文化』第八号（一九九三年）
佐伯友弘「福沢諭吉の儒教批判に関する一考察」、『鳥取大学教育学部研究報告』（教育科学）第二十五巻（一九八三年十月）
佐々木力「吉野作造と陳独秀」、『みすず』第四九三号（二〇〇〇年四月）
佐々木力「復権する陳独秀の後期思想」、『思想』第九三九号（二〇〇二年七月）
佐々木力「『文明論之概略』を現代の科学史的観点から読み直す」、『福澤諭吉年鑑』第二十九号（二〇〇二年）
佐藤一樹「梁啓超における啓蒙思想の理念――その形成と問題」、『中国文化――研究と教育』第四十三号（一九八五年六月）
佐藤一樹「厳復と梁啓超――その啓蒙観の比較」、『二松学舎大学論集』第三十四号（一九九一年三月）
佐藤慎一「『天演論』以前の進化論――清末知識人の歴史意識をめぐって」、『思想』第七九二号（一九九〇年六月）
佐藤慎一「進化と文明――近代中国における東西文明比較の問題について」、『東洋文化』第七十五号（一九九五年二月）
佐藤慎一「梁啓超と社会進化論」、『法学』第五十九巻第六号（一九九六年一月）
佐藤誠「福沢諭吉の批判精神――学問論に関する覚書」、『同朋大学論叢』第八十三号（二〇〇〇年十二月）
里見信也「陳独秀の啓蒙思想――『新青年』を通して」、『京都外国語大学研究論叢』第五十七号（二〇〇一年）
肖　朗「福沢諭吉と中国の啓蒙思想――梁啓超との思想的関連を中心に」、『名古屋大学教育学部紀要（教育学科）』第四十巻第一号（一九九三年九月）
肖　朗「福沢諭吉と梁啓超――近代日本と中国の思想・文化交流史の一側面」、『日本歴史（日本歴史学会編集）』第五七六号（一九九六年五月）
申一燮「陳独秀の一貫した民主主義観――陳独秀は晩年にマルクス主義を清算したか」、『中国21』第九号（二〇〇〇年五月）
多田顕「福沢諭吉と自由の概念」、『福沢諭吉年鑑』第四号（一九七七年十一月）
高橋進「中国における「知」――朱子の致知格物論を手がかりにして」、『比較思想研究』第十二号（一九八五年二月）

高柳信夫「厳復思想における「科学」の位置」、『中国哲学研究』第六巻（一九九三年三月）

瀧川光治「福沢諭吉と科学教育――子どもへ近代的科学観の啓蒙」、『乳幼児教育学研究』第七号（一九九八年十一月）

田所光男「福沢諭吉における近代化と儒教伝統――近代化の両義性の問題」、『比較文学研究』第四十四号（一九八三年十月）

田中明「民主主義と帝国主義の同居――福沢諭吉のディレンマ」、『アプロ21』第二巻第六号（一九九八年六月）

田中浩「福沢諭吉と加藤弘之――西洋思想の受容と国民国家構想の二類型」、『一橋論叢』第百巻第二号（一九八八年八月）

種村完司「福沢諭吉と中江兆民の自由観」、『鹿児島大学教育学部研究紀要・人文社会科学編』第三十九号（一九八八年三月）

張建国「福沢諭吉における究極的関心である「天」について」、『東瀛求索』第八号（一九九六年八月）

陳鏡林著、芳野不器雄訳「陳独秀のソ連観」、『トロツキー研究』第三十八号（二〇〇二年十二月）

沈才彬「福沢諭吉のナショナリズム思想」、『社会科学討究』第三十巻第三号（一九八五年四月）

陳玉崎著、芳野不器雄訳「陳独秀の晩年の民主主義思想」、『トロツキー研究』第三十八号（二〇〇二年十二月）

陳万雄「辛亥革命時期の反伝統思想――併せて五四新文化運動の源流について」、『史学研究』第一四六号（一九七九年十二月）

露口卓也「啓蒙期　福沢諭吉論――明六社との関係を中心に」、『人文学』第一四三―一六一号（一九八六―九一年）

露口卓也「福澤諭吉――その思考法」、『日本思想史学』第三十一号（一九九九年九月）

鄧　紅「陳独秀の儒教批判についての再検討」、『中国哲学論集』第二十二号（一九九六年十二月）

豊田利幸「福沢諭吉と物理学」、『図書』第二二四号（一九六八年）

長尾政憲「幕臣福沢諭吉の政治思想発展過程――『西洋事情』成立の背景として」、『法政史学』法政大学史学会第三十九号（一九八七年三月）

長尾正憲「福沢諭吉と洋学」、『洋学史研究』第九号（一九九二年）

中川保雄「Quackenbos の Natural Philosophy とその日本への影響」、『大阪府立中之島図書館紀要』第一号（一九七五年三月）

長沢市蔵「哲学科学ノ関係一斑」、『東洋学芸雑誌』第二十七号（一八八三年十二月）

中村敏子「文明における家族の地位――福沢諭吉の女性論に関する一試論」、『現代の理論』第二四八号（一九八八年四月）

中屋敷宏「「五四」新文化運動と陳独秀――中国近代文学の思想的基盤についての考察」、『文経論叢』第十五号（一九八〇年）
中山茂「江戸時代における儒者の科学観」、『科学史研究』第七十二号（一九六四年十―十二月）
生方真純「陳独秀の宗教論――明治期の哲学研究と中国の近代化をめぐって」、『哲学論集』第二十六号（一九九七年七月）
新島淳良「五・四時代の陳独秀の思想」、『思想』第三八〇号（一九五六年二月）
西川俊作「窮理学研究所・適塾」、『適塾』第二十三号（一九九〇年二月）
林　国「福沢諭吉における平等像」、『哲学（広島哲学会）』第五十一号（一九九九年十月）
原正人「張君勱の「科学の方法」――「科学と人生観」論争を通じて」、『現代中国』第七十五号（二〇〇一年十月）
藤井隆「梁啓超の変法論と三世説」、『広島修大論集』第四十巻第一号（人文）（一九九九年九月）
藤森三男「福沢諭吉と「実業」の精神」、『三田商学研究』第三十二巻第五号（一九八九年十二月）
藤原正信「福沢諭吉の宗教利用論とその宗教性」、『仏教史学研究』第三十二号（一九八九年十月）
藤原正信「福沢諭吉の貧民論――その「愚民」観・宗教論との関連で」、『龍谷史壇』第一〇八号（一九九七年三月）
松沢弘陽「社会契約から文明史へ――福沢諭吉の初期国民国家形成構想試論」、『北大法学論集』第四十巻第五・六合併号、下巻（一九九〇年）
松本英紀「新文化運動における陳独秀の儒教批判」、『立命館文学』第二九九号（一九七〇年五月）
水野建雄「近代理性と明治啓蒙」、『東と西』第十号（一九九二年六月）
宮崎道生「江戸時代における儒教の理解と変容――近代化・近代思想との関連において」、『国学院雑誌』第八十四巻第十一号（一九八三年十一月）
村上一三「儒教は宗教か――西洋哲学からみに儒教」、『京都産業大学論集』第二十六巻第二号（一九九六年三月）
村田雄二郎「辛亥革命時期的〝尊孔〟問題――清末教育改革与張之洞」、『外国語科研究紀要』第四十一巻第五号（一九九三年）
村田雄二郎「陳独秀在広州（一九二〇～二一年）」、『中国研究月報』第四九六号（一九八九年六月）
守屋友江「福沢諭吉の宗教観――真宗を中心に」、『宗教研究』第七十二巻第三一八号（一九九八年十二月）

矢島祐利「明治初期における物理学の状態」、『科学史研究』No.9（一九四五年）
安川寿之輔「日本の近代と福沢諭吉の啓蒙思想」、『社会思想史研究』第十号（北樹出版、一九八六年）
八耳俊文「中国における宣教師による科学啓蒙活動と進化論」、鈴木善次『進化論受容の比較科学史的研究』（科学研究費補助金による総合研究Aの報告書、一九九三年）
山田央子「〈シヴィル〉と〈ポリティカル〉の境界――明治日本における〈自由〉観再考」、『年報・近代日本研究』第十八号（一九九六年）
李恵京「文明に至るための権道――梁啓超における宗教と専制」、『中国思想史研究』第二十一号（一九九八年）

2　中国語

近年の陳独秀関係の中国語研究論文は北京大学出版社と北京大学未名文化発展公司製作の『二十世紀中国文化史（著名学者光盤資料庫）――陳独秀専集』（一九九九年）に収録されている。

巴斯蒂著、張廣達訳「梁啓超與宗教問題」、『東方学報』第七十号（一九九八年）
朱宝信「「格物致知」論抉微」、『天津社会科学』No.3（一九九五年三月）
金観濤・劉青峰「新文化運動与常識理性的変遷」、『二十一世紀』第五十二号（香港、一九九九年四月号）
唐宝林「中国学術界為陳独秀正名的艱難歴程（提綱）」、『陳独秀研究動態』第二十九、三十号（二〇〇二年三―四月）
陳奉林「儒教倫理与日本現代化」、『日本研究』（一九九三年第一期）
葉其忠「一九二三年「科玄論戦」――評価之評価」、『中央研究院近代史研究所集刊』第二十六期（台北、一九九六年十二月）

著者略歴

周　程（ZHOU Cheng）
1964年中国安徽省生まれ．上海水産大学で機械工学を学んだ後，清華大学大学院で政治哲学を修め，1993年東京大学大学院で科学史を修学するために来日，2003年東京大学大学院総合文化研究科博士課程修了，博士（学術）号取得．北京大学科学と社会研究センター副教授を経て，現在，早稲田大学孔子学院副院長，留学センター客員准教授，東京大学教養学部非常勤講師．専門は科学の社会史，科学技術社会論．

主な日本語論文

「福沢諭吉の科学概念」（『科学史研究』第38巻第211号，1999年，『福澤諭吉年鑑』第27号再録，2000年），「陳独秀における「民 主」と「科 学」」（『思 想』第905号，1999年11月），「福澤諭吉における科学啓蒙思想の展開」（『哲学・科学史論叢』第2号，2000年），「1920年代中国における「科学と衒学論争」」（『UTCP BULLETIN』Vol.6，2006年），「福澤諭吉における啓蒙理念の形成」（『哲学・科学史論叢』第12号，2010年）ほか．

福澤諭吉と陳独秀
東アジア近代科学啓蒙思想の黎明

2010年3月19日　初　版

［検印廃止］

著　者　周《シユウ》　程《テイ》

発行所　財団法人　東京大学出版会

代 表 者　長谷川寿一
113-8654 東京都文京区本郷7-3-1 東大構内
http://www.utp.or.jp/
電話 03-3811-8814　Fax 03-3812-6958
振替 00160-6-59964

印刷所　株式会社精興社
製本所　誠製本株式会社

ISBN 978-4-13-016030-8　Printed in Japan

人名索引

・頁数のあとの f., ff. は，参照個所がそれぞれ次頁，次々頁に及ぶことを示す．
・中国人人名は日本語読みによって配列してある．

さ　行

た　行

な　行

は　行

ま　行

や　行

ら　行

わ　行

事項索引

頁数のあとの f., ff. は，参照個所が，それぞれ次頁，次々頁に及ぶことを示す．

さ　行

た 行

な 行

は 行

ま 行

や 行

ら 行

わ 行